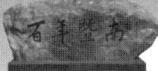

暨南大学港澳研究丛书

暨南大学高水平大学学科组团——应用经济与产业转型升级经费资助

转型时期的香港经济

Hong Kong's Economy in Transition

冯邦彦　著

暨南大学出版社
JINAN UNIVERSITY PRESS

中国·广州

图书在版编目（CIP）数据

转型时期的香港经济/冯邦彦著. —广州：暨南大学出版社，2017. 12
（暨南大学港澳研究丛书）
ISBN 978 - 7 - 5668 - 2278 - 9

Ⅰ. ①转…　Ⅱ. ①冯…　Ⅲ. ①区域经济发展—研究—香港　Ⅳ. ①F127. 658

中国版本图书馆 CIP 数据核字（2017）第 300245 号

转型时期的香港经济
ZHUANXING SHIQI DE XIANGGANG JINGJI
著者：冯邦彦

出　版　人：徐义雄
责任编辑：曾鑫华　高　婷
责任校对：周海燕
责任印制：汤慧君　周一丹

出版发行：暨南大学出版社（510630）
电　　话：总编室（8620）85221601
　　　　　营销部（8620）85225284　85228291　85228292（邮购）
传　　真：（8620）85221583（办公室）　85223774（营销部）
网　　址：http：//www. jnupress. com
排　　版：广州市天河星辰文化发展部照排中心
印　　刷：佛山市浩文彩色印刷有限公司
开　　本：787mm×1092mm　1/16
印　　张：19. 5
字　　数：350 千
版　　次：2017 年 12 月第 1 版
印　　次：2017 年 12 月第 1 次
定　　价：65. 00 元

（暨大版图书如有印装质量问题，请与出版社总编室联系调换）

前　言

　　屈指算来，笔者从事香港经济研究，至今已有整整 30 年了。1985 年 5 月 27 日，中英两国签署的《中华人民共和国政府和大不列颠及北爱尔兰联合王国政府关于香港问题的联合声明》生效，香港正式进入回归中国的转型时期。1986 年 2 月 18 日，经国务院批准，香港东南经济信息中心（Southeast Economic Information Center Limited）正式成立，由杨振汉先生出任公司副董事长兼总经理。1987 年 3 月，杨先生到暨南大学特区港澳经济研究所招聘研究员，笔者通过了面试。同年 9 月 15 日，笔者第一次来到香港，成为香港东南经济信息中心的分析员，开始了对香港经济的研究历程。

　　这一时期，香港经济正面临前所未有的动荡：1983 年 3 月是香港前途谈判期间，老牌英资怡和集团宣布迁册海外，消息传出仿佛在香港扔下一颗炸弹；1987 年 10 月全球股灾爆发，香港联合交易所史无前例宣布停市四天、香港期货交易所濒临倒闭；1989 年"六四"政治风波引发香港中银集团被大规模挤提；1990 年汇丰银行宣布结构重组、变相迁册海外……这一系列惊心动魄的政治、经济事件，成为笔者研究香港经济的最佳材料。笔者追随着这些事件展开研究，查阅了大量报刊、上市公司年报和资料，走访香港经济的各个重要部门及相关的人士和学者，参与了各种研讨会，对香港的了解、认识得到了前所未有的深化。

　　1992 年，笔者调任新华社香港分社研究室研究员，1993 年 7 月又调到香港特区筹委会预备工作委员会秘书处任经济小组秘书。这一期间，笔者有机会参与了香港特区筹委会预备工作委员会的大会、经济专题会议及各种内部讨论，走访了霍英东、李嘉诚、罗康瑞、范徐丽泰、梁振英、方黄吉雯等香港知名人士，聆听了他们对香港经济及其发展前景的分析与看法，从中受益匪浅。在香港工作期间，笔者对香港经济各个方面都展开研究，包括香港经济的发展历程、发展趋势，香港金融、地产、制造业等主要产业，香港经济制度和经济政策，香港的国际联系及与内地的联系等。当时，正值香港步入回归中国的敏感转型时期，我们重点研究了香港的资本结构及其变动趋势，研究了香港的英资、华资财团的投资发展策略。

　　1994 年，笔者从香港调回暨南大学特区港澳经济研究所，并先后担任暨南大学特区港澳经济研究所所长（2000—2007 年）和暨南大学经济学院院长（2005—2008 年）。回到内地后，笔者继续展开了对香港经济的后续研究。2002—2005 年，笔者先后不下十次到香港利丰集团进行调研，翻阅了利丰的全部数据、文献、珍贵图片甚至档案，采访了集团董事会主席冯国经先生、董事总经理冯国纶先生以及集团的几乎所有高级管理人员、部分资深员工，参加了他们的地区经理会议。通过调研，笔者对香港经济有了更微观的认识。2007 年底，笔者应香港保险业联会的邀请，前后花费约半年时间对香港保险业各相关机构和数十位资深从业前辈展开了大规模的调研。这些调研使笔者对香港金融业的一个分支行业——保险业有了更为深刻的认识。

2003 年 6 月 30 日，即内地与香港签署 CEPA 的第二天，广东省常务副省长钟阳胜打电话给笔者，要求暨南大学特区港澳经济研究所派几位教授到他的办公室，钟省长向我们传达了中央有关 CEPA 签署的背景和精神，要求我们立即展开调研，分析 CEPA 的实施可能对广东产生的影响及相关对策。受钟省长的委托，我们展开并完成了研究报告——《CEPA 对广东经济的影响及对策研究》。这是广东省第一份关于 CEPA 对广东经济影响分析与对策的研究报告。稍后，经广东省政府批准，暨南大学特区港澳经济研究所成为粤港高层联席会议下设机构——"粤港发展策略研究小组"粤方单位成员之一，成为该小组粤方唯一高校学术机构，其他单位成员包括省政府发展计划委员会、省委政研室、省府发展研究中心等。在该小组工作期间，我们参与了粤方单位成员的内部讨论和与港方成员单位中央政策小组的讨论，为粤港高层联席会议作准备。这一时期的经历使笔者对粤港两地的合作有了更深入的了解。

从香港回到内地后至今，笔者相继撰写出版了《香港英资财团（1841—1996）》（1996 年）、《香港华资财团（1841—1997）》（1997 年）、《香港地产业百年》（2001 年）、《香港金融业百年》（2002 年）、《香港产业结构研究》（2002 年）、《百年利丰：从传统商号到现代跨国集团》（2006 年）、《香港企业购并经典》（2008 年）、《厚生利群：香港保险史（1841—2008）》（2009 年）、《百年利丰：跨国集团亚洲再出发（第 2 版）》（2011 年）、《香港：打造全球性金融中心——兼论构建大珠三角金融中心圈》（2012 年）、《香港产业结构转型》（2014 年）、《香港金融与货币制度》（2015 年）及《承先启后：利丰冯氏迈向 110 周年——一个跨国商贸企业的创新与超越》（2016 年）等著作。同时也相继撰写发表了一批相关论文。其中，《香港英资财团（1841—1996）》和《香港华资财团（1841—1997）》这两本书自出版后一直受到市场的关注，成为了解、研究香港经济的重要参考书籍之一。在 2001 年香港国际图书博览会上，香港三联书店将这两本专著列为公司向市场重点推介的十部著作中的两部。

光阴似箭，岁月飘去又来。一转眼，香港将迎来回归 20 周年。香港自进入转型时期以来也已跨越了 30 多年。为此，笔者计划将过去 30 年来发表的（包括部分尚未发表的）有关香港经济的论文集结成书，定名为"转型时期的香港经济"。全书共分四部分，分别从经济政策与经济转型，财政、货币与金融，资本与财团及粤港合作与广东珠三角发展四个方面，回顾香港过去 30 多年来的演变和发展，并提出香港未来发展的一些方向和发展趋势。本书的部分论文有所增删，但笔者尽量保持它们原来的面貌。

第一编"经济政策与经济转型"共收录了 9 篇论文，包括《香港在中国经济现代化进程中的作用》《香港经济政策趋向分析——兼评"积极不干预"政策》《香港土地管理制度的基本特点及其利弊》等，主要分析了转型时期以来香港经济政策的主要内涵及其转变、香港产业结构转型的基本趋势及其存在的问题。根据香港的比较优势、资源禀赋和现有的产业基础，现阶段香港产业结构转型的基本趋势，是迈向全球性国际金融中心，同时巩固和提升其作为国际贸易及物流中心、国际旅游中心和国际创新中心的战略地位，构建"1 + 3"的产业体系，从而继续保持和提高其在国际经济中的竞争力。不过，鉴于香港存在不少值得忧虑的深层次问题，香港要成功实现第三次产业结构转型，必须具备三个政策前提：第一，维持香港政治、经济、社会的繁荣稳定，进一步改善投资营商环境；第二，香港特区政府和香港社会转变"积极不干预"的思维方式，制定和实施"适度有为"的产业政策，积极推动经济转型；第三，深化与中国内地特别是广东珠三角地区的经济融合，重建香港在国际经济中的战略优势。

第二编"财政、货币与金融"共收录了 8 篇论文，包括《港英政府理财哲学与财政政策的演变与特点》《回归以来香港特区政府财政政策分析》《论港元联系汇率制》等，主要研究了香港财政政策的演变、港元联系汇率制面对的冲击及其完善、香港金融业的转型发展以及香港国际金融中心的巩固、提升等问题。笔者认为，随着中国经济的崛起，香港有可能透过依托亚洲，特别是中国内地经济腹地，逐步发展成为与纽约、伦敦并驾齐驱的全球性国际金融中心。不过前提是：香港与其经济腹地广东珠三角充分利用中央授予的关于建立"金融改革创新综合试验区"的权限，以及 CEPA 在广东"先行先试"等制度安排，突破金融业合作的制度、体制、机制障碍，实现三地金融资源的自由流动，进而形成以香港为龙头，以深圳、广州为主要两翼，以珠三角城市为支点的大珠三角金融中心圈。这一编主要从金融业发展的角度回应第一编中香港经济结构转型的一个重要方面和方向。

第三编"资本与财团"共收录了 7 篇论文,包括《论香港英资财团的历史命运》《英资从巅峰滑落的历史背景与原因》《香港华人家族企业的管理模式》等,主要分析转型时期以来香港英资财团势力的削弱及其历史原因,中资在香港经济中的地位、角色及其发展策略,香港华资财团的企业经营管理模式的优势及其存在问题,香港华人家族企业的传承,以及香港主要华资财团的投资发展策略等问题。从资本与财团的层面反映转型时期以来香港经济的发展演变。

第四编"粤港合作与广东珠三角发展"共收录了 8 篇论文,包括《珠江三角洲的崛起及其启示》《CEPA 框架下粤港澳经济一体化发展趋势研究》《CEPA:深化粤港金融合作,将广东建成金融强省》等,主要研究在国家改革开放方针下广东珠三角地区的崛起,粤港经济合作,特别是在 CEPA 框架下粤港经济合作的发展趋势、合作的重点领域及存在的主要问题,以及在国家"一带一路"和自贸区战略下粤港澳合作的新趋势等。从香港与内地经济合作的层面研究转型时期以来香港经济的转型和发展。在 2007 年撰写的《CEPA 在广东实施面对的困境与策略性思考》一文中,我们深入分析了 CEPA 实施面临的困境,包括随着 WTO 过渡期结束,CEPA 的优先性逐渐减弱;CEPA 开放的全面性与香港中小服务企业进入难度的矛盾;以及市场壁垒与两地服务业市场发育程度的差异。为此,建议"根据 CEPA '先易后难,逐步推进'的原则,积极向中央争取政策,使 CEPA 对香港的开放在广东先行一步,或者说,以广东为对香港生产性服务业进一步开放的实验区";"在 CEPA 框架下建立'广东服务业开放试验区',可以针对香港生产性服务业的优势,进一步降低准入'门槛'或放宽限制,使更多的香港有竞争力的生产性服务企业进入广东发展"。这些建议现在都已成为现实。

以上是本书的一条基本脉络。本书的出版,首先要衷心感谢暨南大学经济学院、暨南大学出版社的鼎力支持;衷心感谢暨南大学经济学院副院长刘金山教授、暨南大学特区港澳经济研究所所长钟韵教授、暨南大学出版社经济与管理事业部主任曾鑫华编辑的大力支持和积极推动。若没有他们的专业精神和热忱帮助,本书实难以顺利出版。

诚然,由于笔者水平所限,书中可能有不少错漏之处,恳请读者批评、指正。

冯邦彦谨识

2017 年 3 月

目录
Contents

第三编　资本与财团

第四编　粤港合作与广东珠三角发展

第一编　经济政策与经济转型

香港在中国经济现代化进程中的作用

随着中国对外开放的逐步展开，香港在中国特别是沿海地区的开放、改革和经济发展中所起的作用日益重要。如何充分发挥香港的优势和作用，已成为中国走向现代化进程中的一个重要研究课题。

一、中国联结国际市场最重要的枢纽和桥梁

1979 年，中国决定在广东实行"特殊改革、灵活措施"，并在毗邻港澳的深圳、珠海等地建立经济特区后，香港与内地的经济关系进入了全面发展的阶段，香港实际上成了中国内地联结国际市场最重要的枢纽和桥梁。

（一）香港成为中国发展对外贸易最重要的转口港

20 世纪 50 年代初到 70 年代末，中国与国际社会的经济交往受到阻隔，香港与内地的经济关系仅维持着一般的商品贸易关系，而且主要表现为单向式的贸易往来，即内地向香港输出粮食及原料。即使在这段时期，香港仍是中国大陆主要的出口市场和创汇来源地。

近十年来，两地贸易关系发生了两个显著变化：①香港产品输入内地的数量大幅增长。1978 年香港产品输入内地货值仅 0.8 亿港元，到 1987 年已增至 278.7 亿港元；香港产品在内地市场所占比重已从 0.2% 上升到 14.3%，内地已成为香港产品的第二大出口市场。②转口贸易大幅增长。1978 年内地经港转口贸易值仅 36.6 亿港元，到 1987 年已增至 842.7 亿港元；内地经港转口贸易值在内地输港贸易值中的比重亦由 34.5% 上升到 73.1%。同期，经港输入中国内地的外国转口贸易值从 2.1 亿港元增至 601.7 亿港元。中国供应及吸纳的转口贸易值在香港转口贸易值总额中所占比重，已从 29.3% 上升到 79.0%。①

导致这些变化的主要原因是：①近年来中国加快对外贸易的发展。由

---

① 参阅华润贸易咨询有限公司编印的《香港经济贸易统计汇编（1947—1987）》。

于中国出口产品多属初级产品及中低档制成品,在容量相对细小的香港市场渐趋饱和,除非在产品结构及质量上有所突破,否则难有大的作为;而随着中国内地和香港经济关系的发展,中国出口产品借助香港的国际销售渠道和完善的通信、运输系统及金融服务系统进入国际市场的步伐则大大加快。据统计,1987 年中国出口总值中,约 1/4 是经港转口到其他国际市场的。① ②香港制造业内移和广东珠三角地区大规模发展来料加工装配业务,使传统贸易方式出现突破性的发展,由单纯的商品贸易形态向资本—技术贸易形态过渡,从港或经港输入内地的设备、原材料和内地加工装配产品经港转口国外市场均大幅增加。据《恒生经济月报》估计,过去几年间香港转口贸易值中,每年平均约有两成来自加工业务。② ③中国大陆透过香港的中介作用与中国台湾、韩国等的间接贸易急剧发展。据统计,1978—1987 年,内地与台湾经香港的转口贸易值从 2.2 亿港元增至 118.2 亿港元,约增长了 52.7 倍。③ 上述情况表明,香港作为内地传统出口创汇基础的重要性已相对下降,而作为中国内地发展对外贸易的桥头堡和中转站的角色则大大增强。这对于现阶段内地在开放之初信息不灵、市场不明的情况下开拓国际市场,并逐步建立自己的国际销售网络具有重大意义。

(二) 香港工业内移推动了沿海开放地区外向型经济的发展

香港工业内移始于 20 世纪 80 年代初,近年已达到空前规模。据香港贸易发展局的一份调查报告估计,到 1988 年上半年,港商在广东省设立的直接投资企业(包括独资、合资、合作经营企业)2 400 ~ 2 700 家,雇佣劳工 48 万 ~ 54 万人,实际投入资金 29 亿 ~ 32 亿美元(截至 1988 年第三季度);而在广东省内设置的 13 000 家来料加工装配企业中,约有 80% 为港商从事来料加工装配业务,雇佣劳工 85 万 ~ 120 万人,实际投入资金超过 18 亿美元。广东省在 1979—1987 年间获得的工缴费约 20 亿美元,仅1987 年就达 5 亿美元。④ 香港与广东珠三角地区已逐步趋向形成"前店后厂"的分工格局,港商把其总公司,包括采购部、营业部、设计部留在香港,负责筹集资金、海外接单、产品设计、质量管理以及包装、销售等,而把其劳动密集型的工序或生产线移入广东珠三角等沿海开放地区,发挥这些地区劳动力和土地资源的比较优势,使之成为香港巨大的加工生产基地。

---

① 根据《中国统计月报》1987 年第 12 期资料分析。
② 参阅香港《大众报》1988 年 6 月 30 日。
③ 参阅华润贸易咨询有限公司编印的《香港经济贸易统计汇编(1947—1987)》。
④ 参阅香港贸易发展局的 *Survey on Hong Kong re-exports-summary report*。

形成这种"前店后厂"的分工格局的基本原因，是两地的比较利益优势具有很强的互补性。香港有发达的金融体系、充裕的资金来源、广阔的国际市场及反馈灵敏的信息，并对国际市场需求的变动有很强的适应性，但近年迫于劳工短缺，工资、土地价格上涨的压力，面临产业结构调整，故将其劳动密集型产业或工序往外转移；广东珠三角地区等沿海地区则资金匮乏、市场狭窄、技术落后、信息不灵，其主要优势在于廉价的劳动力和土地资源。两地的比较利益优势在中国对外开放政策的推动下和市场机制的诱导下结合起来了。对香港而言，这种结合夯实了它的工业基础，使其在完成自身工业转型之前获得一个喘息时期，一定程度上舒缓了其劳工短缺、成本上涨等困难，增强了香港产品在国际市场上的竞争力。对内地而言，这种结合一方面解决了沿海开放地区数百万农村剩余劳动力的出路问题，使在封闭经济体制下长期闲置的劳动力、土地等生产要素能迅速调动起来，形成现实的生产力和经济效益。更重要的是使这些地区获得了外汇、资金，引进大量先进或适用的技术和设备，推动了乡镇企业的崛起、经济结构的转换及外向型经济的发展。

目前这种"前店后厂"的分工格局已出现新的动向，即从内地与香港的合作进一步发展为内地、香港、台湾3个地区之间的合作，香港的中介作用得到进一步加强。据统计数据显示，台湾北部已有45%以上的鞋厂通过香港转移到大陆设厂。1988年台商到福建投资设厂的项目和资金数额都大幅增长，超过以往8年的总和。香港—珠江三角洲的合作模式将通过香港的中介作用，发展为台湾—福建的合作模式，显示了良好的发展前景。所谓"中国经济圈"的构想，实际上正是对这种经济关系的前瞻或理想化。

（三）香港成为中国引进外资的重要渠道

近年来，随着中国内地和香港的贸易与经济分工的迅速发展，香港成为中国引进外资的最重要的渠道，表现在：

（1）香港是中国内地最大的投资者。据中国经贸部统计，截至1987年，在全国批准的10 008家外商投资企业中，港澳地区有8 570多家，约占85.6%；利用外资协议金额219.6亿美元，港澳地区达142.6亿美元，约占64.9%；实际使用金额85亿美元，港澳地区达43亿美元，约占50.6%。①

---

① 参阅1998年的《中国对外经济贸易年鉴》。

（2）香港金融机构对内地非银行客户的放贷额急剧增加，从1979年底累计放贷额1亿多港元，增至1987年的232亿港元。①

（3）香港作为亚太地区银团贷款中心，成为内地大型项目的集资场所。据统计，仅1984—1987年7月，香港为内地安排的银团贷款就达262.1亿港元。②

（4）香港证券市场开始成为内地集资的重要场所，以债券形式的集资活动已经起步，从长远看，内地大企业及驻港中资企业在香港股票市场上市集资也具有潜在的发展前景。

此外，双方在交通运输、通信、旅游以及信息等方面的合作也获得全面发展。中国内地和香港的经济关系的迅速发展，反过来亦增强了香港在国际经济中的地位，香港成了国际资本进入中国内地市场的重要跳板。

二、对内地经济体制改革的示范效应和催化作用

随着香港与内地经济关系的迅速发展和双方人员的密切交流，香港作为亚太地区经济发展的成功典型，作为现代商品经济高度发达和法制相对完备的社区，对中国，特别是广东以及沿海开放地区经济体制改革的示范效应和催化作用逐渐显著。目前这种作用正从两个方面逐步展开：

（一）随着外资引进而产生的日益增长的市场经济因素对原有传统经济模式的冲击和渗透

从一定意义上说，因外资引进而产生的经济活动，包括独资、合资、合作经营、补偿贸易和来料加工装配，是国际上特别是香港的现代商品经济的延伸和附属，它客观上要求按市场经济的规律运作，这就相应地带进了国际上久已形成的适应现代商品经济发展的国际惯例、企业管理制度以及市场竞争的压力。这部分因外资引进而形成的经济活动尽管在中国整体经济中微不足道，但由于它相对集中在沿海开放地区，特别是包括深圳、珠海、广州的珠三角，这就大大增加了该地区市场经济的因素。特别是外商投资企业清晰的产权关系、先进的企业管理制度以及由此而产生的高效率，对当地正在发展中的、机制相对灵活的乡镇企业产生了强烈的示范效应。而且这些外商投资企业往往以乡镇企业为合作、合资、发展来料加工装配业务的对象，给乡镇企业带来其所急需的外汇、设备、技术和市场，

---

① 参阅中国银行香港分行编的《港澳经济季刊》1988年第2期。

② 参阅中国银行香港分行编的《港澳经济季刊》1987年第4期。

这就在一定程度上推动了乡镇企业的发展，进而改变该地区的所有制结构，壮大了市场经济的力量。据调查，1978—1987 年，珠三角地区的东莞、中山、顺德、南海四市县的财政收入中，来自国有企业的比重已从 60.4% 下降到 24.3%，来自乡镇企业的比重则从 38.6% 上升到 52.5%。① 乡镇企业在该地区国民经济中的地位急速上升，迫使国有企业处于不改革就难以发展的境地。"三资"企业、"三来一补"企业和乡镇企业的发展，使得原有的产品经济体制与经济发展更不相适应，并从中发育起劳动力市场、外汇市场、资金市场、生产资料市场、技术市场以及信息市场等，尽管这些发展是初步的，甚至是原始的，但它们对经济改革的影响实在不容忽视。②

更重要的是，对外开放促进了社会观念的更新。开放之初，蛇口工业区竖起了"时间就是金钱，效率就是生命"的巨幅标语，在全国影响深远。随着对外开放实践的发展，作为现代商品经济观念的效益观念、市场观念、商誉观念、人才观念以至法治观念都对沿海开放地区造成了不同程度的冲击，一大批农民、市民成长为熟知现代商品经济和了解国际行情的企业家。这就为整个社会的进一步改革奠定了坚实的基础。

（二）香港对中国内地发展现代商品经济的借鉴作用

香港对中国内地发展现代商品经济的借鉴作用包含两个层次的意义：一是香港作为现代商品经济的一种特殊模式，即开放型自由市场经济模式对中国沿海开放地区，特别是深圳、海南等经济特区的借鉴作用；二是香港模式所体现的现代商品经济的发展规律和运作机制对中国经济体制改革的借鉴、启迪作用。目前，这种借鉴主要在第一层次上展开。"二战"后的 40 余年间，香港在资源短缺、地域窄小的情况下，从南中国的一个转口港迅速发展为新兴工业地区、亚太重要的金融贸易中心，1987 年人均 GNP 达到 8 200 美元。香港所创造的经济奇迹，使得它的自由港模式及其经济发展经验对深圳经济特区模式的形成和投资环境的改善产生重大影响，这种影响又从深圳扩展到珠三角地区以至沿海开放地带。"特区不特"，这固然是指全国产品经济体制对特区的制约，但亦反映出，特区所实施的特殊政策被迅速移植、推广到沿海开放地区，大大加快了沿海经济改革的步伐。

目前，沿海地区对香港的借鉴正从多方面展开：政治上，借鉴香港公

---

① 根据笔者到珠三角地区实地调查的数据整理。
② 杨振汉，冯邦彦，梁秩森. 珠江三角洲的崛起及其启示［J］. 经济导报，1988（16－17）.

务员制度和廉政公署经验；经济上，借鉴香港政府的积极不干预政策，以及土地拍卖、股票上市、证券发行、公共建设等方面的制度和管理经验；法律上，对经济法律的研究、移植亦已起步。值得注意的是，近年对香港的借鉴已从个别经济发展经验转向整体模式，这突出表现在海南建省的过程中。实际上，新建的海南省亦正向着自由经济区模式发展，即将制定的海南特区税制、股票条例、债券条例、卖地细则等，都在很大程度上参照了香港现行法则。当然，这种借鉴在理论上仍存在着很大的争议。

自从党的十三大提出社会主义初级阶段理论，理论界展开重新认识资本主义的探讨后，在第二层次上对香港的借鉴也已经起步。最近，厉以宁教授在香港就指出："总结香港经济发展的经验，把这些经验作为全中国人的共同财富，使它们有助于中国经济改革的进展，有助于中国的经济繁荣，我想，这不仅是我们大家的愿望，更应该是内地与香港经济界人士的一种责任。"① 可见，香港对中国整体经济改革的重要性已日益显露。当然，由于内地与香港经济规模差异很大，经济成长的背景、条件各不相同，对香港的借鉴不可能全盘照搬。但是，可以毫不夸张地说，由于香港与内地经济的紧密联系和双方人员的频繁交往，再加上在香港存在着具备一定规模的中资集团，香港已成为现阶段中国重新认识资本主义、研究及借鉴国际上现代商品经济发展规律和运作机制的最重要窗口。

一方面是通过香港进入的市场经济因素不断增长，对原有产品经济造成重大冲击；另一方面是沿海开放地区为改善投资环境、吸引外资，借鉴国际上特别是香港的经济发展经验，对原有体制进行改造。这两方面作用的结合大大加快了沿海开放地区经济改革的进度，这突出表现在广东珠三角地区。这种以开放为契机，从南到北、从沿海到内地逐层推进的区域改革思路，有助于克服全国改革中不顾地区差别"一刀切"所带来的种种问题，减少改革的难度和风险。1988 年，中央提出沿海经济发展战略，其实质是要进一步加快沿海地区经济体制的改革，使其与国际上现代商品经济体制相衔接，以便进一步实现各种生产资源和要素的合理配置。因此，香港在中国经济改革总体战略中的地位将更加重要。

三、进一步发挥香港优势和作用的几个问题

要充分发挥香港的优势及其在中国经济现代化进程中的作用，当前应

① 厉以宁. 论香港的繁荣和香港的经验［N］. 信报，1989 – 01 – 27.

注意以下几个问题：

（一）加强香港与内地经济合作过程中的协调，进一步夯实双方经济合作的基础

现阶段，香港与内地在政治制度、经济体制和法律系统等方面都存在着巨大差异，即使到了 1997 年香港回归中国，两地经济成长的相对独立性和经济体制的差异仍将长期存在。因此，两地经济关系越密切，越需加强双方的协调和衔接，以避免和减少不必要的摩擦和矛盾。目前，两地经济关系中，互补性是主导方面，这是双方合作的基础。不过，两地出口产品的结构大体相近，都以轻纺、电子产品为主，只是双方产品的档次不同，竞争还不是很激烈。随着沿海开放地区经济发展水平的提高和产品的升级换代，两地间的竞争会日益加剧，从而削弱两地合作的基础。因此，当前亟须从长远发展角度，分析两地经济发展的相对优势和劣势，制定出两地的长期发展战略，协调两地间产业结构、产品结构的发展，以便有效地利用两地各自的优势，增强互补性，避免恶性竞争，夯实两地经济合作的基础，提高两地在国际市场上的整体竞争水平。具体而言：

第一，进一步加强香港的贸易转口港地位。有人担心，随着中国对外贸易发展及与国际市场联系的逐步密切，香港作为中国对外贸易转口港的地位将会被削弱。这种担心不无道理。因此，中国在对外贸易发展战略中，对香港的作用应有正确的估计。笔者认为，即使从中长期看，香港贸易转口港地位不仅不应削弱，相反应进一步加强。理由是：①目前中国出口总额中，对香港出口及转口部分占 1/3 以上，香港在中国对外贸易中举足轻重；②香港完善的通信运输系统、与国际市场传统的紧密联系、大批的工商管理人才是中国开拓国际市场最有利的条件；③香港在中国与中国台湾、韩国、印度尼西亚等地区的间接贸易中的中介作用不可替代。因此，从战略上看，中国应充分利用香港优势，透过香港逐步建立开拓国际市场的销售渠道、网络及市场信息反馈系统，各省外贸系统应研究如何与本省驻港中资企业在体制和业务等方面加强衔接，解决好利益分配问题，逐步形成集团经营，进而发展为跨国公司。此外，随着内地和香港经济关系的急速发展，两地间的交通运载能力已渐趋饱和，有时甚至出现超负荷状态，文锦渡口岸更成为"瓶颈"，这方面也需加强总体协调。

第二，加强两地的科技合作。目前两地工业合作的主要形式是在劳动密集型产业上的来料加工装配。这种形式对促进两地的经济合作和发展都起到了积极作用，但不应长期停留在这一水平上。从长远看，它无助于推动香港工业转型。目前，香港由于工业基础薄弱、科技人才缺乏、企业规模细小、投资行为短期化以及香港政府不干预政策等原因，其工业转型步伐已落后于韩国及中国台湾地区。从内地看，经过40年建设，内地已建立了相对雄厚的工业基础，拥有大批科技人才及先进技术。因此，改革现行科技体制，加强内地和香港的科技合作，有利于把内地和香港的科技力量与香港的信息、市场结合起来，发挥香港工业吸收科技成果快、对市场应变能力强的特点，既可协助香港工业转型，又有利于加快中国科技成果商品化的过程，并推动两地的经济合作发展到技术密集型领域，这将进一步扩大两地经济合作的基础。

第三，进一步扩大两地在金融业方面的合作规模。目前，双方在金融业方面的合作规模不大，内地通过香港银行筹集资金的方式主要以直接或间接的商业贷款和银团贷款为主，今后可进一步运用国际上较新颖的金融工具和融资方式，如货币和利率交叉互换、票据发行融资安排、转让银团贷款等，同时进一步发展两地银行界的业务关系，有步骤地扩大香港银行界在内地的业务范围和合作领域，以推动两地经济贸易关系的发展。

第四，加强双方利益矛盾的协调。近年来，随着两地经济合作的发展，两地间有关利益矛盾和业务纠纷的事件不断发生，诸如劳资纠纷、股权争端，以及走私、诈骗等商业罪案。由于两地有关法律都未能及时适应这种经济发展，存在不少漏洞，双方又缺乏沟通、调解、仲裁的有效途径，往往造成不良影响，不利于两地经济关系的健康发展。这个问题当前亟须双方寻求适当途径或建立有关的专门协调机构逐一解决。

（二）保持香港经济的国际性及其自由经济体制的正常运转

近年来随着香港与内地经济关系的发展，双方互相依赖程度加深，当然这对双方经济发展都有重要意义。但是也应看到，香港是出口导向型经济，它的经济发展动力主要来自于它与国际市场的紧密联系。香港在中国经济现代化进程中担任积极角色，重要条件之一也在于其经济的国际性。国际性是香港经济发展的重大优势之一，这是需要特别注意的。香港中文大学闵建蜀教授指出：香港厂商的注意力过分集中于内地，会导致香港从"国际大都市"变成"内地大都市"，从而失去其在国际市场上的竞争力。这种见解很值得重视。特别是近年来，香港面临国际贸易保护主义威胁及亚洲新兴工业国家和地区的竞争压力，自身工业转型又姗姗来迟，这种倾向更值得警惕。香港在发展内地市场的同时，应特别注意加强对国际市场，特别是亚洲市场、西欧市场的开拓，保持国际性优势。从某种意义看，香港与内地经济关系的发展取决于香港经济的国际性及其在国际市场的发展。没有庞大的海外订单需求，香港与内地的经济合作规模将大受制约。过分依赖内地，不利于香港经济的发展，也不利于香港与内地经济关系的发展。

与此相联系的是内地在港投资规模及发展战略。近十年来，内地在港投资迅速发展，投资领域从金融、贸易扩展到地产、工业、运输、旅游等各个方面，投资总额为 60 亿~100 亿美元，超过香港到内地的投资总额。应该充分肯定，内地在港的投资，对于保持香港经济的繁荣稳定，充分发挥香港的优势和桥梁作用，推动沿海开放地区外向型经济发展，使内地熟悉、借鉴现代商品经济的运作机制，都作出了重大贡献。但是，近年来内地各省、市，甚至有的县政府都纷纷到港投资设公司，存在着一种盲目发展的倾向，特别是有些新建企业在人员素质、资金等方面都还未具备基本经营条件的情况下就贸然进入香港，有的缺乏内部协调自相竞争，有的甚至贩运水货，造成经济损失和不良政治影响。

值得指出的是，这部分从内地延伸到香港的企业，或多或少地把内地那套管理体制和不讲效益的经营方式带到香港，这种盲目的发展若超过一定限度，就会影响香港经济的国际性及其自由经济体制的正常运作。"一国两制"的基本构想，就是要使香港在 1997 年主权回归中国后，继续保持现行的资本主义制度和自由经济体制 50 年不变，以便继续发挥香港的优势，保持香港的繁荣稳定。因此，中资企业在香港的发展，无论在发展规模上还是在投入的行业结构上，都应以此为前提，不能形成垄断。特别重要的是，要加快中资企业管理体制的改革，充分利用香港有利的经济环境，借鉴国外及香港企业管理的先进经验，包括企业上市的经验，使在港中资大企业逐步成为具有国际规范标准的先进企业。这样做既有利于促进香港经济的繁荣稳定，又能为内地企业管理体制的改革提供经验。从长远看，这是在港中资企业发展战略的一个关键。

（三）加强对香港经济发展规律和运作机制的研究，推动沿海开放地区经济体制的率先改革

近年来，内地对香港的研究已逐步展开和深入，但从总体来说，仍觉空泛议论多，深入、具体、系统的研究少。这就使得内地对香港经济发展经验的借鉴往往停留在较表层的水平上。因此，当前应进一步加强对香港经济发展规律及其运作机制的研究，特别是从政治、经济、法律、文化等多个层面及其相互联系中，认真研究和总结香港经济发展的成功经验，从中寻找出规律性的东西，这将有利于推动内地对香港的借鉴在更深的层面上展开。

内地对香港的借鉴，亦可先从两个层面上展开，一是海南、深圳两个经济特区可着重对香港经济发展的整体模式进行借鉴、移植，逐步向自由经济区模式发展；二是内地与香港经济联系比较紧密的省市，特别是广东、福建两省，作为全国综合改革的试验区，借鉴香港发展现代商品经济的成功经验，在当前的经济整顿中加快经济改革步伐，真正成为全国改革的试验区。这个工作做好了，将大大改善上述地区的投资环境。这样，在战略上就可以把上述地区作为内地加强与香港经济合作的主要结合部，夯实两地经济合作的基础。这对于中国的开放、改革和经济现代化，将有深远影响。

（原文载于北京《经济研究》1989 年第 4 期）

第一编　经济政策与经济转型

香港经济政策趋向分析
——兼评 "积极不干预" 政策

一、"积极不干预" 政策的基本内容

20 世纪 70 年代中后期，港府的经济政策经当时在任财政司夏鼎基的重新厘定，逐步趋向系统化，并从 "自由放任" （Laissez – faire） 修订为 "积极不干预" （Positive Non – intervention）。"积极不干预" 的内涵是：除非有明显证据证明市场失效 （Market Failure，即市场机制发生故障而不能正常运行），否则政府对私营企业不作任何干预。据夏鼎基的解释，"积极不干预" 政策包括两方面的内容：

第一，政策实施的主导方面是不干预主义，强调维护市场机制自由运作的重要性。夏鼎基指出："'积极不干预' 主义是指一种看法，认为政府如果试图计划分配私营部门可用的资源，和强行打击市场力量的运作，对一个经济体系的增长率，特别是一个以对外贸易为主的经济体系，通常都是徒劳无功和有害的。"他强调在面对一项干预建议时，经权衡利害，我们得到的结论大多是以不干预为佳，因为待以时日，市场力量必然会为短期的困难提供最佳的解决办法。① 在这种经济思想的指导下，港府实施一系列以市场机制为导向的经济政策，包括审慎的财政政策、自由化的金融政策、自由贸易及自由企业制度，使香港的经济体系成为国际上少见的开放型的自由经济体系。

第二，在市场失效的情况下，不排除必要的、合理的干预。"积极不干预"并不完全等同于 "自由放任"。夏鼎基指出，"'积极' 这个形容词的含义至为重要。在面对一项干预主义的建议时，港府不会立即认为这项建议根据定义，必然是不正确的""不是说，要使市场力量有效及公平地发挥作用的限制因素及基本规律就没有必要，恰恰相反，例如说，由于市场不完善而引致垄断的情况出现时，干预主义就成为必要了。再者，如果

---

① 夏鼎基. 政府政策与经济的成功 ［J］. 信报财经月刊，1982 （60）.

市场增长过速，以致常规无法加以抑制，或者为了公共利益着想而须加以监管时（典型的例子是金融市场），就可能通过法律形式设立限制和基本规律的架构。又或者，如果毫无限制地追求个人利益的行动，在总体经济或总体金融方面已产生不良的影响，在这种情况下就可能干预"。不过他又强调："这种在个别情况下合理的干预，须小心确保不会产生不良的累计后果。"①

20 世纪 70 年代中后期港府对经济的干预，主要集中在市场失效的几种情况：① "公共财物"（Public Goods），如各项基本建设等。这类服务的消费是非竞争性的，一个人的使用并不妨碍其他人使用的数量，结果有人趁机享受他人提供的服务而不付费时，视为市场失效，需由政府透过税收来提供这类服务。② "界外效益"（Externality），如劳工训练、推行工业村计划等。劳工训练除了对进行训练的个别厂商和行业有利益，因为工人可以转工，对其他厂商和行业亦有利益。工业村计划以廉价土地吸引能带来先进技术的厂商，因为新技术会流传出去，对其他厂商有利益，亦构成界外利益。③ "市场不完善"（Market Imperfections），如港府对公用事业的管制。公用事业多属垄断性行业，市场价格往往背离社会成本和利益，需要政府干预以使资源分配接近社会最优点。不过，港府对公用事业的管制，形式多样，除饮用水、邮政直接经营，多以法定公司（地铁及九广铁路公司）、专利权及管制计划（如中华电力、中华巴士、香港电灯等有限公司）或法例约束等形式管制，尽量避免直接的行政干预。

港府对经济的直接干预表现在房地产业上。在土地市场，港府以土地所有者身份直接介入经营和管理，控制各类用地的供源及卖地方式，对地产价格保持相当大的控制。就土地成本而言，港府对香港生产要素费用具有很大影响力。在住宅市场，港府正推行一项庞大的公屋计划，目前各类公屋占全港永久房屋的比重已达 50% 左右，港府还对私人楼宇的租金增幅不时加以控制。深入分析，这种干预实际上已突破所谓"积极不干预"的基本框架。这种例外，相信与港府的殖民地管治有莫大的关系。

二、香港政府经济政策的新变化

进入 20 世纪 80 年代，随着香港外部环境和内部条件的变化，港府的经济政策，特别是在财政、金融货币及工业等方面的政策，出现了一些明

① 夏鼎基. 政府政策与经济的成功 [J]. 信报财经月刊, 1982 (60).

显变化趋势。

（一）财政

总体而言，仍维持审慎的理财哲学。港府在编制预算案时大都留有余地，尽量争取盈余。收入实行简单及低税率的税制，支出主要用于社会服务（教育、医疗卫生、房屋、社会福利和劳工）、公共服务（运输、土地及土木工程）、一般及保安服务（行政、防卫、入境事务、法律及治安）等，经济服务支出甚少，同时强调公营部门开支增长率不能高于总产值增长率的原则。不过，也出现一些新的变化趋势，主要是：

（1）逐步转向温和的反经济循环的财政政策。历来，港府的理财哲学偏向于依经济循环周期而变动，在经济繁荣时期不控制开支，亦不加税，而在经济不景气时期控制开支及加税加费，重视财政稳定远胜于经济稳定。不过，从近几年的实践看，港府往往在经济不景气时期低估财政赤字的严重性，如1982—1983年度的财政预算案估计有27.80亿港元盈余，实际出现35.00亿港元赤字；1984—1985年度的财政预算案估计有11.39亿港元赤字，实际出现15.63亿港元赤字，高出约37.23%。而在经济繁荣时期却严重低估财政盈余，如1986—1987年度、1987—1988年度及1988—1989年度的财政预算案分别估计盈余为3.95亿港元、24.00亿港元及55.74亿港元，实际为39.42亿港元、116.20亿港元及157.00亿港元，分别超出预算约8.98倍、3.84倍及1.82倍（如表1所示）。① 这种情况使港府的财政政策出现反经济循环的客观效果，即经济繁荣时期减少总体需求，有利于避免经济进一步过热，而经济不景气时则增加总体需求，刺激经济增长。此外，港府在经济不景气的1983—1984年度、1984—1985年度及1985—1986年度连续三年实行赤字预算，而在通胀加剧、经济过热的1989—1990年度避免大幅减税及大幅增加开支，并把70亿港元的财政盈余拨作未来发展之用。② 最近，港督在其施政报告中提出一项涉及1 270亿港元兴建新机场、港口的公共工程计划。③ 这些庞大的公共开支对于增长率逐步放缓的香港经济，无疑是一支强心针，不过，是否会动摇港府稳健的财政，则值得关注。

① 参阅香港经济导报社编的《香港经济年鉴》，1983—1989年。
② 参阅香港政府1989—1990年度财政预算报告。
③ 参阅港督卫奕信1989—1990年度施政报告。

表1　20世纪80年代港府财政收支平衡情况

（单位：亿港元）

财政年度	预算盈余/赤字	实际盈余/赤字
1982—1983	27.80	−35.00
1983—1984	−32.16	−29.93
1984—1985	−11.39	−15.63
1985—1986	−9.60	14.43
1986—1987	3.95	39.42
1987—1988	24.00	116.20
1988—1989	55.74	157.00

资料来源：香港经济导报社编的《香港经济年鉴》，1983—1989年。

（2）推行私营化计划，以控制公营部门的过分膨胀。20世纪70年代中后期，港府大规模推行公屋计划及公共工程计划，使得公营部门的相对体积（即以当时价格计算的政府财政综合账目总开支与以当时价格计算的本地生产总值之比）过分膨胀，1982—1983年度已高达约19.1%（如表2所示），接近财政司夏鼎基所设20%的上限，结果导致经济不景气的1982—1983年度、1983—1984年度及1984—1985年度连续三年出现庞大财政赤字（港府一般收入账目在过去20年中有4个财政年度出现赤字，其中3个出现在20世纪80年代）。再加上港府为拯救银行危机及恒指期货市场，先后动用60亿港元外汇基金，使外汇基金储备更加紧张。为增加财政储备以应不时之需及未来庞大的建设，港府致力于推行公营部门的私营化计划以控制财政开支的增幅。为此，铨叙科设立专责私营化计划小组，逐步制定一套私营化政策，以便尽量将具有商业性质的政府部门以公司形式经营或以合约形式批出。目前，港府已改组了房屋委员会，使其实际上成为财政上自负盈亏的公营企业。港府还成立了广播事务管理局，筹组香港电台董事局及医院管理局，并考虑将化学废料处理及垃圾转运工作以合约形式批给私营公司。港府积极考虑私营化的还有政府屠房、水务局、渠务及港口管理。财政司翟克诚多次表示，一旦电气化铁路及地下铁路有盈利，会考虑将其卖给私营公司。近年来，港府控制财政支出及推行私营化计划，已使公营部门相对体积降至1988—1989年度的约14.7%，并积累了近700亿港元的财政盈余。

表2　香港公营部门相对体积变化情况（以当时价格计算）

财政年度	香港本地生产总值（亿港元）	财政综合账目总开支（亿港元）	公营部门相对体积（%）
1976—1977	593.4	73.6	12.4
1977—1978	689.1	91.7	13.3
1978—1979	811.6	121.2	14.9
1979—1980	1 070.5	156.2	14.6
1980—1981	1 372.1	220.6	16.1
1981—1982	1 653.5	293.8	17.8
1982—1983	1 868.7	356.8	19.1
1983—1984	2 079.5	386.0	18.6
1984—1985	2 487.3	398.8	16.0
1985—1986	2 612.0	434.4	16.6
1986—1987	3 008.2	479.3	15.9
1987—1988	3 682.5	536.4	14.6
1988—1989	4 256.3	625.9	14.7

资料来源：港府历年财政年度预算报告。

（二）金融货币

香港没有中央银行，港币由汇丰、渣打这两间商业银行向外汇基金缴交100%的外汇储备自主发行。20世纪70年代以来，港府为致力于发展和巩固香港作为国际金融中心的地位，推行了一系列金融自由化政策，包括取消外汇管制（1973年）、撤销对黄金进出口限制（1974年）、对银行牌照解冻（1978年）及取消外币和港币存款利息预扣税（1982年和1983年）。进入20世纪80年代，金融业经过十多年的急剧膨胀进入调整期，并爆发金融风波，港府的政策也有明显变化趋势：

（1）直接介入金融市场。过去发生金融风波，港府通常是通过两间发钞银行出面拯救面临危机的金融体系，而对于个别银行的倒闭、改组或收购，并不干预，由市场自行解决。但进入20世纪80年代，港府态度转趋积极，先是1983年接管无法偿还债务的恒隆银行，继而1985年接管倒闭的海外信托银行及其附属的香港工商银行，接着又以担保坏账方式促使中信、恒生银行分别收购嘉华、永安银行，并暂时以行政管理方式接管友联、康华银行，前后动用外汇基金约 40 亿港元。1987 年 10 月股灾，港府又动用 20 亿港元的外汇基金注资恒指期货结算公司，拯救恒指期货市场。港府以外汇基金代替发钞银行作为最后贷款者，并直接干预金融市场，显示港府的政策取向已发生重要变化。前银监处顾问范伦曾指出，银行业之所以不能再完全依赖市场力量执行纪律而非靠政府积极监管不可的原因有两个：一是银行间的连锁关系越来越密切，因而银行倒闭的连锁反应亦越来越强烈；二是消费者势力日益膨胀，政府受强大压力采取保护存款者的措施。①

（2）加快金融货币制度改革，加强对金融业的监管。鉴于港府的不干预政策，20 世纪 80 年代以前港府对金融业的监管可谓极不完善。其颁布的银行条例漏洞颇多，亦未能切实执行。1984 年以前银行监管处只是例行公事地检查金融机构所呈表册，极少真正审核其管理素质，到发现问题时，发生问题的银行往往已恶化到非接管或收购不可的地步。接踵而来的银行风潮迫使港府对原有的银行监管制度作根本检讨，于 1986 年颁布新银行条例，新银行条例除了把 1982 年实行的金融三级制以法律形式确定下来，重点是加强银监专员的权力，并将监管从主要依靠查账转为结合对银行管理素质的监管。1989 年港府又提出修订金融三级制建议，并准备追随巴塞尔实施资本与风险资产比率，以反映国际金融业发展趋势。种种改革反映港府维护香港国际金融中心的决心和努力。

与此相配合，港府进行了货币制度的改革。首先是建立港元与美元挂钩的联系汇率制度（简称"联汇制"）。1974—1983 年浮动汇率期间，香港未能有效控制货币与信贷的过度膨胀，结果导致经济波幅增大及 20 世纪 80 年代初的银行危机。1982 年 7 月至 1983 年 10 月，正当中英进行关于香港前途谈判期间，港元对美元贬值 28%，跌至 1∶9.6 的低水平，整个金融体系岌岌可危。1983 年 10 月 17 日，港府实施 1∶7.8 的联汇制，终于稳定了金融体系。联汇制实际上是将美国的货币政策作为香港的货币政策。由于小型开放经济无法实行独立的货币政策，联汇制不失为转型时期抗震荡能力较强的可行办法。实行联汇制，使利率作为对付投机者的武器的威力大增，1988 年初，为打击投机者及保卫联汇制，港府曾扬言准备实施负利率制度。香港有的学者认为：实施联汇制是港府直接介入干预活动最明显的分水岭。② 其次是港府与汇丰达成的新结算制度。新结算制度有两个直

---

① 饶余庆. 香港银行制度之现况与前瞻 [M]. 香港：香港华商银行公会，1988.
② 谭树荣. 从积极不干预到积极干预？[J]. 信报财经月刊，1988（131）.

接效果：一是外汇基金的中央银行功能增强，外汇基金取代汇丰掌握了银行体系结算余额，能更有效地干预银行同业拆息市场的资金及息率，从而能有效地维持联系汇率架构内港元汇率的稳定性；二是削弱汇丰作为准中央银行的角色，实际上是配合了汇丰近年来商业化、国际化的部署。

此外，港府还加快了证券业的改革。1986 年迫使 4 家证券交易所合并。1987 年 10 月股灾，港府对金融部门的监管漏洞进一步暴露，政府被迫直接介入证券业，重组联合交易所和期货交易所，重整期货交易所的结算及保证制度，并设立一个政府架构之外的新证券事务监察委员会以加强对证券市场的监管。

（三）工业

20 世纪 70 年代中后期之前，港府对工业发展基本是实施不干预政策，任何企业或行业的发展均取决于市场支配力量，港府不作任何直接的资助，仅在架构上作有限的支持。如 20 世纪 60 年代成立香港工业总会、香港贸易发展局及香港生产力促进局等机构；20 世纪 70 年代成立工业村公司，为资本大且能为香港引进先进技术的工业提供廉价土地。1979 年香港经济多元化咨询委员会提交了一份《工业多元化报告书》，建议港府全面资助工业技术训练，促使工业升级转型。其后因港府致力于推动香港成为国际金融中心，并未积极执行报告有关建议。不过，自 1980 年成立工业发展委员会及 1982 年成立工业署以来，港府对工业的支持已转趋积极，主要集中在三个方面的工作：一是加强对基础设施的支援，包括工业用地供应、劳工训练、通信、运输、水、电力、金融及其他商业服务的保证，为工业发展提供良好的投资环境；二是加强对工业发展的支援性服务，以促使生产率提高、改进质量及产品更新，为此相继成立了香港设计革新有限公司、香港塑胶技术中心，筹办香港品质保证局等一系列支援机构；三是加强对海外投资的引进，为此工业署特设投资引进部并相继在旧金山、纽约、布鲁塞尔、伦敦及东京设立办事处。港府的上述措施，虽然已把向厂商提供良好的投资环境的概念加以扩充，对工业发展起了促进作用，但实际上基本仍停留在间接性支援的规范内，且多属补救性、滞后性的措施，缺乏统一的部署，远不能适应工业发展的需要，因而受到社会各界，尤其是工业界的强烈批评。

目前，香港工业因劳工短缺及成本上涨，原有的比较优势正逐步丧失，而企业规模细小、投资行为趋向短期化又令工业向高科技的转型步履蹒跚。新的比较优势尚未建立，在国际市场更面临贸易保护主义及邻近地区和国家竞争的双重威胁，困难重重。在这种情况下，港府被迫在 1987 年加强其工业政策调控，包括推行"工业推广服务试验计划"（即派人上门向香港中小型厂介绍港府提供的工业服务）、拨款 7 000 万元予生产力促进局发展新科技、成立科学与技术委员会筹办科技大学、考虑建立科技中心、加强人才培训及成立创业基金委员会等。港府以往一直反对给予个别工业特殊待遇，但在 1987 年 8 月却开始修改这一方针，政府以后可配合个别行业的需要而作支援，如资助生产力促进中心成立无线电高频率及数码通信实验室，支持手提电话及其他通信仪器的发展等。港府并于 1989 年 4 月起全面检讨现行的工业政策，以厘定香港工业日后的发展方向及港府在促进工业发展方向所应扮演的角色。署理工业署长梁建邦表示：这次检讨的重点是如何鼓励私营公司进行更多的产品研究与发展工作，及港府如何介入，负起责任、发挥促进作用。① 总体而言，港府的工业政策有从不干预转向积极扶助的趋势。

三、几点分析

第一，20 世纪 80 年代港府的经济政策，总体而言基本上仍是过往执行的"积极不干预"政策的延续。其好处在于恰好发挥了香港在弹性、灵活性和适应性方面的优势，从实践看，它是"二战"后香港经济成长的重要因素之一。香港"积极不干预"政策的产生，有其特殊的政治、经济及社会历史背景：

政治上，香港是英国殖民地，殖民地章则严格控制殖民地政府的财政收支，目的是要其自给自足，不动用英国国库补贴。1958 年之前，港府每年的财政预算案须先呈英殖民地部核准。1958 年以后，港府虽获财政独立，仍依照殖民地章则精神，奉行审慎的财政政策。这种殖民地管治方式使港府不愿亦不能承担社会经济发展的积极角色，缺乏长期性规划，甚至连经济分析最重要的统计数据，也是在 1971 年才开始制定，1974 年才陆续发表。

经济上，香港属小型开放经济，市场狭小，几乎没有天然资源，经济以对外贸易为主，极易受国际经济因素变动的影响，港府实施干预性经济政策难以收到预期效果；而实施不干预或少干预的经济政策，如自由港及

---

① 参阅《港府全面检讨现行工业政策》，《信报》，1989 年 10 月 11 日。

简单的低税率政策等，却有利于营造良好投资环境吸引外资，适应外向型经济发展的要求。

理论上，受英国古典经济派亚当·斯密的自由经济理论的影响。香港大学前经济系主任杨森就曾指出："积极不干预"主义可追溯到英国古典经济学派的自由经济理论，特别是亚当·斯密 18 世纪提出的自由资本主义，反对经济干预的理论，即"受无形之手指引"，通过市场机制的自发调节，可使经济保持一种相对均衡的自然趋势，并使社会资源得到有效分配的观念。①

第二，20 世纪 80 年代港府经济政策变化趋势之一，是全面加强了对经济的干预和介入程度。这种干预包括两个层面的含义，一是"积极不干预"政策中"积极"的成分增强，如在金融方面致力于建立及逐步完善金融三级制体系，改革货币制度及证券市场；在工业方面扩大对工业的间接性支援，转向积极扶助政策等。二是突破"积极不干预"政策的框架，加强对经济的直接干预，如在财政方面逐步转向温和的反经济循环政策，直接介入金融环节，动用外汇基金拯救银行危机及恒生期货市场，实施联汇制；在工业方面直接资助个别行业的技术发展等。这种干预的加强有利于香港建立更能经受震荡的财政金融系统，维持香港作为国际金融中心的地位及声誉，推动香港经济多元化的发展，因此是应该加以首肯的。干预加强的背后，实际上亦有其深刻的原因：

进入 20 世纪 80 年代，连串的金融危机已使港府"积极不干预"政策的负面作用及后遗症日益暴露，其所造成的震荡和连锁反应已影响到香港作为国际金融中心的地位及声誉。在形势比较强的自然经济压力下，港府被迫从危机管理哲学转向积极加强监管。

与此同时，香港的外部经济环境及内部经济结构也发生了重大变化。从外部经济环境看，西方经济正日益面临衰退的威胁，欧美国家的贸易保护主义逐渐炽烈，反倾销浪潮日高，而邻近国家和地区的竞争力又日益加强，对香港的对外贸易和制造业的发展构成了双重威胁。从内部经济结构看，香港经济正向多元化发展，经济结构日趋复杂，资本垄断程度大增，以上市公司为例，12 大公司（汇丰、和黄、长实、怡和、置地、太古、九龙仓、新鸿基地产、新世界发展、国泰、中电及电讯）就占了整个股市总值的 48.4%。这与亚当·斯密关于完全竞争的理论前提已相距日远。客观经济条件的变化迫使港府逐步修正原有的经济政策，加强对经济的监管及

---

① 杨森. 香港经济的成长及政策［M］. 何秉石，译. 深圳：港澳经济研究中心，1985.

干预。

随着香港经济的发展，港府的财政收入和财政盈余均大幅增加，也为加强监管和干预提供了重要的前提条件。

第三，20世纪80年代港府经济政策的另一个变化趋势，是配合"九七"香港回归的战略部署。这主要表现在：①私营化计划。私营化计划除了对财政及服务质素的考虑外，实际上是港府"还政于民"战略部署的一个组成部分，目的是从政制架构上对未来特区政府造成一定的制衡，以尽量减少特区政府对经济的干预，从而维持及巩固英国在港既得利益。香港有的学者就指出："1997年香港主权移交，英国在港的统治权，及其所定的一套游戏法则势将改变。英国人为了保持在港的利益，须尽量维护及巩固这套法则，其中一种办法，是利用公营管理局'还政于民'，并选择一些合适的港人出任管理局的管理阶层，……这样一来，英国在港订立的制度就可能保持。"[1] ②新结算制度。从表面看，新结算制度削弱了汇丰的特权，但实际上却是配合汇丰淡出准央行地位，走向商业化、国际化的战略部署。从长远看，正如有的香港学者所指出："这次改革必然对汇丰有利，因为根据中英联合声明和基本法，外汇基金是由香港特区政府管理和支配的，如果汇丰继续维持目前与港府混淆的角色，可能会导致中国银行的介入。目前的安排，可以让汇丰继续维持其在香港的领导地位。"[2] 港府为配合"九七"香港回归的战略部署在经济政策方面作出的变动，值得我们加以关注及研究对应之策。

第四，港府"积极不干预"政策已陷入进退两难之中。从理论上看，"不干预"和"积极"在概念上存在着矛盾，且如何界定是否逾越"不干预"的框架并无固定、客观的标准。以"界外效益"为例，一般而言，政府的干预都会产生程度不同的"界外效益"。这固然使得港府的经济政策具有较大的弹性，但同时亦使其缺乏内在的逻辑性和一致性。从政治层面看，一方面港府为防止不法之徒和个别利益集团利用敏感的转型时期铤而走险，从中谋利，以维持香港的繁荣稳定，需要加强对经济的干预和监管，收紧法网；但另一方面，为了维持及巩固英国在港既得利益，港府又需实现其"还政于民"的部署，以便在行政架构上对未来特区政府造成一定制衡。从经济层面看，随着20世纪80年代以来香港经济的外部和内部条件的变化，港府已逐步加强了对经济的监管和干预，但是这种监管和干预是否会损害香港在弹性和灵活性方面的优势，已成为社会各界，尤其是

---

① 余赴礼. 转型时期港府推行"私营化"政策的经济分析 [J]. 信报财经月刊, 1988 (132).
② 余赴礼. 转型时期港府推行"私营化"政策的经济分析 [J]. 信报财经月刊, 1988 (132).

工商界十分关注的问题。港府这种进退两难的经济政策将会对未来香港经济构成何种影响，对将来的特区政府又有什么借鉴？亦值得我们加强研究。

（原文载于香港东南经济信息中心《世界经济信息》（增刊）1989 年第 9 期）

香港土地管理制度的基本特点及其利弊

香港土地管理制度是其"二战"后经济成功发展的重要因素之一。研究香港土地管理制度的基本特点，分析其利弊得失，对内地土地管理体制的改革，具有重要的借鉴意义。

一、香港土地管理制度的基本特点

（一）两权分离：土地所有权属港府，土地使用权允许有偿转让

与美国、日本等国的土地私有制度不同，香港推行土地所有权与使用权分离的管理体制。根据法制，土地所有权属英皇，由港府全权代理，故称为"官地"（Crown Land）。港府对全港土地（港岛中区圣约翰大教堂土地例外；新界和新九龙属港英政府向中国政府强制租借土地，为期99年）拥有所有权和最终业权。这是香港整个土地管理制度的基础。与此同时，港府把土地使用权以一定期限和条件批租给地产发展商或承租者，并允许该土地使用权在期限内自由转让、抵押、继承或赠送。批租的方式主要是公开拍卖，价高者得。此外，对涉及社会公益、公共事业、教育、宗教及其他特殊用途的土地，则采取公开投标或私人协议的方式。批租的期限一般有75年、99年两种。新界及新九龙土地的批租期，通常从1897年7月1日起计，为期99年，但减去最后3天。土地使用期满后，承租者须将土地连同上盖建筑物一并交还港府，并无赔偿。承租者若要续期，需征得港府同意并补交地价。土地使用权有偿自由转让，是香港土地管理制度的核心。透过它，土地管理制度引入市场机制，"官地"转化为可自由买卖的商品，形成开放、活跃的房地产一、二级市场，"价高者得"的批租方式，使得土地价格水平由市场供求关系决定。这就充分发挥了市场机制对土地资源的调节作用，使香港土地管理制度在土地所有权属港府的基础上有机地融入香港的自由市场经济之中。

（二）对土地发展建立强有力的宏观管制体系

港府对经济管理的哲学，素以"积极不干预"著称，但在房地产市场

上，由于以土地所有者的身份直接参与垄断性经营和管理，干预色彩较为浓厚。它以行政当局和土地所有者的双重身份对土地发展建立了一套强有力的宏观管制体系：

（1）建立一元化的土地管理架构。香港土地发展政策的制定统一由土地发展政策委员会负责，该委员会由布政司任主席，其余委员均为官方成员。政策的咨询由土地及建设咨询委员会负责，此外，城市设计委员会对土地政策的制定也有重大影响。政策的内容包括：香港土地的长远发展策略、对土地供应的调节、对公共与私营房屋的调节、市区重建政策、土地发展的财政政策以及有关专业人员训练政策等。由土地发展政策委员会制定的政策，一经港督及行政局同意并在立法局会议通过，便成为法律。政策的实施由地政工务科下属的屋宇及地政署、建筑署、拓展署、路政署、水务署、机电署及土木工程署 7 个部门分工负责。这种一元领导、各司其职的行政架构，保证了土地发展政策的连贯性、统一性和合理性，防止了政出多门的弊端。

（2）通过《城市设计条例》《建筑物条例》等法例管制土地发展。《城市设计条例》授权城市设计委员会制定全港分区发展大纲草图，除为各区制订基本建设，例如道路、学校、医院等计划外，还为大面积土地编配用途、楼宇高度和发展密度等。《建筑物条例》对土地用途的限制更为细致，包括楼宇的覆盖率、地积比率及建筑物投影等，此外还规定所有楼宇建筑在动工前，须将图纸送交《建筑物条例》执行处审阅批准，看其是否符合分区发展大纲草图及《建筑物条例》等有关法规。

（3）通过地契条款管制土地发展。港府批地时，须与承批者签订契约，列明各项条款及限制条件，包括批租年期、土地用途等。早年批出的土地，地契条款通常比较简单，业主在重新发展时机动性很大，政府控制能力也有限。但近年来港府批出的地契都载有很详尽的条款，限制楼宇总面积、车位数量、每层楼的用途及高度等，还规定保留征地权力、一定期限内须兴建一定价值的建筑物等。地契与上述法例的配合，充分地控制了土地发展的整体模式。

不过，港府对土地发展的管制，仍有相当大的弹性，注重发挥市场的调节作用。如地契规定土地用途是"非工业用途"，发展商可依据市场需求，在商业或住宅两个方面进行选择。港府亦注意根据市场需求的变动，修改土地的用途。

（三）制定一整套完善的地权法，保障土地交易各方的合理权益和市场的正常运作

一百多年来，香港逐步形成一套完善的地权法，主要包括：《拍卖地产条例》《地产转让及物业条例》《新界条例》《收回官地条例》《土地注册条例》《官地租契条例》《多层大厦条例》《业主与租客综合条例》等，这些条例都有极为详尽的细则，清楚界定土地交易中各方的权益和义务。此外还规定地产交易须经由律师办理。这就有效地保证了地产市场的公平竞争和正常运作。

二、香港土地管理制度的利弊分析

从总体看，香港土地管理制度的最大优点是在充分发挥市场调节作用、搞活经济的同时，又保持了有效的宏观管理。具体而言：

（1）为港府财政收入提供了一个经常性的重要来源，成为香港低税政策的基础。在地产市道高涨时期，如 1980—1981 年度，卖地收入占港府财政收入的比重高达 35.6%；平均而言，从 1972—1973 年度到 1987—1988 年度这段时间，港府卖地收入占同期财政收入的比重是 12.6%。[1] 若再加上地税、差饷、物业税、土地交易印花税等，估计超过 15%。土地收入有利于港府保持平稳的财政收支，避免加税，这对工商业的发展是个利好因素。

（2）使香港稀缺的土地资源得以最大限度地发挥其潜力和效益。这主要表现在：①在法律上，港府拥有全港土地的所有权和最终业权，得以制订土地发展长远计划。在经济上，卖地收入所得充裕资金使其有条件实施计划，推行大规模的填海工程，开发土地。据统计，香港开埠百多年来填海增辟土地达 33.6 平方公里，观塘工业区、葵涌货柜码头、启德机场、红磡火车站、屯门新市镇以及港岛的大会堂、渡海码头、巴士总站和港澳码头等，均是填海工程的产物。目前全港 500 多万人口中，约 1/4 住在填海开发的土地上。②价高者得的批租制度，使香港稀缺的土地资源落在最有效率的经营者手中，杜绝土地浪费的现象。香港土地资源稀缺，全港土地面积仅 1 068 平方公里，且多为山地。"二战"以来，香港人口急剧膨胀，经济蓬勃发展，成为亚太地区重要的贸易、金融及旅游中心和国际大都

---

① 根据《香港经济年鉴》历年统计资料整理。

会，形成对房地产的庞大需求。以极其有限的土地资源去满足急剧增长的庞大需求，是房地产业所面临的困难。香港现行的土地管理制度却成功地解决了这项难题，为全港居民提供了各类住宅，为各行业提供了所需要的楼宇，推动了经济的发展。

（3）配合和推动了香港城市建设和基础设施的整体发展。在现行土地管理制度中，港府通过《分区发展大纲草图》《建筑物条例》和《地契条款》，在宏观和微观两个方面充分控制城市整体发展模式，使新建楼宇符合社会发展要求，以避免交通拥挤、公共设施负荷过大、环境素质下降及地价膨胀等问题。近年香港一些新发展地区，如尖沙咀东部和沙田新市镇等，建筑物建设得井井有条，整体发展非常和谐，在很大程度上应归功于这种有效的土地管理制度。同时，港府还灵活运用各种批租方式，对涉及基础设施、社会公益、公共事业的用地，多以投标或协议的方式批出，如对香港工业村用地，只收土地开辟成本价而不收市价，对公共房屋用地甚至免收地价，使参与基础设施建设的地产商既有利可图，又有计划、有步骤地推动了城市建设和基础设施的协调发展，适应了社会经济发展的需要。

（4）使房地产业成为香港经济的重要支柱，推动了香港经济的整体发展。现行的土地管理制度使房地产业成为高度商品化的行业，市场繁荣、交投活跃、经营者利润丰厚，土地交易各方的权益得到法律的严格保障，种种因素推动了房地产业的迅速发展，成为香港经济的重要支柱之一，并进而带动整体经济的发展。这表现在：①房地产业的发展，对金融机构的贷款需求急剧增长，带动金融业发展。据统计，从 1982 年到 1986 年间，金融机构对屋宇营造及建筑物贷款、对购买居屋贷款及购置其他物业贷款共计 3 794.1 亿港元，占同期金融业本地使用贷款的 33.79%，高于任何其他行业。[1]②带动股票市场发展。据 1989 年 2 月 24 日收市价，香港地产建筑股市值占总市值的比重达 33.54%，在各类股票中比重最高。据仲量行估计，香港股市总值中，房地产价值约占 8 成。房地产业的发展成为股市上升的动力，形成香港"股地拉扯"的特殊现象。③带动建筑业及工商业的发展。可以说，房地产业的发展对香港经济的繁荣起重要支持作用。

不过，也应该看到，香港土地管理制度也有相当大的负面作用，主要表现在：

首先，高地价、高楼价、高租金严重削弱香港产品的竞争能力和香港

---

[1] 根据《香港经济年鉴》历年统计资料整理。

经济的基础，成为香港投资环境中的不利因素。在土地资源稀缺、需求庞大、供求不平衡的背景下，价高者得的批租制度不可避免地形成香港高地价、高楼价、高租金的所谓"三高"现象。据统计，从1959年到1980年港府拍卖市区土地的平均价，工业用地增长280.8倍，非工业用地增长73.5倍，住宅用地增长82.2倍。① 从1968年到1987年间，香港中区写字楼平均租金增长10倍。② 急剧上涨的地价、楼价和租金，迅速推高各行业的经营成本。在地产市道高涨时，许多行业的利润被急升的地价吞没，市民负担加重。高地价带来的高利润，使房地产业畸形发展，大量进口资源过分集中在以发展消费品为重心的部门，引起贸易赤字和通货膨胀，使香港国际金融中心的基础变得狭窄、脆弱。一旦地产市道滑落，就会对金融、股市以至于整体经济造成重大冲击。

其次，房地产市场具有很大的投机性，成为香港社会经济发展中一个不稳定的因素。投机是市场经济的必然现象，但香港的"楼花"（未建成的楼宇）售卖制度则大大加剧了这种投机性。卖"楼花"的原意是为了减小风险、加快资金回收。但由于买"楼花"者购买时只需付楼价的极小部分，当楼价上升时再卖出就可获得极大比例的利润。"楼花"实际成为一种期货，既然炒"楼花"在于看好未来价格走势，投机就不可避免。炒"楼花"成为香港房地产市场的特有现象，炒风炽烈时，曾出现轮候排队四天三夜抢购"楼花"的记录，出现职业炒家及集团式炒楼现象。炒"楼花"的进一步发展便是炒楼宇，1980—1982年地产高潮时，整幢商业楼宇进行炒卖的数量高达20多幢，最闻名的是金门大厦，自1979—1980年底，该楼四度易手，售价从7.15亿港元升至17亿港元。大量的投机活动造成了市场的虚假繁荣，扭曲了市场真实的供求关系。1980—1981年楼价已升至市民无法负担的地步，但由于银行按揭贷款比率高达90%，炒家动用1亿港元，便可在市场形成10亿港元的购买力，市场出现"面粉贵过面包"的情形，地产市道的崩溃就在这种虚假繁荣中形成，并进而波及金融、股市以至于香港总体经济。

三、对内地土地管理体制改革的启示

土地管理体制改革，是中国经济体制改革的重要组成部分。改革的基本路向是从原有的行政划拨、无偿无期使用转变为土地所有权属于国家、

---

① 参阅陈可昆的《香港经济概论》。
② 资料来源于香港差饷物业估价处。

土地使用权有偿有期转让，这实际上是借鉴、移植香港模式。不过，从香港经验看，内地正起步的土地管理体制改革存在不少问题，亟须及时注意解决，主要有：

（1）发展房地产市场的同时必须加强宏观管理。从香港经验看，引入市场机制，发展房地产市场的一个极重要的前提条件是建立强有力的宏观管理体制。但目前内地的情形是，有的地区土地开发相当混乱，缺乏土地开发利用的总体规划。沿海开放地区如珠三角地区等，土地盲目开发的情况也颇为严重，不少农田未经批准自行建造厂房，有些用地甚至未经平整和铺设排水设施。这不仅占用和浪费了宝贵的耕地，造成环境污染，而且破坏了正当规划区域里土地市场的运作，若不及时纠正，将给该区土地开发利用留下严重后遗症。因此，从管理机构和发展规划上加强对土地开发的宏观管理，已成当务之急。

（2）尽快制定一套完备的房地产法律，发展相关辅助行业，以保障房地产市场的公平竞争和正常秩序，抑制非法投机活动。目前内地有关土地法例，可以说是相当混乱和缺乏。尽管深圳、上海、海南等地都相继制定了土地管理条例，但实际上只是一些原则和大纲，缺乏详尽、明确的实施细则。有的地区发出的土地使用权证十分简单，买卖双方的权利、义务，均未能清楚界定，势必给将来造成不少纠纷。法律漏洞大，使得"倒爷"从中大肆投机，炒高地价；部分人利用权力舞弊受贿；征地亦日益困难，若不及时解决，极易葬送改革成果。同时目前各地颁布的条例在法人地位、使用权出让金、使用期限、利润、税务等方面都差异很大，缺乏一套土地开发的基本大纲，极易引致各地的恶性竞争，影响土地市场的合理发展。因此，中央政府应尽早制定全国性的土地法律，各试点地区据此大纲加紧制定详尽的细则和配套法规，以抑制非法投机。此外，应借鉴香港经验，建立专业制度，大力发展律师、测量师、建筑师及会计师等辅助行业，以发挥专业人士在经济发展中的制衡作用，保证法律的实施及土地交易各方的合法权益。

（3）正确处理、发挥市场机制的调节作用和防止高地价的矛盾。近年，随着土地管理体制的改革，市场机制的引入，内地部分地区的地价、房价急升，有的甚至已远远高于人民群众的购买力和经济发展水平，导致经济过热和通胀，对经济造成较大的冲击。在经济特区，过高的地价已严重削弱了投资环境的吸引力。目前有的地区如海南省，正考虑以限价或限利润的办法抑制高地价。但是，限价势必抑制市场机制对土地资源的调节作用，令市场供求更加不平衡，并可能进一步增加非法投机活动。在这方面，香港还没有提供现成的经验。因此，在土地管理体制改革中，如何充分利用市场机制而又避免重蹈香港高地价的覆辙，是当前亟须解决的一个重要研究课题。

（原文载于香港《房地产导报》1989 年 7 月号）

香港制造业发展路向与策略

一、对"空壳论"与"平衡论"的分析

面对香港经济结构转型及内忧外困等种种难题，香港制造业何去何从，其在未来香港经济中的地位及作用如何，这些问题已在香港社会中引起广泛的议论，当前有两种具有代表性的观点。

其一是所谓"空壳论"。这种观点认为，随着香港制造业的大规模北迁（或南移），企业留港部分只剩下营业部、财会部，具规模者尚有产品设计部及品质检验部，制造业将出现"空壳"趋势。香港将全面发展第三产业，进一步演变为华南地区和亚太地区的金融贸易服务中心，并步伦敦、纽约的后尘，成为商业大都会。香港大学张五常教授认为，在未来5至10年内，香港将有大部分工业转移到内地，届时香港不必被迫应用高科技，但应发展产品设计、财经管理等服务行业，香港将从工厂的地位变成半办公室的形式。香港经济研究协会会长李刚表达得更明确，他认为，随着转口贸易的复兴及工厂北迁，香港再度回复到"商埠"地位，而工业中心则似乎已完成了它在香港经济发展史上担任的过渡角色任务，功成身退。①

其二可称为"平衡论"。这种观点担心香港过分倚重服务业而忽视制造业的倾向，认为香港经济应保留一个具高科技的、有竞争力的制造业，以维持一个平衡的经济架构。香港生产力促进局执行总干事陈少感认为，香港不宜依赖不平衡服务导向发展经济，香港在20世纪90年代应继续发展制造业，以使经济能经受任何冲击而屹立不倒。② 香港总商会主席李鹏飞亦指出：香港经济在稳定地转向第三级环节发展，具有领导南中国国际发展的希望之际，应维持一个可行的、以本地为基础的制造业环节，这个环节必须能够与亚洲新兴工业国家发展一日千里的高科技工业竞争，以使

---

① 参阅《华侨日报》，1988年12月12日。
② 参阅《文汇报》，1989年7月18日。

香港维持一个平衡的经济架构。①

上述两种观点中，似乎后一种观点更值得引起人们的重视。理由是：从历史看，"二战"以来，制造业一直是香港经济的重要支柱，至今仍然是香港经济中一个非常重要的组成部分，它每年的生产总值超过 2 000 亿港元，占本地生产总值的 1/5 以上；它 90% 以上的产品销往海外市场，是香港外汇收入的主要来源；它提供的就业职位，仍超过本地劳动力总数的 1/3。制造业一旦式微，将造成严重的结构性失业，这是金融、贸易等服务行业所不能解决的。一般而言，金融、贸易等服务行业的资本集约程度高于制造业，同等数量的资本投入金融业，所能雇佣的人员远少于制造业。且双方所需人员的文化素质、技术水平差异很大，大规模转向服务业，势必引起严重的就业问题。

从现实看，制造业仍然是香港经济的基础。据香港工业总会计算，1983 年制造业对香港经济的直接贡献，即其占本地生产总值的比重为 22.7%，而制造业对香港经济的间接贡献，即由其引发的其他行业的活动，如电力、煤气、水、建筑、进出口、饮食、运输、财务、保险等行业，约占本地生产总值的 18.5%，因而制造业对香港经济的总贡献占本地生产总值的 41.2%。制造业的发展为香港服务业带来可观的营业额，制造业的式微势将打击服务业。香港《信报》专栏评论家麦嘉华指出："当生产一旦移往内地进行后，香港的服务部门迟早会步其后尘。工厂劳工将需求银行和商店，而制成品需要有效率地包装、承保和运输，代表着深圳的机场和海港将增加其重要性，深圳的出口货物将直接从其机场和港口输往外地，从而夺走葵涌货柜码头和香港机场的运输生意。当香港一旦丧失其工业生产、运输和转口功能后，它的经济将开始遭受严重打击。"② 这番话虽似有夸大之嫌，但亦道出了制造业与服务业的关系。可见，制造业的发展，有利于香港保持及发挥其作为南部中国服务中心的功能和优势，而若以服务业为基础，势必使香港经济更加依赖外部经济，增加经济的无根性及投机性，波动必然更大。

同时，一个高科技的、具有竞争力的制造业的发展，有利于扩大内地、香港两地经济合作的基础，增强互补性，减少恶性竞争。目前，内地、香港两地的出口产品结构大体相近。随着先进技术设备引进、香港工业北迁及沿海开放地区经济水平的提高和产品的升级换代，内地将成为香港强大的竞争对手，这将削弱两地合作的基础。而香港制造业逐步向高质

第一编 经济政策与经济转型

---

① 参阅《商报》，1989 年 4 月 25 日。

② 参阅《信报》，1989 年 3 月 13 日。

量、高附加值及高科技发展，则有利于保持香港的领先地位，吸收国际先进技术及追赶国际消费潮流，继续利用内地廉价劳动力及土地作低成本生产，保持其在国际市场的竞争力，同时亦能带动内地工业升级转型。由此可见，制造业的发展及转型，对于维持香港平衡的经济架构及繁荣稳定，对于内地和香港经济关系的发展，均具有现实意义和长远意义。

二、值得重视的几个问题

为推动香港制造业从劳动密集型转向资本技术密集型，使其在 20 世纪 90 年代国际市场新一轮竞争中建立新的比较优势，并使香港经济的多元化发展有一个平衡的架构，当前亟须解决以下几个问题：

第一，港府重新检讨现行工业政策，加强对工业升级转型的扶持。20 世纪 70 年代中后期之前，港府对制造业的发展基本是实施不干预政策，仅在架构上作有限支持，如培训人才、售卖工业用地等。进入 20 世纪 80 年代，特别是 1982 年工业署成立以来，港府对制造业的支援转趋积极，主要是：①在基础设施方面的支援，包括工业用地供应、劳工训练、通信、运输、水、电力、燃料、原材料、金融及其他商业服务的保证等，使制造业所需的生产要素得到满足。②提供支援性服务，以提高生产率、改进质量及促进产品更新。为此目的，港府成立了一系列机构，包括早期成立的生产力促进局（1967 年）、香港设计革新有限公司（1986 年）、香港塑胶技术中心（1988 年）等。港府还成立科学与技术委员会及科技大学，筹建香港品质保证局、科技中心及将军澳工业村等，这些措施有助于促进制造业发展。不过，基于港府"积极不干预"的局限，基本仍停留在间接性支援而非实质性支援，且多属补救性、滞后性的支援，远水难救近火。香港电子协会主席李树强认为，港府每年给电子业的科研费用仅 1 000 万港元，可谓杯水车薪，相比之下，台湾每年拨给电子业及资讯业的科研费用高达 5 亿美元，此情况若持续下去，香港电子业将受严重威胁；而港府兴建科技中心，费时数年，不过是门面装饰及推延战术，不能合乎电子业迅速发展的要求。香港工业总会主席张鉴泉亦批评港府在这方面的"迟知迟觉"。

面对制造业结构性调整及日益严峻的经济环境，港府似乎有必要重新检讨现行工业政策，从香港制造业的优缺点出发，研究亚洲新兴工业国家（地区）的产业政策及欧、美、日等工业国家的市场动向，制定出一套长短期结合的、完整可行的工业发展政策。从短期看，港府应加强对制造业特别是其中向高质量、高附加值、高科技发展潜力较大的行业或产品的直接资助和扶持；从长期看，应加快科技大学、科技中心、工业村以及一系列相关组织的筹建，并使之相互配合，形成一套吸纳及推广应用型较强的国际先进科技的机构系统和机制，适应香港制造业以中小型企业为主的特点；此外，在基础设施及提供支援性服务两个方面亦作相应的改革和配合，以便有效地推动制造业从劳动密集型转向资本技术密集型。明确地说，港府应加快进行政策的转换，从"积极不干预"转向"积极扶助"政策。

第二，改善投资环境，积极争取海外公司来港投资制造业。近年来，尽管面对亚洲国家和地区的激烈竞争，香港凭借其优良的投资环境及港府的努力，在吸引外资方面仍取得很大进展。据统计，截至 1987 年底，外商投资在港制造业总值以原值计算约达 211 亿港元，比 1986 年底增长 7.5%，差不多等于 1984 年投资额的两倍。全港外商企业达 593 家，雇佣劳工 10.3 万人，占全港制造业劳工总数的 11.8%。其中占最大比例的是美国（36.4%），其次是日本（26.6%）、中国内地（8.2%）及英国（7.1%）。外商投资的主要行业是电子（40.3%）、制衣及纺织（9.6%）、电器（8.6%），从实践看，外资在香港制造业升级转型中正扮演日益重要的角色，这是因为：①外资企业增加有利于改变香港制造业以中小型企业为主的结构。目前，外资企业平均雇佣人数为 174 人，是全港制造业企业平均雇佣人数的 10 倍。②引进外资为香港制造业带来新的技术、产品及有关专业知识，如美国万力半导体集团在大埔工业村发展的"矽港"计划，落成后将成为万力半导体集团的亚太地区总部、地区电脑中心、半导体设计和生产中心。① ③外资企业对推动中小企业的技术进步起了"催化"作用。在香港这种小型经济中，劳工的流动性极大，信息传播亦极快，而外资企业中，44.2% 是与本地企业合资经营，因而本地企业能很快地学习、模仿外资企业学的做法，从中取得经验，并建立本地的工业与外资企业竞争，电子业便是典型的证明。初期，海外投资者垄断了这个行业。但局面仅维持很短时间，本地企业便打破垄断局面并夺取了大部分市场。这种技术扩散是外资企业对香港制造业转型的最重要贡献。目前，外资企业在港投资所遇到的困难，主要是劳工短缺、工资偏高、工业用地不足且昂贵等。港府应把吸引外资作为推动制造业转型政策的一个重要组成部分，并切实改善投资环境，如加快将军澳，以及屯门三十八段、天水围等工业村的计划工程，以期在 20 世纪 90 年代取得更大进展。

---

① 邢慕寰，金耀基：香港之发展经验［M］. 香港：中文大学出版社，1985.

第三，加强香港与内地之间的科技合作。内地的科研力量及科研成果，是香港制造业转型升级的另一个有利的外部条件。内地有相当雄厚的工业基础，在不少领域里拥有先进技术及大批科技人才。加强香港与内地的科技合作，把内地的科技力量与香港的信息、市场结合起来，既可促进香港工业的转型，又有利于加快内地科技成果的商品化过程，并将进一步扩大经济合作的基础。这个问题虽提出多年，但成效不大。关键是双方经济体制的差异，未能寻找出合作的有效方式及途径。在这个问题上，香港因了解海外市场需求及商品走势，政府及企业应采取主动措施，直接与内地有关科研机构联系，寻找合作机会。内地沿海开放地区的政府及有关部门应积极配合，制定明确的政策，以使双方能在实践中摸索出科技合作的有效形式，建立起相应的运作机制。

（原文载于香港东南经济信息中心《世界经济信息》1989 年第 13 期）

香港经济的奇迹

"二战"后的短短数十年间，香港从远东的转口商埠迅速崛起，成为亚太地区国际性服务中心、著名的商业大都会，其所取得的成就令全球瞩目，可以说是"二战"后继日本、德国之后的另一个经济奇迹。香港学者甚至认为："香港奇迹式的经济成就几乎是一个不可思议的迷。"

一、战后香港经济取得的成就

"二战"之后，香港经济所取得的成就，具体表现在：

（1）"二战"后，香港经济高速增长，在人口急剧膨胀的情况下，人均本地生产总值仍大幅提高，1995 年已逾 20 000 美元，已超过英国、意大利等西方发达国家，在亚洲仅次于日本，被世界银行列为高收入地区。

（2）1995 年，香港的进出口贸易值分别为 14 952 亿港元和 13 253 亿港元，在当年世界贸易中分别排名第 7、8 位。香港的贸易地位，已从 1979 年全球的第 23 位跃居第 8 位，仅次于美、德、日、法、英、意、加，成绩之佳令全球商界瞩目。目前，香港共拥有逾 10 万家贸易公司，汇集了各类采购公司、货运代理商和贸易融资专才，组成了全球最庞大、技术最先进的专业队伍，其市场网络已伸延至全球近 150 个国家和地区。香港已成为亚洲地区贸易展览之都，举世闻名的国际贸易中心。值得指出的是，根据世界贸易组织最近公布的数据，1994 年香港成为全球十大商业服务出口地区之一，出口总值高达 316 亿美元。

（3）香港已成为亚太地区主要的国际金融中心之一，是国际性大银行的集中地，现时香港的接受存款机构已超过 380 家，而来自 40 多个国家的海外银行在香港设立了超过 150 间办事处，世界前 100 家国际性大银行中已有 85 家在香港经营业务。香港的银团贷款金额居亚洲首位，是全球五大繁忙的证券市场之一，亚洲第二大资本市场。1995 年，香港跃居全球第五大外汇市场，日平均外汇交易量达 910 亿美元。香港还与伦敦、纽约、苏黎世并称世界四大黄金市场。目前，香港已建立一个符合最高国际标准的监管架构，银行业稳健活跃，业内资本充足比率平均达到 17%，大部分银行维持的流动资金比率已远高于 25% 这个法定最低比率，盈利增长持续保持在 20% 左右。1995 年底，香港金融管理局管理的外汇基金，资产总额高达 460 亿港元，折合 590 亿美元，居世界第 7 位，而人均外汇储备则高居世界第 2 位。

（4）香港又是亚太地区重要的航运、航空中心，与全球各地形成海陆空立体交通运输网络。香港的维多利亚港作为世界三大天然良港之一，与世界逾 150 个国家和地区的 460 多个港口有航运关系，每年约有 16.5 万艘远洋货轮和内河船只到港，处理货物超过 1 亿吨。香港的葵涌货柜码头在 1987 年开始跻身为全球第一大货柜港，1995 年处理的标准货柜单位超过 1 200 万个，已连续三年保持世界首位。1995 年，由香港拥有、控制及管理的船只数目已达 1 161 艘及 5 600 万载重吨位，香港的船东已跻身世界最大船东和船只管理者之列，与挪威、英国、希腊、日本等地同业分庭抗礼。香港的启德机场已成为当今世界最繁忙的国际客运机场之一及最繁忙的国际空运货物基地之一。1995 年启德机场处理超过 2 599 万名乘客及逾 120 万吨货物，而经营来往香港航班的国际航运公司超过 60 家。随着赤鱲角新机场的落成，香港将继续保持作为国际航运枢纽的地位。

（5）香港还是著名的国际信息中心，拥有最先进的电信科技，与全球各地建立了发达的信息交流网络。香港在世界各大城市中首先拥有全数码系统的电信设备，1995 年香港拥有 409 万台电话机，每 100 人电话机数达 66.6 台，在亚洲仅次于日本而居第 2 位，香港拥有的国际电话线路达 214 万条，国际电信使用率按人口平均计算属全球最高。此外，香港在传呼机、流动电话、图文传真机使用率方面均走在世界前列，到 20 世纪 90 年代初，传呼机数量已逾 30 多万，每 20 人当中就有一位拥有传呼机；流动电话的普及性更排在世界第 1 位；图文传真线路为每 100 条商用电话线中占 10 条，世界排名仅次于日本。在传播业方面，香港出版逾 70 份报纸，定期出版逾 600 份期刊，香港共设有 15 个广播电台、4 个无线电视台，1991 年及 1993 年香港先后开设卫星电视和有线电视。香港已成为全球信息反馈最及时、最充裕的地区之一。

（6）香港是国际性旅游中心，享有名闻遐迩的"购物天堂""美食天堂"的盛誉，拥有世界一流的商店设施和服务。旅客来港目的以购物、度假及商业为主，1995 年来港旅客人数高达 1 000 多万人次，旅游业已成为香港第二大收入来源。

（7）香港是国际资本的汇聚地，拥有来自多国多主的资本，成为国际资本在亚太地区的总部，1995 年跨国公司在香港设立的地区总部和地区办事处已分别达 782 家和 1 286 家，分别来自美国、日本、英国、德国、法国、荷兰、澳大利亚、瑞典、韩国等。随着经济的高速增长，香港的资本、财富的积累和集中已达到相当可观的规模，已涌现一批国际性大财团和世界性超级富豪。

有鉴于香港经济所取得的非凡成就，1994 年美国《财富》杂志将香港评为"世界最佳商业城市"的榜首；1995 年瑞士两家权威的研究机构世界经济论坛和国际管理研究所在其发表的一年一度的世界竞争力报告中，将香港列为全球竞争力最强的第三个地区，仅次于美国和新加坡。1996 年，美国传统基金会发表的经济自由指标报告，将香港列为全球经济最自由地区。

二、战后香港经济的发展历程

"二战"后的香港经济，概括而言可称为出口导向型经济，经济增长的动力主要来自出口（包括转口）的扩张，不过各个时期的侧重点又有所不同。根据斯坦福公司的划分，战后香港经济的发展大致经历了四个阶段：①战后经济复原及转口贸易复苏时期（1947—1952 年）；②工业化时期（1952—1970 年）；③工业多元化及工业服务增长时期（1970—1982 年）；④经济结构转型时期（1982 年至 20 世纪 90 年代）。

与绝大多数新兴工业国家及地区相比，战后香港经济在进入出口导向阶段之前，并未经过一个进口替代阶段。战后，发展中国家基于西方工业国家的掠夺、剥削的经历以及长期存在的贸易逆差、国际收支不平衡等问题，在制定经济发展战略时，一般多从进口替代战略开始，各国各地区经历这一阶段的时间长短不一，长的如巴西、墨西哥等，经历了数十年，短的如新加坡、韩国、中国台湾等，在 20 世纪 60 年代已先后施行出口导向战略，香港可说是唯一的例外。

战后一段时期内，香港经济迅速复原，转口贸易蓬勃发展，再度成为中国对外贸易的转口港。不过，1952 年前后，两个基本因素推动香港经济走上工业化道路，进入出口导向阶段：①朝鲜战争爆发后，以美国为首的联合国对中国实施贸易禁运，香港的转口贸易一落千丈，长期以来赖以生存的脐带被卡断，经济增长的动力骤然丧失；②20 世纪 40 年代末一段时期，一批上海以及中国其他大城市的实业家南下移居香港，他们带来了香港工业发展所需的资金、设备、技术、企业人才以及与国际市场的贸易联系，为香港最早的工业——最初是纺织业，其后发展为制衣业——奠定了基础。就这样，香港经济迈进了工业化的轨道，进入出口导向阶段。

香港之所以没经进口替代阶段就迈上出口导向的道路，主要基于当时内外环境中的一些特定条件：首先，20世纪50年代初香港人口仅200万人，经济及消费水平低，本销市场极其狭小，制造业赖以发展的自然资源缺乏，加上香港长期担任转口港角色，大部分消费品依赖进口，市民对进口商品形成偏好，因此，实施进口替代策略缺乏市场及资源基础。其次，香港自开埠以来一直实行"自由放任"的经济政策，香港政府对经济发展强调不干预主义，亦不会制定完整的经济发展战略。而"自由放任"政策，包括自由港政策和低税制，对出口导向型经济则有天然推动作用。再次，从市场方面看，香港作为远东的贸易转口港，长期以来与国际市场形成密切联系，加上战后世界各地日用消费品匮乏，香港又享有英联邦特惠制，其产品输往英联邦国家和地区，享有进口税低的优惠。种种原因促使香港跳过进口替代阶段而直接进入出口导向的工业化道路。1959年，香港本地产品出口值在总出口值中首次超过转口值，标志着香港已从转口商埠向远东的出口加工工业中心和工商并重的城市转变。

20世纪60年代，香港的工业已奠定稳固的基础，除纺织、制衣业外，一些新兴的工业如电子、玩具、塑料等也相继兴起。据统计，1960—1970年，香港的工厂已从4784家增至16507家，雇佣工人从21.6万增加到54.9万，分别增长约2.45倍和1.54倍；1969年，香港本地产品出口额突破100亿港元，1970年达到123.5亿港元，比1960年大幅增长3.3倍，平均年增长15.7%。其时，港产品出口占香港总出口值的比重已高达81%，香港已成为远东地区出口加工中心，尤其是纺织制衣中心。1970年，制造业在香港本地生产总值所占比重高达30.9%。这一时期，出口加工工业的急速发展推动了香港经济的起飞，金融、保险、运输、地产及建筑业也得到相应的发展。

进入20世纪70年代，香港经济开始向多元化及现代化发展，首先是制造业生产渐趋多元化，电子、玩具、塑胶及钟表业均迅速发展，但制衣及纺织业却呈衰退迹象，其产品出口逐渐回落至总出口额的50%以下。这主要是世界贸易保护主义的抬头和亚洲邻近国家或地区如韩国、中国台湾和新加坡等竞争对手的激烈竞争，其时亚洲邻近国家或地区也已进入出口导向阶段。1976年以后，西方发达国家开始实施严厉的贸易保护措施，对香港的纺织成衣产品实施严厉的进口配额制度，香港的厂商唯有转向生产高档及优质产品的道路，同时发展多元化产品。这一时期，香港制造业的增长步伐有所放缓，但其产品出口仍有9%的实质增长。

随着制造业和对外贸易的蓬勃发展，香港的金融、保险、商业服务、旅游以及地产、建筑业等迅速崛起，成为经济发展中的重要环节。直至1970年，香港的金融业差不多全是由经营银行业的商业银行所构成。1970年以后，不同类型的金融机构，包括商人银行、国际投资银行以及本地小型财务公司纷纷成立，使香港的金融业转向多元化发展。20世纪70年代末，中国实行改革开放方针，香港的战略地位迅速提高，吸引国际性大银行纷纷进入香港，香港迅速崛起为世界第三大金融中心（以外资银行数量计算），仅次于纽约和伦敦。期间，香港的商务旅游也快速发展，成为香港最重要的行业之一，高居20世纪80年代初期出口盈利的第三位，1980年香港旅客数量超过230万人次。此外，地产和建筑业得益于香港经济的持续繁荣，逐渐成为整体经济中最重要的环节之一。

20世纪80年代初，香港前途问题被提上议事日程，香港经济一度因前景不明朗而陷入低谷，地产、股市崩溃，一度爆发银行及货币危机。1984年中英双方签订关于香港问题的联合声明，中国政府宣布在香港回归后对香港实行"一国两制"方针，维持着香港现行的资本主义制度和生活方式50年不变，实行"港人治港"、高度自治。中国的一系列方针、政策迅速恢复了港人和投资者的信心，从1985年起香港经济进入新一轮繁荣时期。

这一时期，香港经济的基础和主要支柱——出口加工工业，由于受到内外两方面的压力，正陷于困难时期：在国际市场，随着西方经济的不景气，国际贸易保护主义正愈演愈烈，加上新加坡、韩国、中国台湾以及东南亚各国的强有力的竞争，国际环境对香港越来越不利；在内部，香港又面临劳工短缺，工资、土地价格等经营成本大幅上涨的困扰，原有的劳动密集优势正逐渐丧失，而新的比较优势又因企业规模细小、科技基础薄弱以及香港政府对工业的不干预政策而迟迟未能建立，整个产业的升级转型困难重重。幸而，中国内地的改革开放日趋扩大、深化，推动了香港制造业大规模内迁，并与以珠江三角洲为核心的华南地区逐渐形成"前店后厂"的分工格局。华南地区成为香港工业的大规模生产基地，香港则演变成地区性的工业支援中心。香港制造业的内迁刺激了转口贸易的蓬勃发展，香港被再度确立为中国对外贸易的转口港，从而带动了香港的金融、保险、航运、仓储、地产、建筑以及旅游、信息等服务行业的发展。这一时期，香港的经济结构从出口导向的加工工业和工商并重转变为港口带动的服务经济体系，并逐渐演变为亚太地区最重要的国际性商业中心，包括国际性的贸易中心、金融中心、航运及航空中心、信息中心及旅游中心，并成为国际资本的汇聚地，国际市场与中国内地连接的桥梁和枢纽。

三、香港经济奇迹的背后原因分析

"二战"后，香港创造了举世瞩目的经济奇迹，跻身经济发达国家及地区行列，原因是多方面的，既有外部的有利条件，亦有内部的特定因素。从外部条件来看，主要是"二战"后至 20 世纪 70 年代初期有利的国际经济环境，以及"中国因素"所发挥的巨大的积极作用。"二战"后，西方先进工业国家在新一轮科技革命的推动下，其经济进入了一个持续增长、相对繁荣的"黄金时代"，世界市场容量迅速扩大，减少关税和国际贸易壁垒的自由贸易主义成为这一时期的主流。加上西方工业国家正进行产业结构调整，将劳动密集型产业转移到发展中国家和地区，在国际市场上留下了劳动密集型产品的空档，这为发展中国家和地区的经济发展提供了良好的外部环境。这一时期，大部分发展中国家和地区或先后转入进口替代阶段，或刚开始转入出口导向阶段，香港面临的强有力的竞争对手不多，遂得以把握时机迅速实现其工业化。及至 20 世纪 70 年代中期以后，西方经济受"石油危机"影响逐渐放缓，国际贸易保护主义抬头，香港产品尤其是纺织、制衣产品受到进口配额的限制，但从另一角度看，这些配额又成为港产品在与邻近地区竞争中保持市场份额的有效保证。

"中国因素"对香港经济的发展更是至关重要。1949 年新中国成立后，中国政府对香港采取了"长期打算，充分利用"的方针，20 世纪 80 年代提出了"一国两制"方针以解决香港前途问题，这些方针、政策对香港的政治稳定和经济繁荣发挥了重要的积极作用。香港成为亚太地区陷于战乱或政局动荡的各国的资金避难所，大批资金的持续流入刺激了经济的繁荣发展。早在 20 世纪 70 年代以前，中国政府本着对香港的支持，长期向香港提供其所急需的淡水，以及廉价的食用消费品、原材料等，成为香港经济发展不可或缺的重要因素。踏入 20 世纪 80 年代，香港的国际环境愈趋恶化，国际贸易保护主义和邻近亚洲国家或地区的激烈竞争，加上内部经营成本的大幅上升，使香港的制造业面临困境，进退维谷。幸而，由于中国的改革开放，香港的制造业得以大规模内迁，利用内地廉价的劳动力和土地资源，继续保持其在国际市场上的竞争力。这一时期，两地贸易尤其是转口贸易的蓬勃发展更带动了香港的金融、保险、航运、仓储及各类服务业，成为香港经济增长的重要动力。毋庸置疑，"中国因素"对香港经济的持续稳定繁荣具有举足轻重的影响。

诚然，香港之所以能取得非凡的经济成就，还有其特定的内部因素，主要表现在：

第一，优越的地理环境。从中国地理位置看，香港地处珠江口东侧，濒临南中国海和太平洋，是中国南方的重要门户，水路直通广州，通过广州与内地经济腹地有着极为密切的联系。从国际地理位置看，香港居亚太地区的要冲，处于日本与东南亚诸国，以及澳洲的航运要道上。香港的维多利亚海港，是世界三大天然良港之一，与美国的旧金山、巴西的里约热内卢齐名，香港历来被视为国际主要的商港之一。香港还处于世界的时区中心，与纽约、伦敦构成全球24小时全天候运作的金融市场。这些优越的地理位置，使香港具备了成为国际贸易、金融、航运中心的有利条件，吸引各国资本前来发展。

第二，独特的历史条件。1841年香港被英国侵占以后，逐渐发展成为远东地区对中国内地进行转口贸易的商港，经过逾百年的经营与积累，不但建立了经济发展所必需的各种基本设施，而且与国际市场形成悠久、密切的联系，为"二战"后香港经济的起飞准备了不少的基本条件。这期间，香港虽然脱离了祖国母体，但仍然与母体维持着天然的联系，进行大量的人力、物力与财力的交流，从各方面得到母体的巨大支持。"二战"后，东南亚及印度半岛各国不断发生动乱和排华事件，香港因政局稳定并且是华人社会，成为这些地区的资金和人员的避难所。种种特殊的历史因素，亦成为推动香港经济发展的有利条件。

第三，香港长期实行的自由开放的经济政策及法治制度。香港开埠初期，港府即宣布将香港辟为自由港，对经济发展实行"自由放任"政策，及至20世纪70年代，这些政策经当时财政司夏鼎基的重新厘定，加以系统化，明确为"积极不干预"政策，强调市场机制对资源分配和经济增长的重要性，同时对市场失效的环节加以适当干预。在这种政策指导下，港府注重维持"小政府"角色，财政支出除保证政府有效运作外，重点在社会公共服务方面，加上稳健的财政政策所积累的庞大财政盈余，使政府能顺利推行有利于经济发展的基础设施建设。同时，政府的各种自由开放政策，包括自由港政策，简单及低税率的税制，没有外汇、资金管制等，降低了投资经营成本，有利于形成良好的投资环境，刺激外来资本的涌入。20世纪70年代中后期，港府还实施一系列金融自由化政策，有利于促进香港国际金融中心的形成。无疑，港府的经济政策亦给香港经济带来了负面影响，由于强调不干预，金融危机屡屡爆发，香港制造业的转型升级步履维艰。踏入20世纪90年代，其后遗症已日渐明显。此外，香港经逾百年的发展，已形成健全的法律制度和良好的法治环境，这也构成了香港经济繁荣和社会发展的重要基础。

第四，香港企业家的坚韧应变能力和香港人民的勤劳与智慧。香港数百万人民的勤劳及高度适应能力，是推动香港经济发展的主要动力。关于这一点，早在19世纪末英国统治者已有所认识。1894年，英国政府官员里本对当时的香港总督说过："香港已变成一个华人社会，而不是英人社会，……而华人居留者从来就是香港繁荣的一个主要力量。""二战"后的情形更是如此，正是由于一大批华人企业家的推动，香港经济才建立起最初的工业基础并走上工业化的道路，促成战后香港经济的持续繁荣。而香港市民，尤其是大批南移香港的内地青壮年，为香港工业在国际市场上建立起比较优势提供了充裕的廉价劳动力。香港的数百万人民，包括香港的企业家，既继承了中华民族的优良传统——刻苦耐劳、艰苦奋斗的精神，又接受了西方文明所带来的先进科技和知识，形成了独特的价值观念，表现为整个社会既重视和谐，又强调竞争；既重视家族观念，又强调个人拼搏精神；既重视伦理道德，又强调物质价值。这些观念对香港经济的成长发挥了特殊的作用，而香港企业家的坚韧应变能力，包括灵活应变能力和顽强拼搏精神，更被不少探索香港经济成功奥秘的学者，视为香港经济腾飞的重要原因之一。

四、香港经济的发展前景

目前，香港离"九七"回归祖国已为期不远，随着香港重返祖国怀抱，香港经济将进入一个崭新的历史时期。香港经济能否在"九七"后再创辉煌，这无疑是中华民族和国际社会密切关注的一个焦点。

根据中英签订的联合声明和已颁布的《中华人民共和国香港特别行政区基本法》，"九七"后香港将成为中国境内一个高度自治的特别行政区，实行"一国两制"方针，维护原有的资本主义制度和生活方式50年不变。值得指出的是，《中华人民共和国香港特别行政区基本法》已将长期以来在香港行之有效，并被实践证明是成功的经济政策加以总结，写成法律条文。因此，"九七"后所有导致香港经济成功的基本因素并没有发生改变。不仅如此，作为对香港经济有举足轻重影响力的"中国因素"，将发挥更加积极的作用。"九七"后，香港与中国内地的关系，无疑将发生质的变化，从中英两国之间的外部关系转为一个国家内部两种不同经济制度之间的特殊关系，横亘在两地间的主要政治障碍将随之消除。这种历史性的转变，将大大促进香港与内地形成多层次、多领域的经济贸易关系，香港将从中受益匪浅。

1993 年，香港工商专业联会就曾在一份反映香港工商界主流意见的大型研究报告《香港二十一：展望香港经济十年路向》中认为，"我们深信香港主权回归中国，……将会加强香港的竞争力，推动香港的经济繁荣"，"香港一旦打开内地庞大消费者市场及投资于内地制造业的途径，香港的经济便会更加蓬勃，华南地区将会发展成亚洲的'第五条小龙'，这地区的财富急增，将会促进整个中国的经济发展，而香港与华南地区的资源结合、相互补足，两地之间的商业活动，仿佛没有边境的阻隔，必定形成实力强大的经济体系"。该报告预言："香港将会是中国的首要商业城市及亚洲服务之都。"

（原文载于北京《炎黄世界》1997 年第 2 期）

香港经济结构的第二次转型及其影响

香港经济结构的第二次转型，发轫于 20 世纪 70 年代后期并在 20 世纪 80 年代中期取得明显进展，到 20 世纪 90 年代中期趋于完成，转型的基本趋势则是"经济服务化"。这一时期，香港迅速崛起为亚太地区的国际金融中心，并发展成为中国内地特别是华南地区的贸易转口港和服务中心。

一、从制造业向服务业转型

香港社会各界对此次产业结构转型的表述可以说是大同小异。1989 年底，香港政府的规划环境地政司班礼士在题为"蜕变中的时代"一文中表示："到 20 世纪 90 年代末期，香港将会由原来的出口和制造业为主的经济模式，差不多彻底转变为亚洲区一个与中国贸易和对外关系有着密切关系，由港口带动并以提供服务为主的经济体系。"20 世纪 90 年代中，岭南大学校长陈坤耀教授表示："80 年代中期，香港开始走向全面的服务性行业，包括金融、电信、展览中心、广播、航运……"他认为，这一时期香港经济不断转型，逐渐成为一个营运中心，而其中最重要的转变，就是香港第二次成为贸易转口港，转口港全面复苏。① 1996 年《恒生经济日报》发表《日益重要的香港服务业》一文亦指出："过去 20 年，香港已成功建立为一个服务中心，并在金融、黄金及外汇买卖方面与处于领导地位的伦敦、纽约及东京并驾齐驱。香港也是全球最繁忙的港口之一，拥有全球最高之货柜吞吐量，多年来服务业的急速增长，已令香港在服务业出口方面位列全球第十大。"

香港的产业结构，从以出口带动并以制造业为主的体系，向以港口带动并以服务业为主的体系转型，主要反映在以下两个方面：

首先，从产业结构看，制造业对香港本地生产总值（GDP）的贡献急速下降。据统计资料显示，1970 年制造业在 GDP 中所占比重曾达到30.9%的历史性高峰，它曾在相当一段时期内成为香港经济中最重要的行

---

① 卢永忠. 陈坤耀论香港经济转型 [J]. 资本，1995（11）：18.

业及推动香港经济发展的主要动力。不过，20世纪70年代中后期以来，制造业的地位已逐步下降，其在GDP中所占比重到1980年已降至23.7%，1987年及1989年更先后被"广义的贸易业"和"广义的金融业"超越，1997年仅达6.5%，在香港经济主要行业中从首位降至末位，香港经济呈现"产业空洞化"的态势。

同期，服务业在香港经济中的地位迅速上升。据统计，从1980—1997年，服务业在GDP中所占比重从67.5%上升至85.2%，香港成为世界上最依赖服务业的经济体系之一。其中，"广义的贸易业"及"广义的金融业"这两大行业尤为突出。被称为"广义的贸易业"的批发、零售、进出口、酒楼及酒店业在GDP中所占比重从1980年的21.4%上升到1996年的26.7%的历史高峰，反映了这一时期香港经济由港口带动的特点。同期，为配合对外贸易尤其是转口贸易的发展，运输、仓库及通信业所占比重也从7.4%上升到9.8%。被称为"广义的金融业"的金融、保险、地产及商业服务业，其所占比重虽然在20世纪80年代前期因地产、金融危机而有所下降，但从1987年起再度回升，到1997年已增加到26.2%，成为与"广义的贸易业"并驾齐驱的另一重要经济行业（如表1所示）。

表1　20世纪80年代以来香港经济主要行业在本地生产总值中所占比重

（单位:%）

年份	制造业	服务业	批发、零售、进出口、酒楼及酒店业	运输、仓库及通信业	金融、保险、地产及商业服务业	社区、社会及个人服务业	楼宇业权
1980	23.7	67.5	21.4	7.4	23.0	12.1	8.9
1981	22.8	67.5	20.3	7.4	23.0	12.9	9.2
1982	20.8	69.3	20.0	7.7	22.5	15.2	10.2
1983	22.9	67.5	20.4	8.2	17.6	16.0	11.2
1984	24.3	67.3	23.1	7.8	15.6	15.4	10.2
1985	22.1	69.6	22.8	8.1	16.0	16.7	10.5
1986	22.6	69.2	22.3	8.2	17.0	16.0	10.1
1987	22.0	70.3	24.3	8.6	17.9	14.5	9.8
1988	20.5	72.0	25.1	9.1	18.9	13.9	9.9
1989	19.3	73.1	25.0	8.9	19.5	14.1	10.3
1990	17.6	74.5	25.2	9.5	20.2	14.5	10.6

（续上表）

年份	制造业	服务业	批发、零售、进出口、酒楼及酒店业	运输、仓库及通信业	金融、保险、地产及商业服务业	社区、社会及个人服务业	楼宇业权
1991	15.4	76.4	25.9	9.6	22.7	14.9	10.9
1992	13.5	78.9	26.1	9.7	24.4	15.1	11.1
1993	11.2	81.3	27.0	9.5	25.8	15.7	10.8
1994	9.2	83.4	26.2	9.7	26.8	15.9	12.2
1995	8.8	83.8	26.6	9.8	24.4	17.3	13.3
1996	7.3	84.4	26.7	9.8	25.1	17.6	13.1
1997	6.5	85.2	25.4	9.1	26.2	17.9	13.9
1998	6.2	84.7	24.0	9.3	25.6	17.9	14.5

资料来源：香港政府统计处。

其次，从劳动力的就业结构看，大量劳动力从制造业转向服务业。根据香港政府工业署的调查，1980 年制造业雇佣的劳动力达到 89.2 万人，从绝对值看这是历史的最高峰。20 世纪 80 年代以后，制造业雇佣劳工人数开始下降，1990 年降至 73.0 万人。踏入 90 年代，制造业雇佣劳工人数锐减，到 1995 年减至 38.6 万人，不及高峰时期的一半。制造业在劳动就业人口中所占比重也从 1980 年的 46.0% 急跌至 1995 年的 15.3%。期间，大量劳动人口从制造业转移到服务业。1980 年服务业雇佣劳工人数是 81.6 万人，到 1995 年已增加到 187.4 万人，增幅达 130%。其中，"广义的贸易业"已取代制造业而成为雇佣劳工人数最多的经济行业。1980 年，"广义的贸易业"雇佣劳工人数是 44.7 万人，到 1995 年已增至 103.1 万人，其在劳动就业人口中所占比重从 23.1% 上升到 40.9%。同期，"广义的金融业"雇佣劳工人数从 12.7 万人增加到 37.5 万人，所占比重从 6.5% 上升到 14.9%（见表 2）。

表2　1961—1995 年香港经济主要行业雇佣劳工人数

（单位：万人）

	1961 年	1971 年	1980 年	1985 年	1990 年	1995 年
批发、零售、进出口、酒楼及酒店业	13.1 (11.0)	18.2 (11.5)	44.7 (23.1)	59.0 (27.2)	81.5 (33.0)	103.1 (40.9)

（续上表）

	1961 年	1971 年	1980 年	1985 年	1990 年	1995 年
制造业	47.6 (40.0)	67.7 (42.8)	89.2 (46.0)	84.9 (39.2)	73.0 (29.5)	38.6 (15.3)
金融、保险、地产及商业服务业	#	2.6 (1.6)	12.7 (6.5)	17.9 (8.3)	27.3 (11.0)	37.5 (14.9)
社区、社会及个人服务业	26.5 (22.3)	31.2 (19.7)	16.7 (8.6)	20.3 (9.4)	25.0 (10.1)	29.8 (11.8)
运输、仓库及通信业	8.7 (7.3)	11.5 (7.3)	7.5 (3.9)	9.5 (4.4)	13.0 (5.3)	17.0 (6.7)
其他	23.2 (19.5)	27.0 (17.1)	23.0 (11.9)	25.1 (11.6)	27.3 (11.0)	25.9 (10.3)
总数	119.1 (100.0)	158.3 (100.0)	193.9 (100.0)	216.7 (100.0)	247.1 (100.0)	252.0 (100.0)

注：①括号内数字表示有关行业雇佣劳工人数占总劳动就业人口的百分比；②1961—1971 年各年人口普查所收集的雇佣劳工人数包括外发工人、自雇和失业人士，因此不能直接与 1980 年以后只包括受雇于各机构的人士的数字比较；③#表示包括在"批发、零售、进出口、酒楼及酒店业"项下。

资料来源：香港政府工业署《1996 年香港制造业》。

二、导致经济转型的原因

根据罗斯托的经济成长阶段论，当一个社会的经济进入成熟阶段以后，其经济结构必然相应地发生变化，经济主导行业将转移到耐用消费品或服务业方面。20 世纪 80 年代以后，香港产业结构的急速转型，可以说有其深刻的内部或外部的社会因素。从内部因素看，主要是：

第一，香港制造业原有的比较优势逐步丧失，而新的比较优势尚未建立。

由于缺乏自然资源及土地，香港的制造业长期以来偏重轻纺工业，且属加工装配性质的劳动密集型产业，而土地及资本密集型重工业及其他初级工业的发展则受到极大的限制，工业多元化无法展开。即使是轻纺工业，门类也较集中，产品类别较狭窄，在 20 世纪 80 年代中期占最大比例的依次是制衣、电子、塑胶、钟表、玩具、电子，1985 年这几类产品的出口值就占香港本地产品出口总值的84.2%，而受雇于这几个行业的劳工人数也占制造业劳工总数的七成以上。

进入20世纪80年代以后，这种劳动密集型产业一直受到劳工短缺、工资和土地成本不断上涨的困扰。80年代后期经济高速增长，香港的失业率一度达到1.1%的历史低水平，就业不足率仅0.8%，实际上已形成全民充分就业，劳工短缺严重影响着各经济行业的发展。当时，制造业劳工平均工资不及服务业劳工平均工资的六成。在吸收劳动力方面，制造业处于竞争劣势，社会青年和毕业的学生均不愿到工厂就业。

20世纪70年代以后，香港的土地、劳工成本持续大幅上升。据测算，70年代以来，港产品出口值每扩大一倍，工业用地价格就上涨三倍。80年代初期，香港就业劳动人口的平均工资约为1 500港元，但到90年代中期已超过10 000港元。大幅上升的工资及工业用地价格进一步推高生产成本。80年代中期以后，香港制造业原有的比较优势已逐步丧失，其在国际市场的竞争力也日渐削弱。

与此同时，香港制造业的新比较优势却因企业规模细小、投资行为短期化，以及政府的不干预政策而迟迟未能建立。香港的制造业主要由中小企业构成，这些中小企业大都缺乏资金，再加上投资能力不足，真正具备现代科技知识和管理知识的现代企业家不多，企业内科技人才缺乏，尤其是专业技术人才如工程师、资料控制专家、技师、运作经理、电脑专家等数量明显不足，因而缺乏开发的能力，产品缺乏创意，偏重生产低档及低科技产品。20世纪80年代期间，由于存在所谓香港前途信心问题，制造业投资偏向短期化行为，长期投资不足。上述种种因素，再加上香港政府的不干预政策，对制造业发展支持不足，导致香港制造业在大规模将劳动密集型产业内迁广东珠江三角洲的同时，并未能迅速向资本技术型转移，新的比较优势迟迟未能建立。

根据1985年高科技产品在经济合作与发展组织国家的市场占有率及排列次序资料，在27项高科技产品中，中国台湾占14项，韩国占5项，而中国香港仅占4项。据统计，20世纪80年代后期香港制造业的升级转型至少要比中国台湾、韩国、新加坡等国家和地区落后5年以上。这种态势，严重影响了香港制造业的发展及其在国际市场的竞争力。

第二，服务业的生产力和边际利润远高于制造业，使资金和劳动力大量从制造业流向服务业，推动了服务业的高速发展。

近二三十年来东亚经济的崛起，加上香港制造业大规模内迁广东珠江三角洲，使周边地区对香港的服务业提出了更加殷切的庞大需求。根据香港政府工业署的统计，1984年，制造业的增值额在其生产总额中的比重仅27.9%，而劳工薪酬开支（劳工成本）占增值额的比重则高达62.7%，可见制造业的边际利润已非常微薄。相比之下，"广义的贸易业"和"广义的金融业"的增值额在其生产总额中的比重却分别达57.9%和71.9%，而劳工薪酬开支则只占其增值额的45.1%和36.0%。制造业与服务业在生产力和边际利润的这种巨大差别在1994年并没有明显改善（如表3所示）。这种差别的长时期存在，导致大量资金和劳动力从制造业流向服务业，成为这一时期服务业迅速发展的主要因素。

表3　制造业与服务业的生产力和边际利润比较

	增值额占生产总额比重（%）		劳工成本占增值额比重（%）	
	1984 年	1994 年	1984 年	1994 年
制造业	27.9	29.3	62.7	57.4
批发、零售、进出口、酒楼及酒店业	57.9	53.4	45.1	52.0
金融、保险、地产及商业服务业	71.9	74.1	36.0	30.7
社区、社会及个人服务	60.1	59.3	75.9	81.9
运输、仓库及通信业	43.3	52.7	48.6	44.9

资料来源：香港政府工业署《1996年香港制造业》。

这时期，制造业和服务业每名劳工的生产力差距很大。根据1994年的统计，制造业每名劳工的平均增值额是19.95万元，而"广义的贸易业"和"广义的金融业"每名劳工的平均增值额分别是24.70万元和63.08万元，分别是制造业的约1.24倍和3.16倍。很明显，制造业与服务业在生产力与边际利润方面的差距，是香港产业结构转型的重要因素之一。

从外部因素看，主要有两方面：首先，是西方工业国家贸易保护主义抬头以及国际市场上的竞争加剧。1973年中东石油危机后，西方工业国家因经济增长放缓而纷纷采取贸易保护措施。踏入20世纪80年代以后，贸易保护主义气氛日益高涨，欧洲共同市场及美国已先后对香港输入的录像带、彩电、相簿、录音带及牛仔布等多种产品提出倾销指控，不仅对香港厂商造成沉重的心理打击，而且在很大程度上影响了香港产品的订单和销售。这一时期，发展中国家和地区已纷纷加入国际市场的竞争，香港正面对中国台湾、韩国、新加坡等国家和地区在高科技产品方面以及东盟国家在劳动密集型产品方面的激烈竞争，有利的国际环境已逐渐丧失。

其次，是中国的改革开放。20世纪70年代末80年代初，中国实施改革开放政策，先是在毗邻港澳的广东深圳、珠海、汕头，以及福建厦门开设经济特区，80年代中期更开放广东珠江三角洲地区，这直接促成了香港制造业大规模北移的趋势，使其劳动密集型产业得以利用内地廉价的土地和劳动力资源，以继续保持港产品在国际市场的竞争优势。据香港工商专业联合会发表的研究报告《香港二十一：展望香港经济十年路向》的估计，到20世纪90年代初，"在华南地区，有300万以上工人直接受雇于港资公司，以全国计算，受雇者更多达500万人。香港的厂家，约七成半在中国设厂，单以广东省一地计算，所得的合资经营企业和加工工厂，便分别为32 000家和80 000家。香港出口的机械设备，约六成销往中国内地。至于香港的国际电信接收，也有1/3以上是往返中国内地的"。①当时，香港出口商品中，在中国内地制造的部分占60%以上的，有成衣、纺织品、电器用品、皮革、玩具、鞋履、旅游用品及旅行袋等，电子产品接近六成，而不足四成的仅珠宝、钟表两项。

根据香港贸易发展局1991年对2 895间香港公司进行调查后发表的一份研究报告，制造业大规模北移后，留在香港的公司主要从事贸易融资档案处理、业务洽谈、运输、产品设计、商品买卖、研究与发展、市场推广、市场研究、售后服务等，并作为集团的总部，而包装、制造、装嵌及加工等工序大部分已内移到广东珠江三角洲地区。香港与内地已形成了所谓"前店后厂"的合作模式，香港成为中国内地，主要是以广东珠江三角洲为核心的华南地区的工业支援中心，而广东珠江三角洲则成为香港庞大的生产基地。此外，中国对外开放，推动了内地和香港经贸关系的全面发展，香港成为中国与国际经济联系的枢纽，一方面香港成为内地企业拓展世界经济贸易及投资的第一站，另一方面香港又成为国际跨国公司进军中国的桥头堡。上述种种因素，再加上香港经济步入成熟阶段所引发的市民的消费能力，大大增加了对香港服务业的需求，结果促进了香港经济从制造业向服务业的转型。

---

① 参阅香港工商专联1993年版的《香港二十一：展望香港经济十年路向》。

三、经济转型的积极影响

结构转型对香港经济的影响，从积极的方面看主要有：

第一，推动了 20 世纪 80 年代以来香港经济的持续增长。80 年代以来，曾经作为香港经济成长主要动力的出口导向型制造业，因内受劳工短缺、成本上涨的困扰，外受贸易保护主义及邻近地区竞争的威胁，其生产力正迅速下降。产业结构转型的结果，是制造业内移广东珠江三角洲，其生产基地扩展到整个华南地区，并利用内地廉价的土地及劳动力资源继续在国际市场上保持强大的竞争力，而服务业则迅速崛起。香港经济内部，大量的资金和劳动力转移到增值额高和边际利润高的行业，这种转移给香港经济注入新的增长动力。80 年代中期以后，服务业已取代制造业成为香港经济持续增长的动力。80 年代后期，香港经济持续数年高速增长，年平均增长率达到两位数。80 年代末 90 年代初，由于受到中国内地整顿经济的影响，香港经济增长速度一度放缓，但其后在 20 世纪 90 年代前期持续维持约 5% 的增幅。

第二，增强了香港作为亚太地区金融贸易服务中心的作用。随着制造业的大规模内迁，香港不仅从昔日远东的加工装配中心蜕变成亚洲区内，尤其是华南地区的工业支援中心，而且重新确立其作为区内最重要自由港和贸易转口港的地位。据统计，1980—1997 年，香港的贸易转口值从 300.7 亿港元增加到 12 445.4 亿港元，17 年间增加逾 40 倍，年均增长率接近 25%；同期，香港本地出口值仅从 668.7 亿港元增加到 2 114.1 亿港元，增幅约是 2.2 倍，年均增长率仅约 7%。这使转口贸易值在香港总出口值中所占比重从 30.6% 上升到 85.5%，成为香港总出口的主体（如表 4 所示）。转口贸易的大幅增长，主要由"中国因素"所带动：一方面，中国对外贸易加快发展，经香港转口的货品大幅增加；另一方面，随着香港制造业的大规模内迁，从港或经港输入中国内地的设备、半产品、原材料以及内地加工装配的产品经港转销海外的数量均大幅增长。1980 年，中国内地供应及吸纳转口值在香港贸易转口总值中所占比重是 43.4%，到 1997 年已增加到 94.8%。这一时期，香港的贸易地位从全球第 23 位跃居第 8 位，仅次于美、德、日、法、英、意、加，成绩之佳令全球商界瞩目。到 20 世纪 90 年代中后期，香港已拥有约 10 万家贸易公司，汇集了各类采购公司、货运代理商和贸易融资专才，组成了全球最庞大、技术最先进的专业队伍，其市场网络已伸延至全球近 150 个国家和地区。香港成为亚洲地区贸易展览之都、举世闻名的国际贸易中心。

表4 20世纪80年代以来香港贸易结构的变化

（单位：亿港元）

项目	1980年	1985年	1990年	1992年	1997年
本地出口值	668.7	1 298.8	2 258.9	2 341.2	2 114.1
转口值	300.7	1 052.7	4 140.0	6 908.3	12 445.4
总出口值	982.4	2 351.5	6 398.9	9 249.5	14 559.5
转口值在总出口值的比重（%）	30.6	44.8	64.7	74.7	85.5
内地供应及吸纳转口值占转口总值的比重（%）	43.4	77.1	84.2	89.2	94.8

资料来源：香港政府统计处。

转口贸易的蓬勃发展还带动了航运、航空、仓储、码头、通信、保险、金融以及旅游业的发展。这一时期，香港也成为亚太地区重要的航运、航空中心，与全球各地形成海陆空立体交通运输网络。1987年，香港的葵涌货柜码头已超过荷兰鹿特丹，成为全球第一大货柜港，1995年处理的标准货柜单位超过1 200万个，已连续三年保持世界首位。当年，由香港拥有、控制及管理的船只达1 161艘及5 600万载重吨位，香港船东已跻身世界最大船东和船只管理者之列，与挪威、英国、希腊、日本等国同业分庭抗礼。而香港启德机场也成为全球最繁忙的国际空运货物基地之一和世界最繁忙的国际客运机场之一，经营来往香港航班的国际航空公司超过60家。同时，到20世纪90年代中期，香港成为国际性大银行集中地，世界前100家国际性大银行中有85家在香港经营业务。香港还一度成为全球五大繁忙证券市场之一、亚洲第二大资本市场，银团贷款金额在亚洲居首位。1995年，香港跃居全球第五大外汇市场，日平均外汇交易量达910亿美元。

踏入20世纪90年代，尤其是1992年春邓小平南方讲话之后，中国的改革开放进入一个新阶段，香港的上市公司及大财团相继掀起投资中国内地商业零售、房地产、服务业以及大型基础设施的热潮。据统计，截至1996年中国内地实际吸收的外资中，约有56.8%来源于香港，其中相当一部分是在香港银行体系筹措或利用香港股市集资，这无疑强化了香港融资中心的地位。同时，90年代以来大批中资企业的"红筹股"和内地国企的"H"股来香港上市，香港正发展成"中国的纽约"。从上述发展态势看，香港作为亚太区国际金融中心的地位得到了进一步的巩固。香港正逐步向亚太地区商业大都会的角色演变。

四、值得关注的几个问题

不过，目前香港经济转型也隐含着不少消极因素。由于香港制造业大规模内迁的同时，并未相应发展起资本技术密集型产业，制造业在自身的升级转型中困难重重，步履蹒跚，使其在香港经济中的地位急剧下降，出现了所谓"产业空洞化"的趋势。部分工商界人士担心，香港经济若过分依赖服务业而忽略制造业，会进一步加深其经济的无根性和投机性，导致经济波动加剧。他们呼吁推动制造业向资本技术密集型的升级，以保留一个具有高科技和竞争力的制造业环节，维持一个平衡的经济架构。可惜，在实践中知易行难，20世纪90年代中期以后制造业的地位甚至不如运输、仓储及通信业。有人担心，倘若制造业进一步式微，不但会影响到香港经济的整体发展，还可能造成一系列棘手的社会问题，诸如结构性失业等，实在有必要引起有关各方面的重视。

另外，经济转型引发的另一个后遗症是通货膨胀的恶化。20世纪80年代后期，香港通货膨胀高企在两位数水平，后来虽然有所回落，但直到90年代中期仍维持在8%~9%的高水平。持续的高通货膨胀已严重侵蚀香港经济的竞争力，令香港的生产经营成本大幅上升，不但劳动密集型的制造业难以承受，就连部分服务业也逐渐吃不消，出现了所谓的"第二次转型"（即服务业中劳动密集型行业也步制造业的后尘外移）。近期，部分服务业如船只修理、飞机维修业等，就因成本过高而迁移到新加坡、中国台湾或中国内地城市。难怪有人担心香港服务业会步制造业后尘形成北移趋势。看来，香港经济结构的转型在未来相当长一段时期内将持续发展，不仅从制造业向服务业转型，服务业的结构亦将发生变化，转型的结果有可能进一步向高增值的服务业方面演化，而将部分低增值行业外移。此一发展趋势的走向可能对香港经济产生的深刻影响，值得我们深入研究。

（原文载于《港澳经济》1993年9月号）

地产"泡沫"对香港经济造成严重隐患

一、20世纪90年代中期香港地产"泡沫"产生的原因

香港的地产市道自1985年进入转型时期以来,便进入一个长周期的上升阶段。特别是1991年3月以后,香港楼市在中东海湾战争结束、中英双方就新机场问题达成谅解以及通胀高企等多种因素推动下储势而发、升势凌厉。这一轮的地产升势,以私人住宅楼宇为主力,带动写字楼和商场店铺的上升,香港舆论形容为"像装上一级方程式引擎马达般一发不可收拾"。引起这次地产"泡沫"的原因,主要有以下几方面:

第一,港府行政失当造成香港的房地产市场供求严重失衡。香港房地产市场供求严重失衡表现在:从供应看,受中英土地协议所限,香港的土地供应,尤其是住宅土地的供应严重不足,而港府的公屋建设又长期滞后,赶不上需求。从需求看,近年香港人数增加速度远远超过港府原来的估计,截至1996年中,全港人数总数已达631万,如按港府1992年时的估计,这是2006年以后才达到的数字。本港净人口流入数量超出政府所预期的数字的37%,离婚率亦较估计高出一成,而港府在发现楼宇供应不足后未能即时采取有效措施。港府的反应迟缓和对人口增长的明显低估是造成近期香港楼宇价格强劲反弹,楼宇供应出现历来最严重的失衡状况的主因。

第二,香港的地产市道已形成寡头垄断的局面,大地产商囤积土地,加速了楼价的上升。以新鸿基地产、长江实业、恒基地产为首的七八家大型地产商控制了香港整体楼宇供应的七至八成。据香港消费者委员会1996年完成的调查报告,从1991年到1994年期间,香港前三名地产商供应的楼宇占全港楼宇供应总量的43.2%,而前五名所占比重则达60.3%。财雄势大的大地产商通过囤积土地,控制楼宇推出的时间和数量等,进一步推高楼宇价格。据地产署透露,1996年该署共批出36份预售"楼花"同意书,涉及18 333个单位,但目前大部分单位仍在地产商手中,地产商囤积楼宇牟利,更加剧楼宇供应的不平衡。

第三，因美国减息，大量资金涌向房地产市场，形成"资产通胀"。从 1989 年 6 月到 1994 年 3 月期间，美国因经济衰退宣布减息，最优惠利息从 11 厘减至 6 厘，香港因受制于港元联系汇率制被迫跟随减息。期间通胀高企，形成银行负利率时期。在负利率环境下，大量资金从银行体系流入地产、股票市场，大幅推高地产、股票价格，形成"资产通胀"。

第四，港府土地、公屋供应严重不足。1994 年 4 月以来，负利率开始消失，港府采取措施压抑楼价，楼价一度进入调整期，但港府未能及时增加土地供应量和公屋数量，造成这一时期楼宇供应量减少，加剧了楼市的失衡。

第五，楼宇的用途已从居住转为投资，加剧了供求失衡。香港投资者已将"九七"回归从负面因素转而视为正面因素，预期"九七"后香港经济将进入一个新发展时期，因而纷纷入市投资。此外，大量的内地资金亦从不同渠道流入香港，进入房地产市场。楼宇已不再单单是为了居住，而是被视为一种看涨的投资工具。

二、地产"泡沫"对香港经济的影响

目前，这场地产狂潮已对"九七"后香港的整体经济发展造成严重隐患，主要表现在：

第一，社会投机风气猖獗，形成全民参与投机、不务正业的社会思潮。在地产炒风的带动下，香港相继掀起炒楼、炒的士牌、炒邮票、炒磁卡狂潮。在香港这个弥漫炒风的社会里，市民普遍存在三种心态：一是不务正业，认为炒楼比打工好，炒楼一转手便可赚二三十万港元，甚至可赚逾 200 万港元；二是赌徒心态，形成讲胆识、不重毅力，一把定输赢，赢了便发达的赌徒心态；三是不少人有挫败及失落感，认为"辛苦工作赚钱，不及投机者多"。工商界流传"High Tech 就揩野（发展高科技就蚀钱），Low Tech 就捞野（炒楼就赚钱）"，这反映了连商人也有着经商获利不及炒卖炒买的想法，于是纷纷转而参与地产等投机活动，形成全民投机、不务正业的社会思潮。可以肯定地预言，炒风不止，香港经济势将倒退。

第二，推高经营成本，严重削弱了香港的经济竞争力。随着地价、楼价的急升，香港的写字楼租金大幅飙升，到 1996 年底，香港的甲级写字楼租金平均已达每年每平方尺 105.56 美元，在全球主要商业城市中已高居榜首，远高于排二、三位的莫斯科（78.79 美元）和东京（74.32 美元）。而且，香港房地产业一业独秀，百业萧条的局面已十分明显和严重。香港

294 家上市的制造业公司一年的利润之和，还不及香港任何一家大地产公司一年的利润。王氏建港是香港一家较有规模的跨国企业集团，在东南亚很多国家有分公司，它一年的利润是 3 000 万港元，而非经常性利润（主要是地产）就占了 1/3。就连香港行政局议员陈坤耀亦表示，他最近发现一家国际成衣公司在香港的总部只有一个人，秘书也是聘兼职的，若写字楼租金再继续上升，那些跨国公司便支撑不下去了。他认为，一旦昂贵的租金驱走外国公司后，租金将回落，但那些跑掉的公司并不会马上回来，香港将因此付出沉重的代价。香港中华总商会名誉会长霍英东更严厉抨击港府的高地价政策，认为楼价已"高得离谱"，高到脱离实际，高到一般市民无力承担的地步，而租金高昂已经影响正当的工商经营，使其出现困难。他指出 1996 年香港已有 1 000 多间店铺清盘破产。若这种情况继续下去，肯定会影响社会的稳定。目前香港经济增长的"火车头"和动力，已不再是传统的出口业，转口贸易亦已放缓，内部消费仍然疲弱，而公共投资因机场核心工程的高峰期已过而回落。因此，房地产业已成为经济增长的主要动力，这种一业独秀、百业萧条的局面若发展下去，势将严重影响香港的经济增长和整体竞争力。

第三，香港经济正形成"泡沫经济"，地产"泡沫"成为经济中隐藏的"定时炸弹"。由于香港的地产和股市密切相连，有所谓"股地拉扯"之说。近十年随着地产价格上升，股市亦大幅飙升，据统计，从 1978 年到 1994 年 1 月，香港的楼价从每平方尺 200 港元上升到目前超过 6 000 港元，升幅达 29 倍，其间，恒生指数从 400 点升到 14 000 点，升幅达 34 倍。这种情形固然与期间香港经济在"中国因素"的带动下蓬勃发展有密切关系，但是不能不看到其存在着一种严重的"资产通胀"，是一种"泡沫经济"的表现。最令人担心的是，目前地产的表面繁荣是十分虚假的，一遇风吹草动，楼价上升的"泡沫"因无法维持下去而突然"爆破"，将令香港经济全盘崩溃。这种情况在国际上已有先例，日本在 20 世纪 90 年代初就因"泡沫经济"爆破而至今一直未能复原。香港这一"泡沫经济"若不及时加以制止，对"九七"后的香港经济将造成重大隐患。

第四，加剧社会的贫富悬殊，形成"九七"后香港社会不稳定的重大因素。就香港目前的情况，可以毫不夸张地说，大地产商已成为香港的"吸血鬼"，将市民的收入和工商各业的利润大幅吸去，这种情况加剧了香港社会贫富悬殊的局面。据统计，1996 年，香港社会达四成二的收入落入了前 10% 的人口的口袋里，而垫底的 10% 的人口，只拿到总收入的 1.1%。月收入 10 万港元的家庭有 18 万户，月收入仅 5 500 港元的家庭则已达 60 万户，41 万人口处于赤贫，比四年前上升了四成。目前，香港的贫富差距已达到近 20 年来的最高水平，这种贫富悬殊的现象，过去只出现在拉丁美洲。由于香港缺乏有效的社会保障制度，那些没有退休保障、自行为老来积蓄防饥的人，发现他们的积蓄在逐步被高租金、高通胀吃掉。香港的这场地产危机若不能及时解决，香港业主和非业主阶级的贫富不均情况将持续恶化，可能造成一场社会危机。这将是"九七"后香港社会的一个重大不稳定因素。

很明显，目前的这场地产狂潮将对"九七"后香港的社会经济发展造成严重隐患，"九七"后香港经济不出问题则可，若出问题一定首先出在地产上，并引起股市、金融等的连锁反应，亟须高度重视，并采取有效措施加以防范。

三、对特区政府制定新地产政策的建议

在政策上解决这场地产危机难度极大，须小心处理。如何制定合理、平衡的房屋地产政策，是以董建华为首的特区政府面临的一个极其重大的问题，亦是一个相当棘手的问题。因为一方面，高楼价已对香港经济的竞争力、产业结构以及社会发展造成相当大的隐患和危机，不能等闲视之。另一方面，房地产市场牵动着整个香港经济的各行各业，关系着一批香港地产财团，尤其是华资地产财团的根本利益。香港的地产商、银行、法律及公用事业公司等目前已形成正式或非正式的卡特尔联盟，在这场地产升浪中一直享受滚滚财源。地产商李嘉诚就曾公开警告，政府推出的压抑楼价措施不能妨碍自由经济原则。目前香港已有数十万小业主，他们的身家财产全集中在所供的楼宇上，而且地产楼市与香港经济有着千丝万缕的联系，一旦采取的措施或政策过于激烈，势将沉重打击香港经济，并可能引发不小的反对声音，造成社会不稳定因素。这种复杂性决定了特区政府在重新制定地产房屋政策时必须相当审慎，以温和方式处理。当前的主要对策是：

第一，从短期来看，应以适当的行政干预制止楼市价格升势，使之稳定下来，并有适当幅度的下调，争取在数年间维持此局面，让通胀的上升逐渐使楼价获得实际的下调。在此过程中，重点是打击或压抑炒风，使房地产市场从投机市场重新成为使用市场，以减缓供求严重失衡的局面。不过，行政干预应相当审慎，稳步进行，适可而止，严防使楼市价格大幅下跌，打击香港经济。

第二，政府应采取有效措施打破目前由数家大地产商垄断香港房地产市场的局面，尤其是防止地产商囤积土地和楼宇。香港一位地产业测量顾问就指出，地政署批准多少预售"楼花"不是增加住宅单位供应的关键，关键在于发展商的销售手段。因此，政府在批准预售"楼花"或现楼的同意书时，应加入新规定要地产商列明售楼时间表，严防囤积。

第三，从长远而言，政府应立即着手加快土地供应的程序，增加土地供应，尤其是住宅土地的供应，以尽快解决香港房地产供求严重失衡的局面。应利用土地基金中的部分资源建立香港政府的土地房屋发展基金，用来加快土地的开发。房地产供求严重失衡的关键，是政府没有设立"熟地包"，目前香港一亿尺土地储蓄（约相当于 16 万个住宅单位，里面有"生地"也有"熟地"），全数掌握在八大地产商手中，政府的土地库空空如也，因此无法增加土地供应。设立土地房屋发展基金，建立政府的土地储备，加快"生地"成为"熟地"的过程。只有增加土地供应，才是房屋治本的措施。

第四，重新检讨公屋政策，加快公屋建设，以舒缓私人地产市场供求失衡的压力。1992 年，港府因错误估计香港人口的增长速度，加上缺乏土地库，没有亦不可能大量增加土地给房屋委员会和房屋协会加速建房，甚至近年供应量还有减少的趋势。港府的公屋政策亦从早期的公屋（租屋）主导逐渐向居屋甚至"私人自置居所"主导转变，实际是扩大私人房屋市场的需求量。目前，长期轮候公屋的人数约为 150 万人。因此，当务之急是重新检讨公屋政策，大量增加公屋供应，解决房屋供求严重失衡问题，并借此制约处于垄断地位的大地产商。

（本文为未公开发表文稿，写于 1997 年 6 月）

回归以来香港地产业的发展演变与基本特点

一、回归以来地产业的发展演变

"九七"回归以后，无论是香港特区政府的地产政策还是香港的地产业本身，都经历了重要而深刻的变化。

回归后，新成立的香港特区政府实时废除了中英联合声明附件三所规定的有关每年新批土地不得超过 50 公顷的限制。1997 年 7 月中旬，特区政府规划环境地政局宣布了新的土地政策，具体包括：新批土地一般为期 50 年，从批出日期起计算；除特别土地类别（如批予新界原居民）外，每年的土地租金为当时的差饷估值的 3%；每年政府出售的土地，均依照所颁布的计划、未来两年预算出售土地详情（如地段号码、地点、用途、覆盖率、拍卖或招标日期等），在每年的财政年度上全公布。批地计划包括随后 3 年（共 5 年）的土地供应。在新的土地政策下，新批土地一般为期 50 年，从批出日期起计算。从此，困扰香港地产界多年的政策方面的不确定性终于消除。

1997 年 10 月 7 日，行政长官董建华在他的首份题为"共创香港新纪元"的施政报告中，公布了"建屋安民"的三大目标，即从 1999 年起，每年兴建的公营和私营房屋单位不少于 85 000 个；在 10 年内使香港七成的家庭可以拥有自置居所；于 2005 年将轮候租住公屋时间从现在的 6 年缩短至 3 年。这就是著名的"八万五"房屋政策，即透过每年供应 85 000 个住宅单位来扭转房地产市场供不应求的局面，其中，35 000 个为私营房屋单位，50 000 个为公营房屋单位。为实现这一目标，董建华强调采取两项措施：一是扩大建屋用地供应，二是加快和精简土地供应及楼宇建造的审批手续。

"八万五"房屋政策推出不久，香港即遭遇了 1997 年亚洲金融危机的严重冲击，银行同业隔夜拆息利率一度上升至 280 厘的历史高位，其后更在较长时间内处于高位，导致股市、楼市连番暴跌。为了挽救楼市，特区政府从 1998 年起推出多项措施，包括将中环区天马舰商业用地用于兴建政府总部，取消限制炒"楼花"措施，减免差饷及按揭物业税，增加"首次置业贷款"的金额、名额，以及暂时停止卖地9个月、停建38 000个"夹屋"单位，将兴建中的居屋转为出售公屋，削减11 000个居屋单位等。这些措施虽然对楼价的下跌发挥抑制作用，但并未扭转楼市下跌趋势。就在市场仍未稳定，美国网络股热潮的"泡沫"又在2000年爆破。据统计，从1997年10月前最高峰时期到2003年中，香港楼价平均下跌了65%～70%，并由此产生了为数近20万名房产市值不抵原按揭贷款额的"负资产"人士。

1998年以前，香港长期实行的是定期卖地制度。但亚洲金融危机后，香港楼市价格大跌，地产商停止购入土地，地价大幅下跌，严重冲击了港府推行多年的土地拍卖政策。1999年，特区政府为保证土地不被贱卖，暂停了土地拍卖，转而实施"勾地表制度"，其内容是：每年由地政署公布当年的土地储备表（勾地表），若发展商对政府公布的勾地表内土地感兴趣，可主动提出申请，若申请者的出价达到由地政署所评估的公开市场价格的底价，该幅土地才会推出拍卖。该制度实施后，由于政府不公开勾地表内各幅土地的底价，人为制造市场信息不对称等问题，增加了土地被勾出的难度，导致拍卖稀少，变相进一步收紧土地供应。"勾地表制度"强化了地产商在卖地程序方面的主导性，从政府的角度看是要避免市场低迷时期土地被贱卖或流拍，但是从市场的角度看，正如有评论指出，用"勾地表制度"取消定期的公开土地拍卖，等于变相把土地控制权拱手让给大地产商，进而令后者控制了楼宇供应的时机、地皮的选择和最低的价格，进一步加强了垄断财团的实力。

2002年11月，特区政府宣布推行一揽子全面的房地产业振兴计划，即通常所称的"救市九招"，主要内容有：由2003年起无限期停建和停售居屋，至于已落成和兴建中的居屋单位则会在不与私人市场直接竞争的原则下处理；全面停止推行混合发展计划，房屋协会的住宅发售计划及房屋委员会的私人参建计划亦会终止；终止在租置计划下出售公屋单位；放宽业主收楼权，取消对内部认购等发展商惯用的促销策略的限制等。至此，"八万五"房屋政策被正式宣布放弃，政府退出其在公屋市场的发展商角色，实际上即放弃多年以来行之有效的公共房屋政策，让地产市场回归市场主导。

由于有关政策实际上暂停了房屋委员会的居屋计划和私人参建计划，未来几年房屋委员会的收入将减少。为解决这一问题，房屋委员会将辖下原公营房屋住宅区151个商业中心、7.9万个停车位售予香港历史上第一只房地产信托基金——领汇基金，其后几经酝酿，于 2005 年 11 月在香港证券市场上市。领汇基金以每股 9.78 港元公开发售，总资产为 338 亿港元，结果获 18 倍超额认购，冻结资金 1 100 亿港元。随后，长江实业的泓富基金、越秀房地产投资信托基金等先后上市，房地产信托基金成为香港一种新的投资工具。

在政府的种种救市措施之下，再加上 2003 年中央政府实施内地居民赴港澳"自由行"政策，以及内地与香港签署 CEPA 协议，香港经济开始复原，房地产市场迅速反弹。需要强调的是，"自由行"政策在香港处于低谷时给香港房地产市场带来了新的发展动力，其后内地资金大举买进香港房产，为这个城市的房地产市场带来了结构性的改变，这一变化所造成的深远影响，至今仍有待观察。从 2003 年 4 月底开始，香港的房价开始了连续 5 年的持续反弹，到了 2008 年 3 月，部分高端豪宅价格已恢复到 1997 年的水平。2008 年美国次贷危机引发全球金融危机，香港金融业体系面对前所未有的冲击，香港楼价一度下跌了约 20%，但随后迅速反弹。至 2012 年，香港楼价较 2009 年初上涨了 50%，按购买力平价计算首次回升并超过了 1997 年一度攀及的历史最高水平。如果从绝对值看（未根据通货膨胀调整），香港楼价比 1997 年的最高水平上升了 60% 左右。

二、回归以来地产业发展的基本特点

总体而言，随着内外环境的转变，特别是土地制度和政策的转变，回归以来香港地产业进入了一个新的历史发展阶段。其基本特点是：

第一，地产业及其相关行业对香港本地生产总值的贡献趋于下降，但仍然是香港经济的支柱产业。

由于受到亚洲金融危机的严重冲击，回归以后香港地产"泡沫"破灭，地产业增加值从 1997 年的 1 465.56 亿港元下降至 2003 年的 489.26 亿港元，6 年间降幅高达 66.62%；其在香港本地生产总值（GDP）中所占比重也从 10.9% 下降到最低谷的 4.0%。同期，与地产业密切相关的建造业的增加值则从 1997 年的 779.84 亿港元下降至 2005 年的 390.10 亿港元，8 年间下降了 49.98%；其在香港本地生产总值中所占比重亦从 5.8% 下降至 2.8%，最低甚至降至 2007 年的 2.5%。直至 2011 年，地产业及建造业无论从增加值还是所占 GDP 比重都仍然无法恢复到 1997 年的水平。包括地产业、建造业和楼宇业权在内的广义的地产建筑业，其增加值从 1997 年的 4 114.32 亿港元下降至 2011 年的 3 665.03 亿港元，后者仅及前者的

89.08%；其所占 GDP 比重从 30.6% 下降至 19.2%，下跌了 11.4%（如表 1 所示）。

当然，应该强调的是，尽管如此，地产业仍然是仅次于进出口贸易业（21.1%）、银行业（9.5%）的第三大重要产业，地产业及其相关产业仍然是仅次于贸易及物流业（25.5%）的第二大重要产业。

表 1　回归以来香港地产业、建造业增加值

（单位：亿港元）

年份	地产业		建造业		楼宇业权		合计	
	增加值	占 GDP 比重（%）	增加值	占 GDP 比重（%）	增加值	占 GDP 比重（%）	增加值	占 GDP 比重（%）
1997	1 465.56	10.9	779.84	5.8	1 868.92	13.9	4 114.32	30.6
1998	1 139.07	8.9	703.92	5.5	1 702.20	13.3	3 545.19	27.7
1999	872.29	7.0	722.76	5.4	1 619.97	13.0	3 215.02	25.4
2000	644.38	5.0	625.32	4.9	1 391.11	10.8	2 660.81	20.7
2001	579.39	4.6	575.90	4.5	1 433.34	11.3	2 588.63	20.4
2002	533.94	4.3	518.50	4.1	1 394.16	11.2	2 446.60	19.6
2003	489.26	4.0	452.33	3.7	1 314.50	10.7	2 256.09	18.4
2004	529.56	4.1	407.97	3.2	1 262.12	9.8	2 199.65	17.1
2005	612.20	4.4	390.10	2.8	1 391.18	10.1	2 393.48	17.3
2006	634.64	4.3	392.27	2.7	1 520.19	10.3	2 547.10	17.3
2007	719.99	4.5	406.43	2.5	1 583.88	9.9	2 710.30	16.9
2008	849.03	5.2	484.03	3.0	1 779.15	11.0	3 112.21	19.2
2009	868.62	5.5	502.64	3.2	1 826.96	11.5	3 198.22	20.2
2010	889.19	5.1	565.31	3.3	1 847.45	10.6	3 301.95	19.0
2011	1 060.14	5.6	654.84	3.4	1 950.05	10.2	3 665.03	19.2

资料来源：香港特区政府统计处：《本地生产总值》，1997—2011 年。

第二，从内部结构看，地产发展/投资行业仍是地产业的主体，但其所占比重有所下降，地产经纪及代理与其他地产服务的重要性有所提高。

据统计，1996 年至 2011 年间，香港地产业的机构数目，从 8 293 家减少至 6 544 家，15 年间减幅约为 21.09%；其中，地产发展/投资行业的机

构数目从 5 463 家减少至 3 587 家，减幅约达 34.34%，反映出这一时期中小地产商经营的困难。从地产业内部结构看，2011 年，地产发展/投资行业的增加值为 973.56 亿港元，比 1996 年的 872.08 亿港元约增长了 11.64%，占地产业增加值的比重为 82.26%，比 1996 年的 88.60% 约下降了 6.34 百分点；地产发展的毛利为 550.31 亿港元，比 1996 年的 595.71 亿港元约下降了 7.62%；地产发展/投资行业的服务及租赁收入为 560.84 亿港元，比 1996 年的 345.15 亿港元约增长了 62.49%，占地产业总收入的比重为 56.34%，比 1996 年的 62.9% 下降了 6.56 百分点。

这一时期，地产保养管理服务、地产经纪及代理与其他地产服务所占比重则有所上升。地产保养管理服务增加值所占比重从 4.9% 上升到 9.54%，雇佣员工人数从 3.53 万人增加到 7.09 万人，增加了约 1 倍；地产经纪及代理与其他地产服务所占比重从 6.5% 上升到 8.23%，雇佣员工人数从 1.78 万人增加到 2.82 万人，增加了 58.43%（如表 2 所示）。

表2　2011 年香港地产业发展概况

行业组别	机构数目（家）	雇佣员工人数（人）	服务及租赁收入（亿港元）	地产发展毛利（亿港元）	增加值（亿港元）
地产发展/投资	3 587 (54.82)	13 965 (12.34)	560.84 (56.59)	550.31 (100.00)	973.56 (82.26)
地产保养管理服务	561 (8.57)	70 937 (62.70)	282.35 (28.49)		112.57 (9.54)
地产经纪及代理与其他地产服务	2 395 (36.60)	28 240 (24.96)	147.84 (14.92)		97.39 (8.23)
合计	6 543 (100.00)	113 142 (100.00)	991.03 (100.00)	550.31 (100.00)	1 183.52 (100.00)

注：括号内的数字表示所占总数的百分比。
数据来源：香港特区政府统计处：《香港统计年刊》，2013 年。

第三，市场上各类楼宇的供应量大幅减少，需求量则因内地买家的涌入而增加，市场供求不平衡加剧，导致楼价和租金指数大幅攀升，地产"泡沫"再度酝酿。

回归以后，由于受到亚洲金融危机、"非典"等一系列因素的影响，地产商放缓了楼宇发展的速度。据统计，2000—2009 年，香港的私人住宅单位的供应量为 190 939 个单位，比 1980—1989 年的 276 253 个单位大幅减少了约 30.88%，比 1990—1999 年的 241 696 个单位减少了约 21.00%。同期，私人写字楼供应量为 20.4 万平方米，比 1990—1999 年的 47.69 万平方米大幅减少 57.22%。

从市场需求来看，2003 年 6 月香港与内地签署 CEPA 及内地居民赴港"自由行"以来，内地游客赴港旅游购物成为一股势不可挡的汹涌潮流，内地居民直接购买香港房屋的规模也在迅速扩大。香港曾经允许在房地产或其他资产上投资 650 万港元的人士，可通过投资移民通道获得香港公民权。① 这一政策刺激了香港楼市的人民币需求。据中原地产估计，从 2008 年以来，香港卖价逾 1 200 万港元（合 150 万美元）的一手公寓中由内地买家购得的比例逐年上升，从 10% 升至了 2012 年的接近 25%。据了解，内地居民到香港置业投资以豪宅为主，比例约占总量的 35% ~40%，巨人网络董事长史玉柱、腾讯主席马化腾、阿里巴巴创办人马云、恒大地产董事长许家印、李宁品牌创始人李宁等内地富豪均在香港购置了超亿元豪宅。

一方面是供应量的减少，另一方面是需求量的增加，再加上这一时期特区政府停建公屋和居屋，香港住宅楼宇供求失衡的情况日趋严重，导致各类楼价、租金大幅攀升。香港资深地产界人士潘慧娴在《地产霸权》一书中的统计，2003 年至 2009 年期间，香港"平均每年的楼宇单位吸纳量，一直超过每年新单位的净增长，空置率由 2003 年的 6.8% 下跌至 2009 年的 4.3%"。② "从 2003 年 7 月至 2005 年 5 月，住宅物业价格上涨 63%，2006 年中至 2008 年中，再度攀升 32.4%。在全球金融海啸冲击的 2008 年 6 月至 12 月期间，楼价下跌 17%，随后反弹，2008 年底至 2009 年 8 月期间上涨了 20%。自此之后，楼价有增无减，2010 年上半年，价格又已上涨了三分之一。"③

而香港特区政府差饷物业估价署的统计数字显示，2003 年 7 月至 2013 年 10 月，香港私人住宅售价指数（1999 年为 100）从 58.4 大幅上升至 245.1，10 年间升幅约达 3.2 倍；同期，中小型住宅租金指数从 72.2 上升至 156.9，10 年间升幅约达 1.17 倍。这一时期，核心地区甲级写字楼的售价指数（1999 年为 100）则从 61.8 上升至 349.4；上环/中区甲级写字楼

---

① 2010 年 10 月 13 日，特区政府暂时将房地产从投资移民计划的投资资产类别中剔除，作为政府抑制房价飙升的举措之一，此项政策意味着内地投资者在香港购买房产已不能获得香港公民权。
② 潘慧娴.地产霸权［M］.北京：中国人民大学出版社，2011：20-21.
③ 潘慧娴.地产霸权［M］.北京：中国人民大学出版社，2011：19.

的租金指数亦从61.5回升至263.9。2010年11月18日，国际货币基金组织（IMF）已经指出，香港房地产"泡沫"风险在加剧，如果香港房价保持过去两年的涨速，经济放缓时将遭遇巨大冲击。此外，高楼价、高租金令社会中低下阶层的怨气进一步积累，社会矛盾进一步激化。

为了抑制日益攀升的楼价，2011年6月，香港特区政府向银行发出收紧楼宇按揭的指令。香港金融管理局亦首次针对"收入来源非香港"的借贷人作出限制。2012年9月，新任行政长官梁振英推出"港人港地"政策，进一步限制非香港居民的购楼需求。同年11月，香港特区政府推出了"买家印花税"（Buyer Stamp Duty，简称BSD）政策。财政司司长曾俊华宣布，所有外地人士、所有本地和外地注册的公司购买香港住宅，除了缴付一般印花税外，还需缴付15%的买家印花税，即非香港居民买房的最高税率可能高达35%。BSD政策宣布次日，包括长江实业在内的一批香港本地地产公司的股价均出现暴跌，香港恒生地产指数更是重挫超过1 000点，跌幅近4%。2013年4月，香港特区政府宣布取消实行了14年的"勾地表制度"，政府重新掌握出售政府土地的主动权。

第四，香港大地产商积极向中国内地市场拓展，成功突破香港一城的局限，发展为全国范围的地产集团。

其实，早在20世纪90年代，香港大型地产商已开始参与内地房产、基础设施与公建的投资，通过各种招商引资的活动进入中国沿海一线城市。1992年，李嘉诚投资20亿美元，将东长安街和王府井的改造计划发展为规模庞大的新东方广场。1993年，新世界地产介入北京市崇文区旧城改造，1998年新世界商场开业。其在北京先后开发了北京新世界中心、太华公寓、新世界家园、新怡家园、新裕家园等一系列项目。1999年，瑞安集团参与上海旧城区改造，全资发展上海"新天地"，使新天地成为与外滩、徐家汇齐名的上海地标，瑞安集团主席罗康瑞也因此一战成名。

从2000年起，内地房地产市场进入上升通道。2005年，内地房地产市场大幅上扬，中央政府出台"新国八条"掀起内地房地产调控的第一波。这一年，香港地产商在内地大手吸纳土地约30幅，面积超过880万平方米。到2005年，香港长江实业、新鸿基地产、恒基地产、新世界发展、信和地产、恒隆地产、嘉里建设等地产商在内地经过几年的发展，其在内地的土地储备量已超过4 100万平方米，是其在香港土地储备量的10倍以上。2006年，香港地产商将购地的范围从一线城市扩展到二、三线城市，包括武汉、青岛、长沙、无锡、长春、沈阳等。据统计，到2006年，李嘉诚旗下的长和系所持有的土地可发展楼面面积为2 550万平方米，其中

94%在中国内地，5%在英国等海外地区，在香港只有1%。2006年度，和记黄埔的内地房地产业务盈利56.67亿港元，同比增长44%。

2008年全球金融危机，香港地产商一度放缓在内地房地产市场的发展步伐，但2010年以后又加快了投入。如2011年，香港地产商在内地市场的投入超过200亿元人民币，其中，在内地购地最活跃的包括和记黄埔、九龙仓集团、恒隆地产、嘉里建设等。经过十多年的发展，香港地产商已突破香港一城的局限，发展为全国范围的地产集团。

三、地产业的市场结构：寡头垄断形成

在亚洲金融危机的冲击下，1997—1998年，香港地价、楼价节节大幅下跌，对拥有大量楼宇现货、期货以及地皮的地产商形成了沉重的财政压力，各大地产商唯有以减价及各种形式促销新楼盘，以减低持有量套现资金。结果，新楼盘的减价战成为这次地产危机中的一大特色。当时，业内人士表示，其惨烈程度为转型时期以来所罕见。① 危机中，大批中小地产商处于破产或濒临破产的境地，而大地产商则因其财力雄厚及土地储备充足而得以安渡难关。危机过后，随着地产市场的复苏和反弹，大地产商的实力更加雄厚，地产业经营的集中度进一步提高，形成寡头垄断的市场结构。

潘慧娴在《地产霸权》中概述：中小地产商"因在土地拍卖会上购入昂贵地皮而债台高筑，被迫在跌市时蚀卖。两家中型地产商——百利保和丽新——在1998年楼市暴跌时无力短期内恢复元气，几乎变得一无所有。在那次楼市暴跌之后，多家中小型地产商惨败，主要原因是他们没有足够的土地储备。相比拥有大量廉价土地储备的大地产商，中小地产商要承担的风险高得多。当市场急转直下时，他们的处境便岌岌可危"。② 在危机中，连百利保和丽新发展的情况都如此糟糕，其他中小地产商更是苦不堪言。相反，大地产商因拥有雄厚财力及庞大土地储备，在危机中以减价促销加快资金周转，从而安渡难关。

以新鸿基地产为例，整个亚洲金融危机期间，尽管楼价持续大幅下跌，但新鸿基地产仍保持每年400万平方尺以上的新盘推出，在最低迷的2003年也推出了620万平方尺的新盘，比2005年以后的高峰年份还多。通过不断消化开发物业的土地存量，新鸿基地产减少了开发物业的资产比

---

① 冯邦彦. 香港地产业百年 [M]. 香港：三联书店（香港）有限公司，2001：293.

② 潘慧娴. 地产霸权 [M]. 北京：中国人民大学出版社，2011：142 – 143.

重，并尽可能将存货周转天数控制在 300 天左右，将总资产周转率维持在
0.15 倍这个水平上，维持了公司的利润。据统计，楼市低迷的 2002 年，
香港最大的五家地产商仍然实现了可观的利润，其中，长江实业获得盈利
88.2 亿港元，新鸿基地产 85.2 亿港元，恒基兆业地产 21.5 亿港元，九龙
仓及会德丰 30.5 亿港元，新世界发展则为 13 亿港元。

2003 年以后，香港地产市场复苏反弹，土地价格更加昂贵，大地产商
的经营集中度进一步提高。正如潘慧娴在《地产霸权》中所指出的："随
着中小地产商几乎全部退出市场，可以肯定的是，市场力量将更加集中。
拥有市场主导力量的企业，会滥用其影响力。如此，由寡头企业紧紧操纵
市场结构，竞争将变得更弱。"① 我们可以从以下数字看出这种趋势：2008
年至 2012 年，香港上市公司中，由 213 家地产建筑公司组成的"地产建
筑"组别，其市值总额从 2008 年底的 12 751.43 亿港元，上升到 2012 年
底 33 200.90 亿港元，4 年间升幅高达约 1.6 倍，占香港股市总值的比重则
从 12.44% 上升到 15.26%。2012 年底，香港六大地产公司，包括新鸿基
地产、长江实业、九龙仓、太古地产、恒隆地产和恒基地产，其市值合共
达 11 890.58 亿港元，占香港股市总值的 5.43%，约占在香港上市 213 家
地产建筑股总市值的 35.81%（如表 3 所示）。

表 3　2012 年前 50 大市值股中地产股概况

排序	地产公司	发行股本 （亿股数）	收市价 （港元）	公司市值 （亿港元）	占股市总值 （%）
10	新鸿基地产	26.57	116.20	3 087.17	1.41
15	长江实业	23.16	119.00	2 756.24	1.26
27	九龙仓	30.29	60.60	1 835.72	0.84
31	太古地产	58.50	25.85	1 512.23	0.69
37	恒隆地产	44.75	30.80	1 378.30	0.63
38	恒基地产	24.15	54.70	1 320.92	0.60
合计				11 890.58	5.43
213 只地产建筑股 市值（亿港元）				33 200.90	35.81

数据来源：香港交易所：《香港交易所市场数据》。

---

① 潘慧娴. 地产霸权［M］. 北京：中国人民大学出版社，2011：143.

　　从 20 世纪 80 年代以来，这些大地产商通过业务的多元化，把经营的业务范围从地产发展和地产投资扩展到包括基础设施建设、物流仓储、电力水利、电信服务、交通运输，甚至大型超市或小型便利店等各个领域，从而成为香港经济的重要支配力量。潘慧娴在《地产霸权》书中认为：香港"六大家族"——李嘉诚家族，郭氏家族，李兆基家族，郑裕彤家族，包玉刚、吴光正家族以及嘉道理家族代表的地产财团"透过把持没有竞争的各种经济命脉，有效操控全港市民需要的商品及服务的供应及价格"。① 以李嘉诚家族的长江实业为例，该集团旗下核心业务包括房地产投资开发与管理、电信、酒店、零售及制造、港口及相关服务、能源及基础设施等。

　　根据《福布斯》杂志的计算，李嘉诚在 1998 年时个人财富为 106 亿美元，1999 年危机中不降反升至 127 亿美元，在 2008 年达到破纪录的 265 亿美元，进入全球前 10 位。2012 年，根据《福布斯》的香港富豪排行榜，李嘉诚拥有净资产 300 亿美元（约合 2 340 亿港元），连续 6 年蝉联香港首富；第二位是恒基地产主席李兆基，净资产约 200 亿美元；第三位是新鸿基地产的郭炳江、郭炳联兄弟及其家族，净资产 192 亿美元；第四位是新世界发展创办人郑裕彤，净资产 160 亿美元。四大地产商位居富豪榜前列，《福布斯》称其为"房地产的胜利"。

（原文载于《香港产业结构转型》第 8 章第 3 节，2014 年 7 月）

---

① 潘慧娴. 地产霸权 [M]. 北京：中国人民大学出版社，2011：47 - 57.

香港产业结构第三次转型：
构建"1+3"产业体系

　　"二战"后，香港经济经历了两次产业结构转型。第一次是在20世纪50年代初至70年代，转型的基本方向是"工业化"。第二次是在20世纪70年代后期至90年代中期，转型的基本趋势是"经济服务化"。不过，到20世纪90年代，香港产业结构转型中存在的问题逐渐暴露，包括香港经济的"空心化"，制造业转型升级困难、步伐缓慢；转口贸易开始转向离岸贸易，经济增长动力进一步受到削弱。随着经济转型，在多种复杂因素的刺激下，香港地产、楼市、租金大幅飙升，扯动香港股市的大幅上涨，并带动通货膨胀攀升，形成港元资产的急剧膨胀，进而产生整个经济中的"泡沫"成分，进一步推高香港整体的经营成本，严重削弱香港经济的竞争力。与此同时，还衍生了一系列的社会问题，包括结构性失业以及贫富差距扩大问题等，不单直接影响整体经济的持续发展，而且成为香港社会不稳定的重大因素。

一、回归以来香港经济的发展定位与产业政策

　　1997年香港回归后不久，即受到亚洲金融危机的冲击，香港虽然成功捍卫了联系汇率制度，但面对亚洲外围国家和地区货币的大幅贬值，其整体经济陷入自"二战"以来最严重的衰退，产业结构升级转型的压力和迫切性大大增加。1997年10月，首任行政长官董建华在他的首份施政报告中表示："我们认识到包括工业和服务业在内的低收入生产模式，已经不再适应香港的长远发展。一方面，香港由于生活水平高企，和邻近地区相比，早已失去了依靠低工资的竞争条件；另一方面，若试图通过拉低居民收入去维持香港竞争力，这个想法既不实际，也不能保障市民的整体利益。香港工业北移，反映出市场竞争的无形之手，已经向我们指出必须行走的路线。无论是工业，还是服务业，只能向高增值发展。"① 董建华明确

---

① 参阅香港特区行政长官董建华1997年10月发表的施政报告《共创香港新纪元》。

提出了香港产业结构转型的必要性，实际上揭开了香港产业结构第三次转型的序幕。

1999 年 10 月，董建华在他的第三份施政报告中，进一步明确提出香港未来发展的定位。他指出："我两年来多次讲到政府的长远目标，就是要为香港明确定位。去年，我听取了策略发展委员会的意见后，在施政报告里认定香港将来不但是中国主要的城市，更可成为亚洲首要国际都会，享有类似美洲的纽约和欧洲的伦敦那样的重要地位。"① 为实现香港作为"世界级大都会"的地位，董建华强调香港与中国内地尤其是以广东珠江三角洲为核心的华南地区的经济合作。他在施政报告中指出：穗港澳深珠之间的五万平方千米，必将形成更紧密的区域经济。整个区域的经济实力大大提升，将成为香港进一步富裕繁荣的动力。

2003 年 1 月，董建华发表他连任行政长官后的第一份施政报告。在这份题为"善用香港优势，共同振兴经济"的报告中，董建华详细分析了香港的优势和不足后明确提出"一个方向"和"四大支柱"的发展思路，即加快香港与广东珠江三角洲地区的经济整合，促进香港经济转型，同时强化金融、贸易及物流、旅游和专业服务及其他工商业支持服务四大支柱产业的发展。董建华指出："我们的方向和定位十分明确，就是要背靠内地，面向世界，建立香港为亚洲的国际都会，巩固和发展香港的国际金融中心，工商业支持服务、信息、物流和旅游中心的地位，运用新知识、新技术，提供高增值服务，推动新的增长。"②

2008 年，由美国次贷危机引发的金融危机席卷全球，受此冲击，香港经济从 2008 年第二季度起经历了连续 4 个季度的衰退。面对全球经济危机的冲击，香港特区政府接纳了 2008 年 10 月成立的香港经济机遇委员会提出的关于发展六项优势产业的建议，这些产业包括文化及创意产业、检测及认证产业、环保产业、创新科技产业，以及教育产业、医疗产业。③ 第二任行政长官曾荫权在 2009 年 10 月的政府施政报告中指出："除四大支柱产业外，六项优势产业对经济发展起着关键作用。现时六项优势产业中，私营企业整体上对本地生产总值的直接贡献为 7% ~ 8%，雇用约 35 万人，占总就业人口约 10%。只要政府在政策上适当扶持，解决业界面临的发展

---

① 参阅香港特区行政长官董建华 1999 年 10 月发表的施政报告《培育优秀人才，建设美好家园》。

② 参阅香港特区行政长官董建华 2003 年 1 月发表的施政报告《善用香港优势，共同振兴经济》。

③ 参阅香港经济机遇委员会 2009 年 6 月 20 日发布的《有关六项优势产业的小组研讨会讨论摘要》，文件编号：TFEC - INFO - 12。

障碍，这六项优势产业会踏上新台阶，推动香港走向知识型经济。"①

2013 年 1 月，第四任行政长官梁振英表示，香港要将产业"做多做阔"："做多"，即发挥优势，增加现有产业的业务量；"做阔"，就要在现有产业内增加门类，并且开拓新的产业。他还宣布将成立高层次、跨部门、跨界别的"经济发展委员会"，以制定全面的产业政策。该委员会将下设"航运业""会展及旅游业""制造、高新科技及文化创意产业"及"专业服务业"等小组，负责向政府提出具体建议。

二、回归以来香港产业结构的演变和发展

香港作为一个细小的开放型经济实体，自 1997 年回归以来，由于受到 1997 年亚洲金融危机、2001 年美国"9·11"事件、2003 年"非典"事件、2008 年由美国次贷危机引发的全球金融危机等一连串的外部冲击，以及内部结构性因素的影响，先后于 1998 年和 2009 年两次陷入经济衰退危机。总体而言，回归以来香港经济增长基本上是走过了一个"W"形的发展轨迹。在经济低增长的背景下，香港产业结构的转型调整显得更加迫切。在香港既有资源禀赋的推动和香港特区政府的政策倡导下，回归以来香港产业结构展开了第三次转型升级，其基本趋势是服务业进一步迈向高增值方向，并形成了以下几个方面的基本特点：

第一，制造业进一步式微，香港经济演变成全球服务业比重最高的经济体之一。

20 世纪 80 年代中期以后，在高经营成本的压力下，香港制造业大规模向广东珠三角地区转移。进入 21 世纪，制造业承续这种趋势继续萎缩。据统计，制造业增加值从 2000 年的 613.99 亿港元逐渐下跌至 2013 年的 301.56 亿港元，13 年间跌幅超过 50%。同期，制造业在香港本地生产总值（GDP）中所占比重亦从 4.8% 下降至 1.4%。从就业人数方面看，根据新的统计标准，制造业的就业人数从 2000 年的 20.78 万人下降至 2013 年的 10.37 万人，13 年间跌幅亦超过 50%（如表 1 所示）。这一时期，香港经济进一步演变成全球服务业比重最高的经济体之一。1997 年至 2013 年，服务业占香港本地生产总值（GDP）的比重从 85.2% 进一步上升至 92.9%。

---

① 参阅香港特区行政长官曾荫权 2009 年 10 月发表的施政报告《群策创新天》。

表1　回归以来香港制造业发展概况

年份	增加值（亿港元）	占GDP比重（%）	就业人数（万人）	占总就业人数（公务员除外）比重（%）
2000	613.99	4.8	20.78	9.1
2002	457.73	3.7	16.56	7.3
2004	394.68	3.1	14.73	6.4
2006	396.85	2.7	13.95	5.8
2008	315.05	1.9	13.06	5.3
2009	287.14	1.8	12.49	5.0
2010	304.10	1.7	11.76	4.6
2011	305.78	1.6	11.04	4.2
2012	306.00	1.5	10.53	4.0
2013	301.56	1.4	10.37	3.8

数据来源：香港特别行政区政府统计处：《2014年本地生产总值》；《香港统计年鉴》，2001—2014年。

第二，金融、贸易及物流、专业服务及其他工商业支持服务、旅游四大产业在本地生产总值中所占比重总体呈上升趋势，成为香港服务业的主体。

回归以来，金融、贸易及物流、专业服务及其他工商业支持服务、旅游四大产业发展加快，对经济增长和就业的贡献日益加大。从1998年至2013年，四大产业增加值从5 984亿港元增加到12 126亿港元，15年间约增加了102.64%；占GDP的比重从49.7%上升至57.8%，约增加了8百分点，其中，金融业的增加值从1 263亿港元增加到3 460亿港元，约增加了1.74倍，金融业占GDP的比重从10.5%上升到16.5%，增加了6百分点；旅游业的增加值从267亿港元增加到1 059亿港元，约增加了2.97倍，旅游业占GDP的比重从2.2%增加到5.0%，上升了2.8百分点（如表2所示）。

表 2　四大产业以当时价格计算增加值及在 GDP 中的比重

产业	1998 年	2003 年	2005 年	2007 年	2009 年	2011 年	2012 年	2013 年
金融业增加值（亿港元）	1 263	1 540	1 707	3 226	2 599	3 068	3 193	3 460
金融业占 GDP 的比重（%）	10.5	13.1	12.7	20.1	16.2	16.1	15.9	16.5
银行（%）	7.6	8.6	8.0	10.8	9.3	9.4	9.7	10.4
保险及其他金融服务（%）	2.9	4.5	4.7	9.3	6.9	6.7	6.2	6.1
贸易及物流业增加值（亿港元）	2 854	3 280	3 849	4 089	3 778	4 854	4 954	5 005
贸易及物流业占 GDP 的比重	23.7	27.8	28.6	25.5	23.9	25.6	24.6	23.9
贸易（%）	19.5	22.6	23.4	21.0	20.4	22.0	21.3	20.6
物流（%）	4.2	5.2	5.2	4.5	3.5	3.6	3.3	3.3
专业服务及其他工商业支持服务增加值（亿港元）	1 600	1 350	1 422	1 818	2 015	2 359	2 576	2 602
专业服务及其他工商业支持服务业占 GDP 的比重（%）	13.3	11.5	10.5	11.4	12.7	12.4	12.8	12.4
专业服务（%）	3.6	3.7	3.7	3.7	4.2	4.6	4.7	4.8
其他工商业支持服务（%）	9.7	7.8	6.8	7.7	8.5	7.8	8.1	7.6
旅游业增加值（亿港元）	267	293	319	540	510	862	946	1 059
旅游业占 GDP 的比重（%）	2.2	2.5	3.2	3.4	3.2	4.5	4.7	5.0
入境旅游（%）	1.6	1.8	2.4	2.6	2.5	3.8	3.9	4.2

（续上表）

产业	1998 年	2003 年	2005 年	2007 年	2009 年	2011 年	2012 年	2013 年
外访旅游（%）	0.6	0.7	0.8	0.8	0.7	0.7	0.8	0.8
四大产业增加值（亿港元）	5 984	6 463	7 297	9 673	8 902	11 143	11 669	12 126
四大产业增加值占 GDP 的比重（%）	49.7	54.9	55.0	60.4	56.0	58.6	58.0	57.8

注：四大产业占 GDP 的比重是用以基本价格计算的 GDP 来编制的。这与我们常用的以当时市价计算的 GDP 有少许不同，后者包括产品税。

数据来源：香港特别行政区政府统计处：《香港经济的四个主要行业及其他选定行业》，香港统计月刊，2015 年 4 月。

就业情况亦反映了同样的趋势。1998 年至 2013 年，四大产业就业人数从 135.42 万人增加到 176.42 万人，15 年间增长了 41 万人，增幅约达30.3%；四大产业就业人数占总就业人数的比重从 43.3%增加到 47.3%，增加了 4 百分点，约占香港就业总人数的半壁江山。其中，旅游业从 9.58 万人增加到 26.97 万人，约增加了 1.82 倍，所占比重从 3.1%增加到7.2%，增加了 4.1 百分点；专业服务及其他工商业支持服务业从 30.14 万人增加到 49.56 万人，约增加了 64.4%，所占比重从 9.6%上升到 13.3%，增加了 3.7 百分点；金融业从 17.52 万人增加到 23.17 万人，约增加了32.2%，所占比重从 5.6%上升到 6.2%，增加了 0.6 百分点。值得注意的是，同期贸易及物流业的就业人数却从 78.18 万人轻微减少到 76.72 万人，约减少了 1.9%，所占比重从 25.0%下降到 20.6%，下降了 4.4 百分点，这在一定程度上反映了服务业内部有进一步向高增值领域发展的趋势。

第三，香港特区政府倡导的六项优势产业有所发展，具有潜力，但仍然未能成为香港服务业增长的引擎。

2009—2010 年度香港特区政府在施政报告中倡导发展六项优势产业，其后政府统计处于 2011 年起编制六项优势产业统计数字。根据相关的统计，包括文化及创意产业、医疗产业、教育产业、创新科技产业、检测及认证产业、环保产业六项优势产业，其增加值从 2008 年的 1 202.29 亿港元增加到 2013 年的 1 905.63 亿港元，5 年间增长了 58.5%；所占 GDP 比重从 7.6% 上升到 9.1%，上升了 1.5 百分点（如表 3 所示）。从就业人数看，六项优势产业就业人数从 2008 年的 38.89 万人增加到 2013 年的 45.03 万人，增加了 15.79%；所占比重从 11.0% 轻微增加到 12.1%。总体而言，六项优势产业具有一定的发展潜力，但由于受到土地、人力资源、政策等方面的限制，仍然未能成为香港服务业增长的引擎。

表 3　六项优势产业增加值及其在本地生产总值中所占的比重

（单位：亿港元）

产业	2008 年		2010 年		2011 年		2012 年		2013 年	
	增加值	比重（%）	增加值	比重（%）	增加值	比重（%）	增加值	比重（%）	增加值	比重（%）
文化及创意产业	632.75	4.0	778.63	4.6	895.51	4.7	978.29	4.9	1 060.50	5.1
医疗产业	221.85	1.4	260.40	1.5	274.01	1.4	294.64	1.5	324.46	1.5
教育产业	158.09	1.0	175.42	1.0	199.75	1.1	226.03	1.1	242.15	1.2
创新科技产业	102.83	0.6	117.83	0.7	123.71	0.7	134.22	0.7	147.38	0.7
检测及认证产业	44.99	0.3	51.57	0.3	53.68	0.3	58.27	0.3	60.11	0.3
环保产业	41.78	0.3	56.03	0.3	65.15	0.3	67.50	0.3	71.03	0.3
合计	1 202.29	7.6	1 439.88	8.4	1 611.81	8.5	1 758.95	8.8	1 905.63	9.1

　　数据来源：香港特别行政区政府统计处：《香港六项优势产业在 2010 年的情况》，香港统计月刊，2012 年 3 月；香港特别行政区政府统计处：《香港经济的四个主要行业及其他选定行业》，香港统计月刊，2015 年 4 月。

三、第三次转型：迈向全球性国际金融中心

　　2008 年 1 月，美国《时代周刊》（亚洲版）发表一篇由该期刊副主编迈克尔·埃利奥特（Michael Elliott）所写的题为"三城记"（A tale of three cities）的署名文章。该文章创造了一个新概念——"纽伦港"（Ny-lonkong），即世界上三个最重要城市纽约、伦敦及香港的合称。文章强调：在金融全球化时代，香港金融业的重要性正迅速提升，香港有可能成为金融全球化总体格局中的重要一级。

目前，能够真正称为全球性国际金融中心的实际上只有纽约和伦敦。一个全球性国际金融中心必然会以一个巨大的经济体作为后盾，纽约依托的是北美经济体，伦敦依托的是欧盟经济体。在全球 24 小时全天候运作的金融体系中，纽约和伦敦分别各占了一个 8 小时时区，换言之，剩余的 8 小时时区即亚洲区需要第三个全球性国际金融中心。而在亚洲特别是东亚的经济体当中，刚刚超越日本的中国内地经济、日本经济和东盟十国经济，分别位居前三位，依托这些经济体的香港、上海、东京、新加坡等城市或国家正在激烈角逐亚太时区的全球性国际金融中心的战略地位。其中，香港作为亚太地区的国际金融中心，具有资金流通自由、金融市场发达、金融服务业高度密集、法制健全和司法独立、商业文明成熟等种种优势，最有条件发展成为全球性国际金融中心。香港最明显的弱势是经济体积小。

香港要扬长避短，突围而出，最重要的策略就是深化与中国内地的合作，特别是与深圳、广州连手共同构建以香港为龙头的大珠三角金融中心圈。2009 年初国务院颁布的《珠江三角洲地区改革发展规划纲要（2008—2020 年）》就明确提出，要"发展与香港国际金融中心相配套的现代服务业体系"，并且授予广东"在金融改革与创新方面先行先试，建立金融改革创新综合试验区"的权限。[①] 2010 年 4 月粤港两地政府共同签署的《粤港合作框架协议》更首次提出，要"建设以香港金融体系为龙头，广州、深圳等珠江三角洲城市金融资源和服务为支撑的具有更大空间和更强竞争力的金融合作区域"。[②] CEPA 补充协议六规定，允许香港银行在广东开设分行，可在广东省内设立"异地支行"。目前已有多家香港银行，包括汇丰、恒生、东亚、永亨等在珠三角地区开设支行。这项规定被认为是 CE-PA "先行先试"的重大突破。

在金融改革创新综合试验区、CEPA "先行先试"，以及广东自贸区等制度框架下，香港应深化与广东珠三角地区特别是深圳、广州的金融合作，形成以香港国际金融中心为龙头，深圳和广州为两翼，珠三角地区其他城市为主要支点的大珠三角金融中心圈。在大珠三角金融中心圈中，香港与深圳、广州之间应实现错位发展。根据各自的比较优势，香港重点发展成为中国企业最重要的境外上市和投融资中心，亚太地区特别是大中华地区主要的资产管理中心，全球首要的人民币离岸业务中心、亚洲人民币

---

① 参阅中国国务院 2009 年 1 月发表的《珠江三角洲地区改革发展规划纲要（2008—2020 年）》。

② 参阅《粤港合作框架协议》，2010 年 4 月。

债券市场;深圳发展成为香港国际金融中心功能的延伸和重要补充,中国首要的创业投资中心和中国的"纳斯达克";而广州则发展成为南方金融总部中心和区域性资金结算中心,华南地区银行业务中心、银团贷款中心和金融创新基地,区域性商品期货交易中心和产权交易中心。① 可以说,合作共建大珠三角金融中心圈,将是香港与广东金融业合作发展最重要的策略。

　　香港金融发展的点之一,是要成为中国企业首要的境外上市和投融资中心。香港作为亚太地区国际金融中心,拥有除日本之外亚洲最大的证券交易所,资本市场规模庞大,市场成熟、规范,有着众多包括国际基金、信托基金、财务机构、专业投资者、投资大众等多元化投资者,参与性极高;特别是由于香港的众多的股票分析员对中国了解较深,研究报告在质量和数量上远胜其他市场,大部分在香港上市的公司,上市后都能够再进行股本集资。从法律的角度看,香港更是拥有强大的优势,香港拥有廉洁的政府、健全的法制、简单的税制,还有自由的流动市场制度,对海外与中国的投资者均一视同仁;包括证券及期货条例、上市规则、收购合并守则等资本市场法规日趋完善。当然,从长期的眼光看,香港要真正成为中国企业首要的境外上市和投融资中心,在发展策略方面还需要加强以下几点:第一,香港证券监管当局须进一步完善对中国企业的上市监管制度;第二,积极推动更多经营规范的大中型民营企业和科技型民营企业到香港上市;第三,积极推进香港与深圳证券交易所的合作乃至合并;第四,进一步完善香港与中国内地的金融监管,特别是证券监管的合作。

　　香港金融发展的点之二,是要成为亚太地区首要的国际资产管理中心。从中长期看,东亚特别是中国内地,作为全球经济增长最快的地区,将吸引大量区外资金到区内投资,资产与财富管理业务的增长潜力庞大。而香港金融市场高度成熟,拥有良好的发展基础,得天独厚,具备成为世界一流资产管理中心的潜质。国家"十二五"规划纲要指出:"支持香港发展成为离岸人民币业务中心和资产管理中心。"资产管理业作为香港金融业未来重点发展的范畴之一,将占有愈来愈大的比重,并且成为巩固香港国际金融中心地位、增强全球影响力的一个重要支撑环节。因此,香港要想成为全球性国际金融中心,应该进一步巩固和发展基金管理、私人银行、财富管理以及企业资本性融资、金融衍生产品等方面的高附加值和资本市场业务,发展成为亚太地区(包括香港、台湾、澳门及中国内地等大

---

① 冯邦彦. 香港:打造全球性金融中心——兼论构建大珠三角金融中心圈[M]. 香港:三联书店(香港)有限公司,2012:234-265.

中华地区）首要的资产管理中心。目前，在亚太地区，作为国际资产管理中心，香港与新加坡可以说是旗鼓相当。香港要超越新加坡而成为亚太地区首要的资产管理中心，当前需要注意以下发展策略：第一，加强在资产管理方面的软硬件、监管及人才等方面的建设，使香港金融业发展更趋完备；第二，充分发挥"中国因素"的重要作用，将香港发展成为大中华地区主要的资产管理中心；第三，积极把握伊斯兰金融带来的发展机遇。

香港金融发展的点之三，是要成为全球主要的人民币离岸业务中心、亚洲人民币债券市场。2004 年以来，随着人民币国际化进程的展开，香港作为人民币离岸业务中心的地位逐步凸显。香港背靠中国内地、地处东北亚和东南亚的中心位置，传统上与东北亚和东南亚各国有着广泛的经济往来。香港巨大的贸易和投资往来，为发展人民币业务提供了巨大市场，香港境内的人民币规模迅速扩大。不过，香港要真正发展成为全球最重要的人民币离岸业务中心、亚洲人民币债券市场，目前还存在不少问题和困难，突出表现在：人民币资金池的规模仍然总体偏小；人民币资产创造的进程仍然较缓慢；人民币回流机制的建设仍刚起步发展。针对上述问题，当前香港推动人民币离岸业务中心的发展，还需加强以下几方面的工作：第一，巩固和扩大香港与广东两地跨境贸易人民币结算规模，拓展与贸易结算相关的人民币跨境业务；第二，进一步扩大人民币资金池规模，建立多元化的人民币交易市场，推出多元化的人民币投资产品，拓宽人民币投资渠道；第三，进一步拓宽人民币投资渠道，完善和优化人民币回流机制；第四，积极推动深圳前海发展成为人民币国际化的境内桥头堡以及香港的后援基地，支持香港人民币离岸业务中心的发展；第五，处理好香港人民币离岸业务与上海人民币在岸业务之间的协议发展和错位发展。

四、第三次转型：巩固提升三大中心战略地位

1. 巩固、提升香港作为国际贸易中心及物流枢纽地位

长期以来，香港一直是亚太地区最著名的自由港和贸易转口港。香港的区位条件极佳，背靠经济快速增长的中国内地，位居亚洲太平洋的要冲，是东北亚和东南亚诸国的航运要道的枢纽，拥有全球三大天然良港之一——维多利亚海港和良好的基础设施。香港是一个信息高度发达的国际大都会，拥有自由开放的市场经济，加上长期实行的简单而低税率的税制和健全的法律制度，这些都为企业家和商人提供了得天独厚的营商环境。香港的贸易地位长期位居全球前列，目前是全球第九大贸易经济体。香港

共拥有逾 10 万家贸易公司，汇集了各类采购公司、货运代理商和贸易融资专才，组成了全球最庞大、技术最先进的专业队伍，其市场网络已延伸至全球逾 150 个国家和地区。

正是基于这些地理的、历史的、经济的、制度的比较优势，香港在可预见的将来以及未来相当长的时期内，将会继续是亚太地区著名的国际贸易中心、航运中心、航空中心和物流枢纽，贸易及物流产业将是香港最主要的支柱产业之一。然而，也应该看到，一些不利的因素正在影响香港国际贸易中心的地位，这些因素包括：香港产业的"空心化"；港资企业在广东珠三角地区的制造业正在向外迁移或向越南等东南亚地区转移；香港的转口贸易正向离岸贸易转变；香港本土的贸易、物流成本持续上升等。最明显的例子是，自 2005 年起，香港失去了保持多年的世界吞吐量最大集装箱港的地位，取而代之的是新加坡；2007 年香港进一步被上海超越。目前，香港集装箱港的地位已跌至第三位，居于上海、新加坡之后，而深圳则紧随其后排在第四位。随着生产基地的再转移和内地港口的兴起，香港转口港地位的重要性已相对下降。

因此，有必要进一步巩固、提升贸易及物流产业的国际竞争力，进而巩固、提升香港作为国际贸易中心及物流枢纽的战略地位。当前需重视的主要有以下几方面：第一，巩固美欧等传统市场，积极拓展亚洲市场特别是中国内地市场，发展离岸贸易；第二，巩固和提升香港作为亚太地区航运中心和航空中心的战略地位；第三，进一步提升香港作为全球供应链管理中心和亚洲区域配送中心的战略地位。根据香港贸易发展局的研究，目前香港的货运及仓库服务行业正受到全球多个发展趋势的影响，包括供应链全球化、量身订造服务普及化、产品周期缩短、降低存货和快速回显请求等。面对这些趋势，越来越多企业认为有需要寻求外界帮助，以优化其供应链管理，因此第三方及第四方物流服务供货商遂应运而生。① 这种发展趋势正推动着香港贸易商的转型。近年来，随着贸易形势发展的需要，越来越多的贸易商开始提供若干增值服务，如为供货商采购原材料，并提供融资，有的则与多家工厂建立外判关系，并对这些工厂的生产管理，特别是质量控制进行监管。其中，更有一部分贸易商提供全球供应链管理服务，包括选择生产商和供货商、融资、产品设计、生产管理，直至出口、销售。其中的典型就是香港的利丰集团。② 香港特区政府和香港业界应积

① 参阅袁淑妍《香港货运代理业概况》。
② 冯邦彦. 百年利丰：跨国集团亚洲再出发［M］. 香港：三联书店（香港）有限公司，2012：216 - 242.

极推动这一转变，致力将香港发展成为全球供应链管理中心。

2. 巩固、提升世界旅游中心的战略地位

香港旅游业，是从二十世纪六七十年代起步发展的。凭借着"自由港"及低税制的优势、迷人的维多利亚海港景色、风貌多样的名胜景点、郊野景致、购物及美食，居亚太地区中心及国际交通枢纽地位，完美的酒店设施和优质的服务，高效便捷的航运交通，旅游业的综合意识和教育成就，以及殖民地色彩和中西文化交汇的独特都会文化，使香港发展成为亚太地区著名的旅游中心，享有"东方之珠"和"购物天堂"的盛誉。

回归以后，由于先后受到 1997 年亚洲金融危机、2001 年美国"9·11"事件以及 2003 年"非典"疫情的影响，香港旅游业一度受到严重冲击。2003 年 7 月 28 日，为了使香港能够早日从"非典"的阴影中走出来，中央政府宣布实施内地居民赴港澳"自由行"政策。在内地居民赴港"自由行"的带动下，旅游业及其相关行业成为香港四大支柱产业之一。旅游业的蓬勃发展不仅促进了餐饮、酒店、交通、零售业的发展，而且还带动了房地产、股市、银行、公用事业等相关行业的发展。据世界旅行及旅游理事会的估计，2011 年，旅游业对香港经济的直接及间接贡献，约占本地生产总值的 15.2%；香港从事旅游业及相关行业的就业人口逾 4.63 万人，占了香港总就业人口的 12.8%。根据香港旅游发展局的预测，未来 10 年，访港旅客人数可能达到 8 000 万至 1 亿人次。因此，在香港第三次产业转型中，旅游业将是香港经济中越来越重要的支柱产业之一。不过，当前香港旅游业的发展，仍然存在不少障碍和问题，特别是近年来香港经营成本大幅上涨，租金、地价高企，增加了各行业的经营成本，直接造成了物价的高涨，直接或间接地影响了香港作为"购物天堂"的地位。

根据上述分析，香港旅游业的发展战略和定位，是要致力发展成为全球首屈一指的旅游胜地，巩固和提升香港作为亚太地区旅游中心和"购物天堂"的地位。为实现这一战略目标，香港旅游业的发展必须重视以下几个方面的问题：第一，根据世界旅游中心的战略定位，从长远规划着眼发展和加强旅游业的基础设施建设，切实改善香港旅游业发展的基础设施和基本条件。要以政府为主导有序推动促进香港旅游业长远发展的交通基础设施、旅游设施、大型新兴景点和酒店等硬件建设，打造一批能引领时尚和满足高端消费需求的旅游项目和活动；切实改善购物环境狭窄、交通拥堵、中低端酒店不足、营商成本高企等根本问题，维护香港"购物天堂"的美誉，从而不断增强香港作为世界级旅游目的地的多元化特色和吸引力。第二，大力发展商务旅游、会展旅游等高端旅游，积极拓展海外市场尤其是长途市场客源，致力发展为世界级的商务和度假旅游目的地。第三，大力整顿旅游市场秩序，规范旅游业的发展，加强对旅游业发展的监管和对外形象宣传。第四，加强粤港澳旅游业的合作与错位发展，共同建设"世界级旅游休闲中心"。

3. 巩固、提升国际创意产业及科技创新的战略地位

其实，早在20世纪90年代，香港社会就有不少有识之士提出香港要发展科技创新产业，以改变香港经济结构过分依赖地产、金融业的状况。回归后，尤其是亚洲金融危机后，香港经济所受到的重创更凸显了产业转型的重要性，加上当时美国以信息科技革命为特征的"新经济"浪潮迅速席卷全球，以知识为本的理念渐成潮流，于是以董建华为首的香港特区政府改变政策重点，积极推动香港高科技产业的发展，主要措施包括斥资33亿港元在大埔白石角兴建科学园第一期；向应用基金注资7.5亿港元并设立应用科技研究院；拨款50亿港元设立创新及技术基金等。为推动科技产业的发展，香港特区政府于2000年成立创新科技署，专责推动科技创新工作。2002年香港科学园一期正式开幕。

2008年，面对全球金融及经济危机的冲击，以曾荫权为首的香港特区政府接纳了香港经济机遇委员会提出的关于发展包括教育、医疗、检测及认证、环保、创新科技和文化及创意产业六项优势产业的建议。这实际上是再次回到董建华时期香港特区政府关于发展科技创新产业的基本思路上，只不过这次的产业涵盖面更广，包含了科技创意与创新产业。及至2013年梁振英出任香港行政长官后，更明确表示香港特区政府决定再次启动成立创新及科技局的工作，并与各界共同制定香港创新及科技发展的目标和政策。总体而言，经过20世纪90年代以来的发展，香港的创意产业及科技创新的发展已具备了初步的基础。

因此，在香港第三次产业转型中，创意产业及科技创新无疑将是香港经济中不可或缺的重要一环。香港要成功发展成为国际性的创意产业及科技创新中心，其基本策略有以下几个方面：第一，以六项优势产业为基础，制定明确的、倾斜性的产业政策，重点发展文化及创意、创新科技、检测及认证、环保等具发展潜力的新兴产业，积极推动这些产业在CEPA"先行先试"的框架下加强与广东珠三角地区的合作发展；第二，提升香港科技创新产业政策制定的级别和权威，加强统筹规划，以香港科技园公司为核心，重整香港创意及科技创新的发展平台和基础设施；第三，加强粤港科技合作，建立粤港两地科技创新合作的统筹协调机制和平台，制订长远的区域性发展计划，构建"香港—珠三角科技创新湾区"。

五、构建"1＋3"产业体系的政策前提

1997 年回归以来，特别是经历了 1997 年亚洲金融危机及 2008 年全球金融海啸两次冲击，香港原有经济发展模式和产业结构的缺陷及问题已充分暴露，第三次产业结构转型已不可避免，实际上亦已启动。根据香港的资源禀赋和比较优势，香港第三次产业结构转型的趋势，是迈向全球性国际金融中心，同时巩固和提升其作为国际贸易及物流中心、国际旅游中心和国际创新中心的战略地位，构建"1＋3"的产业体系，从而继续保持和提高其在国际经济中的竞争力。

回顾过去的半个世纪，面对风云变幻的世界经济形势，香港凭借着自己特有的优势，成功地进行了两次产业结构的转型，推动了经济的持续发展，跻身世界先进经济体系之列，并从中演变出一套极富弹性和灵活性的经济制度和经济发展模式，积累了丰富的国际经验，在国际经济中确立了其独特的角色和地位。应该说，香港有条件，也有优势成功实现产业结构的第三次转型，从而建立起其作为"亚洲的纽约"或"亚洲的伦敦"的世界大都会地位。

然而，值得指出的是，香港在未来的发展道路上实际上存在不少值得忧虑的深层次问题，香港在过去数十年间的一些导致成功的因素似乎正在消失。根据我们的研究，香港要成功实现第三次产业结构转型，其政策前提是：

第一，维持香港政治、经济、社会的繁荣稳定，进一步改善投资营商环境。

回归之前，特别是进入转型时期之前，香港是一个高度经济化的城市。这是它经济成功发展的奥秘之一。然而，回归以后，在中美两大国全球角力的大背景以及在本土政党政治迅速崛起的影响下，香港正快速发展成为一个高度政治化的地区。2003 年 7 月 1 日由亚洲金融危机、通缩、"非典"及基本法 23 条立法等一系列事件触发的 50 万人上街游行就是这一转变的标志。2013 年，香港特区政府宣布启动为期 5 个月的 2017 年普选行政长官的政改咨询，而这边厢"占领中环"的运动正紧锣密鼓。这一年，香港还爆发了"二战"之后历时最久的工人运动。种种迹象显示，香港正成为各种矛盾交织的焦点。政治、经济、社会的种种不稳定性、不确定性，直接影响了香港特区政府的施政及其效率，影响了香港的投资营商环境，影响了投资者的投资意欲。因此，在"一国两制"的框架下如何有

效维持香港政治、经济、社会的繁荣稳定，进一步改善香港的投资营商环境，是第三次产业成功转型的重要政策前提。

第二，香港特区政府和香港社会转变"积极不干预"的思维方式，制定和实施"适度有为"的产业政策，积极推动经济转型。

长期以来，香港实行的是"积极不干预"政策。20世纪70年代，港英政府时期的财政司司长夏鼎基最早提出了这一政策。已故诺贝尔经济学奖得主弗里德曼曾将香港的经验视为"良好经济政策的持久样板"。不过，"积极不干预"的前提是市场结构的高度竞争性，市场价格能够发挥自动调节社会资源的作用。然而，时移世易，今天"积极不干预"的基础已发生改变。香港回归后，香港特区政府在面对金融危机的冲击时，已加强了对经济的干预，典型例子是大规模入市干预。而在2008年、2009年全球金融危机中，欧美等号称自由经济的实体，它们政府的出手力度比香港更强。目前，全球的经济大环境正发生极大的变化，新科技、互联网、大数据、新材料、3D打印、生化科技等都在冲击着全球经济，香港特区政府如果仍然抱着过去那套思维方式，无为而治，必将落伍。以金融业为例，长期以来，香港金融市场实行的是拿来主义，金融变革与创新大体是效仿纽约与伦敦的成功实践。在香港只是一个区域性国际金融中心时，实行这种做法风险小，成效大。但是，香港倘若要发展为全球性国际金融中心，必须克服过去这些拿来主义的思维定式。香港特区政府和香港社会要真正有所作为，可以借鉴新加坡的经验，制订金融发展的长远战略规划，实施"适度有为"的产业发展政策，积极推动经济转型。

第三，深化与中国内地特别是广东珠三角地区的经济融合，重建香港在国际经济中的战略优势。

在过去相当长时期内，香港得益于中国的封闭，香港与中国内地相联系又相区别的特点，使得它成功担当起国际与中国经济的中介角色。然而，在中国加入WTO之后，香港面对的是一个全方位开放的中国内地，传统的优势已无可避免地消失。值得重视的是，随着长三角地区的迅速崛起，上海在全国经济中的中心地位凸显，对香港的地位构成威胁；而广东经济特别是广州经济实力上升，亦使香港在华南地区"龙头"城市的地位受到质疑。

香港回归中国后，其与中国内地的关系构建在"一国两制"的框架下，香港与内地是不同的独立关税区，两者之间的经贸交往受到"边界"的限制。这是全球任何一个商业大都会都没有的特例。在经济全球化、区域经济一体化的时代，这制约了香港的发展。为突破这一限制，2003年香港与内地签署了 CEPA，其后中央政府又在广东实行 CEPA "先行先试" 政策。从香港的角度看，香港要发展成为全球性国际金融中心，其中的关键，是要打通与中国内地特别是广东珠三角地区之间金融的经脉联系，构建大珠三角金融中心圈。因此，香港特区政府的重要政策之一，就是如何深化与中国内地特别是广东珠三角地区的经济融合、金融联系，重建香港对中国内地尤其是广东珠三角地区的战略优势，从而重建其在国际经济中的战略优势。

当然，从当前香港的现实情况来看，香港要成功实施上述政策，具有不少的困难和障碍。正因为如此，不少人认为香港经济的最高峰已经过去，未来的发展很可能会走下坡路，问题是走得快还是慢。这种观点并非没有理由，实在值得引起警钟长鸣。在亚太地区的竞争格局中，香港将面对新加坡、上海，甚至广州、深圳的挑战，应对不当，香港从灿烂归于平淡并非没有可能。因此，可以这样判断，香港产业结构的第三次转型，前途是乐观的，但道路却是曲折的，或者说任重道远，甚至可以说充满不确定性。

（原文载于北京《港澳研究》2015 年第 4 期）

第二编　财政、货币与金融

港英政府理财哲学与财政政策的演变与特点

一、回归前港英政府的理财哲学与财政政策

"二战"之前，香港政府的财政一直由英国殖民地部严格监管，香港的财政预算和追加预算都必须经过英国政府批准后，才能送交香港政府立法局正式通过，香港的财政缺乏独立性。"二战"之后，英国为了恢复海外殖民地经济，逐步改变传统的殖民统治策略，开始实施诸如殖民地开发和提高福利计划等一系列财政援助计划。在此政策背景下，从1947—1948年度后香港的财政收支出现稳定盈余的情况，英国政府对香港财政的监管逐渐放松。据《香港史》的记载："1958年，柏立基爵士接替葛量洪爵士，他的政府平静地处理各种事务，避免发生冲突，稳定了对华关系。……香港的工业和人口计划也备受称赞。费舍尔热情地称道香港，'它的经历是有史以来的成功范例之一'，他接着透露了个中内情：'我发现我一提到香港，就连财政部官员也面露微笑，它是不要英国纳税人大把掏钱的少数殖民地之一。'"①

1958年，英国政府将财政权力下放给港英政府，香港可自行决定财政预算和追加预算，也可自行决定发行公债或者借款，无须事先得到英国政府的同意，香港开始取得财政的独立权。但是，香港政府财政部门仍然须向英国政府报告有关香港财政的事宜，在制定财政政策时也需考虑英国政府的意见，任命财政司、核数署署长仍须报经英国政府批准，香港的财政体制仍须遵守英国殖民地章程的精神。1972年，港元与英镑脱钩，香港脱离"英镑区"后，香港政府不必将全部外汇资产结存于英国，逐步获得自主处理外汇资产，自由选择储备方式的权力。财政的相对独立性，对于香港政府健全财政制度，加强财政管理，促进社会稳定和经济发展，无疑具有重要的意义。

港英政府的财政思想和财政方针，充分体现了它的经济哲学和经济政

---

① 弗尔什. 香港史 [M]. 王皓强，黄亚红，译. 北京：中央编译出版社，2007：460.

策。港英政府的经济思想大体上遵循英国古典经济学派的理论，重视和强调社会资源的分配由市场这一"无形之手"主导。20 世纪 60 年代以来，香港政府的经济政策逐渐从"自由放任"转为"积极不干预"。这一政策由 20 世纪 60 年代担任财政司的郭伯伟制定，并由其接任者夏鼎基最终确定。所谓"积极不干预"政策，即是指除非有明显证据证明市场失效（Market Failure，即市场机制发生故障而不能正常运行），否则，政府对私营企业不作任何干预。它主要包括两个方面：一是政策实施的主导方面是不干预主义，强调维护市场机制自由运作的重要性；二是在市场失效的情况下，不排除必要的、合理的干预。

　　与上述经济哲学相配合，香港政府在财政政策上从不赞同凯恩斯主义通过赤字财政来增加社会总需求，以推动经济发展的做法。从 20 世纪 50 年代中期以来，香港历任财政司歧乐嘉、郭伯伟、夏鼎基、彭励治、翟克诚等一脉相承，都坚持"量入为出、收支平衡、略有盈余、税制轻简"的财政方针。这些自由资本主义盛极一时的审慎财政思想，曾被英国财政部奉为理财宗旨，也曾被英国各个殖民地奉为最重要的原则。香港历任财政司都认为，赤字财政不适用于香港。1963 年，郭伯伟明确宣称："它完全不适合我们的经济情况。凯恩斯写书时并没有考虑到香港的情况。"夏鼎基表示："我们承担了要避免持续赤字的义务，这是基于下列信念，即只有这样才能避免破坏香港经济维持一个令人满意的增长率的能力。"[1] 彭励治认为："社会愈富裕，花费愈要有节制……赤字财政是挥霍无度的人所乐用的权宜之计。"[2] 翟克诚也表示："本港的财政政策，是不允许以赤字预算为永久的财政方针；不过我承认，赤字的出现，有时或许是无可避免的。当赤字出现时，我们也必从速谋求对策，好让我们尽快恢复收支平衡。……即使我们是处于最佳境况，也须持审慎态度。"[3]

　　从总体上看，香港的这套财政方针基本适应了"二战"后香港经济发展和社会稳定的需要。1958 年以来，随着香港经济的持续增长，香港政府的财政状况稳步向好。据统计，1958—1959 年度港英政府财政收入仅 6.3 亿港元，财政支出 5.9 亿港元，到 1988—1989 年度分别增加到 824 亿港元和 731 亿港元（以当年价格计算），分别增长了约 130 倍和 123 倍。即使剔除通胀因素后，实质增长仍非常高：在 1970—1986 年间，政府支出实质增

---

　　① 夏鼎基. 香港政府对某些方面的政策的制定［M］//戴维·莱思布里奇. 香港的营业环境. 杨力义等，译. 上海翻译出版公司，1984：8－9.
　　② 参阅港英政府：《1985—86 年财政年度收支预算案》二读演词。
　　③ 参阅港英政府：《1987—88 年财政年度收支预算案》二读演词。

长约 4 倍，年均增长 9.4%；政府收入实质增长约 3 倍，年均增长 7.2%。①"二战"后香港政府的财政收支在绝大多数年份内保持平衡并略有盈余。从 1946—1947 年度至 1995—1996 年度的 50 个财政年度中，仅有 1946—1947 年度、1959—1960 年度、1965—1966 年度、1974—1975 年度，以及 1982—1983 年度、1983—1984 年度、1984—1985 年度 7 个财政年度出现了赤字。

香港的财政由财政司管理，其地位仅次于香港总督和布政司。财政司在布政司署办公，但不受布政司管辖，而是直接向总督负责，其主要职责是制定财政经济政策，全权管理香港外汇基金。财政司是行政、立法两局的当然官守议员，是立法局财务委员会的成员，也是外汇基金咨询委员会主席。财政司专责管理香港财经及金融政策，因而须负责监察布政司署内的财政科、工商科、经济科、工务科和金融管理局的工作。财政司每年向立法局提交政府的财政预算案，并发表主要演词。香港法定的财政年度是每年的 4 月 1 日至次年的 3 月 31 日。每年 2 月底或 3 月初，由香港财政司向香港立法局提出新财政年度的政府财政预算案，包括"政府一般收入账目"的开支预算案、拨款条例草案，其中载有政府所有部门经常及非经常开支预算的详情。财政司在立法局会议发表新财政年度财政预算案，通过议员的辩论，完成三读通过的手续，就成为据以实施的法律。

立法局设有财务委员会，一直由布政司担任主席，成员包括财政司和所有非官守议员。自 1994 年 10 月 3 日起，改由非官守议员互选主席及副主席各一名，布政司和财政司则以立法局当然成员身份，继续出任财务委员会成员。财务委员会详细审查公共开支，于每年 3 月举行特别会议审核下一财政年度开支预算草案，并定期举行会议，考虑要求更改由立法局通过的年度拨款预算的申请。立法局还设有政府账目委员会，成员包括主席和 6 名委员，主要职责是通过对政府账目的审核，"确保一切公共账项按拨款目的而开销，所有支出均物有所值，同时确保政府在财务管理方面严正不苟"。②

港英政府还设有一个"独立执行任务"的核数署，负责审核全部政府账目，审核市政局、区域市政局、职业训练局、房屋委员会、医院管理局辖下医院、多个运营基金及 50 多个法定、非法定和其他公共团体的账目，并负责审核各类政府补助机构在运作方面的财务状况。核数署署长在执行职责及行使权力时，无须听命于任何人士或机构，直接对港督负责。此

① 杨奇. 香港概论 ［M］. 香港：三联书店（香港）有限公司，1990：223.
② 周维平，等. 跨越"九七"的香港财政 ［M］. 深圳：海天出版社，1997：75.

外，香港还制定了《公共财政条例》《核数条例》等有关法规，作为财政管理的法律依据。

二、港英政府理财哲学与财政政策的基本特点

概括而言，港英政府的理财哲学与财政政策有以下一些基本特点：

第一，实行简单而低税率的税制，致力营造良好的投资营商环境。香港是世界上著名的实行低税制的地区之一，其鲜明的特色是不单征收的税种少，而且税率低、税基窄，以确保海内外投资者的信心，使他们放心在香港进行长期投资。香港对各行业于香港产生或得自香港的利润征收的利得税，其中法团业务税率仅为16.5%，非法团业务税率为15%。香港对薪俸税的应付税款按比例递增由2%至17%不等，但每名纳税人需缴纳的税款不会高于其总收入的15%。根据美国《福布斯》2002年对世界近30个国家的税收进行比较所得结论，2002年，法国税赋指数①为181.2点，居世界各国之首，比利时以164.2点居第二位，以下依次为中国（154.5点）、瑞典（149.3点）和意大利（147.5点）。德国、美国、英国分列第15、16位和18位；而税赋最轻的则是香港，其税赋指数仅为41点。②

第二，在财政开支方面，坚持"量入为出"的基本原则，强调和重视公共开支的增长要与本地生产总值的增长相适应。长期以来，香港政府管理公共财政的最重要原则就是坚持"量入为出"，强调政府开支的增长在一定时期内不得超越整体经济的增长，力求避免赤字。香港的财政支出主要被限制在公共领域，政府开支必须符合成本效益和物有所值。政府通过5年滚动的中期收支预算管理公共财务，控制政府的综合财政运行，并发挥对经济社会发展的调控职能，从而以确保公共部门不会多占社会资源，政府有能力随着经济增长的趋势，不断投资于基础建设和改善公共服务，政府资源应用于最能造福社会的事项。

第三，在财政储备方面，重视并建立起一套相对完备的财政储备制度。香港政府非常重视财政储备，早在1952—1953年度就建立起财政储备基金，逐年从一般收入账目的盈余中拨款归入基金，不断累积增加。

---

① 税赋指数是根据最高个人所得税、公司税、财产税、增值税和职工、雇主支付的社会保险税税率等一系列关键指标综合计算得出的。

② 美国《福布斯》比较研究结论：全球税赋法国最重 [EB/OL]. 新华网，http://news. xinhuanet. com/fortune/2002–05/15/content_393566. htm.

1985—1986 年度以后财政储备基金还包括一般收入账目之外的各项基金的储备。到 1999—2000 年度末，香港特区政府财政储备达 4 400 亿港元，是年度财政支出的 1.5 倍。香港财政储备的主要用途有三：一是应付预算中出现的财政赤字，支付年中入不敷出月份所需开支；二是对付临时出现而不可预测的困难，在紧急情况下可用以抵销经济周期回落所带来的冲击，以及应对世界区域内突发事件对财政所构成的压力；三是为香港政府的或有负债（Contingent Liabilities）提供保证。

20 世纪 70 年代后期，财政司夏鼎基提出，政府应为未来三年内有可能负担的债务提供保证，可从财政储备中提出相当于该债务 1/3 的数额作为保证金，不得动用。从实践看，充裕的财政储备对稳定香港经济发挥了重要作用，如 1983 年和 1985 年动用储备基金接管面临倒闭的银行，避免金融危机的扩大；1987 年动用储备基金挽救面临崩溃的股指期货市场，应付全球股市危机等。除了日常需要的现金外，香港的财政储备全部存放在外汇基金中，由金融管理局做适当的投资，并根据储备基金所占外汇基金的比例将投资收益分派给香港特区政府。同时，金融管理局每年还提供 50 亿港元的备用现金，以供库务署作实时提取现金之用。

三、转型时期港英政府财政哲学与财政政策的变化

进入转型时期，特别是随着 1997 年香港回归中国的临近，港英政府为了实现"光荣撤退"的战略，其理财哲学和财政政策出现了明显转变，政府的财政预算案呈现日趋"政治化"的倾向。主要表现在以下方面：

第一，政府展开多项大型基础设施建设，包括赤鱲角新机场建设，大幅扩大公共开支规模。财政司麦高乐在以"共享繁荣建未来"为题的 1993—1994 年财政预算案演词中，谈到为实施总督公布的"多项雄心万丈的新政策目标"时，表示要推出大量新开支项目，包括两个经常开支项目和十大非经常开支项目，他宣称："我建议增加非经常开支，以处理十个重大社会经济范围内的长期问题""这套新措施，加上总督去年十月宣布大幅增加社会福利、卫生及教育方面的经常拨款，代表着一项重要的财政承担"。这一时期，港英政府的公共开支总额从 1990—1991 年度的 951.98 亿港元增加到 1995—1996 年度的 1 952.45 亿港元，年均增幅高达 17.52%。1995—1996 年度，政府公共开支若包括房屋委员会和两个市政局的公共开支，则首次突破 2 000 亿港元，其中，经常性开支年增长 6%，非经常性开支增长 17.8%，均超过预测的 1995 年经济实质增长 5.5% 的水

平。1996—1997 年度，港英政府提出的公共开支达到 2 276 亿港元，比上一年度增加 16.6%，扣除通胀因素，实质增长仍达 7.6%，比预测的 1996 年经济实质增长 5% 高出 2.6 百分点。公共开支的连年大幅增加，使公共开支在本地生产总值中所占比重从 1990—1991 年度的 16.3% 上升到接近港英政府设定的 20% 的上限。

第二，为了维持"有效管治"，港英政府一改以往传统理财方针，大派福利，大幅减免税收，实施"还富于民"。如继 1993—1994 年度推出 8 项减免税收措施之后，1994—1995 年度又实行"超过常规"的税收减免，薪俸税免税额再由 5.6 万港元提高到 7.2 万港元，到 1995—1996 年度、1996—1997 年度进一步提高到 7.9 万港元和 9.0 万港元，3 年间增幅高达 60.7%。1996 年新任财政司曾荫权在预算案表示，过去 3 年来财政预算案已令香港的薪俸税纳税人受惠：一是基本免税额及已婚人士免税额实质增加 34%；二是无须缴纳薪俸税的工作人口总数从 46% 增加到 60%；三是按标准薪俸税税率缴纳薪俸税的工作人口从 6% 降至 2%；四是薪俸税纳税人缴纳的平均实际税率从 9% 降至 8%。1996—1997 年度，财政司曾荫权在预算案中再次提出一系列减免税收措施，包括将个人基本免税额从 7.9 万港元提高到 9.0 万港元，已婚人士免税额从 15.8 万港元提高到 18.0 万港元，增幅约为 14%，高于通胀。此外，又分别将供养父母等免税额、单亲免税额、伤残人士免税额提高 11% 至 36% 不等。这些减免措施使港府在 1996—1997 年度减少税收 19 亿港元，至 1999—2000 年度减少税收 124 亿港元。

第三，计划推行"赤字预算"，开始改变了"量入为出"的审慎财政方针。自 20 世纪 80 年代末 90 年代初以来，港英政府为推进大型基础设施建设和扩大社会福利，开始偏离"公共开支增长不得超过经济增长"这一原则。港英财政司翟克诚在 1990—1991 年度财政预算案二读演词中表示："要实现上述目标，开支便要暂时超越预算准则，在某种情况下，有违预算准则有理由可以支持的。"1993—1994 年度，港英政府提出了有 33.60 亿港元的赤字财政预算案。自 1993—1994 年度起，根据当时的中期预测，是连续四个财政年度实施"赤字预算"，至 1996—1997 年度累积赤字将达到 412.1 亿港元，从而使政府财政储备从 1992—1993 年度的 1 195.9 亿港元下降至 1996—1997 年度的 783.8 亿港元。按照港英政府原来的打算，是要准备在"九七"回归之前大规模动用财政储备，只是后来遭到中央政府的强烈反对才没能实施。1993—1994 年度的 34 亿港元的预算赤字实际成为 151 亿港元的盈余。1995—1996 年度的预算赤字亦从计划的 159 亿港元下降为实际的 26 亿港元。赤字预算反映了港英政府对传统理财哲学一定程度的偏离。

（本文为未公开发表文稿，部分文稿撰写于 20 世纪 90 年代中期，修订于 2012 年 10 月）

回归以来香港特区政府财政政策分析

1997 年 7 月 1 日，香港回归，成为中华人民共和国管辖下的一个特别行政区，实施"一国两制""港人治港""高度自治"等方针、政策。在此制度框架下，《中华人民共和国香港特别行政区基本法》（以下简称《基本法》）对香港的财政体制作出了一系列的规定，主要包括：第一，"香港特别行政区保持财政独立。香港特别行政区的财政收入全部用于自身需要，不上缴中央人民政府。中央人民政府不在香港征税"（第 106 条）；第二，"香港特别行政区的财政预算以量入为出为原则，力求收支平衡，避免赤字，并与本地生产总值的增长率相适应"（第 107 条）；第三，"香港特别行政区实行独立的税收制度。香港特别行政区参照原在香港实行的低税政策，自行立法规定税种、税率、税收宽免和其他税务事项"（第 108 条）；第四，香港特别行政区行政长官"签署立法会通过的财政预算案，将财政预算、决算报中央人民政府备案"（第 48 条）。从总体上看，回归以来香港特区政府无论在财政收入、财政支出、财政储备及财政管理等方面，都基本遵循《基本法》规定的有关财政准则。

一、香港特区政府财政收入政策分析

1. 香港的财税征收结构

香港的财政收入划分为经营收入与非经营收入。其中，经营收入包括直接税、间接税和其他收入；非经营收入包括间接税（遗产税）、基金及其他收入，其中基金包括基本工程储备基金（其中包括地价收入）、资本投资基金、赈灾基金、贷款基金、公务员退休储备基金、创新科技基金、奖券基金等各种政府基金。香港财政收入以经营收入为主，回归以来经营收入占财政收入的比重维持在 80% 左右。就财政收入的来源而言，可分为税收收入和非税收收入两大部分。前者为主要的政府财政收入。回归以后，税收收入占香港特区政府财政收入的比重从 50% 左右逐步上升至 65% 左右；而非税收收入则从 50% 左右逐步下降至 35% 左右。

2. 香港税制及其特点

在香港的财税征收结构上，以利得税和薪俸税为主的直接税占总财税收入的主要地位。香港的直接税包括所得税和遗产税两大类，前者为经营收入，后者为非经营收入。在所得税制模式上，香港基本上采用分类综合的模式，对个人所得的课税涉及利得税（公司所得税）、薪俸税、物业税、遗产税和利息税五个税种。由于利息税和遗产税已先后取消，直接税实际上只剩下 3 种。

其中，利得税是指根据课税年度内的应评税利润（即一个财政年度的净利润）而征收的，是直接税中的入息税。目前，香港特区政府规定有限公司的利得税率为净利润的 16.5%，无限公司的利得税率为净利润的 15%。薪俸税是纳税人为在香港工作所赚取的入息所缴交的税款。薪俸税的税率采用标准税率和超额累进税率，香港的标准税率经常变化，但一直维持在 15% 左右。物业税是纳税人为在香港持有物业并出租赚取利润所缴交的税款，税额按实际所收租金减去 20% 作为维修及保养费，再以标准税率 15% 计算。

香港的间接税主要包括博彩及彩票税、酒店房租税、印花税、飞机乘客离境税、应课税品税、一般差饷、汽车首次登记税、专利税和特权税等。其中，博彩及彩票税是香港向赛马投注、合法足球博彩投注及六合彩收益所征收的税项。差饷是香港政府为香港境内地产物业征收的税项，可由业主和住客协议分担，征税的根据是"应课差饷租值"（即预料物业每年可得的合理租值），由差饷物业署编制估价册，据以征收。应课差饷租值每 3 年重估一次。差饷是香港税制的主要税种之一，个人和企业均需缴纳差饷，可以说是对整个社会影响最广的一种税项。除差饷外，按土地契约的不同，土地使用者另须缴交地税或按《中英联合声明》的规定向政府缴纳地租。

其他收入主要包括土地售卖收入，商业登记费，公司注册费，银行等金融机构的牌照费及注册费，车辆牌照费及驾驶执照费，物业收益及投资收入，罚款、没收及处罚，公用事业收入，各项补偿收入，政府提供的各样货品与劳务的收费等。

香港税制属于分类税制，以所得税为主，辅之征收行为税和财产税等，具有如下一些特点：

第一，行使来源地税收管辖权。香港实行单一的地域管辖权，而基本放弃了居民管辖权，即对于香港居民和非居民，只就其来源于香港的所得征税。对香港居民来源于香港境外的所得，一般不予征税。由于基本不行使居民管辖权，香港经常成为跨国企业在亚太地区设立地区总部的首要选择地。

第二，税种少，以直接税为主体，税负低。香港现行税种仅 11 种，按征税对象可以分为四大类：所得税类（利得税、薪俸税、物业税）；财产税类（差饷）；行为税类（印花税、博彩及彩票税、飞机乘客离境税、酒店房租税、汽车首次登记税，专利税和特权税等）；消费税类（应课税品税）。其主体是直接税（即所得税），占税收总收入的65%。香港的所得税实行分类课征制度，即按照收入的类别（营业利润、工资薪金、房地产出租收入）分别课征利得税、薪俸税、物业税。但是纳税人如果是个人，也可以申请选择综合课征，称为"个人入息课税"。综合课征的税率与薪俸税相同。据统计，2009—2010财政年度，香港特区的政府收入总额为3 184.42亿港元，其中，税收收入为2 076.80亿港元，约占65.22%；其他非税收入为1 107.62亿港元，约占34.78%。税收收入中，直接税占59.31%，间接税约占40.69%。香港的宏观税负率约12%，是名副其实的低税区。

第三，税制简便、稳定，税法宽松。香港税制由《税务条例》《印花税条例》《差饷条例》《博彩税条例》《应课税品条例》《飞机乘客离境税条例》《酒店房租税条例》《遗产税条例》8个成文法律和若干立法局决议（令）、法院税务案件判例等构成。自1915年开征的遗产税于2006年2月起废止，其他曾经实施现已废止的税种有海底隧道使用税、娱乐税。由于香港不对商品和劳务课征流转税（范围狭窄的烟、酒、碳氢油等除外），香港税制十分简洁，方便纳税人。税法规定也相当稳定，所有的变动均需通过立法机关的审议通过才能生效。香港税法比较宽松，对违法者的惩处一般采取罚款形式，严重者如果追究刑事责任，判处监禁最高也在3年以下。香港税收执法也相对规范，除履行税务检查权外，税务官员与纳税人一般不见面，而通过公文邮件往来；对应纳税额发生争议，纳税人除可以向指定法律性机构上诉获得裁决外，纳税人可与税务局协商而达成和解。

3. 回归以来香港特区政府财政收入政策分析

回归以来，香港经济经历了结构转型的阵痛和两次金融危机的冲击，致使香港经济增长放缓，反映在香港特区政府的财政收入方面，政府收入总额从1998—1999年度的2 161.15亿港元下降至2002—2003年度的1 774.89亿港元，并从2007—2008年度的3 584.65亿港元下降至2009—2010年度的3 184.42亿港元。从总体看，政府收入总额从1998—1999年度的2 161.15亿港元增加到2009—2010年度的3 184.42亿港元，12年间约增长47.35%，年均约增长3.9%（如表1所示）。从税收收入的增长来看，回归以来香港税收的波动幅度大于GDP波动的幅度，说明税收收入更易受经济形势影响。不过，尽管如此，政府仍然维持简单而低税率的税制不变，以小口径计算的香港宏观税负税收占 GDP 的比重一直维持在 10% ~ 12%。

表 1   回归以来香港特区政府财政收入概况

(单位：亿港元)

财政年度	1998—1999	2002—2003	2007—2008	2008—2009	2009—2010
经营收入	1 767.83 (81.80%)	1 533.36 (86.39%)	2 763.14 (77.08%)	2 814.85 (88.92%)	2 628.60 (82.55%)
直接税	757.46 (35.05%)	726.28 (40.92%)	1 337.29 (37.31%)	1 461.43 (46.17%)	1 231.84 (38.68%)
间接税	382.39 (17.69%)	429.64 (24.21%)	959.62 (26.77%)	720.93 (22.77%)	844.96 (26.53%)
其他收入	627.98 (29.06%)	377.44 (21.26%)	466.23 (13.00%)	632.49 (19.98%)	551.80 (17.33%)
非经营收入	393.32 (18.20%)	241.53 (13.61%)	821.51 (22.92%)	350.77 (11.08%)	555.82 (17.45%)
间接税		14.03 (0.79%)	3.54 (0.10%)	1.76 (0.06%)	1.85 (0.05%)
基金	356.42 (16.49%)	27.60 (1.55%)	729.09 (20.34%)	309.42 (9.77%)	485.87 (15.26%)
其他收入	36.90 (1.71%)	199.90 (11.26%)	88.88 (2.48%)	39.59 (1.25%)	68.10 (2.14%)
政府收入总额	2 161.15 (100.00%)	1 774.89 (100.00%)	3 584.65 (100.00%)	3 165.62 (100.00%)	3 184.42 (100.00%)

数据来源：香港特区政府财经事务及库务局。

从政府收入的结构来看，回归以来香港特区政府的财政收入以经营收入为主体，一般占政府收入的 80% ~ 85%。2007—2008 年度为经济繁荣时期，非经营收入大幅增加，经营收入所占比重降至 77.08%；2008—2009 年度受到全球金融危机冲击，非经营收入大幅减少，经营收入所占比重增加至 88.92%。经营收入中，又以直接税为主，以间接税为辅，直接税一般占经营收入的 45% ~ 50%，占政府收入总额的 35% ~ 40%；间接税一般占经营收入的 25% ~ 35%，占政府收入总额的 20% ~ 25%。即包括直接税和间接税在内的税收收入占经营收入的 65% ~ 80%，占政府收入的 2/3 左右。非经营收入中，则以政府的各项基金收入为主，通常占非经营收入的 87% ~ 90%，占政府收入的 15% 左右（如表 2 所示）。

表 2　香港特区政府收入中经营收入与非经营收入结构

（单位:%）

财政年度	1998—1999	2002—2003	2007—2008	2008—2009	2009—2010
经营收入	100.00	100.00	100.00	100.00	100.00
直接税	42.85	47.37	48.40	51.92	46.86
间接税	21.63	28.02	34.73	25.61	32.14
税收收入	64.48	75.39	83.13	77.53	79.00
非经营收入	100.00	100.00	100.00	100.00	100.00
基金	90.62	11.43	88.75	88.21	87.41

数据来源：香港特区政府财经事务及库务局。

再从香港特区政府的税收收入来看，回归以来，直接税在税收总收入中一直占有重要地位，一般占税收收入的 58% ~ 67%，成为稳定香港财政收入最重要的来源；而间接税所占比重为 27% ~ 41%。直接税中，利得税和薪俸税是最重要的税种，分别占税收总收入的 34% ~ 48% 和 16% ~ 26%。间接税中，博彩及彩票税、印花税和一般差饷是最主要的税种，回归初期博彩及彩票税在税收总收入中所占比重曾接近 10%，但近年已逐渐下降至 5% ~ 6%；一般差饷亦从回归初期的接近 10% 逐渐下降至近年的 3% ~ 5%；而印花税则相反，从回归初期的 6% ~ 7% 上升至近年的 15% ~ 22%（如表 3 所示）。

表 3　回归以来香港特区政府税收收入概况

（单位：亿港元）

财政年度	2001—2002	2002—2003	2007—2008	2008—2009	2009—2010
直接税	777.49 (60.84%)	730.28 (62.96%)	1 337.29 (58.22%)	1 461.43 (66.97%)	1 231.84 (59.31%)
利得税	443.76 (34.72%)	387.99 (33.45%)	914.23 (39.80%)	1 041.51 (47.72%)	766.05 (38.89%)
个人入息课税	36.03	33.16	35.86	21.51	36.56
物业税	11.36	11.80	12.41	8.33	16.78
薪俸税	286.34 (22.41%)	297.33 (25.63%)	374.79 (16.32%)	390.08 (17.87%)	412.45 (19.86%)

（续上表）

财政年度	2001—2002	2002—2003	2007—2008	2008—2009	2009—2010
间接税	500.49（39.16%）	429.64（37.04%）	959.62（41.78%）	720.93（33.03%）	844.96（40.69%）
博彩及彩票税	115.71（9.05%）	109.21（9.42%）	130.48（5.68%）	126.20（5.78%）	127.67（6.15%）
酒店房租税	2.03	2.01	4.50	2.23	
印花税	86.37（6.76%）	74.58（6.43%）	515.49（22.44%）	321.62（14.74%）	423.83（20.41%）
飞机乘客离境税	6.66	8.84	16.71	16.26	16.17
应课税品税	69.81	66.20	70.59	60.47	64.65
一般差饷	127.27（9.96%）	89.23（7.69%）	94.95（4.13%）	71.75（3.29%）	99.57（4.79%）
汽车首次登记税	26.76	25.10	55.53	49.81	48.16
专利税和特权税	18.81	17.26	8.63	23.89	15.96
各项收费	47.07	37.21	62.74	48.70	48.95
税收收入总额	1 277.98（100.0%）	1 159.92（100.0%）	2 296.91（100.0%）	2 182.36（100.0%）	2 076.80（100.0%）

数据来源：香港特区政府财经事务及库务局。

二、香港特区政府财政支出政策分析

1. 香港政府财政开支的分类和结构

在香港的财政体系中，关于财政支出有两个重要概念：一是政府开支，二是公共开支。政府开支又分为经营开支和非经营开支。经营开支是指所有由政府一般收入账目支付并计入开支预算内"经常账"项目下的任何一个分目的开支，包括经常开支、资助金及非经常开支等。其中，经常开支包括个人薪酬、与员工有关联的开支、退休金、部门开支和其他费用；资助金包括教育，卫生，社会福利，大学及理工学院、职业训练局和杂项开支。非经营开支是指所有贷款基金，赈灾基金，基本工程储备基金，创新、科技基金及奖券基金（2003年4月1日起该基金纳入政府综合账目内，这与立法会通过决议成立的其他基金的会计方法一致）。公共开支包括政府开支［即所有记入政府一般收入账目的开支及由政府的法定基金（不包括资本投资基金）所支付的开支］、各营运基金的开支、房屋委员会的开支（2003 年开始公共开支不包括由奖券基金支付的款项）。由于营运基金、房屋委员会基金财务独立且依法自行管理，所以并不列入政府预算中。

20 世经 80 年代中期以前，官方将公共开支按照用途划分为五大门类，分别为：一般服务、经济服务、公共服务、社会服务、保安服务（内部保安等）。在五大门类的开支中，以社会服务的比例最大，占财政总支出的40% ~50% ，公共服务次之，用于经济服务的开支最少。20 世纪 80 年代中后期以后，公共开支又被进一步细分为十大门类：公共及对外事务、经济、教育、环境及食物、卫生、房屋、基础建设、保安、社会福利和辅助服务。

2. 回归以来香港特区政府财政支出政策分析

回归以来，香港特区政府的财政支出呈现不断上升的趋势，从 1997—1998 年的 2 347.80 亿港元增加至 2010—2011 年度的 3 205.70 亿港元，13 年间约增长了 36.54% 。主要原因是香港回归不久，即遭遇亚洲金融危机的冲击，香港经济从 1998 年第一季度起就陷入连续 5 个季度的衰退，此后"非典"、禽流感的相继爆发，对香港经济、民生、社会都造成了很大的负面影响，香港特区政府为了挽救香港经济、解决民生问题实施了扩张性的财政政策，导致了香港财政在回归以后有 6 个财政年度出现赤字。在1998—1999 年度，香港特区政府为了应对亚洲金融危机的冲击，大幅扩张财政支出，采取了逆经济周期的财政政策，该年度政府的公共开支达2 664.48 亿港元，比上一年度约增长 13.5% ，占 GDP 的比重突破 20% ，约达到 21.20% ，此后连续 5 年突破 20% 。2008 年全球金融危机爆发后，香港特区政府采用了"稳金融、撑企业、保就业"的策略，先后推出了 5 轮相等于本地生产总值 6.6% 的财政刺激措施，包括为银行提供流动资金，为存户安排百分百存款保障，为中小企业设立千亿信贷保证计划，以及为市民推出为数 876 亿港元的利民纾困、创造就业及刺激经济的措施①，到2011 年总额达到 1 100 亿港元。② 2008—2009 年度，香港特区政府的财政支出突破 3 000 亿港元，达到 3 309.68 亿港元，比上年度大幅增长约31.08% ，创回归以来财政支出的最高纪录（如表 4 所示）。值得注意的是，回归以来，香港特区政府为应对金融危机冲击，解决社会民生问题，

---

① 见香港特区政府《2010/11 财政年度政府财政预算案》第 4 条。
② 见香港特区政府《2011/12 财政年度政府财政预算案》第 5 条。

导致了有多个财政年度，包括 1998—1999 年度、2003—2004 年度和 2008—2009 年度财政支出增长超过经济增长。

表4 1997—2010 年香港特区公共开支与 GDP 增长率

财政年度	公共开支总额（亿港元）	公共开支增长率（%）	以当时市价计算GDP（亿港元）	GDP增长率	公共开支占GDP比重（%）
1997—1998	2 347.80	11.1	13 238.62	11.0	17.7
1998—1999	2 664.48	13.5	12 593.06	-4.8	21.20
1999—2000	2 694.84	1.1	12 461.34	-2.6	22
2000—2001	2 675.07	-0.7	13 147.89	3.8	20.3
2001—2002	2 693.59	0.7	12 988.13	-1.2	20.7
2002—2003	2 635.20	-2.2	12 767.57	-1.7	20.6
2003—2004	2 710.98	2.9	12 339.83	-3.4	22
2004—2005	2 571.37	-5.1	12 919.23	4.6	19.9
2005—2006	2 515.32	-4.7	13 825.90	7	18.2
2006—2007	2 448.68	-1.3	14 753.57	6.7	16.6
2007—2008	2 524.95	4.4	16 154.55	9.5	15.6
2008—2009	3 309.68	31.08	16 753.15	3.7	19.8
2009—2010	3 102.80	-6.3	16 322.84	-2.6	19

数据来源：港澳经济年鉴。

从政府支出的结构来看，回归以来香港特区政府的财政支出以经营开支为主体，一般占政府开支总额的 80%～87%，非经营开支占 18%～20%。经营开支中，占主体的是经常开支，一般占政府开支总额的 41%～51%；资助金占政府开支总额 27%～34%。非经营开支中，则以各类基金为主体，一般占政府开支总额的 12%～19%（如表5 所示）。

表 5　回归以来香港特区政府财政开支概况

（单位：亿港元）

财政年度		2000—2001	2003—2004	2007—2008	2008—2009	2009—2010
经营开支		1 866.86 （80.16%）	2 032.34 （82.13%）	2 047.34 （87.19%）	2 580.07 （81.88%）	2 343.67 （80.12%）
	经常开支	1 082.83 （46.49%）	1 173.27 （47.41%）	1 203.31 （51.25%）	1 297.45 （41.17%）	1 346.69 （46.04%）
	资助金	762.39 （32.74%）	799.64 （32.31%）	791.15 （33.69%）	843.74 （26.78%）	865.11 （29.57%）
	非经常开支	21.64	59.43	52.88	438.88	131.87
非经营开支		462.07 （19.84%）	442.32 （17.87%）	300.81 （12.81%）	571.05 （18.12%）	581.58 （19.88%）
	机器设备及工程	8.53	7.64	10.33	11.34	14.15
	资助金	10.12	10.22	12.52	13.03	14.54
	基金	443.42 （19.04%）	424.46 （17.15%）	277.96 （11.84%）	546.68 （17.35%）	552.89 （18.90%）
政府开支总额		2 328.93 （100.00%）	2 474.66 （100.00%）	2 348.15 （100.00%）	3 151.12 （100.00%）	2 925.25 （100.00%）

数据来源：香港特区政府财经事务及库务局。

　　如果按政策组别划分的公共开支来看，教育方面的开支在公共开支中所占比重最高，并且呈现上升趋势，从 1998—1999 年度的 18.2% 约上升到 2008—2009 年度的 22.66%，相当于有 1/5 的财政支出用于教育投资。卫生、环境及食物所占比重次之，一般在 14%～17%。再次是社会福利，1997—1998 年度社会福利在政府公共开支中所占比重为 9.2%，到 2007—2008 年度约上升到 13.81%，10 年间上升了 4.61%，虽然社会福利在政府公共开支中所占比重在 2008—2009 年度有所下降，但在 2009—2010 年度又重新约上升到 13.20%。这主要是因为香港特区政府加大社会福利政策的力度，向社会弱势群体提供基本的安全网，照顾弱势群体和有困难的人士，加强就业支持服务，提升社会流动。香港特区政府财政司司长曾俊华认为："经济下行将会无可避免地影响所有阶层的市民。我们不会随经济下滑而减少政府开支，影响服务市民的质素。相反，政府会继续投放资源在一些与民生有关的经常开支，我们亦会一如既往，采取措施刺激经济，帮助有需要的市民，为他们提供适切的服务和设施。"①事实上，近年来香港财政经常开支中接近六成用于教育、医疗卫生和社会福利等与民生息息相关的领域，支出水平十分稳定，并呈现上升趋势。

在香港政府的公共开支中，经济开支所占的比重始终维持在一个较低的水平，在5%～8%波动，这是以私营经济为基础的经济结构在财政开支上的体现，反映香港财政政策重点，在于通过投资于基础设施、开发土地，以及教育、医疗卫生、社会福利等方面，为经济发展创造一个优良的条件（如表6所示）。正如香港财政司司长曾俊华在财政预算案中提到的那样：我们奉行"大市场、小政府"的模式，因为我们相信市场是激发经济效率最有效的方法，但同时政府必须在市场未尽完美时作出干预，所以我们投资教育、基建和社会福利，帮助提升整体竞争力，提升市民的质素，让他们可以面对社会经济变化，改善社会流动。

表6　香港特区政府按政策组别划分的公共开支概况

（单位：亿港元）

财政年度	2000—2001	2003—2004	2007—2008	2008—2009	2009—2010
公共及对外事务	82.62 (3.09%)	80.76 (2.98%)	82.10 (3.25%)	385.81 (11.66%)	141.44 (4.56%)
经济	124.86 (4.67%)	149.87 (5.53%)	135.63 (5.37%)	249.75 (7.55%)	188.28 (6.07%)
教育	514.08 (19.22%)	564.96 (20.84%)	538.25 (21.32%)	749.95 (22.66%)	587.66 (18.94%)
环境及食物	113.37 (4.24%)	108.47 (4.00%)	120.51 (4.77%)	123.91 (3.74%)	136.19 (4.39%)
卫生	327.53 (12.24%)	342.31 (12.63%)	336.23 (13.32%)	367.06 (11.09%)	386.55 (12.46%)
房屋	426.06 (15.93%)	252.77 (9.32%)	143.36 (5.68%)	174.03 (5.26%)	173.22 (5.58%)
基础建设	228.20 (8.53%)	257.77 (9.51%)	263.80 (10.45%)	292.38 (8.83%)	474.09 (15.28%)

---

① 参阅香港财政司司长曾俊华动议二读《二〇一二年拨款条例草案》演词第16页。

（续上表）

财政年度	2000—2001	2003—2004	2007—2008	2008—2009	2009—2010
保安	267.43 （10.00%）	266.16 （9.82%）	279.85 （11.08%）	279.99 （8.46%）	298.12 （9.61%）
社会福利	281.65 （10.53%）	337.86 （12.46%）	348.68 （13.81%）	392.48 （11.86%）	409.58 （13.20%）
辅助服务	309.27 （11.56%）	350.05 （12.91%）	276.54 （10.95%）	294.32 （8.89%）	307.67 （9.92%）
总计	2 675.07 （100.00%）	2 710.98 （100.00%）	2 524.95 （100.00%）	3 309.68 （100.00%）	3 102.80 （100.0%）

数据来源：香港特区政府财经事务及库务局。

此外，基础建设投资在公共开支中所占比重多年低于 10%。2008—2009 年度的投资比重仅为 8.83%。2009—2010 年度，基础建设投资为 474.09 亿港元，占公共开支的比重为 15.28%，创回归以后历史新高。这主要是因为受 2008 年全球金融危机的影响，香港特区政府为了带动经济发展，促进就业和提升香港长远的竞争力，大力投资基础建设。其中港珠澳大桥主体建造工程、油轮码头的土地平整工程以及中环及湾绕道工程，已在 2009 年底动工，而广深港高速铁路香港段的工程亦于 2010 年 1 月份展开。未来几年会陆续开展大型项目建设，其中预期开展的大型项目包括启德邮轮码头大楼及附属设施、港珠澳大桥香港口岸、净化海港计划第二甲，以及将军澳第 45 区市镇公园、室内单车场暨体育馆等项目。随着多项工程进入建筑高峰期，估计未来几年的基础建设投资会继续上升，甚至超过 500 亿港元，创历年新高。①

三、香港特区政府财政储备政策分析

1. 香港财政储备的发展与管理

历史上，香港是中国市场最重要的转口港，故香港的经济表现及公共财政状况不俗，港英政府于 1855 年已能达到收支平衡，并逐渐累积历年财政盈余，当时称之为 Surplus Balance（盈余结存）。根据 1936 年的立法局资料，当时的港英政府以持有不少于 1 000 万港元的盈余结存为目标，若以

---

① 香港特区政府《2010/11 财政年度政府财政预算案》第 55、56 条。

当时的政府总开支计算，则盈余结存应相当于政府总开支的一半（即相等于6个月的政府总开支），可见当时的港英政府已经建立了规范的财政储备制度（当时还未正式使用财政储备"Fiscal Reserves"一词）。

由于长期以来香港政府一直没有设立中央银行，也没有采取积极的公债政策，财政储备在公共财政政策中的地位极为重要。从1952—1953年度起，香港就建立起财政储备基金，逐年从一般收入账目的盈余中拨款归入基金，不断累积增加。1985—1986年度以后，财政储备基金还包括一般收入账目之外的各项基金的储备。在1949—1950年度到1996—1997年度的近50年内，香港政府的财政年度中只出现了6次赤字，其余均为盈余年度。因此，香港政府积存了大量的财政储备。1997—1998年度结束时，政府财政储备达4 575.43亿港元，2009—2010年度结束时，财政储备增加到5 202.81亿港元。

香港政府的财政储备是政府的财政盈余减去赤字之后的累积结余。香港财政储备制度在其财政管理中发挥着"蓄水池"的作用。这些巨额的财政储备存入外汇基金，成为外汇基金一个重要组成部分，并由金融管理局管理。由此，财政储备不仅能够得到投资回报而成为政府的收入来源，还可用于维持汇率稳定，保证香港经济发展不会出现太大的波动。在2010—2011年度，财政储备的投资收入约为政府收入的1/10，成为香港特区政府的一项重要收入来源。香港的财政储备是由一般收入账目和8个基金①的结余组成，它同时发挥多种功能。由于政府收入波幅大而支出欠弹性，需要有缓冲以减低经济周期对社会民生的影响。财政储备是香港政府的应急钱，除了应付日常运作需要，在经济周期回落、政府收入受影响时，亦可提供资源让政府保持开支相对平稳，帮助应付突发事件。

"财政储备准则"是香港公共财政的一个重要原则。1947—1948至1961—1962财政年度，香港的财政储备准则是财政年度开始时的财政储备不少于该年度预算税收。1962—1963至1976—1977年度，有关准则修订为财政年度开始时的财政储备不少于该年度预算经常开支的50%。1977—1978至1986—1987年度，该项准则被修订为财政年度开始时的财政储备不少于该年度预算总开支的15%。自1987—1988年度开始，财政储备准则是财政年度开始时的财政结余不少于该年度预算公营部门开支的50%。②在1998—1999年度中，香港财政司司长曾荫权指出，财政储备除了应付政

① 这8个基金分别是基本工程储备基金、资本投资基金、贷款基金、土地基金、公务员退休金储备基金、赈灾基金、创新及科技基金和奖券基金。

② 刘山在. 香港经济运行和管理体制［M］. 北京：中国财政经济出版社，2003：15.

府日常营运及处变应急外，尚需要用来稳定港元联系汇率制，这是因1997年亚洲金融危机中港元受冲击所引发的考虑。曾荫权对用于处变应急及稳定联系汇率制所需的财政储备提出上下限的安排，在这一新准则下，下限的标准要求财政储备应相等于16个月的政府总开支，而上限的标准更要求财政储备应相等于26个月的政府总开支。2002—2003年度，财政司司长梁锦松在其发表的首份预算案中，修订了曾荫权的财政储备新准则。他指出，香港金融管理局已经作出多项改革以加强港元联系汇率制的稳定性，无须借助财政储备作支持。经梁锦松修订的准则为"财政储备应不少于相等于12个月的政府总开支"。这一新准则高于1997年前平均的4~6个月政府总开支的要求，迄今香港特区政府仍沿用此一新准则。

香港特区政府在2007—2008年度政府财政预算案中指出：国际货币基金组织（IMF）对香港的财政状况作出分析时表示，虽然香港经济受惠于优越的宏观经济管理、灵活的市场和成熟的金融基建，但香港税基狭窄、政府收入不稳定及人口老龄化会给中期的政府支出带来压力。IMF认为，假如没有任何政策转变或改革，香港的理想储备水平应该维持在相等于本地生产总值30%~50%，以应付收入波动；而在2030年则额外需要相等于本地生产总值30%的储备，以应付人口老龄化所带来的财政压力。

2. 回归以来香港的财政收支和财政储备政策分析

香港政府财政政策的核心原则是：量入为出，避免赤字，为求政府开支增长与本地生产总值的趋势增长率相称。1997—1998年度，香港的财政盈余达到了868.66亿港元，约占当年财政支出的44.69%，主要原因在于本年度的土地和印花税的收入远超往年，创下纪录。[①]不过，回归以来，受到1997年亚洲金融危机的冲击，香港特区政府于1998—1999年度出现财政赤字，达到232.41亿港元，约占当年支出的9.71%。其后，从2000—2001年度起连续4年出现财政赤字，而且财政赤字数额巨大。其中，2001—2002年度和2002—2003年度，连续两年的财政赤字超过600亿港元，2001—2002年度的财政赤字高达633.31亿港元（如表7所示）。这一数字不但创下过去10年的新高，且占当年名义GDP的比例达到4.87%，超过了3%的国际警戒线。[②]

---

① 参阅香港特区政府《1998/99财政年度政府财政预算案：利民纾困 自强不息》。

② 郭国灿. 回归十年的香港经济［M］. 成都：四川人民出版社，2007：106－107.

表7　回归以来香港特区政府的财政收支和财政储备概况

（单位：亿港元）

年度	财政收入	财政支出	收支差额	财政储备	收支差额约占支出比重（％）	财政储备与支出之比（％）
1997—1998	2 812.26	1 943.60	868.66	4 575.43	44.69	235.41
1998—1999	2 161.15	2 393.56	−232.41	4 343.02	−9.71	181.45
1999—2000	2 329.95	2 230.43	99.52	4 442.54	4.46	199.18
2000—2001	2 250.60	2 328.93	−78.33	4 302.78	−3.36	184.75
2001—2002	1 755.59	2 388.90	−633.31	3 725.03	−26.51	155.93
2002—2003	1 774.89	2 391.77	−616.88	3 114.02	−25.79	130.20
2003—2004	2 073.38	2 474.66	−401.28	2 753.43	−16.22	111.26
2004—2005	2 635.91	2 422.35	213.56	2 959.81	8.82	122.19
2005—2006	2 470.35	2 330.71	139.64	3 106.63	5.99	133.29
2006—2007	2 880.14	2 294.13	586.01	3 692.64	25.54	160.96
2007—2008	3 584.65	2 348.15	1 236.50	4 929.14	52.66	209.92
2008—2009	3 165.62	3 151.12	14.50	4 943.64	0.46	156.89
2009—2010	3 184.42	2 925.25	259.17	5 202.81	8.86	177.86

数据来源：《香港统计年刊》1997—2010 版。

　　2004 年，由于对外贸易表现强劲、内地开放居民赴港澳"自由行"政策，强劲的本地消费需求和蓬勃的访港旅游业，带动了香港经济的发展，摆脱了金融危机以来的经济低迷局面，香港结束持续近 6 年的通货紧缩，全年经济增长达 8.1％，香港在 2004—2005 年度恢复财政收支平衡，并在其后的财政年度中继续保持财政盈余。2007—2008 年度中，香港的财政盈余高达1 236.50亿港元，约占当年支出的52.66％，超过过去三年的财政盈余的总和，创下回归以来的最高纪录。2008—2009 年度，受到全球金融危机及经济放缓的影响，香港经济受到严重打击，财政盈余下降到14.50 亿港元。2009—2010 年度，在全球低息及多国实施"量化宽松"政策下，并受到内地采取 4 万亿元刺激经济政策的影响，香港经济回稳，当年财政盈余回升至 259.17 亿港元。

　　从总体来看，1997—1998 年度至 2009—2010 年度的 12 年间，香港财政储备的增长幅度与名义 GDP 的增长幅度基本上是同方向变化的，由此可以看出经济持续增长对保持巨额财政储备的重要性。截至1997—1998年度，香港的财政储备高达4 575.43亿港元①，约占1997年名义GDP的33.52%。巨额的财政储备，为政府实行扩张性的财政政策提供了有利条件。不过，由于受到亚洲金融危机的严重冲击，香港特区政府动用巨额财政储备入市干预，并且采取刺激经济等一系列政策，导致连续4年度出现财政赤字，使得财政储备下降至2003—2004年度的2 753.43亿港元，比1997—1998年度的财政储备减少了1 822亿港元，下降幅度达39.82%（如表8所示）。

表8　回归以来香港特区政府的财政储备与名义GDP的关系

年度	名义GDP （亿港元）	GDP增长率 （%）	财政储备 （亿港元）	财政储备增 长幅度（%）	财政储备与名义 GDP之比（%）
1997—1998	13 650.24	11.0	4 575.43		33.52
1998—1999	12 927.64	− 5.30	4 343.02	− 5.08	33.59
1999—2000	12 666.68	− 2.02	4 442.54	2.29	35.07
2000—2001	13 176.50	4.02	4 302.78	− 3.15	32.65
2001—2002	12 992.18	− 1.40	3 725.03	− 13.43	28.67
2002—2003	12 773.14	− 1.49	3 114.02	− 16.40	24.38
2003—2004	12 347.61	− 3.33	2 753.43	− 11.58	22.30
2004—2005	12 919.23	4.63	2 959.81	7.50	22.91
2005—2006	13 825.90	7.02	3 106.63	4.96	22.47
2006—2007	14 753.57	6.71	3 692.64	18.86	25.03
2007—2008	16 155.74	9.50	4 929.14	33.49	30.51
2008—2009	16 770.11	3.80	4 943.64	0.29	29.48
2009—2010	16 225.16	− 3.25	5 202.81	5.24	32.07

数据来源：《香港统计年刊》1997—2010版。

从2004年开始，由于欧美等外围经济开始向好，内地经济的持续强劲增长，带动亚洲经济，同时内地开放居民赴港澳"自由行"政策实施，香港经济逐步复苏，2005—2006年度名义GDP已超越1997—1998年度的高峰，创下13 825.90亿港元的新高。经济强劲复苏令政府的财政状况大大

---

① 截至1998年3月底，香港的土地基金总价值为1 970.72亿港元，加上历年累积的财政盈余，香港的财政储备高达4 575.43亿港元。

改善。2007—2008 年度，香港的财政储备首次超过了回归时的 4 575.43 亿港元，达到 4 929.14 亿港元。其后，由于受到 2008 年全球金融危机的影响，香港的财政储备增长放缓，但到 2009—2010 年度，财政储备仍增加至 5 202.81 亿港元的历史新高，占当年名义 GDP 的比重也约回升至 32.07%。据估计，到 2013 年 3 月底，香港的财政储备将可能达到 6 587 亿港元，大约占 GDP 的 34% 或相当 24 个月的政府开支。这些财政储备存放于香港外汇基金中，不仅可以获得不菲的投资收入，而且还能有助于巩固公众对香港货币和金融稳定的信心。

（本文为未公开发表文稿，写于 2012 年 10 月）

论港元联系汇率制

目前，香港的主权回归已进入倒计时，香港能否顺利过渡，在某种程度上要视香港经济在这一关键时期能否继续维持繁荣稳定，而这又在很大程度上视香港的港元联系汇率制能否继续维持不变，从而保持香港金融体系和市场的基本稳定。有的香港金融专家将港元联系汇率制视为香港"经济的底线"。因而，港元联系汇率制成为转型后期香港经济的焦点。

一、港元联系汇率制产生的背景与运作机制

港元联系汇率制可以说是香港 20 世纪 80 年代初特殊政治、经济态势下的产物。进入 20 世纪 80 年代，香港前途问题引起人们的关注，使一些人产生信心危机，尤其是 1983 年 9 月，中英两国关于香港前途问题的谈判陷入僵局，社会上各种猜测及传闻更增加了港人的危机感。人们在金融市场上纷纷将港元资产转变为美元或其他外市资产，一些大银行和外国公司也陆续开始将部分资本撤离香港；房地产和制造业等方面的投资大减，种种因素都影响了外汇市场，港元汇率大幅下跌。当时，香港正实行浮动汇率制，这种制度对危机中的金融市场，不仅不能起抑制作用，反而推波助澜。一些投机家利用人心浮动的时机，进行港元投机，而港英政局则迟迟未能采取有效措施制止，使港元汇率一度失控，形成了港元危机。1983 年，港元汇率从年初的 1 美元兑 6 港元的比价跌至 1 美元兑 7.9 港元，跌幅高达 32%。至 9 月 24 日，汇价进一步跌至 1 美元兑 9.6 港元的历史低位，香港整个金融体系已岌岌可危。港元联系汇率制正是在这种历史背景下于 1983 年 10 月 17 日由港英政局推出的。

所谓港元联系汇率制，更确切地说是港元发钞固定汇率制。在这个制度下，香港发钞银行（汇丰和渣打）在增加发行港币时，要按 7.8 港元兑 1 美元的固定汇价向港英政府外汇基金交付美元，作为发行货币的法定准备，而外汇基金则向发钞银行发出同意发行港币的负债证明书。相反，如果部分港元要从流通中撤回，则美元与负债证明书作相反运作。该制度实施时，发钞银行在为其他银行提供或收回港币时，也按 1 美元兑 7.8 港元

的汇率，通过各银行在汇丰设立的清算账户进行港元与美元的交换运作。不过，自 1994 年港英政局改革发钞银行和其他银行的现钞交收制度后，固定汇率已改为市场汇率。

根据港元联系汇率制，港元对美元的固定汇率（1 美元兑 7.8 港元）只运用于外汇基金和汇丰、渣打等发钞银行，并延伸到港元同业现钞市场。而在公开外汇市场，港元汇率仍是自由浮动的。这种由供求关系决定的市场汇率，适用于银行同业之间的港元存款市场（批发市场）和银行与一般公众之间的港元现钞或存款交易（零售市场）。因此，在港元联系汇率制下，香港存在着同业现钞市场和公开外汇市场两个平行市场，也存在着官方的联系汇率和市场汇率两种平行的汇率。

港元联系汇率制依靠银行和其他金融机构之间的套利和竞争的相互作用，促使市场汇率趋向联系汇率，使两档汇率合为一档。例如，当市场汇率高于联系汇率时，如 1 美元兑 7.9 港元，银行和其他金融机构将力图用回笼现钞和赎取负债证明书的办法，间接通过发钞银行以较低的官方汇率从外汇基金获得美元，然后以较高的市场汇价在公开外汇市场抛售，从中赚取差价获利。这样，港元现钞回笼令港元供应减少，从而使市场汇率下降到联系汇率水平。相反，当市场汇率跌到联系汇率以下，银行和其他金融机构则力图间接地按联系汇率用美元从外汇基金兑换更多的港元，结果，港元供应增加，港元利率下跌，市场汇率上升至联系汇率水平。很明显，港元联系汇率制具有以往固定汇率制所没有的内在稳定机制，该制度的创始人之一祈连活（John Greenwood）就认为："这个制度的妙处就在于它是自动调节的。"①

二、港元联系汇率制的积极作用与负面影响

港元联系汇率制自 1983 年 10 月 17 日实施以来，已从一项应付危机的权宜之计，发展为香港货币金融管理的一项重要制度。期间虽经历了一系列政治、经济震荡的冲击，但总体来说运作良好，颇为成功。从十多年的经验看，这项制度对转型时期香港金融体系以及整体经济的稳定繁荣，确实发挥了重要的积极作用，这主要表现在：

第一，迅速扭转了港元大幅贬值的颓势，拯救了香港货币体系的危机。在实施港元联系汇率制的第一周，美元汇率即盘旋下降到 1 美元兑 7.8

---

① 祈连活. 如何拯救港元？三项实用的建议［J］. 亚洲金融监测，1983（9 – 10）.

港元的官价水平以下，并逐渐稳定下来。虽然开始时资金外流的压力从汇率转到利率，令香港银行同业拆放利率一度攀升至41%，但紧缩效应很快令资金外流转为流入，并令利率逐步恢复到正常水平。可以说，港元联系汇率制的实施令即将崩溃的香港货币体系迅速恢复稳定和秩序。当然，成功的背后还有一系列有利因素的配合，其主要是中英关于香港问题谈判再度取得良好进展、市民信心开始恢复、外汇市场渐趋稳定，以及香港经济好转等。

第二，有效控制了港元货币供应的增长，保持了港元市值的基本稳定。由于港元联系汇率制实际上就是一项货币发行制度，发钞银行在增加发行港币时，要按联系汇率向港英政府外汇基金交付美元，作为发行货币的法定准备，这就限制和避免了香港在实行浮动汇率制时期发钞银行滥发港元的危险和货币供应的大幅波动，从而保证了港元币值的相对稳定。据统计，1983年前，香港货币供应M3的增长情况十分波动，波幅在0～40%，非常不稳定。然而，自1983年实施港元联系汇率制以来，货币供应增长的波幅已经收窄为12%～25%，而港汇指数亦从持续下跌之势转为相对稳定，在100～115范围内窄幅波动。

第三，提高了香港金融体系承受政治、经济震荡冲击的能力。港元联系汇率制自实施以来，经历了1984年中英关于香港前途问题谈判、1987年10月股灾、1990年中东海湾战争、1991年国商银行倒闭事件以及1992年中英政治争执等政治、经济事件冲击，期间虽出现过七八次港元风潮，但港元兑美元最低价仅为7.950，最高价为7.714，波幅未超过2%，而平均偏离幅度仅约0.3%。整体金融体系未因政治、经济震荡而再度出现1983年的情况，从而显示了该制度的有效性。

第四，降低香港贸易、投资等各种经济活动的风险和交易成本，促进了香港对外贸易和整体经济的发展。在很长一段时期，美国曾一直是香港的最大出口市场，而中国经港转口贸易亦以美元计价，估计以美元计价部分约占香港对外贸易的七成。因此，港元与美元挂钩，为香港的对外贸易、投资等活动提供了一个稳定的成本统计、报价结算和盈利评估的计价基础。尤其是1985年以来，美元持续贬值，促进了香港对外贸易的发展。据统计，从1984—1992年期间，香港对外贸易每年平均增长率达21%，GDP年平均增长率亦达8.6%。

第五，有利于创造稳定的投资环境，促进香港经济的稳定繁荣。目前，香港正处于转型时期，一些政治事件往往会成为导致港元汇率不稳的重要因素，从而影响投资者的信心。如1983年港元持续贬值的1年中，香港固定资产从 1982 年的 503.6 亿港元猛跌至 460.9 亿港元，跌幅达 8.5%。实施港元联系汇率制后，金融体系的稳定性大增，增强了投资者的信心。据统计，自 1984 年以来，香港固定资产的形成比较稳定，年均增长率达 8.5%。

诚然，港元联系汇率制并非一项无代价的经济政策，从十多年的经验看，其代价或负面影响突出表现在两个方面：其一，港元汇率调节经济的功能被削弱。港元与美元挂钩后，只能被动地跟随美元对其他货币升跌，不能通过汇率调整来调节香港的对外贸易和资金流动，外部不平衡的调节负担全部由内部宏观经济政策承担，本地产品进出口表现为在一定程度上依赖于美元汇价走势，并由此牵动投资、消费等环节，影响香港经济的总体表现和周期变化。其二，港元利率调节经济的功能大受限制。港元与美元挂钩后，港元利率亦失去自主性，只能被动地跟随美元利率变动。前两年，美国经济衰退，须不断调低美元利率刺激经济复苏，迫使港元利率在本港经济过热情况下仍不得不持续下调，偏离了内部经济发展的需要，给居高不下的通货膨胀火上加油，并由此对香港社会、经济产生一系列负面影响。这一时期，香港舆论对港元联系汇率制的批评可说达到顶峰。

不过，总体而言，实施港元联系汇率制是利大于弊。目前，香港社会的主流意见是港元联系汇率制已经证明能承受政治、经济震荡的冲击，它对香港经济稳定繁荣所作的贡献超过这种制度所需付出的代价。因此，应"既联之，则安之"①，维持港元联系汇率制不变。

三、港元联系汇率制面对的质疑与改善

1992 年 8 月，欧洲货币危机爆发，除德国马克外，几乎所有欧洲国家的货币均成为抛售对象，英、意两国相继被迫退出欧洲汇率机制。欧洲货币危机的爆发，将香港舆论关于港元联系汇率制的争论，从利弊功过转移到其稳定性方面。有人认为，固定汇率制无法抵挡抛售浪潮，因此欧洲货币动荡亦可能在香港重演。

这种论调实际上是把港元联系汇率制与固定汇率制混为一谈。其实，两者之间有着本质的区别：第一，港元联系汇率制具有不充分兑换性。1 美元兑 7.8 港元的官方汇率只适用于外汇基金与发钞银行之间，至于银行与客户之间、银行同业之间的港元交易，以及所有非现钞交易均以市场汇

---

① 张玉常. 联系汇率的困扰［N］. 香港经济时报，1988 – 03 – 09.

率进行。这与典型固定汇率制下，每一本币持有者都有权按官方汇率向中央银行兑换外币或黄金的充分兑换性是有区别的。第二，港元联系汇率制有无约束性（即指导性）。在该制度下，港元与美元存在着双重汇率，即联系汇率和市场汇率。港英政府亦不像欧洲汇率机制那样，规定市场汇率对联系汇率波动的上下限。市场汇率与联系汇率趋向一致，主要是依靠银行和其他金融机构之间的套利和竞争的相互作用来实现的。这两个特点决定了港元联系汇率制具有自我调节机制，即内在的稳定性，这是固定汇率制无法比拟的优点。此外，港元联系汇率制只要求港元钉住美元，所涉及的对象只有两个，政策协调的困难远较欧洲汇率机制少，因而它更能承受外来的政治、经济冲击。

诚然，有人对在港元联系汇率制下，通过银行的套利和竞争，市场可以自动调节货币供应从而稳定港元汇率这一自动调节机制的功能提出质疑。论者指出：当港元市场汇率低于联系汇率时，银行无法从市面上搜集大量美元现钞以官价卖予外汇基金从中获利；当港元市场汇率高于联系汇率时，银行因考虑到要维持储备以应付客户提取现金时所需，亦未能放心根据官价以港元向外汇基金大量兑换美元。此外，由于套利只限于以现金进行，银行不能利用货币市场进行套利，市场不能直接参与套利。这一切都直接影响了自我调节机制的功能。

为弥补这一缺憾，以令市场汇率向联系汇率趋同，自实施港元联系汇率制以来，港英政府通过银行下令运用利率工具，借利率套利功能稳定汇率。调节利率水平，所涉及的面较大，影响 M1 到 M3 的整个货币供应，因而收效也较大。不过，利率工具的运用，在实际操作中会打乱或干扰了利率水平的正常运动规律，不利于资金的有效配置和经济稳定。

港英政府亦明白套利机制和利率工具的局限性，因此，自 1988 年以来便对原有的金融货币管理体制进行了一系列的改革，创造出一套维持和巩固港元联系汇率制的有效机制。这些改革包括：①1988 年 3 月设立负利率机制，一旦需要时，对银行大额存款收取费用，以抵御投机港元升值的冲击；②1988 年 7 月港英政府外汇基金与汇丰银行达成"新会计安排"，由外汇基金取代汇丰银行控制银行体系的流动性，以加强外汇基金对银行同业市场流动资金和利率的影响力；③1990 年 3 月以来外汇基金先后推出外汇基金票据和政府债券，以便可通过买卖质素合格的港元金融资产，来影响银行同业流动资金水平，并为设立流动资金调节机制铺路；④1992 年 6 月设立流动资金调节机制，正式确立外汇基金"最后贷款者"的职能；⑤1993 年 4 月成立金融管理局。金融管理局的成立，标志着港英政府已确立了一整套维持和巩固联系汇率的宏观调控机制，至此，港元联系汇率制的基础及其稳定性已大大增强。

四、港元联系汇率制面对的挑战与风险

然而，港元联系汇率制具备内在的自我调节机制和外在的宏观调节机制，并不表明它本身没有潜伏危机。应该指出，港元联系汇率制的稳定性是有一定限度的，超过这个限度，就有崩溃的危险。由于港元联系汇率制的存亡，在很大程度上影响到香港金融体系稳定与否，从而影响到转型后期香港经济的稳定繁荣，影响到香港1997年主权回归是否顺利，因此随着1997年的临近，这个问题已日益受到香港社会各界的密切关注。

第一，随着1997年的临近，各种社会政治矛盾的激化，香港在政治上可能会出现一个短暂的不稳定时期，诱发资金和人才外流潮再度出现，令港元转弱，而美元则在美国经济复苏、利率提高的双重刺激下，改变多年来对港元的弱势。这种情况下，港元将要不断加息，并维持一个比美元更高的实际利率，才能维持1美元兑7.8港元的联系汇率。面对高利率水平，并在1997年前处于高水平的香港房地产市场和股票市场将可能面临崩溃的危险。为防止房地产市场和股票市场的崩溃，港英政府被迫取消港元联系汇率制，让港元按市场供求贬值。摩根士丹利的前策略研究员罗奇（David Roche）就持有这种观点，据他分析，港元联系汇率制将很可能在今后两年内取消。

第二，由于1997年的临近，香港市民和投资者从以最小代价取得最大保险的心态出发，大规模将银行港元存款转换成美元存款。目前，香港银行存款总额约为8 000亿港元，港元存款与美元存款的比重约为5∶5，估计到1997年银行存款将达到10 000亿港元，如届时美元存款比重骤然提高，将对正常运作的香港金融体系造成极大压力，并可能诱发资金大规模调离从而冲击联系汇率。当然，港英政府可通过大幅提高港元利率的方式加以干预，但若情况进一步恶化，港元联系汇率制就面临被迫取消的危险。

此外，对港元联系汇率制的威胁还来自另一种情况，就是港英政府基于政治考虑而主动在1997年以前改变联系汇率水平或废除港元联系汇率制。虽然，自港元联系汇率制实施十多年来，港英政府已将它从一项权宜之计上升至整个货币金融政策的核心，并围绕它发展起一套完整的货币金融管理机制。到目前为止，在公开场合下，港英政府官员从港督、财政司至金融管理局行政总裁，都不停地重申维持港元联系汇率制的立场。然

而，这并不能排除随着 1997 年的临近，中英两国在香港政治、经济等问题上存在争议之际，港英政府以改变联系汇率水平或废除港元联系汇率制作为筹码的可能性。据说港英政府内部就曾对这种可能性进行过研究。当然，废除港元联系汇率制是一把双刃剑，它在对香港经济造成重大破坏性影响的同时，亦将彻底摧毁港英政府的管理权威，以及影响英国在香港的既得利益和长远利益。笔者分析，主动废除港元联系汇率制至少有几个前提：一是中英两国在香港问题上的合作全面破裂；二是英国置香港英资财团利益于不顾，并放弃同中国发展经贸关系的长远利益；三是香港经济或金融市场出现动荡。

必须指出，笔者分析的上述几种可能只是一种极端的情况，以便未雨绸缪，防患于未然。从目前香港的政治和经济形势看，港元联系汇率制维持到 1997 年后的可能性还是很大的。

五、维持和巩固港元联系汇率制的几点建议

根据上述分析，对港元联系汇率制构成威胁的因素，总体来说，是政治因素重于经济因素，外部因素重于内部因素。因此，从维持和巩固港元联系汇率制出发，当前应注意以下几个问题：

第一，在转型后期，中国与英国对香港的政治、经济和民生等问题应维持有限度合作，以免对香港经济和金融市场造成重大震荡。

第二，中国应支持香港金融管理局加强对香港金融市场的宏观干预能力和功能，督促港英政府采取有效措施防止香港房地产市场和股票市场的大起大落，尤其是警惕香港经济形成"泡沫经济"。

第三，中国应密切监督港元联系汇率制的运作情况，包括港英政府主要官员（如港督、财政司、金融管理局行政总裁等）对维持港元联系汇率制的公开或私下立场的变化、两家英资发钞银行的动向，以及与港元联系汇率制运作有关的一系列经济数据，如货币供应、利率、通货膨胀率等变化趋势，可考虑在香港和内地设立一、二线监察小组，及时发现问题，提出对策。

第四，严防港英政府不恰当地动用外汇基金。港元联系汇率制的正常运作，是以外汇基金为后盾的。据港英政府公布，截至 1993 年底，外汇基金的总数为 3 482.92 亿港元，其中转拨的财政储备是 1 156.83 亿港元，累积盈余是 1 276.18 亿港元，分别占外汇基金总额的 33.2%、36.6%。根据中英两国达成的新机场谅解备忘录，港英政府只需留给未来香港特区政府

250亿港元财政储备即可。而根据外汇基金条例第8条，港英政府财政司在与外汇基金咨询委员会协商并获得英国国务大臣批准后，可动用外汇基金累积盈余的绝大部分。因此，应警惕港英政府不合理地动用这一大笔外汇储备，从而削弱港元联系汇率制的基础。

第五，在香港形成维持港元联系汇率制的强大舆论力量。十多年的实践已证明港元联系汇率制的功效。目前，香港社会各界亦已形成转型后期维持联系汇率制不变的共识，港英政府官员亦一再重申维持港元联系汇率制不变的立场。

第六，中方应通过中英联合联络小组等外交渠道，向英方正式提出维持港元联系汇率制不变的立场，并坚持转型后期港英政府推行重大金融变革须事先与中方磋商的原则。

（原文载于北京《世界经济》1995年第6期）

香港国际金融中心的优势及挑战
——简评香港金融管理局的《策略文件》

在迈向"九七"的转型后期，如何保持和进一步巩固香港国际金融中心的地位，理所当然成为众所关注的焦点之一。1995 年 5 月 18 日，在香港预委会经济专题小组主办的"迈向九七加强香港国际金融中心地位"的研讨会上，香港金融管理局发表了《香港作为国际金融中心的策略文件》（简称《策略文件》）的报告。这份报告对于了解现阶段香港作为国际金融中心所具备的优势、存在的隐忧以及面对的挑战，具有重要的参考价值。

一、香港国际金融中心的优势与隐忧

20 世纪 70 年代末 80 年代初以来，香港随着经济实力的迅速增长和中国实行改革开放政策，迅速崛起为亚洲主要的国际金融中心之一。目前，香港已成为全球第三大银行集中地，1994 年 8 月底，香港银行体系的对外资产高达 5 700 亿美元，对外负债为 5 400 亿美元。1993 年香港股票市场跃居全球第六位。外汇市场买卖活跃，平均每天成交额超过 610 亿美元，在世界排名第六。香港的黄金市场是世界四大金市之一。银团贷款居亚洲首位。外汇基金储备总额在 1993 年底为 3 482.92 亿港元，即 446.53 亿美元，在全球排名第六，人均拥有外汇储备则居全球第二。

《策略文件》认为，香港崛起和发展成为国际金融中心，其优势主要在于：①优越的地理位置；②清晰明确并且可以预知的法律制度；③完善的会计制度；④新闻自由，使信息透明且流通无阻；⑤健全及先进的基础设施及办公室；⑥具有高素质的劳动人口；⑦无须受不必要的监管束缚；⑧对个人及公司极具吸引力的税制；⑨公司可自由出入及经营业务；⑩生活质素高，法制受到尊重，治安良好等；⑪与中国内地的联系；⑫海、空交通及电信联系极佳；⑬专业海外雇员入境手续简便；⑭货币稳定，且无外汇管制；⑮其他财务机构林立；⑯政治稳定。这些优势可简要概括为自由开放的经济政策、比较健全的法律制度、比较完善的基础设施和投资环境、高质发达的资讯业、高质素的人力资源及得天独厚的地理环境。

不过,《策略文件》含蓄地指出,随着"九七"政治转变的到来,香港的某些优势将受到侵蚀,诸如政治将转趋不明朗、投资者忧虑香港的自由开放政策将会受到侵蚀、香港是否会改变其作为自由市场的特点、货币是否会保持稳定、法律制度是否会倒退等。文件认为,"上述政策的任何重大改变,将被视作极为不利","将难以维护香港的主要金融中心地位"。联系到不久前美国著名经济学家、诺贝尔经济学奖获得者弗里德曼教授关于"九七"后港币不复存在的言论,毋庸否认,上述忧虑在香港投资者中不乏市场。

这种忧虑值得重视,它可能对"九七"前的香港金融市场产生一定的负面影响。这种忧虑实际上是对中国实行"一国两制"方针、政策的决心和信心缺乏了解或持怀疑态度。在《中英联合声明》中,中国政府就明确指出,"九七"后香港现行社会、经济制度50年不变。具有宪法地位的《中华人民共和国香港特别行政区基本法》第109条亦明确规定:"香港特别行政区政府提供适当的经济和法律环境,以保持香港的国际金融中心地位。"为此,特列明继续保障金融企业和金融市场的经营自由,港币继续流通,自由兑换。事实上,随着"九七"的临近,香港的金融市场运作如常,并未发生某些人预期的那种大波动,证明中央政府的政策已发挥效力,香港的优势并未受到削弱。

诚然,香港作为国际金融中心的地位,仍存在不少隐忧,诸如文件提到的,随着政府透过立法监管,将干预市场运用;随着监管条例日趋复杂,市场的效率和灵活性将受到损害;租金及工资的高昂,加上政府可能推出增加商业成本的措施(如老年退休金计划),令经营成本大幅上升等。某些金融机构基于此亦将地区总部从香港迁到新加坡。这些情况都值得关注,需要认真研究并加以对待。

二、香港国际金融中心与新加坡的竞争

在亚洲,香港作为国际金融中心所面对的最直接的竞争对手,就是新加坡。正如《策略文件》所指出,"原因是它拥有与香港相同的优势:位于伦敦与纽约之间的适当时区、毗邻高增长地区,以及低税率"。实际上,新加坡早已制订了一项长期性促进其成为国际金融中心的计划,与香港一决雌雄。近期,新加坡正进行多项重大的政策改革,特别是在税务及管理方面,以图取得领先地位。因此,香港金融管理局认为,"应付来自新加坡或其他地区的竞争及挑战,是保持香港作为亚洲主要国际金融中心地位

的整体策略中不可分割的重要部分"。

《策略文件》围绕金融市场的五个重要元素（简称五个"P"，即政策Policy、产品Products、人才People、审慎监管架构Prudential Framework、市场基础设施Tech – Nological Platform），对香港和新加坡的优劣势进行分析对比，并提出政策建议。

政策方面，根据美国传统基金会所制定的"经济自由指数"评估，香港的经济体系被公认为全世界最自由的经济体系，而新加坡则排名第二，紧跟其后。香港金融管理局认为，"九七"后维护香港的领导地位及独一无二的自由市场特色，对维持投资信心至关重要。鉴于新加坡正加紧推行重大的税务优惠计划，香港金融管理局建议，香港应考虑将"海外金融业务"的适用税率调低，以拉近两地的竞争条件。

在产品方面，香港占优势的环节主要包括银行业、股市、国际债券市场、黄金市场、资产管理及保险等。目前，外国银行在香港开设的分行和代表办事处分别为171间和156间，而新加坡则分别为119间和50间。以1994年3月计，香港的外国资产达5 520亿美元，新加坡仅为3 490亿美元。从股市市值看，1994年10月底香港的股市总值达3 160亿美元，新加坡仅为1 450亿美元。在国际债券发行方面，于1994年9月尚未偿还的债券，香港为120亿美元，新加坡仅为10亿美元。在资产管理方面，1994年3月香港有903个互惠基金及单位信托基金，管理资产合共455亿美元，而新加坡在1993年底的估计数字是384亿美元。至于保险业，香港经营的保险公司有228间，1992年的总保险费为36亿美元，而新加坡仅有142间，总保险费为26亿美元。

不过，在公债市场、外汇市场、期货市场、期权市场以及退休金管理方面，香港则逊色于新加坡。香港的公债市场一直发展缓慢，部分原因是香港积存巨额财政盈余。而新加坡已发展为活跃的亚洲公债市场。在外汇市场，种种迹象显示，新加坡外汇市场正迅速超越香港，数间投资银行基于商业理由，已将其外汇交易中心基地设于新加坡。在期货市场，1993年香港的期货买卖合约为200万份，而新加坡则高达1 400万份。在期权市场，香港亦逊色于新加坡，1993年两地期权买卖合约分别为30万份和100万份。在退休金管理方面，香港没有公营的退休金计划，据估计，1994年香港私营退休金总资产约154亿美元，而1992年新加坡的中央公积金总资产为320亿美元。至于衍生工具市场，香港和新加坡均发展缓慢，不相伯仲。

香港金融管理局认为，为加强对新加坡的竞争优势，香港在未来发展路上应加强以下策略性发展：第一，根据市场需求，在适当时机发行更长年期（7～10年）的外汇基金债券。第二，与私营机构紧密合作发展若干金融产品，尤其是在债券市场的范畴内。因为债券市场的发展可带来外汇、银行同业交易和衍生产品的关联交易和发展。第三，通过健全和有组织的方式发展第二按揭市场。第四，与其他监管机构合作，研究发展例如风险管理、衍生工具产品、股票、保险和再保险产品等。

在人才方面，1994年香港在教育水平方面被 Harrison 评为"良好"，而新加坡则被评为"极佳"。《策略文件》对香港教育水平正日渐下降，尤其是对1997年后英语地位下降导致劳动人口英语应用能力下降表示忧虑。文件建议，香港应加强教育培训，尤其是英语的应用能力。

在审慎监管架构方面，文件认为香港的审慎监管制度符合国际标准，且较其他金融中心灵活。不过，调查显示，监管制度对金融机构的竞争力所构成的影响，新加坡优于香港。

在市场基础设施方面，文件认为全球金融市场的发展，极度依赖有效的通信设备及健全的技术架构，伦敦、中国香港和新加坡在这方面均具良好基础。谁能在全球技术架构方面取得突破性进展，将交易成本及风险减低，谁就能稳执牛耳，跻身世界领导地位，而香港正好具备这种潜力。

三、"中国因素"对香港国际金融中心的影响

需要指出的是，香港作为国际金融中心的众多优势中，其中举足轻重、不可或缺的优势就是与中国内地的联系，或者说，是"中国因素"的影响。关于这一点，《策略文件》虽然已经指出，但并未加以强调及重点论述。正如新华社香港分社社长周南在"迈向九七加强香港国际金融中心地位"研讨会开幕致辞中所说，中国实行改革开放16年来经济快速发展的历程，同香港作为国际金融中心地位的形成和发展壮大的历程，基本上是同步进行的。从根本上说，如果没有中国的政治稳定、改革开放和经济发展，就不可能有香港的经济繁荣，也不可能有国际金融中心地位的形成和发展。随着"九七"后内地与香港金融合作关系的进一步密切，香港的国际金融中心地位不仅不会被取代或削弱，而且只会进一步被巩固和发展。

"中国因素"可以说是香港对新加坡的最大竞争优势，《策略文件》对此也作出一些基本的分析，主要包括：第一，随着中国经济发展及其融资需求的增加，香港银行业务将会继续保持强劲发展。第二，过去数年，中

国"国企股"在香港上市，帮助推动香港股市增长，这种趋势在未来应有增无减。第三，中央政府及内地企业借取港元发展基础建设项目，在未来10年，这些项目可能需要约5 000亿港元，大部分资金需要在国际市场上筹集，这些港元债务工具须在香港发行、安排及买卖。这是香港债务市场最具增长潜质的主要环节。第四，由于人民币最迟于2000年成为往来账目完全自由兑换的货币，并于其后成为资本账目完全自由兑换的货币，因此人民币买卖将增加，香港作为中国新兴外汇市场和世界外汇市场的桥梁，其外汇市场规模将进一步扩大。第五，人民币衍生工具市场可能极具潜质（虽然到目前为止，这个市场可以说尚未存在）。

从发展趋势看，香港极有可能成为"中国的纽约"，这种态势将大大加强香港作为亚洲主要国际金融中心的分量和地位。

（原文载于广州《港澳经济》1995 年第 7 期）

"九七"前后香港经济、金融面对的挑战与风险

从经济形势看，香港经济经历了 1992 年至 1994 年上半年的蓬勃发展之后，已于 1994 年下半年开始进入调整。幸而，1995 年香港货物出口和服务出口都表现出色，内部投资活动亦因新机场工程处于施工高峰期和一些公屋工程的推行而保持强劲，支撑了香港经济的增长。踏入 1996 年，随着美国利率回落、本地购买力积聚、外资流入，以及港府放宽楼宇措施，香港房地产市道见底回稳并趋活跃，股市亦逐步回升，不利于内部消费的负面因素有所减弱。因此，香港经济将在继续调整中寻求发展。经济增长率将可能维持在 4% ~5%。长远而言，此次香港经济的调整，将有利于消除前几年因经济过热而出现的"泡沫"成分，提高香港的整体经济素质和对外竞争力。

在目前情况下，香港经济保持稳定，有利于"九七"的顺利过渡。不过，鉴于目前香港已迫近"九七"，正处于政权交接、经济调整的敏感时刻，国际及香港内部各种政治、经济力量均试图利用"九七"因素为争取最大利益而作积极部署。因此，应重视当前经济、社会隐伏的各种不稳定因素及可能面临的风险和挑战。香港专栏作家艾凡就称 1996 年为"十分凶险的一年"。根据我们的分析，目前香港经济、金融面临的风险和挑战主要有：

第一，港元联系汇率制的稳定性将受到严峻的挑战。

香港能否顺利过渡"九七"，在某种程度上在于香港经济在转型后期以至于"九七"后一段时期内能否继续维持稳定繁荣，而香港经济的稳定关键在于金融体系和市场的稳定，这又在很大程度上看港元联系汇率制能否继续维持不变。可以预期，越接近"九七"，港元联系汇率制所受到的压力越大。这主要是因为：随着"九七"的临近，各种社会、政治矛盾将趋激化，香港在政治上可能出现一个短暂的不稳定时期，诱发资金和人才外流潮的再度出现，又或者香港市民和投资者从以最小代价取得最大保险的心态出发，大规模将银行的港元存款换成美元存款。这两种情况都可能令港元转弱，为国际机构投资者和国际炒家提供狂炒港元贬值的良机。国际炒家利用"九七"问题，早已伺伏在旁，静候风吹草动，发动攻击。在

他们眼中，"九七"将为香港带来政治、经济上的不稳定，只要有突发的危机，国际炒家将可能乘势狂沽港元，引发港人人心虚怯，重演1983年的港元危机。炒家饱食远飏，遗下香港经济的烂摊子。这是"九七"前后须严加防范的最重要问题，它将对"九七"顺利过渡造成最严重的损害。

国际机构投资者和国际炒家的这种心态，已在外国传媒及信用评级机构得到反映。1995年7月，《亚洲华尔街日报》就曾头版报道，指港元面临严峻考验。美国主要信用评级机构穆迪投资者服务公司于1995年8月在评估香港银行前景时，就首先关注到港元联系汇率制十分脆弱，很容易受到投机者的冲击。它还指出：香港金融管理局若为挽救港元，扯高利率一段时间，将对香港经济、银行业、地产造成重大打击。事实上，早在1995年初，国际炒家已借墨西哥金融危机狂沽港元，冲击联系汇率，港元汇率一度飙升至1美元兑7.775 5港元的近3年最高水平。其后，由于香港金融管理局及时干预，一方面和本地银行合作，减少借港元予国际炒家；另一方面透过出售美元及从银行体系抽出港元，扯高银行同业拆息率，加重炒家借贷港元来沽售的成本，结果成功击退投机浪潮。毋庸置疑，愈近"九七"，港元币值稳定性将愈受到严峻考验。

第二，香港金融体系的稳定性和监管制度将受到严峻挑战。

20世纪80年代以来，世界各国普遍出现金融自由化、国际化和创新的浪潮。在此背景下，跨国流动资金急剧增加。这些资金投机性强、流动性大，因而成为引起市场波动乃至触发金融危机的根源。而金融创新的迅速发展，催生了掉期、期货、期权以及与各类指数相关联的衍生产品，同时也刺激了衍生产品的交易。金融产品最基本的功能是提供对冲或套期保值的工具，但越来越多地被用作纯粹投机或赌博的工具。衍生产品的杠杆系数高，具有高风险和高收益的特征，对基础产品的影响极大，因此对原有金融体制、金融管理方式和金融货币政策造成巨大冲击。这种情况成为近年英国巴林银行倒闭和墨西哥发生金融危机的深层次原因。香港自1987年股灾和期货市场危机以来，尽管尚未再发生因金融衍生产品投资造成严重亏损的事件，但是，香港作为亚太地区高度开放的国际金融中心，是国际资本和投机热钱的汇聚中心，与此相应，香港对国际金融市场的各种创新产品的吸收和再创新的速度甚快，国际金融市场的任何金融危机随时可能波及香港，构成重点冲击。因此，在"九七"前后的政治不稳定背景下，如何防范威胁整个金融体系安全的系统风险，将对香港金融监管体制构成严峻挑战。

第三，香港亚太区国际金融中心地位将受到新加坡等城市的挑战。

1995 年 6 月，美国著名杂志《财富》在国际版发表一篇题为"香港之死"的封面报道，预言香港将失去它作为国际商业和金融中心的地位，商界会撤离香港，腐败会滋生并扩散，文章指出："香港未来的赤裸裸的真相可以用两个字概括：玩完。"此文一经发表即在国际上特别是香港社会掀起轩然大波。同年 10 月，《财富》杂志再发表一项研究报告，将香港在全球最佳商业城市的排名，从第一位降至第六位，并指出新加坡将取代香港的地位。理由是香港受到"九七"不明朗政治因素的困扰。诚然，《财富》的评论受到香港舆论的驳斥。不过，也应该客观地看到，近年来，香港确实面对一些不利因素的困扰，如持续的高通胀、商业楼宇租金大幅上涨、经营成本上升、人才外流等，这些都在一定程度上降低了香港的国际竞争力，尤其是对新加坡的竞争力。

长期以来，新加坡针对香港的弱点发展，抢夺香港的地位。新加坡政府也比香港政府更有远见，由政府带头推动经济转型，巩固和强化新加坡的国际金融中心地位。近年来，部分跨国企业，包括一些跨国银行和金融机构已将部分业务从香港迁移到新加坡，例如瑞士银行、加拿大皇家银行、摩根银行、美林公司、雷曼兄弟等，甚至包括香港汇丰银行。部分观察家认为，香港在与新加坡的竞争中正渐渐落后。这种趋势若持续下去，将对"九七"后的香港经济、金融发展构成某种不稳定的因素。

第四，"九七"后香港特区政府可能出现某种程度的财政困难。

1997 年 7 月香港特区政府成立后，将从港英政府手中接收约 1 500 亿港元的财政储备，再加上近千亿港元的土地基金，一般而言，财政问题不大。但是，进入转型后期时，香港推行扩张性的财政政策，连续数年公共开支增幅超过经济增幅，而薪俸税则宽减较多，税基有狭窄化趋势。据了解，由于三年来的税收宽减措施，无须缴纳薪俸税的工作人口比例已由49% 增加到 62% ，按标准税率（15%）缴纳税收的人口比例则由 5% 下降至 2% 。在经济增长强劲时期，大幅增加的公共开支和狭窄的税基尚不构成问题，但一旦香港经济经历较长时间的不景气或衰退，问题便很严重。

第五，地产、股市的大起大落将可能对香港经济的稳定性构成挑战。

香港地产、股市向来相互拉扯，并且是香港经济的"寒暑表"。面临"九七"过渡的香港经济，最理想的发展是地产、股市保持相对稳定，避免出现大起大落的势头。倘若地产、股市大幅下挫，对消费者不利的财富效应将加深香港内部消费的疲弱，甚至将香港拖向衰退，造成经济震荡；倘若地产、股市大幅飙升，势将形成"泡沫经济"，出现资产通胀，令香港通胀进一步恶化，进而严重削弱香港经济的竞争力。同时，可能给投机者提供套现资产的良机，成为日后地产、股市大跌的根源。此外，地产、股市的大起大落，都将对港元联系汇率制的稳定性构成不同程度的冲击。

第六，通胀持续高企、失业问题恶化，将对香港经济、社会的稳定性构成挑战。

香港的高通胀从 1989 年起至今已持续七八年之久，令薪酬加幅追不上通胀率的香港中下层市民以及"无屋阶层"的生活负担百上加斤。香港经济结构转型使得香港出现结构性失业问题，如今这一问题又因香港经济的调整而迅速表面化、恶化。目前，香港失业率约为 3.6%，即意味着香港有 11 万人失业，再加上就业不足率的劳动人口，即近 20 万劳动人口饱受失业困扰。从目前情况看，香港的高通胀和失业，都不是短期能够解决的问题，这无疑将加剧香港贫富悬殊的状况。香港"九七"回归后，香港中下层市民对改善生活素质的诉求和期望将相应提高，而政党政治的兴起又为这种诉求提供了政治支持力量。可以预料，"九七"后香港的社会矛盾将有可能激化。因此，高通胀、高失业率及贫富悬殊等由经济引发的社会问题若得不到改善，整个社会经济将隐伏着一股不稳定的因素。

（本文为未公开发表文稿，写于 1996 年 1 月）

亚洲金融危机冲击港元联系汇率制

1997年10月下旬，亚洲金融危机波及香港，港元联系汇率制受到空前的冲击，期间，香港银行同业拆息一度飙升到300厘的历史高位，股市连番暴跌，在香港引起相当大的震荡。目前，港汇风暴虽已暂告一个段落，但是，港元联系汇率制的利弊存废，再次成为人们关注的焦点。

一、香港港汇风暴产生的背景

香港此次港汇风暴的爆发，应该说是有其深刻的政治、经济背景的。

首先，是近年来国际金融业的发展趋势，大大增加了金融震荡的可能性和频率。

20世纪80年代中后期以来，随着新科技在金融业的广泛应用，以及世界各国先后采取金融自由化政策，国际金融业的一体化、全球化趋势明显加快，竞争更加激烈和复杂。其中，尤其值得注意的是金融衍生工具的大量产生。目前，国际上金融衍生工具的品种已超过1 200种，据国际清算银行的统计，1988年全球金融衍生商品的交易额仅4 820万美元，到1994年已急增到1.4万亿美元；而全球金融衍生交易未清偿额亦从1990年的22 900亿美元急增到1994年的88 380亿美元。

金融衍生工具的大量产生及运用，一方面固然极大地丰富了金融市场的交易，创造了金融业空前的繁荣；但另一方面，亦大大加强了国际资本的流动性，增加了金融业的不稳定性和风险。据估计，目前全球至少有1.5万亿美元的游资在世界各金融市场利用各类金融衍生工具从事大笔投机交易，冲击各国的金融市场。可以说，1993年的欧洲货币危机，1994年的墨西哥金融危机，1995年英国巴林银行的倒闭，以及1997年亚洲金融危机都是在这种背景下爆发的。频频爆发的金融危机，反过来加强了国际游资的实力，其中，就产生了像美国索罗斯这样的国际性大投机家。据说，索罗斯管理的量子基金及其他4个对冲基金，所拥有的资产高达200亿美元。这批人因而成为国际金融市场呼风唤雨的人物，进一步增加了国际金融业的不稳定性，形成恶性循环。

其次，是 1997 年爆发的亚洲金融危机，可以说是港汇风暴的导火线。

1997 年初，一向风平浪静的东南亚市场即开始动荡不已。年初，泰铢已受到抛售压力，其后泰国多家金融机构被挤提，令泰铢的地位进一步受到冲击。5 月中旬，以美国大投机家索罗斯的量子基金为首的国际机构投资者对泰铢发动猛烈冲击，大量沽空泰铢，泰铢对美元汇率因而大幅下跌，创 10 年来的新低。泰国中央银行为捍卫汇率，不惜从新加坡、马来西亚等国央行大量购进泰铢，并规定不准本地银行拆借泰铢给投机者，同时把隔夜息率从原来的 10 厘调到 1 000 至 1 500 厘，多管齐下，使泰铢得以暂时稳定。但泰国为此约损失了 40 亿美元，泰国股票指数亦从年初的 1 200 余点急挫至 551 点。然而，泰国央行最终亦未能抵御国际机构投机者的冲击，7 月 2 日，泰国政府被迫宣布放弃维持了 13 年的主要与美元挂钩的一篮子货币联系汇率制，实行有管理的浮动汇率制，自此，泰铢大幅贬值，到目前已贬值约 65% 。

东南亚各国与地区经济一直有很强的关联性，泰国金融危机迅速波及菲律宾、马来西亚、印度尼西亚、新加坡，甚至波及中国台湾、韩国。7 月 11 日以后，菲律宾、印度尼西亚、马来西亚等国先后屈服于投机压力，被迫采取浮动汇率制。结果，印尼盾大幅贬值约 47% 、菲律宾比索及马来西亚元贬值 35% ，甚至连经济比较稳健的新加坡、中国台湾、韩国的货币亦相继贬值 10% 以上。在这场危机中，国际机构投机者在东南亚市场耀武扬威，据说仅索罗斯的量子基金就获利 20 亿美元。

导致这场东南亚金融危机爆发的原因，可以说是多方面的，国际机构投机者的兴风作浪固然是重要因素之一，但根本原因是东南亚各国经济出现结构性问题、政策失误。在过去十几年间，东南亚诸国依靠大幅增加投入取得了瞩目的经济增长，然而，这种投入驱动式的经济增长却引发了地产价格的暴涨，形成"泡沫经济"，早已潜伏危机。这几年，东南亚各国的出口增长又因国际市场需求的变动而大幅下降，导致项目经常赤字大增，国际收支恶化；再加上汇率政策不当，缺乏稳健的金融调控体系而又过早实行资本账户自由化。种种因素，终于引发这场空前的金融危机。

再次，部分国际金融机构看淡香港"九七"回归后的经济前景。

其实，国际机构投资者对香港早已虎视眈眈，1995 年初已趁墨西哥金融危机冲击港元联系汇率制时，在国际上大造舆论，"唱衰"香港。美国《财富》杂志发表的《香港之死》便是佐证。亚洲金融危机爆发后，国际投机者认为有机可乘，10 月 21 日，美国摩根士丹利全球首席策略员巴顿·碧斯首先发难，表示将减持环球投资组合中亚洲市场所占比重，从原来的2%减至0，并指出：亚洲股市正处于危险的下跌周期，其第二阶段的跌势已经开始，并将由香港股市带领。10月30日，著名的穆迪投资者服务公司宣布降低香港银行的信贷评级。对此，香港资深银行家利国伟就认为，这一切来得太巧合，何必要对港股穷追猛打。

最后，近年香港股市、楼市已累积很大的升幅，实际上已存在"泡沫经济"的成分，这亦是不容忽视的重要原因。

二、危机期间香港特区政府的挽救措施

1997年10月中旬，国际机构投资者在相继攻陷东南亚各国金融市场后，转而集中攻击外汇储备雄厚的中国台湾。10月17日，中国台湾"中央银行"，弃守1美元兑28.6新台币汇率，台币大幅贬值，10月21日以1美元兑30.6新台币收市，创下10年以来的新低，仅短短数日间台币贬值7.3%。至此，东南亚中，仅有实施港元联系汇率制的香港屹立不倒，成为"众矢之的"。

踏入10月下旬，在亚洲金融危机中获取巨利的国际投机者，在攻陷台湾这个拥有庞大外汇储备的金融市场后，第三度将目标转向香港（7、8月间亚洲金融危机中已曾两次冲击港元汇率）。这次的情况比7、8月更加严峻。在短短数月间，国际投机者先后击倒东南亚各国后，不但财势更加雄厚，而且更因两度袭港，熟悉香港特区政府的应变对策。

从10月20日开始，来自部分欧美基金的港元沽盘大量涌入外汇市场，22日晚，伦敦外汇市场上出现一笔为数高达30亿美元的港元沽盘，显示有炒家大量抛售港元，使港元远期汇率一度跌至1∶8.44的历史低位。23日上午，香港外汇市场上大批港元沽盘涌现，使港元现货汇率迅速超过1∶7.75这个预定警戒线，一度达到1∶7.8的水平。

在此次港汇风暴中，国际投机者显然采取了立体式的进攻，情况较以往数次进攻要猛烈得多，亦复杂得多；他们一方面猛烈攻击港元联系汇率制，不但攻击现货汇率，还大量沽售远期港元兑美元的合约来套利；另一方面则大量累积期指淡仓，然后狂沽股票，再通过外资基金公开"唱淡"港股，令港股在高息及恐慌心理下大幅暴跌，并从沽空期指中获取巨利。据估计，这些投机者在此次港股暴跌中至少获利逾百亿港元。

10月23日上午，港元汇率一度达到1∶7.8的水平，由于预计情形将进一步恶化，香港特区政府遂启动捍卫行动。具体的措施是：

第一，透过外汇基金在市场上抛售美元，吸纳港元，收紧银根，并警

告各银行不得大力超额贷出港元，否则香港金融管理局在运用流动资金调节机制为各银行贴现时，将对违规银行收取惩罚性息率，据说对某些违规银行收取的惩罚性息率曾高达1 000厘。此举令那些借港元给炒家，沽空港元的银行，被迫转向银行同业拆息市场高价补回港元，结果将隔夜拆息率提高至300厘的罕见水平。香港特区政府的目的，是要在与国际大炒家角力时，大幅增加其炒作成本，虚耗其实力。

第二，是透过土地基金在股市低位时大手吸纳蓝筹股。10月23日上午11点，总值171亿美元的土地基金开始大手吸纳汇丰控股、长江实业等股票。为了确保土地基金入市的信息能迅速在市场扩散，土地基金选择透过多家大型证券公司吸纳，并要求有关公司以大手吸纳，结果，当日港股从上午11点半开始止跌回升，跌幅从1 420点收窄至12时半的1 088点。期间，一些蓝筹公司，包括新鸿基地产、长江实业、中信泰富等陆续在低位回购公司股份，阻止股市的跌势。香港特区政府的目的，亦是要增加炒家的成本，减少其获利的程度，因为炒家的风险在于累积大量的淡仓，一旦被挟仓将损失惨重。

第三，为配合上述行动，汇丰、渣打及中国银行宣布将银行最优惠利率调高3/4厘，至9厘半。各大银行又相继采取措施，拒绝客户提取未到期的定期存款，而部分容许期满前提款的银行则提高罚息至10厘半。

香港特区政府的各项措施立即收到显著效果，港元汇率随即反弹到1：7.5的有史以来最强势。当日，香港特区政府分别掌管财政、金融、财经的三位高级官员召开记者招待会，显示香港特区政府捍卫港元的决心。财政司司长曾荫权表示，香港现时首要的任务是要捍卫港元联系汇率制，香港经济健全无须忧虑。

经过一番空前激烈的较量，10月28日，香港特区政府行政长官董建华公开表示，国际大炒家已经离场撤退。换言之，香港再度成功捍卫了港元联系汇率制。

三、港元联系汇率制得以维持的原因分析

在这次全球瞩目的金融危机中，港元联系汇率制能够屹立不倒，究其原因，主要是：

首先，港元联系汇率制具有自我调整机制，能承受较强的冲击。其实，港元联系汇率制与固定汇率制本身就有本质的区别：其一，港元联系汇率制具有不充分兑换性，1美元兑7.8港元的官方汇率只适用于外汇基

金与发钞银行之间，至于银行与客户、银行同业之间的港元交易，以及所有非现钞交易均需以市场汇率进行。其二，港元联系汇率制具有无约束性，在该制度下，港元与美元存在着双重汇率，即联系汇率和市场汇率，市场汇率趋向联系汇率，主要依靠银行和其他金融机构之间的套利和竞争的相互作用来实现。这两个特点决定了港元联系汇率制具有自我调节机制，这是传统固定汇率制无法比拟的优点。

其次，多年以来，香港政府围绕着巩固和捍卫港元联系汇率制已建立了一套行之有效的运作机制和雄厚的外汇储备。这套机制包括 1988 年的"新会计安排"、1990 年以来推出的外汇基金票据和政府债券、1992 年设立的流动资金调节机制等，使香港金融管理局能够透过售出短期借贷票据，抽紧流动资金等措施，来调控利率从而维持联系汇率。这次港汇风暴，政府的流动资金调节机制就发挥了重要的作用。值得指出的是，1996年正式启动的香港中央即时支付结算体系在这次风暴中也发挥了积极的作用，它使香港金融管理局能及时发现异常的港元抛售，及时查明情况和抛售港元的机构，及时采取措施还击。此外，香港特区政府外汇储备充裕，外汇基金连同土地基金的外汇储备高达 881 亿美元，在全球排名第三，再加上有中国内地逾 1 200 亿美元的外汇储备作后盾，相信任何国际投机者都会有所顾忌，这也是香港金融管理局能够从容操作的重要基础。

再次，香港的政局稳定，"九七"回归实现平稳过渡，经济稳定繁荣，这是港元联系汇率制能够守得住的根本原因。

从政治层面看，由于中国政府贯彻落实"一国两制"方针以及"港人治港""高度自治"等一系列政策，香港顺利实现平稳过渡，政局稳定，投资者信心增强，就连英国驻港总领事邝富达亦公开表示，"到目前为止一切如常"。这为香港特区政府击退国际大炒家营造了有利的政治环境。

从经济层面看，由于实现平稳过渡，加上"中国因素"的支持，香港经济持续发展、稳定繁荣。这一点就连美国的大型机构投资者亦不否认。10 月 24 日，美国摩根士丹利就罕有地发表声明，强调其策略员巴顿·碧斯的言论只反映他个人看法，与该公司对香港及中国内地的前途的信心无关，该公司对两地长远经济持乐观态度。良好的经济基调，无疑为港元联系汇率制提供了坚实的基础。

香港特区政府此次捍卫港元联系汇率制的行动，基本上得到了国际及香港社会的支持。香港金融管理局行政总裁任志刚在 10 月底透露，捍卫港元联系汇率制所抛售的美元已全部回笼，不但没有亏损，而且还赚了不少。11 月 4 日，国际货币基金组织就香港近期港汇风暴发表公开声明，声明表示："（特区）政府在过去两星期采取强而有力的行动，紧缩货币，实属适当之举，表现出当局既有能力，也有决心捍卫联系汇率制度"，因此"十分赞同政府当局继续致力维持联系汇率制度"。国际货币基金组织还认为："展望未来，香港的经济基础因素显示联系汇率制度将能继续成功扮演这个角色（注：指维持香港经济稳定的支柱）。香港拥有庞大的外汇储备，而且财政状况良好。此外，由于商品及服务环节的贸易赤字大部分已由对外要素收益流入净额所抵销，所以经常账处于平衡状况，并没有出现赤字的压力。联系汇率制度对保持香港作为国际金融中心的信心也至为重要，因为在很大程度上，此举表明'一国两制'下，香港继续奉行自由市场政策，并享有金融自主权。"

四、港元联系汇率制的前景分析

毋庸否认，此次港汇风暴令港元联系汇率制遭受到空前未有的严峻挑战，令港元联系汇率制的利弊存废再次成为人们关注的焦点：

首先，是投资者对港元联系汇率制的信心已开始动摇。港汇风暴期间，香港市场曾一度谣传香港金融管理局将容许联系汇率从1：7.8的固定汇率，改为在一个波幅范围内买卖。当然，有关传言随即被香港金融管理局否认。一名日资基金经理就表示：此次港汇风暴与以往港元受狙击明显不同，除了股市资金大量流出香港外，跨国企业亦对港元失去信心，纷纷不惜代价购入远期美元合约对冲。香港的业内人士亦表示：7、8月份港元受狙击时大部分本地企业均表现"淡定"，但这次则已有企业对冲。

实际情况亦有这种迹象，根据联系汇率运作机制，当港元汇率受到冲击时，透过调整港美息差，可影响港元、美元间的资金流向，达到稳定港元汇率的目的。然而，这次的实际情况是：尽管港元息率已大幅调高，但并未有明显的资金回流港元市场的现象，特别是在机构性客户方面，息口的调整仅能产生阻吓炒家的作用，未能引发连锁效应。这显示了部分投资者对港元联系汇率制的信心已开始动摇，亦使得捍卫港元联系汇率制的机制未能产生事半功倍的效应。

其次，是香港经济为此付出了沉重的代价。捍卫港元联系汇率制，使银行同业拆息被大幅扯高，导致股市连番暴跌，从10月20日至23日短短四天中，香港股市暴跌约3 200点，股市总值损失8 000亿港元，其中，仅10月23日恒生指数就暴跌1 211点，以点数计算创下历来最大跌幅。10月28日，香港股市引发全球股市下跌，反过来再影响香港股市下跌1 438

点。据统计，从 8 月 7 日恒生指数创 16 800 多点高位到 10 月 28 日跌至 9 000 点左右，香港股市总值损失超过 2 万亿港元，可谓损失惨重。股市的暴跌又带动楼市下降，据估计，目前香港的房地产价格已普遍下调 10%～20%。换言之，港元汇率虽然没有下跌，但包括股市、地产在内的港元资产，实际上已大幅贬值。

当然，只要不发生互相践踏、夺路逃生的情况，股市、地产亦会在一段时期内稳定下来。而且，港元资产贬值无疑有助于消除地产、股市中的"泡沫经济"，长远而言有利于加强香港经济的竞争力。不过，就短期来说，香港经济将忍受短时期的阵痛，并将面对由此而造成的后遗症。

由于港元汇率相对于东南亚各国货币来说已经偏高，香港的旅游业、零售业以及港产品出口各个环节必将受到影响。幸而，香港经济已经转型，金融、服务业已取代制造业成为经济支柱，有别于中国台湾仍然依赖制造业，香港整体经济所受的影响较低。

另外，为捍卫港元联系汇率制，利率将在一段时间内处于高水平，令资金成本上涨，工商投资及私人消费势将有所萎缩，个别以大规模借贷扩张的公司将有可能因周转不灵而倒闭，而一些行业如地产代理、金融服务等也将因投资气氛转坏而面临低潮，业务收缩甚至裁员亦不奇怪。未来一段时间香港经济增长放缓，似不可避免。

正因为如此，香港社会中批评和反对港元联系汇率制的声音再度高涨。毕竟，港元联系汇率制是特定政治、经济条件下的产物，不可能永远坚持下去。然而，在目前的情势下，能够选择的方案颇为有限。一种选择是有弹性的联系汇率制，有人就建议将 1∶7.8 的汇率改为 1∶10，将港元汇率贬值约 20%。然而，调整了一次，就会有第二次、第三次，投资者的信心就会彻底动摇。另一种选择就是改为一篮子货币挂钩制度，不过，这种制度在香港已一再被讨论过，不仅存在着众多技术性问题，而且将来的交易成本将大大提高。最后一种选择就是浮动汇率制，当然，现时香港金融管理局调控汇率的能力已今非昔比，不过，届时香港金融市场的波动将更加频繁。

诚然，世界上没有尽善尽美的汇率制度，每种制度都有其利弊。不过，就目前香港的情势而言，港元联系汇率制仍然是利大于弊，应该坚持和维持下去，这一点，国际货币基金组织亦予以充分的肯定，危机过去，香港特区政府应就反击的具体措施展开内部和外部的检讨，以减低对香港经济造成的冲击。

（原文载于广东港澳经济研究会《港澳经济月报》，1997 年 11 月）

香港保险业的发展历程、基本特征与监管制度

一、香港保险业的发展轨迹：经济转型的缩影

保险业是香港经济中最古老的行业之一，长期以来在香港经济中占有重要地位。从某种意义上说，保险业随整体经济的演变而演变，实际上就是整体经济发展的缩影。1935 年在庆祝于仁保险 100 周年诞辰时，威廉·申顿爵士（Sir William Shenton）曾指出："在自由的国际贸易中，没有其他任何商业活动能够像保险业那样如此清楚地反映出贸易状况；没有其他任何一种生意能够像保险业那样发展得如此兴盛。"①

香港保险业的历史，最早可追溯到 19 世纪初谏当保险公司（Canton Insurance Office Ltd.）和于仁保险公司（Union Insurance Society of Canton）的创办。谏当保险公司当时称谏当保安行，由参与创办的两家洋行——宝顺洋行和马尼亚克洋行（怡和洋行的前身）轮流负责经营。1835 年，宝顺洋行从谏当保安行撤出，在广州成立于仁洋面保安行，即于仁保险公司。翌年，怡和洋行在谏当保安行的基础上成立谏当保险公司。1841 年英军占领香港后，谏当保险公司、于仁保险公司迁往香港，并在香港注册，成为香港最早的保险公司。从 1841 年开埠以来，香港保险业的发展大致经历了五个历史时期：

第一个时期从 1841 年香港开埠到 1941 年日军占领香港，为保险业的起步发展时期。19 世纪 60 年代，香港作为新开辟的自由贸易商港，凭借着得天独厚的地理位置，获得了迅速的发展。大批洋行聚集香港，对外贸易和航运业蓬勃发展，整体经济呈现出初步的繁荣。这一时期，"保险业、银行业如同航运业一样，已发展成为这家洋行至关重要的职能部门"。在这种背景下，香港各大洋行掀起了第一轮投资、经营保险业的热潮。到 20 世纪 40 年代初，香港的保险公司及其办事处已发展至约有 100 家。当时，香港的保险业，基本由英资洋行主导，它们在经营贸易及航运的同时，附

---

① ALAN CHALKLEY. Adventure and perils: the first hundred and fifty years of union insurance society of canton [M]. Hong Kong: Ogilvy & Mather Public Relations (Asia) Ltd., 1985: 28.

带做保险代理，因此险种较单一，以代理业务为主，主要从事有关航运和货物保险，服务的对象也主要针对外国商人。

第二个时期从 1945 年英国恢复对香港的管治到 20 世纪 60 年代末，为保险业的转型发展时期。"二战"后至西方对中国实行贸易禁运前，香港转口贸易迅速增长，水险业务遇上了发展的黄金时期。不过 1950 年朝鲜战争爆发后，香港转口贸易骤然衰退，且业内竞争激烈，水险业务的经营日渐困难。二十世纪五六十年代，香港经济成功地从一个传统的贸易转口港迅速演变成为远东地区的轻纺工业中心。随着香港经济的转型，香港保险业也发生转变：水险业务虽然有了进一步的发展，但是竞争更趋激烈；与水险业务经营的日见困难相比，火险业务获得了蓬勃发展。此外，意外保险业务，特别是"汽车险"和"劳工保险"也获得了发展。"二战"后，香港保险业营运商开始趋向多元化，但是，直至 20 世纪 60 年代后期，保险业仍然由英资保险公司发挥主导作用，并主要被外资洋行等保险业代理机构、少数在本港注册的保险公司，以及外国保险公司的分支机构三大集团所支配。例如，香港从事火险的保险公司都将依照香港火险工会颁布的《费率》① 收费，而《费率》的制定及调整实际上是由占据垄断地位的英资大保险公司所决定，其他公司只能跟随。②

第三个时期从 20 世纪 60 年代末至 80 年代初期，为保险业国际化、多元化发展时期。20 世纪 70 年代以来，随着经济的蓬勃发展、股市的崛兴，以及大批跨国金融机构的涌入，香港迅速崛起为亚太地区的国际金融中心。这种宏观经济背景，为香港保险业的发展创造了极为良好的商业环境。当时，各种保险公司如雨后春笋般涌现，外资保险公司纷纷在港成立分公司，一些贸易商行和地产公司也兼营保险业务，许多银行和财务公司亦附设保险公司。1969 年末，香港共有 167 家一般保险公司，本地华资仅占到 16 家，而到 1977 年这一数字上升到 285 家和 121 家。在业务方面，一般保险业务的发展放缓，尤其是水险业务，火险业务成为最主要的一般保险业务。此外，由于香港经济蓬勃发展、人口迅速增加，以及人们保险观念的转变，人寿险在这一阶段也得到快速的发展。这一时期，香港的保险市场结构开始呈现多元化的发展态势：传统的保险代理机构纷纷与其国外的保险业伙伴合作，组建在香港注册营运的保险公司；大批国际保险经纪行进入香港；本地中小型保险公司大量涌现，业务竞争日趋激烈。"香

① 《费率》，英文原名"Tariff of the Fire Insurance Association of Hong Kong"。
② 冯邦彦，饶美蛟. 厚生利群：香港保险史（1841—2008）[M]. 香港：三联书店（香港）有限公司，2009：110。

港已经在相当大的程度上成为一个保险中心。"①

第四个时期从 20 世纪 80 年代初至 1997 年香港回归中国，为保险业规范化、制度化发展时期。20 世纪 70 年代中期以后，香港政府为推动香港发展成为一个国际性的保险中心，同时也为了保障投资者的利益，逐步加强了对保险业的立法和管制。1983 年 6 月 30 日，香港政府正式颁布实施了《保险公司条例》（*Insurance Companies Ordinance*）。为配合形势的发展，1988 年 8 月 8 日，香港保险业联会（The Hong Kong Federation of Insurers，简称保联 HKFI）宣告成立。20 世纪 90 年代，面对社会公众关注和政府立法监管的压力，香港保险业联会积极推动业内自律行动，包括业内中介人的管理。连串的法律措施，使香港保险业逐渐走上规范化、制度化的轨道。这一时期，香港制造业大规模迁往中国内地，与广东珠江三角洲地区形成"前店后厂"的分工格局。随着香港经济的转型，保险市场也发生重要变化，火险、劳工保险等工业类别的保险市场增长放缓；而长期保险业务的发展则超过了一般保险业务。到 1997 年，寿险收入和一般保险收入分别占保险业总收入的 63% 和 27%。当时，保险业还加强了在市场开发、自律监管制度等方面的创新，包括开发新的寿险品种、扩大寿险服务范围以及推行保险中介人立法等，以提升整个保险业的质素并满足消费者日渐提高的整体服务素质要求。

第五个时期从 1997 年香港回归中国到现在，为银行保险业务迅速发展时期。1997 年香港回归时，香港各类保险公司 215 家，登记的公司代理人和个人代理人有 34 812 名，数量之多，为亚洲之冠。② 当时，香港的长期保险业务尽管已取得较快发展，但仍然相对滞后，业内收益和盈利增长潜力巨大，为新旧保险商和觊觎香港保险市场的海外跨国公司提供了潜在的拓展空间。亚洲金融危机后，大部分大中型银行凭借其庞大的客户网络和专业服务，透过本身直属的保险公司或联盟的合作形式，大举进军香港保险市场，加之 2000 年初，香港政府推出强积金计划，香港长期保险业务获得了强劲的增长。2001 中国"入世"开放保险市场，刺激了更多的国际保险公司以香港作为亚太地区的总部拓展中国市场。这一时期被认为是香港人寿保险业务发展的黄金时期，其中新造寿险保费 10 年间上涨了 12. 82 倍。当时，保险计划作为银行非利息收入业务，发展成为银行销售的重要

① Y C JAO. "The financial structure", in David Lethbridge（ed），The business environment in Hong Kong［M］. Oxford：Oxford University Press，1984：125.

② 冯邦彦，饶美蛟. 厚生利群：香港保险史（1841—2008）［M］. 香港：三联书店（香港）有限公司，2009：271.

产品之一。银行保险的发展使保险市场出现一系列重要的变化，包括投资联结产品的比重大幅上升，保险中介人的角色从单纯的核保员转变为理财顾问，人寿保险业的竞争更趋白热化，人寿保险市场也发展到优胜劣汰的阶段。

二、香港保险业发展的基本特征

经过 150 多年的发展，香港保险业逐步形成了多元化、国际化、监管规范、制度完善的保险市场体系。保险业已成为在香港金融业乃至整体经济中占有举足轻重地位的行业。据统计，截至 2010 年 6 月，香港共有 170 家获授权保险公司，其中 105 家经营一般保险业务，46 家经营长期保险业务，其余 19 家经营综合业务；共有 572 名获授权的保险经纪；而在保险代理登记委员会登记的保险代理商则有 2 365 家，个人代理人 32 381 名。2008 年，香港保险业雇员人数为 43 500 人，占整个金融业就业人数的 21%，全港总就业人数的 1.24%。

在过去 10 年，香港保险业维持年均两位数的强劲增长。2009 年，香港的毛保费总收入达到 1 856.73 亿港元，比 1999 年的 575.08 亿港元大幅增长了 2.23 倍。以保费收入计算，香港保险市场是全球第 25 大市场。香港的保险渗透率也从 1999 年的 4.54% 大幅上升到 2009 年的 11.39%（如表 1 所示）。香港的保险密度①（Insurance Density）和保险渗透率②（Insurance Penetration）均高居世界前列。2007 年，香港的保险密度是 28 146 港元，在亚洲排名第 1 位，全球排名第 13 位；保险渗透率为 12.07%，在亚洲排名第 3 位，全球排名第 6 位。③

---

① 保险密度＝保费/总人口，即人均保险费，反映了一个国家保险的普及程度和保险业的发展水平。

② 保险渗透率＝保费收入/ GDP，是反映一个国家的保险业在其国民经济中的地位的重要指标。

③ 朱乾宇，曹凤岐.香港保险业的发展现状及监管经验借鉴 [J]. 国际金融研究，2009（5）：46.

表1　1999—2009 年香港保险业发展情况统计数据

年份	长期险毛保费*（亿港元）	一般保险毛保费（亿港元）	总保费（亿港元）	保险渗透率（%）	保险密度（港元）	附加值对 GDP 的贡献率**（%）
1999	409.76	165.32	575.08	4.54	8 705	1.0
2000	455.08	178.72	633.80	4.81	9 509	1.1
2001	552.09	194.36	746.45	5.75	11 100	1.2
2002	635.47	234.48	869.95	6.81	12 818	1.3
2003	746.95	247.76	994.71	8.06	14 621	1.5
2004	962.24	234.87	1 197.11	9.27	17 393	1.4
2005	1 124.51	225.46	1 349.97	9.76	19 814	1.3
2006	1 308.52	229.58	1 538.10	10.43	22 431	1.4
2007	1 706.65	242.71	1 949.36	12.07	28 146	1.5
2008	1 595.48	270.19	1 865.67	11.14	26 652	
2009	1 571.23	285.50	1 856.73	11.39	26 425	

　　*长期险毛保费含有效个人人寿、团体人寿以及退休计划保费；**数据摘自《服务业统计摘要 2008 版》，第 128 页。

　　数据来源：香港保险监理处 2002—2008 年年报；2009 年香港保险市场最新表现；http：//www.oci.gov.hk。

　　相对于大中华地区以至于国际保险市场，香港保险业有以下一些基本特征：

　　第一，保险市场高度开放，国际化趋势明显，市场业务日趋集中。

　　长期以来，香港一直是亚洲，乃至全球保险市场中开放度最高的地区之一。从香港开埠直至 20 世纪 60 年代，香港保险业一直以英资保险公司为主导，并主要被外资保险业代理机构以及外国保险公司分支机构支配。二十世纪七八十年代，大批国际保险经纪及海外保险公司进入香港，香港保险业国际化的特征更趋突出。截至 2010 年 2 月，香港 170 家保险公司中，有 81 家为海外注册公司，来自 21 个不同的国家和地区，前三名分别为百慕大（14 家）、美国（13 家）和英国（13 家）。香港保险市场参与者，既有跨国保险集团的分公司和附属机构、国际保险经纪，也有中资、华资保险机构，当地银行所属保险公司、健康险公司、信用险公司以及承保代理公司。可以说是一个高度开放的保险市场。

　　不过，20 世纪 80 年代以来，随着政府加强对保险的监管，市场竞争日趋激烈，香港保险公司数目大幅减少。据统计，从 1979 年至 1997 年，香港保险公司数目从 335 家减少至 215 家，18 年间减幅达 35.8%。随着保险公司的优胜劣汰，香港保险市场出现集中化趋势。如表 2 所示，2007 年，香港一般保险业务前 5 大公司毛保费收入为 60.28 亿港元，市场占有率为 25.1%；前 10 大公司毛保费收入 96.02 亿港元，市场占有率为 39.9%。即约 1/10 的保险公司控制了香港一般保险业务约四成的份额（如表 2 所示）。从长期保险市场看，2007 年，前 5 大保险公司毛保费收入达 1 000.44 亿港元，市场占有率高达 56.8%，前 10 大保险公司毛保费收入达 1 619.92 亿港元，市场占有率达 74.2%（如表 3 所示）。

表 2　2007 年香港一般保险业务毛保费收入前 10 大公司排名

	保险公司名称	毛保费（百万港元）	市场占有率（%）
1	汇丰保险（亚洲）有限公司	1 602	6.6
2	美安保险公司	1 399	5.8
3	中银集团保险有限公司	1 175	4.9
4	香港民安保险有限公司	932	3.9
5	苏黎世保险集团（香港）	920	3.9
小计		6 028	25.1
6	亚洲保险有限公司	802	3.3
7	昆士兰联保险有限公司	743	3.1
8	安盛保险有限公司	703	2.9
9	永隆保险有限公司	667	2.8
10	安达保险有限公司	659	2.7
总计		9 602	39.9

数据来源：香港保险业监理处。

表 3　2007 年香港长期保险业务毛保费收入前 10 大公司

排名	保险公司名称	毛保费（百万港元）	市场占有率（%）
1	美国友邦保险（百慕大）有限公司	25 394	14.4
2	宏利人寿保险（国际）有限公司	24 818	14.1
3	汇丰人寿保险（国际）有限公司	24 703	14.0
4	英国保诚保险有限公司	15 661	8.9
5	恒生人寿保险有限公司	9 468	5.4

（续上表）

排名	保险公司名称	毛保费（百万港元）	市场占有率（%）
小计		100 044	56.8
6	中银集团人寿保险有限公司	8 438	4.8
7	国卫保险（百慕大）有限公司	8 307	4.7
8	香港永明金融有限公司	6 013	3.4
9	苏黎世国际人寿	4 339	2.5
10	Royal Skandia Life Assurance Ltd.	34 851	2.0
总计		161 992	74.2

数据来源：香港保险业监理处。

第二，长期保险逐渐取代一般保险，成为香港保险市场的主要业务。

20世纪70年代以前，香港保险业的发展主要集中在财产险，人寿保险业的真正发展则是近30年的事情。然而，20世纪80年代以来，随着香港经济转型，特别是制造业大规模的北移，香港保险市场发生重要变化，水险、火险、劳工险等一般保险市场增长大幅放缓，而人寿保险等长期保险市场则急速成长。据统计，2000年至2009年，香港一般保险业务保费收入从178亿港元上涨到285亿港元，10年间约增长0.60倍；同期长期保险业务保费收入从455亿港元增加至2009年的1 571亿港元，10年间约增长2.45倍，长期保险业务保费的增长一直领先于GDP和一般保险业务的增长。2009年，长期保险业务毛保费1 571.23亿港元，一般保险业务毛保费285.50亿港元。2000年至2009年，长期保险业务毛保费占总保费的比重约从71.80%上升至85%，而一般保险业务毛保费占总保费的比重则约从28.20%下降至15.38%。长期保险业务已经成为香港保险市场的主要收入来源。

第三，银行保险迅速崛起，逐渐发展成香港保险业的另一股主导力量。

银行保险在香港的发展，最早可追溯到20世纪60年代中期由恒生银行牵头成立的银联保险公司。不过，其真正获得快速发展，则是在20世纪90年代后期。1997年亚洲金融危机的爆发，导致香港地产"泡沫"破灭和银行低息的市场环境，银行边际利润收窄，急需寻求新的增收渠道。而这一时期，香港保险市场竞争日趋激烈，不少公司的经济佣金已提高了

40%～50%，保险公司的财务状况和稳健性面临挑战①。亚洲金融危机后，大部分大中型银行凭借其庞大的客户网络和专业服务，透过旗下保险公司或银保联盟的方式，大举进军保险市场。据统计，从1993年至2008年，注册银行保险代理商和经营银保业务的保险公司分别从20家和13家增长到50家和60家②。银行保险的市场份额也由1998年的12%上涨至目前的38%③。目前，香港银行保险销售方式，大致可分为保险公司主导、银行主导，以及双方协商整合三种运作形式④。通过对银行和保险公司的资源进行整合，结合银行的客户资源、多分支机构、现有员工优势，和保险公司专业的险种设计、后台支撑优势，增加了银行保险的竞争力，成为人寿保险市场最具竞争力的业务形式。

第四，保障与投资相连的保险增长迅速，引致行业风险上升。

20世纪90年代后期，在香港保险市场，保障与投资相连的保险险种应运而生。这类保险主要是一些长期性寿险险种，其特点是寿险与投资结合，被保人既可享受寿险保障又可取得投资收益，减轻通胀的影响。因此，它们一经推出便大受欢迎，业务发展十分迅速。2009年，投资相连有效业务保费为376亿港元，较2000年上涨6.44倍；而同期，非投资相连保费仅上涨了2.74倍。

造成投资相连业务迅速增长的原因主要是：①2000年，强积金的推出，导致大量资金聚集，急需寻求市场投资渠道，投资相连保险成了可以同时满足强积金对安全性和收益性两种需求的最优选择之一；②随着香港资本市场的发展与完善，更多投资渠道的选择也促进了投资相连保险基金的发展；③保险公司为了抢占市场份额，纷纷投入投资相连市场，尤其是通过银行保险渠道销售更促进了投资相连寿险的热销。汇丰人寿的崛起就是一个很好的例证，通过销售投资相连保单，从2002年市场排名第9位上升到2007年的第2位。

投资相连业务由于与资本市场密切联系，其风险较非投资相连业务也更大。受2008年金融危机影响，香港的投资相连业务连续出现超过50%的负增长，充分证明了其更大的市场波动性（如表4所示）。许多专家都

① 冯邦彦，饶美蛟.厚生利群：香港保险史（1841—2008）[M].香港：三联书店（香港）有限公司，2009：239.
② 张春晓.香港银行保险业务发展之经验与思考[J].湖北农场金融研究，2009（12）：44.
③ 黄留祥.香港银保合作发展模式及对中国内地的借鉴探讨[M].广州：暨南大学出版社，2008：27.
④ 冯邦彦，饶美蛟.厚生利群：香港保险史（1841—2008）[M].香港：三联书店（香港）有限公司，2009：326.

表示出对投资相连业务的担忧，认为保险业务应当强调保障功能，消费者对投资相连业务的风险未必有充分认识。

表4　投资相连与非投资相连有效个人寿险业务年增长率

（单位:%）

年份	2000	2001	2002	2003	2004	2005	2006	2007	2008	2009
投资相连业务增长率	24.0	48.5	18.8	34.1	81.6	24.7	42.7	73.7	-81.8	-58.2
非投资相连业务增长率	22.1	18.1	11.7	13.1	19.19	27.2	23.3	22.7	-92.3	28.7

数据来源：根据香港保险业监理处公开数据整理计算所得。

三、双轨制的保险监管制度

20 世纪 70 年代之前，政府对保险业的监管相当宽松。正如香港保险业联会创会主席 Michael Somerville 所指出的："其时严谨的监管及管制法规几乎阙如，又承保商的最低资金要求更是为人诟病，据我记忆所及，只要 1 万港元的资金就可注册经营保险公司，因此某些对业界和公众人士毫无责任感、只求赚快钱的经营者相继出现。汽车司机在投保人类别中，是最易受伤的一类，亦因而成为最常见的受害者。其时正是消费者权益日渐受到重视的消费主义年代，公众对保险的观感极为负面。对于在 1974 年成立的消费者委员会来说，由于接获涉及保险业失当行为及违反专业守则的投诉个案持续高企，保险业首当其冲是打击对象之一。"①

20 世纪 70 年代中后期，香港政府为了推动香港发展成为一个国际性的保险中心，同时也为了保障投资者的利益，逐步加强了对保险业的立法和监管，包括 1978 年 2 月颁布了《保险公司（规定资本额）条例》，1983 年 6 月实施的《保险公司条例》，1990 年成立保险业监理处，2001 年引入香港中介人规管制度，并多次根据保险业发展的实际情况修订《保险公司条例》。不过，与此同时，政府仍然强调保险业自律的重要性，积极推动保险业界自律制度的建立，包括 1988 年 8 月 8 日推动成立保险业行业的唯一组织——香港保险业联会（简称"保联"），1990 年 2 月推动由保联成

---

①　参阅香港保险业联会创会主席 Michael Somerville《香港保险业联会的诞生》。

立保险索偿投诉局，1993 年 1 月由保联推出《保险代理管理守则》及成立保险代理登记委员会等。

经过 30 年的发展，香港形成了政府监管与业界自律并存的双轨制保险业监管制度。政府监管的核心内容是保险公司的偿付能力，即通过缴付储备金的方式防止偿付能力不足，区别于世界主要发达国家以风险防范为核心的监管。监管对象包括保险公司和保险中介人。作为政府监管的重要补充，自律更多地借助于行业组织以及行业组织制定的各种守则来实现。目前，香港共有包括保险业联会、保险索偿投诉局、保险中介人商会、精算师协会、保险业训练中心、专业保险经纪协会、人寿保险从业员协会等 22 家自律组织。此外，监管工作还经常辅之以会计师公会、标准普尔等中介服务机构的专业支持，以提高监管效率、增强监管透明度、降低监管风险、减少监管成本。透过双轨制保险业监管制度，香港保险业的发展既逐步纳入规范化、制度化的发展轨道，降低行业风险，保障消费者的权益；又能在发展中保持较高的弹性和灵活性，有利于提高行业的积极性和创新性。

香港保险监管的另一个特点表现为与其他监管主体日益紧密的合作。香港是目前世界上少数实行混业经营、分业监管的地区，金融财团的增长和保险业务品种的多元化发展，推动了各监管机构的资料互换和相互协助。为了加强跨行业的监管合作，香港保险业监理处从 2003 年开始，分别与香港金融管理局、证券及基金事务监察委员会、强制公积金计划管理局以及财务汇报局签订谅解备忘录，旨在加强跨行业监管机构之间的有效合作，包括通报、互谅、咨询交互以及协助调整等。此外，为顺应全球金融一体化的趋势，尤其是 2008 年金融危机所暴露出的全球金融监管问题，香港还加强了与内地以及其他海外国家在保险监管方面的合作，目前已经与中国内地、中国澳门、新加坡、英国、美国、德国等九个国家和地区签订了谅解备忘录或合作协议。

（本文为未公开发表文稿，完成于 2009 年 9 月）

香港国际金融中心的比较
优势、差距与战略定位

一、香港作为国际金融中心的比较优势

所谓国际金融中心（International Financial Center，简称 IFC），是指一个在国际金融市场的跨境资产交易中扮演重要参与者角色的城市。N. 巴拉克里什南（1989）认为，作为国际金融中心，首先其金融业规模要大、效率要高、稳定性要强；其次金融业的国际化程度要高，这包括业务的国际化、组织机构的国际化、金融信息的国际化和金融制度与法规的国际化。目前，世界公认的全球性国际金融中心只有两个：伦敦和纽约。2008 年 1 月，美国《时代周刊》（亚洲版）刊登了一篇题为"三城记"（A tale of three cities）的署名文章认为，纽约、伦敦和香港这三座城市构建了一个能促进全球经济发展的金融枢纽。文章首创一个新概念"纽伦港"（Nylonkong），将香港提升到和纽约、伦敦一样的高度。

那么，从国际金融中心的角度分析，香港的比较优势在哪里呢？香港真的有条件成为国际金融中心吗？

1. 区位优势和制度优势

从区位优势看，香港与纽约、伦敦三分全球，在时区上相互衔接，使全球金融业保持 24 小时运作。从东亚区位看，香港位于东亚中心，从香港到东亚大多数城市的飞行时间不超过 4 小时，而东京则位于东亚北端，新加坡位于东南端。从中国区位看，香港背靠经济快速发展的中国内地，与新加坡相比，经济腹地辽阔，且与广东珠三角地区经济正日趋融合。

制度优势包括全球最自由的经济体、完善有效的司法体制及金融监管制度等。目前，香港已连续 22 年被美国传统基金会评为全球最自由的经济体。根据该基金会 2016 年发表的《经济自由度指数》报告，香港的总分为 88.6 分（100 分为满分），虽然较上个报告低 1 分，但依然远高于全球平均的 60.7 分。《经济自由度指数》报告每年由美国传统基金会和《华尔街日报》联合发布，是全球权威的经济自由度评价指标之一。该指数通过

10 项指标评定经济自由度，分别是营商自由、贸易自由、财政自由、政府开支、货币自由、投资自由、金融自由、产权保障、廉洁程度和劳工自由。在《经济自由度指数》报告用以评估的 10 项指标中，香港在其中 7 项取得 90 分或以上的佳绩，并在营商自由、贸易自由、金融自由等方面，继续获评为全球首位。美国传统基金会赞扬香港执行稳健的经济政策、市场高度对外开放、恪守财政纪律、拥有稳定和透明的司法制度，以及对产权的充分保障，令香港能够保持国际商业枢纽和金融中心的领先地位。研究表明，香港作为国际金融中心的优势包括：金融监管审慎而稳健，资金货币自由流通，税制简单且税率低，拥有全球最自由的经济体及完善有效的司法体制。

2. 资本市场

香港金融业中，资本市场一直是其强项，回归以来在"中国因素"的支持下更取得快速的发展。据统计，从 1997—2015 年，香港股票市场（主板 + 创业板）的上市公司从 658 家增加至 1 866 家，上市证券数目从 1 533 个增加到 9 015 个，分别约增长了 1.84 倍和 4.88 倍；股市总市值从 32 026.30 亿港元增加至 246 837.31 亿港元，17 年间约增长了 6.71 倍；股市交易额（以年度计算）从 37 889.60 亿港元增加至 260 906.21 亿港元，约增长了 5.89 倍（如表 1 所示）。到 2016 年 6 月底，香港在全球十大证券市场中位列第 8 位，居于纽约泛欧交易所（美国）、纳斯达克 OMX（美国）、日本证券交易所集团、上海证券交易所、伦敦证券交易所集团、纽约泛欧交易所（欧洲）、深圳证券交易所之后。不过，若以市值占 GDP 比重计算，香港股市市值占 GDP 的比重，则在全球十大证券市场中高居首位。2014 年，香港市场 IPO 共计 122 宗，集资规模达到 2 278 亿港元，比 2013 年增长 33%，连续两年居全球第二位，仅次于纽约交易所。

表 1　1997—2015 年香港股市（主板 + 创业板）发展概况

	1997 年	2003 年	2007 年	2012 年	2014 年	2015 年
上市公司数目（家）	658	1 037	1 241	1 368	1 752	1 866
上市证券数目（个）	1 533	1 785	6 092	6 723	9 060	9 015
总市值（亿港元）	32 026.30	55 478.48	206 975.44	218 717.30	250 718.29	246 837.31

（续上表）

	1997 年	2003 年	2007 年	2012 年	2014 年	2015 年
集资总额（亿港元）	2 475.77	2 137.60	5 908.46	3 002.31	9 427.17	11 156.42
总成交额（亿港元）	37 889.60	25 838.29	21 665.30	132 675.09	171 557.30	260 906.21
日平均成交额（亿港元）	154.64	104.19	880.71	537.15	694.57	1 056.30
年底恒生指数	10 722.76	12 575.94	27 812.65	22 656.92	23 605.04	21 914.40

资料来源：香港交易所。

更重要的是，香港已发展为中国内地企业的境外首要的上市及融资中心。这使它在全球金融体系中占有战略性的优势。20 世纪 90 年代初，随着中国改革开放的深入、经济实力的提升，"中国因素"越来越受到香港证券市场的重视。1991 年，香港联合交易所决定成立中国研究小组，着手研究中国企业在香港上市的可行性。1992 年 2 月，中国研究小组发表中期报告表示："香港联交所非常希望成为中国的重要集资中心之一。"其长期目标是要使香港成为"中国的纽约"。1993 年 7 月 15 日，青岛啤酒股份有限公司正式在香港联合交易所挂牌上市，成为首家在香港发行 H 股[①]的中国内地企业，正式打通了中国内地企业在香港的上市之路。回归以后，特别是 2003 年内地与香港签署 CEPA 协议后，H 股在香港上市的步伐加快。据统计，到 2015 年底，香港股市中的 H 股和红筹股[②]已增加到 340 只；总市值为 102 948.23 亿港元，占香港上市公司总市值的 42.14%；成交股份金额为 92 976.64 亿港元，占当年总成交股份金额的 53.97%。2006 年，香港股市（主板 + 创业板）首次公开招股（IPO），集资总额创下 3 339 亿港元的历史纪录。该年，中国银行、中国工商银行先后在香港上市，其中中国工商银行首次以 "A + H" 的方式发行股票。仅中国工商银行 IPO 一个项目，就融资 220 亿美元，是 2006 年全球资本市场上单次融资额最大的

---

　　① H 股，因香港英文 Hong Kong 首字母而得名，指注册地在内地、上市地在香港的中国企业股票。

　　② 红筹股（Red Chip），根据业内人士所下的定义，是指在香港或海外注册，由中国资本拥有上市公司已发行股本 30% 或以上的股份，即中资企业拥有的香港上市公司的股份，其主要特点是公司的控制权掌握在中资手中，业务则集中在香港或内地，或两者兼而有之。

新股发行。凭借中国工商银行、中国银行的发行上市，该年香港新股融资额一举超过美国，仅次于伦敦，名列全球第二。2011 年，香港连续三年成为全球最大的首次公开招股市场，共有 89 家公司首次公开招股，集资总额达 2 597. 4 亿港元（333 亿美元）。

目前，香港已形成多层次的资本市场体系。除了股票市场外，金融衍生工具市场也获得迅速发展。金融衍生工具市场主要包括股市指数期货、股票期货、黄金期货、港元利率期货、三年期外汇基金债务期货 5 类期货产品和股市指数期权、股票期权 2 类期权产品。2015 年，香港期货及期权的总成交量为 18 982. 44 万张合约，比 1999 年的 852. 9 万张大幅增长了约 21. 26 倍；其中，期货合约 7 346. 22 万张，期权合约 11 636. 22 万张，分别比 1999 年大幅增长约 12. 2 倍和 38. 2 倍。期货合约中，主要是恒生指数期货合约、H 股指数期货合约，两项共占期货合约的 75% 以上；期权合约中，主要是恒生指数期权合约、H 股指数期权合约和股票期权合约，三者共占期权合约的 95% 以上。此外，在香港联合交易所上市的交易所买卖基金（简称 ETF）数量大幅增加，到 2015 年底，上市的 ETF 总数达到 133 只。2015 年，ETF 总额达到 21 710 亿港元，比 2014 年的 11 680 亿港元大幅增长约 85. 9%。以成交额及市值计算，香港已成为亚洲（日本除外）最大的 ETF 市场。

3. 资产管理

资产管理业亦即基金管理业，是香港金融业中的一个重要行业。香港的基金主要有两种，一种是英式的"单位信托基金"（Unit Trust Fund）；另一种是美式的"互惠信托基金"（Mutual Fund）。香港的基金管理业起步较晚，到 20 世纪 80 年代进入第一个黄金发展时期；到 90 年代中期，香港发展为亚洲地区仅次于日本的第二大投资基金管理中心。

1997 年回归以后，香港基金业面临来自其他国际金融中心特别是新加坡的激烈竞争。亚洲这两个国际金融中心在基金业发展方面几乎处于同一水平。就所管理的资产来看，2001 年，香港和新加坡分别管理着 1 900 亿美元和 1 600 亿美元，远逊于在全球居领导地位的伦敦和纽约，也落后于以本地市场为主的东京。就互惠信托基金的渗透率而言，香港还不如新加坡，新加坡为 14%，香港仅为 9%，与美国的 52% 相差甚远。此外，两地也只有少量的 ETF。不过，两个国际金融中心在基金管理业的发展策略方面存在很大的差异。新加坡的基金业主要由政府控制，其绝大部分受管理的基金直接由中央公积金所管理。香港基金业的发展则主要由市场驱动，大部分的基金是由在香港设有办事处的国际机构所管理。香港政府基本采取自由放任的不干预政策，政府的监管主要是通过对行业和产品的规管来维持投资者的信心，并为基金业的发展提供适合的营商环境，包括健全的法律制度、低税制、良好的硬件和电子通信基础设施，以及富有经验的行政人员等。

回归后，为了提高对新加坡的竞争力，推动香港成为亚洲主要的基金管理中心，香港特区政府加大了对基金业的支持。在香港特区政府和证监会的推动和扶持下，踏入 21 世纪，香港基金业的发展势头凌厉，各种基金，包括传统的单位信托基金及互惠信托基金，以及新引进的基金，如对冲基金、交易所买卖基金、房地产投资信托基金等，均取得了瞩目的增长。据统计，2000 年，香港的基金管理业务合并资产为 14 850 亿港元，到 2007 年增加到 96 310 亿港元，7 年间约增长了 5.49 倍。2008 年，由于受到全球金融危机的冲击，基金管理业务合并资产跌至 58 500 亿港元，跌幅约达 39.3%。不过，从 2009 年起，基金业再度取得快速的发展。2015 年，基金管理业务合并资产增加到 173 930 亿港元，比 2000 年约增长了 10.7 倍，年均增长率约达 21.4%。其中，由持牌法团、注册机构及保险公司提供的财务资产管理业务达 122 590 亿港元，基金/投资组合提供的投资顾问业务达 12 680 亿港元，注册机构向私人银行客户提供的财务业务达 36 660 亿港元，分别比 2003 年的 22 500 亿港元、2090 亿港元和 4 880 亿港元约增长了 4.45 倍、5.07 倍和 6.51 倍（如表 2 所示）。

表 2　香港资产管理业发展概况

（单位：亿港元）

年份	资产管理业务	投资顾问业务	其他私人银行活动	认可的房地产基金	基金管理业务合并资产	合并资产年增长率（%）
2000	14 850				14 850	
2001	14 840	1 410			16 250	9.4
2002	14 910	1 440			16 350	0.6
2003	22 500	2 090	4 880		29 470	80.2
2004	27 410	2 410	6 360		36 180	22.8
2005	32 420	3 300	9 160	380	45 260	25.1
2006	41 340	5 520	14 150	530	61 540	36.0
2007	65 110	7 120	19 340	660	96 310	49.9
2008	30 700	8 100	12 870	460	58 500	−43.5

（续上表）

年份	资产管理业务	投资顾问业务	其他私人银行活动	认可的房地产基金	基金管理业务合并资产	合并资产年增长率（%）
2009	58 240	9 210	16 880	740	85 070	63.2
2010	68 410	9 170	22 300	1 030	100 910	18.6
2011	57 620	8 890	22 630	1 240	90 380	−10.4
2012	82 460	14 880	26 790	1 740	125 870	39.3
2013	114 170	16 610	27 520	1 770	160 070	27.2
2014	127 700	16 110	30 960	2 060	176 830	10.5
2015	122 590	12 680	36 660	2 000	173 930	−1.6

数据来源：香港证券监察委员会 2000—2016 年《香港基金业活动调查》。

经过十多年的发展，目前香港已成为亚洲主要的基金管理中心和资产管理中心。根据香港证监会的调查，2015 年，香港非房地产基金管理业务的资产总值中，来自海外投资者的资金达 11 780 亿港元，所占比重达到 68.5%；同时，非房地产基金所管理的资产总值中，有 55.7%，即 68 230 亿元在香港管理。① 这一方面反映了香港基金市场对海外投资资金的极大吸引力，另一方面也表明香港是亚洲内从事资产管理业务的有利地点。随着亚洲特别是中国内地的经济增长，巨额的储蓄和财富的积累，香港的基金业在连接投资者与全世界的投资机会方面正扮演着越来越重要的角色。

4. 银行业

银行业也一直是香港金融业中的强项。经过数十年的快速扩张，到 1997 年，香港银行业的发展规模达到高峰，持牌、有限制牌照、接受存款公司及办事处等各类银行机构达 520 家，分行多达 1 000 多家。然而，其后相继经历了金融危机、地产"泡沫"和网络股"泡沫"破灭及"非典"冲击，经济衰退导致了香港企业投资和消费信贷需求持续疲弱，楼宇按揭、贸易融资、银团贷款等银行传统支柱业务基础萎缩，再加上息差的持续缩窄，以利息收入为主的传统银行盈利模式面临空前挑战。受此影响，香港银行业的资产规模、贷款规模均呈现下降趋势。此外，受到金融危机、日资金融机构大规模撤出香港、银行业电子化和自动化水平提高以及本地中小银行并购等种种因素影响，这一时期香港银行机构的数量大幅减少。到 2015 年底，香港官方认可的银行机构及外资办事处合共仅 263 家，

---

① 参阅香港证券及期货监察委员会 2016 年 7 月发表的《2015 年基金活动调查》第 9 − 11 页。

其中持牌银行 157 家，有限制牌照银行 24 家，接受存款公司 18 家，境外银行办事处 64 家，比 1997 年高峰时减少五成。

面对种种挑战，香港银行界唯有改变策略，放弃过多的竞争贷款业务，转而集中发展资金管理、收费金融产品及财富管理等业务，创造更多非利息（中间业务）的收入。银行业的业务更从过去简单的存贷款业务，发展到全方位的资金融通和理财业务，包括零售业务、资产管理、收费服务等中间业务领域。其中，个人理财服务更成为香港银行业新的竞争焦点。个人理财服务是一套把银行形象、产品与服务、信息科技系统、服务环境、人员配置和营销宣传等多方面互相结合的综合化及个人化服务，主要由一般银行服务、投资服务、财务策划服务以及专享优惠等组合而成。这一时期，香港银行认可机构的存款总额持续增长，增长的幅度远远超过了贷款总额的速度。据统计，1997 年底，香港银行认可机构的存款总额为 26 644.7 亿港元，到 2014 年底增加至 100 731.4 亿港元，17 年间约增长 2.78 倍；其中，外币存款总额从 11 268.6 亿港元增加至 53 556.8 亿港元，约增长了 3.75 倍。同期，银行贷款总额从 41 216.7 亿港元增长至 72 762.7 亿港元，17 年间仅增长了约 76.5%。值得关注的是，回归以来香港银行贷款总额逐渐从大于存款总额转变为小于存款总额。1997 年，银行贷款总额为 41 216.7 亿港元，比存款总额多出 14 572 亿港元；但到了 2015 年，银行贷款总额为 75 350.0 亿港元，反而比存款总额少了 32 150 亿港元，反映出银行业资金充裕、缺乏贷款出路，银行业"水浸"严重（如表 3 所示）。不过，随着 2004 年以来人民币业务包括存款、兑换、汇款、信用卡以及发行债券等业务在香港相继开办，香港正积极发展成为全球最重要的人民币离岸业务中心，这为香港银行业发展注入了新的活力。

表3　回归后香港银行认可机构资产、存贷款概况

（单位：亿港元）

年份	资产		贷款		存款	
	总额	外币总额	总额	外币总额	总额	外币总额
1997	83 971.8	54 628.0	41 216.7	23 791.9	26 644.7	11 268.6
1998	72 544.8	45 025.8	33 044.3	16 094.0	29 541.7	12 690.4
1999	67 843.8	41 023.0	28 129.1	12 057.8	31 779.6	14 173.0
2000	66 610.1	38 472.6	24 614.5	8 092.6	35 278.5	16 766.7
2001	61 539.6	34 356.0	21 849.9	5 373.0	34 065.0	15 518.5

年份	资产		贷款		存款	
	总额	外币总额	总额	外币总额	总额	外币总额
2002	59 990.8	33 121.1	20 763.0	4 606.6	33 175.4	14 926.3
2003	64 907.2	37 075.3	20 350.8	4 620.0	35 670.2	16 362.3
2004	71 378.2	41 951.6	21 557.0	4 889.6	38 660.6	11 848.1
2005	72 469.7	42 001.8	23 119.9	5 146.4	40 679.0	19 363.2
2006	83 058.1	47 992.6	24 678.3	5 503.9	47 572.8	21 890.0
2007	103 500.4	62 752.1	29 616.8	7 769.7	58 689.0	27 938.6
2008	107 540.7	68 210.4	32 856.4	9 308.8	60 579.8	30 240.0
2009	106 353.7	62 362.6	32 884.8	8 871.6	63 810.4	30 074.5
2010	122 907.8	76 261.3	42 277.3	14 032.8	68 622.7	32 450.8
2011	125 728.1	79 539.0	50 806.6	19 206.6	75 912.6	38 510.2
2012	148 587.4	94 058.4	55 668.1	22 337.5	82 964.3	41 202.3
2013	169 414.3	111 405.5	64 568.1	28 508.0	91 800.6	47 891.1
2014	184 360.0	121 500.0	72 762.7	34 038.8	100 731.4	53 556.8
2015	191 800.0	115 000.0	75 350.0	33 820.0	107 500.0	54 370.0

数据来源：香港金融管理局。

二、香港作为全球性国际金融中心的主要差距

当然，与伦敦、纽约等全球性国际金融中心相比，香港金融业发展也存在不少问题，主要表现在：

第一，金融市场、金融机构的发展不平衡，存在众多的"短板"。

诚然，香港作为全球日趋重要的国际金融中心，其市场发展并不平衡，包括债券市场、外汇市场规模与国际金融中心实力不相匹配；一些金融市场中创新型的交易工具，如指数期货、期权交易等还远远没有得到普及；同时几乎没有大宗商品期货交易。这些方面甚至落后于亚洲地区其他主要的国际金融中心。

债券市场一直是香港金融业中较为薄弱的环节，过去十多年在多方努力下，配合低息等市场环境的转变，债券市场出现了加速发展的良好势头。然而，与新加坡相比，香港债券市场的规模仍然较小，无论是上市债

券的总市值还是成交额，都远远落后于新加坡。在外汇市场上，香港与新加坡是亚洲地区继东京之后两个主要的外汇交易市场，但香港一直落后于新加坡。不过，根据国际清算银行发布的最新调查报告显示，2016 年 4 月，香港日平均外汇交易量（连同场外利率衍生工具计）达到 5 463 亿美元，比 2013 年同期大幅上升达 81%，首次超越新加坡而晋升为第 4 位，仅次于伦敦、纽约和东京。其原因之一是期内美元兑人民币的交易额大幅增长达 56.2%。

在全球急速增长的另类投资产品市场、商品期货市场中，香港也没占有足够的份额。近年来香港在另类投资产品市场虽然有不俗的发展，例如，香港已成为亚洲第二大私募基金中心，但这个行业规模仍然偏小。在商品期货市场方面，香港尽管早在 1977 年已开办商品期货市场，但发展一直不顺利，已大幅落后于上海。不过，由于中国内地对期货市场存在庞大的潜在需求，香港若能在这些业务中找到合适的定位，其潜力仍不容忽视。

在机构体系中，与高度发达的银行体系相比，香港的非银行金融机构发展不平衡。香港的非银行金融机构主要有保险公司、投资基金公司、租赁公司。而新加坡的非银行金融机构则较为强大，种类繁多，包括投资银行，从事抵押贷款、消费贷款、楼宇建筑贷款、一般商业贷款、租赁、票据融资、代客收账等业务的各种金融公司，保险业也相当活跃，还有从事货币经纪、证券经纪等业务的各种金融中介公司。

第二，金融业发展腹地比较狭小，总体规模仍然偏小。

与纽约、伦敦、东京相比，香港金融业的发展腹地明显偏小。纽约、东京金融业的基础是全球第一、第二大经济体。纽约全球性国际金融中心的基础是占据全球 GDP 三成左右的美国经济；伦敦的腹地绝不仅仅是英国本土，欧洲不少大型企业的股票都在伦敦上市。但香港只是一个都会城市，香港与内地的经济联系，还在相当程度上受到彼此之间属不同关税区、不同市场的制约。香港要发挥其金融业的比较优势，跻身全球性国际金融中心行列，必须突破制度上的制约，有效拓展其经济腹地，甚至包括整个大中华经济圈乃至东南亚诸国。

正因为如此，目前香港的总体规模和实力与纽约、伦敦这两大全球性国际金融中心相比仍有相当大的差距。根据 2011 年的数据，香港金融业对本地生产总值的增值贡献为 390 亿美元，仅为纽约（2 010 亿美元）的

19.4%，为伦敦（930 亿美元）的 41.9%。① 2007 年《香港金融管理局季报》的一份报告指出，根据所有金融市场标准化得分的简单平均数，香港整体金融活动集中度名列世界第 6 位。除新股上市集资额在全球市场所占比重较大外②，相比其他国家或地区，香港国际债券市场已发行总额仅占全球的 0.3%，香港股市成交额占全球的 1.2%。外汇及利率衍生工具市场成交额占全球的比重与发达的经济合作与发展组织国家相比仍有明显差距（如表 4 所示）。由此可见，香港作为国际金融中心，其金融市场活动的集中度不够，在全球金融市场活动中所占的比重有限。

表4　传统金融活动的全球集中情况

金融活动集中程度（平均标准化得分）	在全球个别市场所占比重（%）							
	股市成交额	新股上市集资额	国际债券市场已发行总额	本土债券市场已发行总额	银行海外资产	银行海外负债	外汇成交额	外汇及利率衍生工具市场成交额
美国 100.0	49.0	16.3	23.3	44.6	8.9	11.7	19.2	19.4
英国 90.6	10.9	16.9	12.6	2.4	19.8	22.5	31.3	38.1
日本 32.7	8.3	3.7	0.9	18.1	7.6	3.2	8.3	6.0
德国 23.0	3.9	3.6	10.6	4.4	10.6	7.3	4.9	4.1
法国 22.1	2.8	3.8	6.2	4.4	9.1	9.3	2.6	6.6
香港 13.2	1.2	12.9	0.3	0.1	2.3	1.4	4.2	2.7
荷兰 10.9	1.3	3.7	7.1	1.5	3.8	3.7	2.0	2.0
瑞士 9.9	2.0	0.8	0.1	0.5	4.6	4.4	3.3	2.4
新加坡 9.9	0.3	1.5	0.3	0.2	2.4	2.6	5.2	3.2

数据来源：《评估香港的国际金融中心地位》，2007 年 12 月。

当然，倘若香港能够有效推进其与中国内地的经济融合，则香港有条件发展成为全球性国际金融中心。基于这一点，香港金融管理局提出，香

---

① 参阅香港金融管理局发表于 2013 年 11 月的《巩固香港作为全球主要国际金融中心的地位》第 12 页。

② 2009 年香港新股集资额超越纽约及伦敦，但上市后再集资额不及纽约和伦敦的 1/4 及 1/2，创业板新股集资额占本期新股总集资额的不到 1%，创业板/主板集资比例远低于纽约（33%：66%）及伦敦（20%：80%）。综合起来看，香港的集资功能与纽约及伦敦两地相比仍存在一定差距。

港金融发展要立足五大战略方向，包括：香港金融机构"走进"内地；香港作为内地资金和内地金融机构"走出去"的大门；香港金融工具"走进"内地；加强香港金融体系处理以人民币为货币单位的交易的能力；加强香港与内地金融基础设施的联系。其核心就是要打通香港与内地资金流通的经络。

三、香港的战略定位：与深穗联手打造全球性国际金融中心

从长期的战略层面看，通过制度创新，充分发挥香港国际金融中心的比较优势，发挥珠三角地区深圳、广州两大中心城市金融资源的比较优势，将香港、深圳、广州以及整个珠三角地区有机联系起来，形成更紧密的战略合作关系，力争经过十年至二十年的努力，建成一个以香港为龙头，以深圳、广州为两翼，以珠三角地区金融资源为依托的大珠三角金融中心圈。其中，香港无疑将扮演最重要的角色。鉴于香港作为亚太地区国际金融中心，具有资金流通自由、金融市场发达、金融服务业高度密集、法制健全和司法独立、商业文明成熟等各种优势，香港将成为大珠三角金融中心圈的"龙头"。根据香港的比较优势和金融产业基础，香港的战略定位可以确定为：

1. 仅次于伦敦、纽约的全球性国际金融中心

欧美金融市场，因历史、经济及其他原因，在过去200多年占据了全球的绝对领导地位，然而近几十年随着亚洲及新兴市场的兴起，全球的经济及金融格局逐渐出现了一些变化和转机。最近十年，由于巴西、俄罗斯、印度、中国及其他新兴市场的高速发展，国际上的投融资活动，均提高了对新兴市场的兴趣。中国内地企业在香港上市，更是占了这类活动中的最大份额。因此，香港通过深化粤港金融合作，利用广东乃至内地经济社会发展的金融需求推动香港的金融创新，将可大幅提高香港金融资源的集聚程度，拓宽香港金融发展的腹地，提高香港作为国际金融中心的竞争力。香港若能与珠三角的广州、深圳，甚至上海联成一体、错位发展，将有可能发展为仅次于纽约、伦敦的全球性国际金融中心。

2. 亚太地区首要的资产管理中心

过去十年，香港已发展成为亚洲最大的资产管理中心之一，特别是基金管理业务在香港金融体系中正发挥越来越重要的作用。基金管理业务的强劲增长主要由于香港资产管理市场能够提供不同类型的证券会认可的单位信托基金及互惠信托基金予投资者选择，包括债券基金、股票基金、多

元化基金、货币市场基金、指数基金、保证基金、对冲基金等。从中长期看，东亚特别是中国内地，作为全球经济增长最快和前景最亮丽的地区，将吸引大量区外资金到区内投资，资产与财富管理业务的增长潜力庞大。因此，香港作为国际金融中心，将进一步巩固和发展基金管理、私人银行、财富管理以及企业资本性融资、金融衍生产品等方面的高附加值和资本市场业务，成为亚太地区特别是大中华地区主要的资产与财富管理中心。

3. 中国企业最重要的境外上市和投融资中心

进入 21 世纪，随着 CEPA 出台并支持内地银行将其国际资金外汇交易中心移至香港，通过收购方式在香港发展网络和业务活动，以及支持内地企业到香港上市，香港作为中国企业境外上市最重要的资本市场和境外投融资中心的地位得到进一步的巩固和提升。香港在内地与国际之间的资金融通方面，已发展成为内地最主要的境外上市集资市场，有效引导国际资金投资于香港上市的内地企业。香港努力巩固、提升这方面的功能，也有优势可以让内地企业和机构在香港发行以外币计价的债券。此外，香港高度市场化和国际化的金融体系，可为内地进行境外投资的机构和个人，提供丰富的投资产品、全面的服务及完善的风险管理，成为投资者管理对外投资最有效的平台。因此，发挥香港发达的资本市场、国际资本聚集的优势，推动内地企业赴港上市、发行债券，并鼓励广东企业以香港金融市场为平台开展境外投资，可将香港发展成为中国企业最重要的境外上市和投融资中心。

4. 全球主要的人民币离岸业务中心、亚洲人民币债券市场

2004 年以来，香港积累了不少经营人民币业务的经验，再加上香港与内地金融监管机构一直维持紧密的合作关系，香港可为人民币国际化及相关的风险管理提供一个稳健、可靠的试验平台。因此，要充分发挥香港作为境外人民币主要集散地的作用，大力发展香港人民币业务，有效推动人民币亚洲化和国际化。长远而言，香港最有潜力发展成为全球最重要的人民币离岸业务中心、亚洲人民币债券市场，这将使它拥有亚洲其他国际金融中心无法企及的优势。

（原文载于《当代港澳研究》，相关数据更新于 2016 年 10 月）

第三编 资本与财团

论香港英资财团的历史命运

1997 年 7 月 1 日，香港成为中华人民共和国辖下的特别行政区，按照"一国两制"的方针，实行"港人治港，高度自治"，维持原有的资本主义制度和生活方式 50 年不变。随着港英政府的落旗归国，一个旧时代宣告结束，一个崭新的时代即将开始。"九七"后香港英资财团的历史命运将会如何？这无疑将是所有香港问题观察家关注的焦点之一。

一、香港英资财团的发展历程

自 1841 年英国侵占香港，香港开埠成为远东著名的自由港的 100 年间，港英政府的管治以及由此而取得的种种特权，使得英资财团在香港乘势崛起、发展壮大，并将其势力迅速膨胀至中国内地以上海为首的各大城市，成为影响中国政治、经济的一股强大力量。1949 年中华人民共和国宣告成立，中国国势渐兴，英资财团将在内地的业务撤至香港。"文化大革命"的 10 年动乱期间，英资财团鉴于当时的政治气候，对于香港这一"借来的时空"戒心日深，在香港的投资策略转趋消极，出现严重失误，部分英资财团更将大量资金调往海外发展，错失香港经济蓬勃发展的黄金时期，这无疑为华资财团的迅速崛起提供了极其难得的机会。

20 世纪 70 年代末至 80 年代中期，随着中国政局转趋稳定、推行改革开放政策，中国对香港的影响日益增强，华资财团在政治上渐取上风，经济上羽翼渐丰，于是向信心不足的老牌英资财团发起了正面的挑战。在短短数年间，数家历史悠久的大型英资上市公司，包括清州英坭、和记黄埔、九龙仓、香港电灯、会德丰等先后被华资大亨鲸吞。英资财团长期在香港经济中的垄断地位因而动摇，并无可挽回地从香港的权势巅峰滑落。

1984 年中英签署关于香港前途的《联合声明》，经历了逾 150 年英国殖民统治的香港，正式步入了"九七"回归的转型时期。面对这一历史性巨变，香港的英资财团纷纷急谋对策，调整战略部署。其中，以怡和、汇丰为代表的传统英资财团，加紧部署集团国际化战略，一方面通过海外迁册、结构重组，将第一上市地位外移，甚至不惜采取全面撤离香港证券市场等一系列措施，实现所谓"法定管制和公司监管的重新定位"①，以建立牢固掌握控制权、攻守自如的集团内部架构；另一方面通过加快海外投资步伐，达到盈利来源和资产的一半以上分散到海外的目标，从而最大限度地减低集团在香港的投资风险。这一战略的主轴是要使集团从一家以香港为基础的公司蜕变成一家真正的跨国公司。然而，他们并非要撤离香港。其战略的主轴是要稳守香港的核心资产及业务，以便在转型时期以至于"九七"以后观察香港的政治、经济环境，把握有利时机拓展香港及中国内地市场，争取最大限度地赚取利润，并借此维持集团在香港的利益。

以太古、香港电讯等为代表的英资财团，部分早已实现集团国际化，且看好香港经济前景，其战略的重点是稳守香港的核心业务。与怡和、汇丰这些在香港植根并崛起的传统英资财团不同，太古、大东电报局（香港电讯的母公司）早已是国际化大财团，财团的注册地、控股公司均设在英国，投资业务遍及全球，香港部分仅是其集团全球战略的重要一环。而且，它们在香港的核心业务，包括航空、电信、电力供应等，都是香港经济的重要命脉，是在特殊的历史背景下透过港英政府的庇护或批出的经营专利权建立起来的，这些业务可以说撤无可撤，无法连根拔起转移到海外。这部分英资财团的战略，是透过将旗下公司上市，邀有实力、有影响的中资财团加盟，与中国政府建立良好的个人及商业利益关系等措施，力图淡化英资色彩、重塑香港公司形象，从而达到稳守香港核心业务的战略目标，以迎击华资、中资财团的正面挑战。

然而，无论采取何种战略部署，其结果均是英资财团在香港经济中实力的进一步被削弱及地位的进一步下降。毋庸置疑，时局的急剧转变所带来的挑战，对英资财团来说是严峻的。

二、英资的势力及其在香港经济中的地位

不过，踏入 1990 年，英资财团在香港经济中仍保持着强大的经济力量。1992 年初，香港总督卫奕信率领香港的一个高层代表赴英国伦敦，参加一个有关香港在亚太地区经济发展中所担当重要角色的商务会议。期间，他向英国政经界高层人士派发了一份由香港政府出版的小册子，题为"香港对英国的好处"。根据这份小册子提供的资料，英资财团在香港的经济势力主要表现在：第一，英国在香港直接投资净额的账面值超过 20 亿英

---

① 参阅怡和常务董事文礼信 1995 年 1 月 10 日在香港总商会发表的演辞《港事商事——怡和的观点》。

镑（280 亿港元）。同时，由于英国公司及个人均加强在香港的投资组合，有关投资额将持续扩大。事实上，20 世纪 80 年代英国在香港的投资平均每年增加 1.8 亿英镑（25.2 亿港元）。第二，英国直接控制、投资或管理的香港公司超过 1 000 间，总市值约 200 亿英镑（2 800 亿港元）。第三，在香港的英国公司净资产值为 30 亿英镑（420 亿港元），而由英国控制的公司总资产值最少为 60 亿英镑（840 亿港元），英国资金约占香港股市总值的 30%。第四，在香港经营的英国银行共 19 间，1991 年英国银行存款约占香港总存款的 7.5%。此外，据估计，1990 年英资财团在香港所赚取的无形收益，包括股息、旅游、银行业、保险、财务、专业顾问、交通及货运等的收益，高达 10 亿英镑。

1996 年 3 月 29 日，香港政府首次公布截至 1994 年底香港的非制造业外来直接投资的数据，为研究英资在香港经济中的总体实力提供了一份重要的参考资料。根据该份资料，截至 1994 年底，英国在香港非制造业的直接投资存量为 1 715 亿港元，占总额的 35%，居首位；其他依次是中国内地、日本及美国，分别占总额的 19%、16% 和 11%。英国在香港非制造业的直接投资资产净值则为 2 031 亿港元，占总额的 30%，亦居首位；其他依次是日本、中国内地及美国，分别占总额的 20%、19% 及 11%。可见，英资至今仍是香港最大的外来投资者，是仅次于华资的第二大资本力量。

目前，实力雄厚、规模宏大的英资财团主要有：汇丰银行、怡和集团、太古集团、嘉道理集团、香港电讯公司、标准渣打银行、英之杰太平洋、英美烟草公司等。其中，又以汇丰、怡和、太古、嘉道理及香港电讯五大英资财团地位最为重要，影响最为深广。1994 年底，这五大英资财团控制了香港 15 家重要的上市公司，包括汇丰控股、恒生银行、香港电讯、怡和控股、怡和策略、置地、牛奶国际、文华东方、怡和国际汽车、太古洋行、国泰航空、港机工程、中华电力、香港大酒店、太平地毡，除怡和国际汽车和太平地毡外，其余 13 家公司均为香港著名的恒生指数 33 只成分股之一，是各行业实力雄厚的蓝筹股。近年，这五大英资财团的地位虽有所下降，但 1994 年底在香港股市总值中所占的比重，仍高达 38.29%，超过华资七大财团所占的比重（31.66%）。由此可知，英资财团至今仍是香港经济中一股举足轻重的势力。英资及英资财团在香港经济及香港的资本结构中，具有两个显著的特点：

首先，英资及英资财团在香港的发展历史悠久，旗下的企业集团规模宏大、根基深厚。香港的英资大财团，除英之杰太平洋外，几乎都是在 19 世纪中叶进入香港，扎根香港，并伴随着香港经济的成长、起飞而崛起、壮大的。其中，怡和在英国占领香港后即将公司总部迁入香港，至今已有150多年的历史。怡和在香港的业务，直接渗透到香港经济的各个领域、各个行业，包括进出口贸易及服务、批发零售商业、银行、金融服务、保险、证券、地产、建筑、酒店及航空等。汇丰银行是首家在香港注册、总部设在香港的银行集团。进入转型时期以后，汇丰银行虽已逐步丧失"准中央银行"职能，但仍担任着发钞、中央票据结算管理、政府往来银行等多种重要职责，对香港的货币金融政策仍有重大影响力，其业务渗透到香港经济的各个重要领域。从某种意义上说，汇丰银行实际上是香港经济的中枢神经。太古亦早于1870年便进入香港，"二战"后一直垄断着香港的航空业，在地产、贸易等行业亦占有重要地位。经过逾百年的发展，这些英资财团都发展成为业务多元化、规模宏大的跨国企业集团，在国际经济中占有重要地位。例如，汇丰银行已发展成为全球第8大银行集团，香港电讯亦已跻身全球十大电信集团之列。怡和集团就自称是"亚洲中心的跨国集团"，该集团业务遍及全球30多个国家，属下员工人数超过20万。1994年底，香港股市市值最大的20家上市公司中，英资公司就占了9家，其中，汇丰银行、香港电讯分别高居第一、二位。因此，作为香港经济及香港资本结构中重要组成部分的英资及英资财团，成为香港与国际经济保持密切联系的重要纽带之一。

其次，英资及英资财团与港英政府长期保持密切联系，实际上直接或间接参与了香港的政治、经济决策过程，并从中获得种种特权，成为港英政府管治香港的重要支撑力量。早在19世纪40年代初，英国对清政府发动鸦片战争并占领香港，其中的重要原因，是英资洋行为庞大的鸦片贸易利益而在背后推波助澜。因此，英国占领香港以后，英资洋行对香港政府的施政便一直保持强大的影响力，以维护其经济利益。1850年6月，香港政府委任怡和大班、怡和创办人威廉·渣甸的侄儿大卫·渣甸为香港立法局首位非官守议员，开创了英商插手香港政治的先例，并使怡和如虎添翼，更顺利地开展其业务。其后，怡和历任大班，大部分均出任过香港行政、立法两局议员。怡和曾公开宣称："在香港的全部历史中，怡和洋行在整个殖民地事务中起了巨大的作用。"① 美国著名的《财富》杂志曾刊文宣称，统治香港的权利，是马会、怡和、汇丰和香港总督。这一曾在香港民间广泛流传的说法无疑蕴含着相当大的正确性，反映出英资财团对港英政府的影响力以及参与港英政府施政决策的密切程度。传统上，怡和、

① 怡和. 怡和洋行的复兴（1945—1947）［M］//陈宁生，张学仁，译. 香港与怡和洋行. 武汉：武汉大学出版社，1986：149.

太古、汇丰等主要英资财团的首脑多系香港行政、立法两局议员。20 世纪 70 年代中后期出任怡和主席的纽璧坚、汇丰银行前主席沈弼和现任主席蒲伟士等都长期出任香港行政局议员。香港太古集团董事局成员也曾多次在政府及半官方机构担任要职。如 20 世纪 70 年代出任香港太古主席的彭励治，就曾兼任香港行政、立法两局议员，1982—1986 年更打破常规，出任香港政府财政司，掌管香港经济事务大权。太古现任董事局董事邓莲如亦长期出任香港行政、立法两局议员，并出任香港贸易发展局主席。

正因为英资财团与港英政府的这种特殊关系，在香港的经济利益自然得到港英政府的特殊照顾，例如早期能以优惠条件获批土地以发展仓储码头及船埠，优先获得经营电信、电力供应等重要公用事业的专利权，并且在香港的垄断地位亦获得港英政府的特殊政策的保护，例如国泰航空在港英政府"一条航线，一家航空公司"的政策的保护下几乎垄断了香港的航空业。英资财团首脑身处香港的权力核心，不仅直接影响港英政府的决策，获得种种特权，而且可掌握最新鲜、最机密、最全面的资讯，这无疑对其集团的业务大有裨益。因此，英资财团和港英政府的密切结合，形成了英国对香港实行殖民管治的强大政治、经济力量。在这种格局中，英资财团无疑处于极其有利的地位。

综上所述，尽管 20 世纪 70 年代以来，英资及英资财团的垄断地位已被打破，进入转型时期以来其实力又进一步下降；然而，凭借着悠久的历史渊源、根深蒂固的基业、港英政府的支持以及从中所取得的种种政治、经济权力，英资及英资财团至今仍在很大程度上控制着香港的金融业，垄断着电信、航空、电力供应等公用事业，掌握着香港经济的重要命脉，因而在香港经济中发挥着主导作用，使香港的资本结构，亦形成了以英资为主导，以华资为主体，以美日及东南亚等国际资本及中资为重要辅助和补充的格局。

三、"九七"回归对英资财团的挑战

然而，毋庸置疑，在经历 1997 年的历史性转变之后，英资财团将无可避免地面对一系列严峻的挑战，其在香港经济及资本结构中的主导地位，亦将逐步被削弱并被取代。

首先，是丧失政治特权所带来的挑战。1997 年 7 月 1 日之后，随着港英政府的落旗归国，香港回归以及香港特区政府的筹组建立等一系列重大历史性转变之后，英资财团与香港特区政府的关系将发生质的变化，不但

不再是同声同气的"自己人",而且与华资、中资集团相比,如果不是处于劣势的话,至少已不再具有任何优势。英资财团在香港的政治架构中,不但将丧失以往的全部特权,其政治影响力亦将被大幅削弱。现阶段,反映这种转变的事件,是邓莲如的突然辞职、香港特别行政区筹备委员会的组建、特区行政长官的选举以及特区行政会议的组成等一系列政治事件。

邓莲如是英资财团在香港政治舞台上的华人最高级代表人物,她的半生事业建基于香港太古集团。邓莲如 1963 年加入香港太古集团,1978 年晋升为香港太古集团董事,1982 年出任太古集团执行董事,并作为太古集团的政治代表长期活跃于香港政坛,长期出任立法、行政两局议员,并出任行政局首席议员及香港贸易发展局主席,是香港炙手可热的政治红人。然而,1995 年 6 月,正值香港政治舞台群雄崛起之际,邓莲如突然宣布辞去行政局议员职务,并将于 1996 年定居英国伦敦,出任英国太古集团常务董事。邓莲如这一令全港瞩目的举措明显是香港英资财团在政治上失势的征兆。邓莲如表示,她相信在 1997 年之后香港的政治架构中将没有她本人扮演的角色。很明显,随着英国的撤退以及行政、立法两局逐渐引进民选议员,英资财团的政治代表在两局扮演重要角色的时代已逐渐远去。邓莲如的这一举措意义深远,反映出英资财团在香港享有政治特权的时代已一去不复返了。

与邓莲如辞职形成强烈反差的,是 1996 年初香港特别行政区筹备委员会(简称"筹委会")的组建。与预委会不同,筹委会是拥有实权的机构,其职责是筹组特区政府管治班子,包括筹组 400 人的推选委员会,推选首届行政长官,因而对未来的特区政府具有重大影响力。在特区筹委会 150 位成员中,香港委员占 90 人,全部是来自香港各阶层各行业的代表。其中,来自香港商界的代表约占 1/3,华资大财团的首脑人物,包括李嘉诚、李兆基、郑裕彤、郭炳湘、吴光正、霍英东、邵逸夫、林百欣、查济民、郑维健、唐翔千、冯国纶、徐展堂、陈有庆、安子介、郭鹤年、谢中民、陈有庆等,几乎是全数进入筹委会。而英资财团的大班们,除了英之杰太平洋主席郑明训(华人)之外,其余均全数被摒弃于局外。这种情况,与殖民地时代香港行政局的组成,实有天壤之别。

这两个事件传达的清晰信息是,随着 1997 年香港回归,英资财团在香港长期享有的政治特权将逐步丧失,它们在香港政治舞台上的影响力亦将迅速减弱。这种重大转变,对于向来孤傲、说一不二的英资大班,滋味确实不大好受。不过,这种转变早已在英资财团的预料之中,并对此已开始部署应变策略,即加速集团高层行政管理人员的本地化进程。

其次，是丧失经济特权所带来的挑战。随着英资财团在香港政坛影响力的逐渐被削弱，其在经济领域中的种种特权亦将面临丧失的危险。有论者认为："随着英国对香港长达150年的殖民统治画上句号，凭借祖家特权在香港商界纵横逾一个半世纪的英资财团亦将辞别其'黄金时代'。在最好的情形下，'九七'后，英资财团在香港仍然可以享受公平竞争的地位；在最坏的情形下，'九七'后，英资财团可能因中英关系差而使香港业务遭遇负面影响。"① 这种评论不无道理。换言之，无论在何种情形下，英资财团在"九七"后将逐步丧失其在经济领域长期享受的特权。现阶段，明显反映出这种变化趋势的，是1995年香港本地电话市场的开放及1996年国泰航空、港龙航空的"利益重整"。长期以来，英国大东电报集团控制的香港电话垄断了香港本地电话及国际电话的经营权，这种情况在20世纪80年代中后期已遭到挑战。随着资讯科技革命及全球电信业的发展，香港的电信服务迅速从专利经营的国际电信、电话等领域向非专利经营的传呼机、流动电话等领域扩散，华商李嘉诚旗下的和记传讯首先在此领域迅速崛起并取得领先地位。1992年，港英政府在全球电信自由化大趋势及华商的压力下，被迫宣布开放本地电信市场，采用开放式发牌制度引进超过一个固定电信网络，与香港电讯旗下的香港电话公司展开竞争，结果和记黄埔的和记传讯、九龙仓的香港新电讯及新世界的新世界电话获得经营牌照，于1995年7月1日起即香港电话公司本地电话专利权届满时进入市场，成为英资的强大竞争者。从目前情况看，香港电讯控制的国际电信专利权，也极有可能提前结束。因此，英资在电信业的垄断权正逐渐被打破。

航空业的情况大致相同。长期以来，太古旗下的国泰航空，作为香港主要的航空公司，一直以启德机场的着陆权交换外国航线，并在港英政府"一条航线，一家航空公司"的政策保护下迅速做大。不过，踏入1995年，国泰航空多年来独家的着陆权地位开始动摇，并受到了来自中国航空的挑战。1995年4月，香港中航正式向港英政府申请航空经营牌照，成为香港航空市场的强有力竞争者。在形势逼人的情况下，太古选择了进一步加强留港发展的部署。1996年4月29日，太古及国泰航空宣布，将与中信泰富携手以低于市场预期的价格，将35.8%的港龙航空股权出售予香港中航，国泰航空同时发行5.73亿港元新股予中信泰富，集资63亿港元。在有关交易完成后，香港中航成为港龙航空的最大股东，太古及国泰航空

① 萧思. 英资"退"而不尽相同，中资"进"而未必称雄［J］. 镜报，1995（5）：14.

降为港龙的第三股东，而太古在国泰航空的持股量亦减至43.9%，而中信泰富对国泰航空的持股量将增加到25%，中信泰富将委派4位董事加入国泰董事局、2名代表加入国泰执行委员会。至此，香港航空市场的"利益整合"顺利完成。很明显，太古的策略是"弃车保帅"，在以和为贵的原则下，国泰航空可顺利过渡"九七"，并在香港的航空市场中与香港中航并存，获得生存空间。不过，长远而言，中资控制的港龙航空将成为国泰航空的强劲挑战者，国泰航空在香港航空业的垄断地位将被完全打破。

四、"九七"回归后的发展机遇

"九七"回归对香港的英资财团来说，不仅仅是严峻的挑战，亦充满巨大的发展机遇。这就是部署集团国际化战略的怡和、汇丰绝不轻言撤出香港的原因，亦是部署留港的太古、香港电讯等不惜付出代价稳守香港核心业务的关键所在。踏入转型时期以来，香港与中国内地，尤其是与以广东珠江三角洲为核心的华南地区的经济合作，取得了举世瞩目的进展。这种合作从香港的制造业大规模内迁所引发的两地生产要素和资源的重新配置开始，迅速渗透到其他领域，逐渐形成彼此高度依存、趋向融合的密切经济关系。在这个过程中，香港的经济结构亦发生重大变化，从原来的海岛型经济以及远东的加工装配中心，迅速蜕变为以华南地区为腹地、辐射亚太地区的国际金融贸易中心，其经济容量正发生前所未有的扩展。为适应这种结构转变，香港正掀起空前的基础建设热潮，包括赤鱲角新机场、内河及远洋货柜码头、交通运输系统以及都会计划等正陆续展开，整个经济发展充满可观回报的投资机会。这对于在香港早已根深蒂固、枝壮叶茂的英资财团，无疑是一个大发展的黄金机会。

事实上，怡和集团自1995年以后，因海外发展屡屡受挫，已开始调整原有的投资策略，加强在香港的投资。怡和旗下的置地公司，自1982年投得中环交易广场地皮后，多年来一直未有公开投地。1995年底，置地罕有地派出代表参与竞投港英政府推出的司徒拔道一幅豪宅用地，且与淘大置业竞逐到最后一口价，可惜无功而返。期间，怡和常务董事文礼信亦亲临现场观战，反映出置地对香港的地产投资转趋活跃。在此之前，置地又与新鸿基地产达成合作协议，各占五成权益合作发展元朗牛潭尾一幅面积约100万平方英尺的地皮作住宅项目。1996年初，置地更自组财团积极参与机场铁路中环站上盖物业发展项目，虽然再次败落于由新鸿基地产、恒基地产、中华煤气及中国银行所组成的财团，但反映出置地除希望力保其中区地王地位之外,对香港"九七"后的前景已显露信心。稍后,怡和参与由新鸿基地产、和记黄埔及中远太平洋所组成的财团(怡和占15%的股权),成功夺得屯门内河货柜码头的发展权,而以怡和置地为首的青衣货柜码头集团在取得九号货柜码头发展权的问题上亦已展露曙光,中英两国外交部部长已达成共识,要求货柜码头经营商透过重组一号至九号码头权益以解决九号货柜码头的僵局。

与怡和同时部署集团国际化的汇丰,在香港的业务不仅没有削弱的迹象,而且有进一步加强的趋势。这可从两件事反映出来。其一,汇丰银行一改以往让其附属公司恒生银行独立展开业务的做法,插手恒生的业务,并且从恒生银行最薄弱的环节财资业务入手。目前,进入恒生银行董事局的汇丰要员已多达4人,包括任副董事长的葛赉,任董事的庞约翰、施伟富及郑海泉,显示汇丰无意削弱它对恒生银行的控制。其二,在汇丰银行总部大厦开设一个除日本以外全亚洲最大的交易室,名为"汇丰资本市场",将汇丰银行及其附属商业银行的财资及资本市场业务汇聚其间,以加强集团的财资业务,以便在财资与资本市场业务方面与20世纪80年代以来在香港金融市场崛起的美资投资银行进行正面挑战。汇丰的行动表明,它不但要维持其在香港商业银行方面的优势,而且要将这种优势拓展到商业银行领域。很明显,汇丰对"九七"后香港经济的前景相当有信心。

"九七"后,英资财团面临的一个重大发展机遇是对中国内地市场的拓展。"九七"回归,香港与中国内地的关系将发生质的变化,从中英两国之间的外部关系转变为一个国家内部两种不同社会制度之间的特殊关系。这种转变,无疑将极大地加速香港与内地,主要是以广东珠江三角洲为核心的华南地区经济融合的进程;香港作为华南地区服务中心以及国际资本进军中国庞大内地市场的跳板和桥头堡的战略地位将进一步提高。对此,香港工商专联在其一份反映香港工商界主流意见的大型研究报告《香港二十一:展望香港未来10年路向》中曾明确指出,"'九七'主权移交是香港经济历来最大的挑战,但也提供了绝佳的机会,让香港争取更大的经济繁荣","如果香港能抓紧机会,推动中国工业市场化的发展,并将在港的服务经济模式,与华南的生产基地结合起来,香港将会有一个异常庞大的消费者市场"。①

事实上,早在中国改革开放初期,英资财团已着手部署重返中国的策略性行动。1980年,怡和就在北京注册成立中国第一家中外合资企业——

---

① 参阅香港工商专业联会《香港二十一:展望香港未来10年路向》第5-6页。

中国迅达电梯公司。1986年怡和旗下的怡和国际汽车先后与德国平治及中方成立南星汽车公司及三联汽车技术服务公司，经营平治汽车在中国南方9省的代理销售及维修业务。目前，怡和在中国内地的投资项目已超过60个，投资地域遍布各大城市；太古在中国内地的投资项目已超过40个，投资领域涉及航空、实业、贸易，及海洋服务；英之杰太平洋亦是锐意进军中国内地市场，其销售网络遍布20多个城市。此外，汇丰、渣打及香港电讯都在积极拓展中国内地市场。汇丰及渣打银行在中国内地的分行及办事处已分别增加到13间及15间，在沿海开放城市逐步重建其庞大的金融网络。

现阶段，中国已全方位对外开放，正处于从计划经济转向市场经济的重要历史时期，正成为亚太地区以至全球经济高速增长的地区，市场潜力巨大，充满投资机会。在1997年的历史性转变之后，香港与内地的经济关系无疑将更加密切，而中英之间的紧张关系将转趋缓和，这极可能为与中国早已有悠久历史渊源，并且已成功抢占滩头阵地的香港英资财团带来"绝佳"的发展机遇。如果把握得好，1997年之后英资财团极可能重返中国内地，重建其庞大商业势力的第二个黄金时期。当然，与前一次不同的是，英资财团不会享有任何特权，它所倚重的是它长期积累的丰富经验以及其竞争优势——在公平竞争环境下的竞争优势。

1997年，对香港的英资财团来说，既是严峻的挑战亦是重要的发展机遇。毋庸讳言，随着香港"九七"回归中国，英资财团长期以来赖以生存和发展的客观环境将发生重大变化。然而，英资在香港经济中的重要性并不会因此而迅速下降。作为香港经济的重要组成部分，作为香港经济与国际市场的重要纽带，英资和英资财团将成为历史留给香港的一份珍贵资产。为保持香港经济的国际性及其国际地位，英资继续作为香港经济的一股重要势力而发挥作用，不仅符合英国的利益，而且也符合中国的长远利益。中国政府对香港英资财团的政策将会十分慎重。实际上，中方对此亦已在《联合声明》中作出郑重承诺。香港的英资财团能否顺利回应"九七"香港经济环境转变所带来的挑战，并成功把握历史发展的新机遇，是其能否作为香港经济中一股举足轻重的重要势力继续生存、发展的关键所在。这一点，对于香港英资财团的历史命运，以至于香港整体经济的发展，无疑将有着极为深远的影响。

（原文载于刘泽生主编的《迈向新纪元——"九七"香港回归专家谈》，1997年7月）

转型时期怡和集团发展动向分析

怡和集团是凯瑟克家族控制的老牌英资财团，创办于 1832 年。1842年香港沦为英国殖民地后，怡和集团即将其总部从广州迁往香港。怡和集团最初靠贩卖鸦片起家，其后约一个世纪间势力膨胀至中国各大城市，成为"英国经济侵略中国之大本营"。①新中国成立后，怡和集团损失了在华资产约 1 000 万英镑②，撤退至香港专注香港业务的发展，成为英资四大洋行之首，号称"洋行中王侯"，怡和主席、香港总督及汇丰主席，曾被港人并称为香港三大亨③，怡和集团对香港经济影响之深广可见一斑。

1984 年 3 月正值中英签署《联合声明》前夕，怡和集团"旗舰"怡和控股抢先宣布迁册英属自治区百慕大，消息传出令全港震惊，翌日股市恒生指数急挫 61 点，形成所谓的"怡和震荡"。进入转型时期，这个被该集团前任主席西门·凯瑟克形容为"一直代表殖民地时代的香港"的老牌英资财团，是否会随殖民地时代的结束而淡出？其发展动向如何？这已成为香港社会各界关注的焦点之一。

一、重组集团内部结构

进入转型时期，怡和集团最引人瞩目的战略动向，就是部署连串集团内部结构的重组。其内容主要包括：

第一，解除怡（怡和控股）置（置地）互控关系。20 世纪 70 年代末华资财团迅速崛起，李嘉诚、包玉刚等先后成功收购英资和记黄埔及九龙仓，并进而觊觎怡和旗下被誉为香港"地产王冠之明珠"的香港置地公司。面对日益强大的华资势力的威胁，怡和主席纽璧坚采取断然措施，通过怡和控股及怡和证券公司控制置地四成股权而置地亦控制怡和约四成股权的办法，保卫凯瑟克家族对怡置的控制权（如图 1 所示）。与此同时，港府修订"控制权"定义，由过去的 51% 改成 35%，此举无疑有效地配

---

① 参阅胡光鹿《怡和凯瑟克家族发迹史》，载《信报财经月刊》第四卷第九期。
② 参阅姚明嘉《怡和洋行撤港记》，载《转折中的香港》。
③ 参阅胡光鹿《怡和凯瑟克家族发迹史》，载《信报财经月刊》第四卷第九期。

合了怡置互控措施。

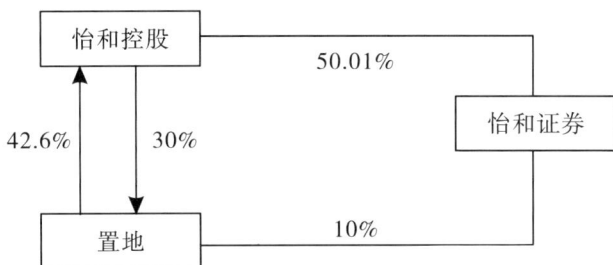

图1 怡置互控概况

不过，怡和集团却因此而付出沉重代价：首先，怡置双方为维持对方的股权，导致大量资金被冻结，债台高筑，削弱了整个集团投资及拓展业务的能力；其次，导致怡置互相拖累，1983年地产市道崩溃，置地亏损13亿港元，令当年纯利剧减八成。[1] 怡和被迫出售大量海外业务及在港非核心业务，处于危城苦守的困局，主席纽璧坚亦黯然下台。为扭转困局并重新部署转型时期的发展战略，新任怡和主席西门·凯瑟克及其继任人包伟仕采取了连串脱钩行动：①1984年1月置地以配售形式将所持怡和股权从42.6%减至25%；②1986年3月置地又将所持12.5%的怡和股权转售怡和证券，使其对怡和股权进一步减至12.5%；③1986年12月置地又将所持怡和股权的12.5%转售怡和证券，使其对怡和股权进一步减至12.5%；④1986年12月怡和宣布重大改组：由怡和控股、怡和证券及置地（置地将剩余的12.5%的怡和股份注入）共同注资成立"香港投资者有限公司"，再将其与怡和证券合并成立"怡和策略控股有限公司"。至此，置地不再持有任何怡和股份，怡置互控关系解除。

第二，1986年12月及1987年初，先后将原属置地的全资附属公司牛奶国际及文华东方从置地分拆出来独自上市，改由怡和策略控制股权（如图2所示）。

---

① 本文有关怡和集团各公司的数据均来自香港联合交易所提供的股市数据及怡和集团各上市公司的财政年度报告书。

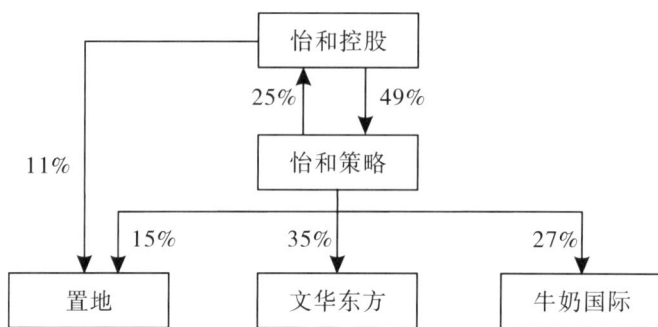

图 2　1986 年 12 月怡和集团内部结构重组

第三，1989 年 1 月，怡和集团成立全资附属公司怡和太平洋，以统筹及加强怡和集团在亚太地区的综合贸易业务，包括销售，连同怡和占股权75%的仁孚在内的汽车销售及服务、航运及航运业务、保安、物业管理和代理、工程与建筑、财务等，目前怡和财团内部结构如图 3 所示。

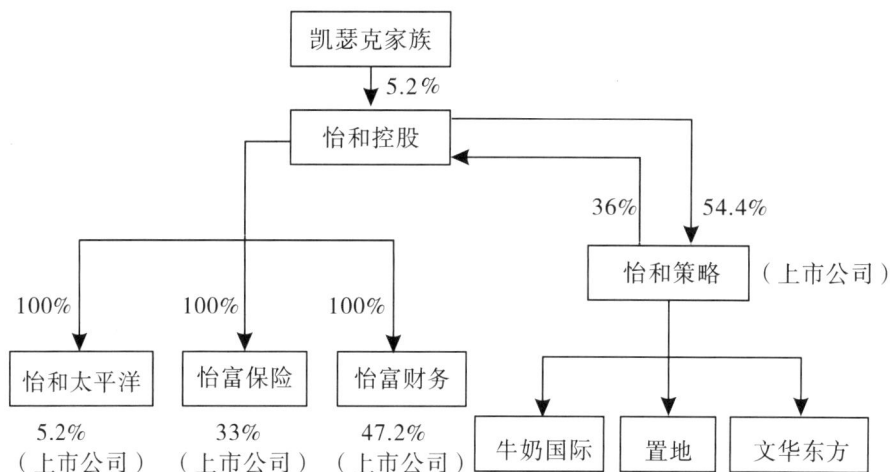

图 3　1990 年 3 月怡和集团内部结构概况

上述连串错综复杂的内部结构重组，从表面看，似乎是一种纯粹以摆脱怡置互控所造成的困局，减轻债务，增强集团盈利能力为目的的商业决定，但从深层分析，实际上是怡和集团为重新部署香港进入转型时期后的发展战略而在内部结构上所作的准备。

首先，在整个集团的架构上增设一间控股公司——怡和策略，以取代置地的作用，将怡置互控转换为怡和与怡和策略的互控。据怡和高层的意见，怡和策略只有在确保对集团内各公司控制权的前提下才考虑发展，并将以海外投资作优先目标。此举的目的，是在确保仅持怡和 5.2% 控股权的凯瑟克家族能继续牢固控制资产高达 700 余亿港元的怡和集团的同时，将置地解脱出来。

其次，通过内部结构重组，将怡和集团的六大业务，即地产、酒店、食品制造业及批发零售、综合贸易、保险、投资银行按类别分别归入置地、文华东方、牛奶国际、怡和太平洋、怡富保险和怡富财务，令这个集团的结构更简洁清晰，不仅有利于加强其对各子公司的经营管理，而且提高了其投资海外或稳守香港业务的机动性和弹性，以便最大限度地获取盈利并减低投资风险。

再次，置地从怡置互控关系中解脱出来，并将牛奶国际及文华东方分拆出去后，再度成为怡和集团一家纯粹从事地产投资的子公司（其资产高达 430 亿港元，占整个怡和集团资产额 50% 以上），并且实际上已成为怡和集团在香港部署进退的一颗重要棋子。当怡和高层判断香港政治、经济环境恶劣而决定撤退时，怡和集团可将置地出售而不影响凯瑟克家族对怡和集团的控制权；若香港经济快速增长，怡和集团可借置地及各子公司在香港的业务而分享香港的繁荣。

可见，经上述重组，怡和集团已处于进可攻（加强海外投资）退可守（稳守香港核心业务）的有利地位。

二、主线：部署集团国际化发展战略

早在 20 世纪 70 年代前期，怡和集团鉴于 20 世纪 50 年代在华巨额资产的损失及对香港这块"借来的地方"的戒心，已开始部署其国际化发展战略，包括收购英国的怡仁置业、夏威夷及菲律宾的戴维斯制糖、中东的 TTI 石油及南非的雷尼司综合企业。不过这些投资并不成功，其后多数已被出售。进入转型时期，怡和高层对香港回归始终怀有相当大的戒心，因而重新部署并强化其集团国际化发展战略。从目前的发展看，这一战略包括迁册百慕大、加强海外投资及海外上市三部曲：

1. 迁册百慕大

1984 年西门·凯瑟克宣布："董事局认为，目前香港局势不明朗，尤其对本港未来法律制度欠缺信心，所以决定转移控制权到百慕大。"① 自

---

① 参阅《南北极月刊》，1986 年 12 月 16 日。

1984 年到 1990 年 3 月间，怡和集团 6 家上市公司已悉数迁册百慕大。迁册后怡和集团各公司均以海外注册公司的身份取代原上市公司在港挂牌上市，而原公司则成为该海外注册公司的附属机构。倘若"九七"后出现资产没收或国有化等变局，这些海外注册公司的损失最多只限于香港部分的资产而已。可见迁册的关键是对香港前途缺乏信心而购买政治保险。此外，迁册亦有利于凯瑟克家族巩固对怡和集团的控制权。因为与香港不同，百慕大法律容许公司购回本身股票，怡和集团倘遇敌意收购，便可通过公司自购股票途径间接提高持股比例，从而巩固控制权（最近香港联合交易所新上市规制，已规定海外注册的香港上市公司在购回自身股票前须征得证监会和联合交易所的书面批准）。

表 1　怡和集团上市公司迁册概况

公司名称	迁册日期	迁册地点
怡和控股	1984. 5. 14	百慕大
牛奶国际	1986. 9. 18	百慕大
怡和策略	1986. 12. 27	百慕大
文华东方	1987. 4. 29	百慕大
置地	1989. 3. 17	百慕大
仁孚	1990. 3. 20	百慕大

2. 加强海外投资

由于迁册并不能绝对保障公司资产，特别是不能保障香港部分的资产不受损失，1984 年西门·凯瑟克在宣布迁册的同时就指出：怡和集团须改变大部分盈利来源和资产集中在香港及中国内地（其中尤以香港占绝大部分）的现状，怡和集团将在未来一段时期内将盈利来源及资产分散，达致香港及中国内地占一半，其他国际地区占一半的目标，而"不致将所有鸡蛋放在一个篮子里"。[①] 1986 年怡和集团经内部重组后，财政实力大增，遂再次大规模加强海外业务的扩张，集团各公司中，尤以牛奶国际、文华东方以及怡和控股这几间附属公司表现最突出。

（1）牛奶国际：牛奶国际自 1986 年 12 月分拆上市后，即以其核心业务——食品制造业及批发零售为基础向海外扩张，大型收购包括 1987 年以 21 亿港元购入英国第六大超级市场集团 Kwik Save 25% 的股权，1988 年以

---

① 见《香港经济月报》，1990 年 3 月 22 日。

来在中国台湾开设 16 间惠康超级市场，1990 年以 9.83 亿港元收购西班牙 Simago S. A 零售连锁集团以及以 12.64 亿港元收购新西兰 Woolworths。此外，牛奶国际于 1979 年收购的澳大利亚超级市场集团 Franklins 亦以从原根据地的新南威尔士州扩展到昆士兰州及维多利亚州。目前牛奶国际旗下共拥有 1 000 余间零售店，包括香港及台湾的惠康超级市场 171 间，香港、新加坡及马来西亚的"7－11"便利店 368 间（其中新加坡、马来西亚各 62 间），澳大利亚 Franklins 超级市场 191 间、新西兰 Woolworths 零售店 62 间、西班牙 Simago S. A 连锁店 107 间以及英国 Kwik Save 连锁店 670 间（占 25% 股权）。1989 年牛奶国际的 60% 资产及 50% 的盈利来自香港及中国内地以外的其他地区，已发展成一家国际性食品制造及销售集团。

（2）文华东方：文华东方于 1987 年 6 月上市，核心业务为酒店业，目前拥有香港及东南亚 7 间酒店权益，包括香港文华（占股权 100%）、香港怡东（占股权 100%）、澳门文华（占股权 50%）、马尼拉文华（占股权 95.6%）、椰加达文华（占股权 50%）、曼谷东方（占股权 44.9%）以及新加坡东方（占股权 15%）。此外还管理美国旧金山文华东方及加拿大温哥华东方。1989 年文华东方的税前盈利及资产净值仍主要来自香港，分别占各自总额的 73% 及 77%，而来源于海外的仅占各自总额的 27% 及 23%。目前文华东方海外资产及盈利的增长潜力极大（1989 年文华东方来自海外的盈利增长达 26%，而香港仅 9.5%），曾有传闻说怡和策略可能将文华东方私有化再将资产净值达 50 亿港元的香港文华及香港怡东出售，以套现资金向海外发展。姑且勿论上述传闻是否属实，但积极寻找海外发展机会可说是文华东方的既定政策。目前文华东方还在马来西亚、印度尼西亚、印度及中国澳门等地发展酒店，据说计划未来数年间在其他城市拥有 10 间左右豪华酒店的股权及管理合约。

（3）怡和控股：怡和控股是怡和集团的"旗舰"，包括怡和策略、怡和太平洋、怡富保险及怡富财务四大子公司。1986 年怡和集团动用 4.83 亿港元收购美国 Emtt & Chandler 及其中的保险经纪公司；1989 年怡和太平洋成立后更注重在亚太地区扩展，包括收购澳大利亚薄饼外卖连锁店 Dial Dimo's 的权益，购入专门从事中流货柜处理业务的海港货柜 41% 的权益及与 MCM 合作发展少数高级消费品的专门店。怡和集团的海外扩展经数年努力，目前已渐有收成。1989 年东南亚地区经济快速增长而香港经济放缓，令怡和控股来自海外的盈利比率大幅增至 46%，可说初步达到西门·凯瑟克的心愿。不过，由于置地雄厚的资产主要集中在香港，而怡和集团的海外业务又以非资产性为主，包括零售、贸易及金融服务等，因此以资产净值计，1989 年底怡和集团在香港及中国内地资产所占比重仍高达七成（如表 2 所示）。估计在未来数年中将利益来源及资产的一部分分散到海外仍是怡和集团的既定发展目标。

表 2　怡和控股盈利来源及资产净值在海外（香港及中国内地以外地区）的历年比重

	1984 年	1985 年	1986 年	1987 年	1988 年	1989 年
盈利来源	25%	24%	34%	27%	35%	46%
资产净值	28%	29%	28%	36%	19%	30%

资料来源：怡和控股历年年报。

3. 海外上市

其实怡和控股早已在伦敦以 Over the Counter（场外交易市场）的形式挂牌买卖。1990 年 5 月怡和控股及牛奶国际宣布申请并获准在伦敦交易所正式上市，同时改用国际会计准则（IAS）编制公司账目及以美元为计算单位。其后，怡和集团旗下的置地及文华东方亦宣布将随母公司在伦敦上市。怡和高层甚至表示会考虑在美国上市，不过目前碍于美国证券条例太复杂而迟迟未能实现。此项行动相信是与怡和集团迁册、加强海外投资相配合的另一种国际化战略部署。正如华宝证券研究部董事鲍宁所指出：这"只不过是怡和系撤出香港的另一行动"。[①] 今后怡和集团是否会将第一上市地位从香港进一步迁往伦敦，值得关注。海外上市，将令怡和集团可借海外市场集资，改用国际会计准则后亦将大幅降低怡和集团的负债比率，增强其借贷及投资能力。[②] 更重要的是，此举将改变怡和股东以香港为基础的现状，使怡和股东的基础范围扩大，进而国际化，从而有利于提高公司评级及其在国际上的知名度，令怡和集团最终成为一间国际性的公司。上述分析显示，在整个转型时期，集团国际化已成为怡和集团发展战略中的主线。

三、辅线：稳守香港的核心业务

怡和集团对置地的态度，某种程度上可说是怡和集团淡出或稳守香港基地的晴雨表。20 世纪 80 年代初怡置互控后，置地一反常态大肆扩张，

[①]　见《信报》，1990 年 5 月 12 日。
[②]　见《信心危机下迁册花样多》一文分析，载《当代时事周刊》，1990 年 5 月 26 日。

在 1981—1982 年间，推行连串扩展计划，包括以 9 亿港元购入电话公司
35% 的股权、以 27.9 亿港元购入香港电灯 35% 的股权、以 47.55 亿港元
高价投中现交易广场地皮、以 13.08 亿港元购入白毕山（置地占 40%）、
以 28 亿港元购入美丽华酒店旧翼（置地占 35%）以及以 5 亿港元购入广
东银行大厦，短短两三年间置地迅速膨胀为一间超级上市公司，而负债亦
高达 160 亿港元。1983 年地产市道崩溃，置地陷入空前困境。进入转型时
期，西门·凯瑟克在结构重组中对置地施行大手术：①怡置互控脱钩；
②将置地地产以外业务分拆或出售，包括以 14 亿港元出售电话公司股权、
以 25 亿港元出售香港电灯股权，将牛奶国际及文华东方分拆上市；③将置
地非核心物业出售，包括以 3.39 亿港元将地利根德剩余 83 个单位出售，
以 23.99 亿港元将铜锣湾皇室大厦及湾仔夏悫大厦出售；④不再进行地产
发展，专注地产投资（收租），目前剩余的重要发展计划为中区雪厂街 9
号重建。至此，置地已转变为一间纯粹的地产投资公司，其所拥有的物业
除铜锣湾的世界贸易中心及湾仔的海军会所外，其余几乎全部集中在中
区，包括交易广场一、二、三期，置地广场、历山大厦、太子大厦、太古
大厦、怡和大厦、广东银行大厦等，共约 580 万平方尺贵重商业楼宇面积，
1988 年其资产净值高达 430 亿港元。怡和集团对置地的上述种种措施，一
度使怡和集团有意放弃置地的传闻甚嚣尘上，置地股价因而屡创新高，
1987 年 10 月初据说李嘉诚等华资大户曾向西门·凯瑟克提出以每股 17 港
元的价格收购置地，而西门·凯瑟克亦曾说过 "The door is always open"
（大门总是敞开的），"Everything has a prise"（问题在于价格）等语。[①] 上
述迹象显示，怡和集团确实曾一度有意准备出售置地，淡出香港。

　　不过，怡和集团放弃置地的传闻经 1988 年 5 月怡和集团与华资财团达
成的一项协议而被击得粉碎。此项协议规定，怡和集团动用 18.34 亿港元
的巨资以每股 8.95 港元（比当天收市价高 0.05 港元）的价格向长江实
业、新世界发展、恒基兆业以及中信购回置地 8% 的股权，从而使怡和集
团对置地的控股权从 25% 增至 33%。据说此项协议有附属条件，即今后 7
年华资不再染指置地。事后西门·凯瑟克指出："怡和视置地为一项长期
投资，希望此举扫除各种猜测，及展示怡和长期投资的旗帜。"这次事件
反映出怡和高层对香港前景的看法，与 1984 年迁册时相比已有一定程度的
改变，决心稳守香港核心业务，保持香港大行地位及集团内最骄人的资
产。这种转变，究其原因主要有两点：①1984 年中英签署《联合声明》

---

① 　见《信报财经月刊》1988 年 6 月第 28 页。

后，香港前途明朗化，政局稳定，投资者信心恢复。香港再借中国的对外开放而获得经济的高速增长，1986—1988 年香港本地生产总值年均增幅高达两位数，显示出香港仍然是最赚钱的地方，此时撤出香港，将百年基业拱手让与他人，实在可惜。②经 20 世纪 70 年代初的教训，怡和集团对香港的重要性似有更多认识，再加上怡和集团的海外投资并不理想，盈利来源仍主要来自香港，若将置地出售，无疑是切断集团最主要的收益来源，对集团并无好处。此外，此举还可消除市场对怡和集团所产生的信心疑虑，并有助在中国市场重建友好外资形象，以便怡和集团借香港核心业务探讨开拓香港及中国内地市场的机会及可行性。

当然，并不能因此项协议而排除怡和集团最终出售置地的可能性，此项协议实际上使怡和集团争得 7 年时间以观察香港政治、经济环境的变化，处于进可攻退可守的有利地位。1989 年 3 月，置地宣布通过向银行贷款及其他融资方式筹借 51 亿港元巨款，以削减股本的形式偿还给股东每股现金 2 港元。这种反常的"借债还本"措施，其最大受惠者是怡和策略，由于怡和策略拥有置地 33％ 的股权，按比例可得置地 16 亿港元的现金派发，从而大大减轻其高达 30 亿元的债务。而置地的借贷比率却从原来的 3％ 提高到 20％，不仅加重了公司的财务负担，而且可能影响到公司的长远发展。怡和集团弃车保帅，牺牲置地利益，并将风险转嫁给银行，可见其对香港的前景始终疑虑重重，对集团在香港的发展颇存大戒心。

四、今后动向及对香港经济的影响

综上所述，进入转型时期以来，怡和集团通过集团内部结构重组，在战略上部署双线发展：一方面通过迁册百慕大、加强海外投资、海外上市三部曲，将集团国际化作为发展主线。特别是通过集团非核心业务套现、不动产抵押及上市集资等形式，将资金外调加强海外投资，以实现将集团盈利来源及资产的一半分散到海外从而减低整个集团未来投资风险之目的。另一方面亦稳守香港的核心资产及业务，以便在转型时期之后的 7 年观察香港的政治、经济环境，把握在有利形势下拓展香港及中国内地市场的机会，争取最大限度地获取利润，并维持英国在香港的商业地位及与香港的重要联系。然而，这并不能完全排除怡和集团进一步大幅撤出香港的可能性，怡和集团对置地以及对香港文华酒店、香港怡东酒店的态度可说是这一动向的测试标。未来转型时期的 7 年间怡和集团是否会进一步大幅撤离香港，取决于以下三个因素：①香港的经济发展形势及香港在亚太地区经济中的地位；②中国的开放形势及粤港经济关系的状况；③怡和集团能否进一步在海外寻找到理想的投资机会以及怡和集团的海外投资是否理想。

怡和集团的战略对其在香港经济中的地位影响颇大。早在 20 世纪 70 年代前期，怡和集团部署的国际化战略，导致其错过了 70 年代中后期香港经济蓬勃发展的良机，遂使华资财团趁趋势而起，平分秋色，失去对香港经济的垄断地位。而海外投资之不成功更使其进退失措。进入转型时期后，怡和集团继续酝酿淡出之势，又丧失不少在香港进一步发展的机会，而香港四大洋行之首的地位亦被迫让位于和记黄埔。幸而，怡和集团的战略部署能作双线发展，一方面通过稳守香港核心业务得以分享近年香港经济繁荣的成果；另一方面其海外发展亦与 70 年代大肆扩展石油、制糖等新业务迥然不同，而是以集团各公司的核心业务为主线，如牛奶国际的食品制造及销售、文华东方的酒店、置地的地产、怡和太平洋的综合贸易以及怡富保险和怡富财务的金融保险等稳步向外发展，终于扭转困局，近年来获得高速增长（如表 3 所示）。

表3 1983—1989 年怡和集团盈利增长情况

（单位：亿港元）

	1983 年	1984 年	1985 年	1986 年	1987 年	1988 年	1989 年
怡和	1.39 （-80%）	0.8 （-42%）	1.57 （+96%）	4.79 （+205%）	7.84 （+64%）	8.75 （+12%）	12.75 （+46%）
怡策					5.24	11.13 （+112%）	15.77 （42%）
置地	1.68 （-79%）	3.54 （+111%）	5.51 （+56%）	9.2 （+67%）	11.06 （+20%）	12.17 （+10%）	15.06 （24%）
牛奶国际	1.91	2.41 （+26%）	3.53 （+46%）	2.89 （-18%）	4.56 （+58%）	7.73 （+70%）	9.82 （+27%）
文华东方	0.72	1.02 （+42%）	1.40 （+37%）	1.64 （+17%）	2.45 （+49%）	3.49 （+42%）	3.93 （+13%）

资料来源：香港股票研究中心编印《1983—1988 年香港股票资料手册》以及《信报财经月刊》，1990 年 5 月。

怡和集团发展动向对香港经济影响重大，百余年间怡和集团随香港经济发展，久踞英资四大洋行首位。1988 年怡和集团资产净值高达 738.50

亿港元；1990 年 6 月底其股市市值 752.08 亿港元，占香港股市总值的 10.24%（如表 4 所示），仅次于李嘉诚财团。怡和集团在香港的业务至今仍规模宏大，深深渗透入各行业。据说即使是偶然来港数天的旅客，亦会在各方面与怡和集团扯上关系。因此，怡和集团的举手投足都会对香港经济造成直接或间接的影响及冲击。这种冲击可分为心理层面和经济层面两个层次。从心理层面看，怡和集团迁册以及置地迁册兼借债还本都导致香港股市的大幅下挫，形成所谓"怡和震荡"及"置地震荡"。置地迁册更被评为"土地也移民"。作为老牌英资的怡和集团迁册兼"走资"，进一步加深了港人对香港前途的疑虑及所谓"信心危机"，增加了香港顺利回归的压力。从经济层面看，自怡和集团首开迁册之先河后，迁册似已蔚成潮流。到目前为止，迁册海外的上市公司已达 70 家。怡和集团似已成为香港不少传统英资及华资公司争相仿效的对象，大财团的大型海外投资及收购行动亦屡有所闻，1989 年长江实业集团主席李嘉诚亦表示，要将集团的资产比例从过去的香港占 80%、海外占 20% 改变为香港占 60%、海外占 40%。最近怡和集团及牛奶国际在海外正式上市，是否会再形成一股浪潮，值得关注。

表 4　怡和集团各上市公司资产净值及股市市值

（单位：亿港元）

	1988 年 12 月资产净值	1990 年 6 月 29 日股市市值
怡和控股	99.19	202.17
怡和策略	101.19	117.75（注）
置地	430.06	216.31
牛奶国际	52.27	158.40
文华东方	51.51	41.90
仁孚	4.28	15.55
合计	738.50	752.08

注：怡和策略股市市值包括怡策优先股市值。
资料来源：《信报财经月刊》，1990 年 5 月；《信报》，1990 年 6 月 30 日。

怡和集团的国际化战略在某种程度上加强了香港经济的国际化，一方面部分英资、华资公司淡出香港，并以外国公司身份在香港运作；另一方面其所淡出的空档给那些对香港前景乐观的外资，特别是日资借此机会，加强了在香港的扩展。这种资本结构变化的趋向相信会在未来数年中持续下去，变化的结果将对香港经济产生何种影响，应该是进一步深入研究的课题。不过，因资产流动性加强而可能导致香港经济的波动加大，则是可以预料的。未来 7 年间，倘若怡和集团有大幅撤出香港的举动，必将对香港经济造成重大冲击，对此应有所警惕及准备。

（原文载于香港《研究报告》，1990 年 7 月 24 日）

英资从巅峰滑落的历史背景与原因

　　从 1978 年到 1985 年的短短 8 年间，逾百年来英资财团在香港至高无上的权势，遭到"二战"后急速崛起的新兴华资财团的严峻挑战，数家大型的老牌上市公司，包括青洲英坭、和记黄埔、九龙仓、香港电灯以及会德丰等，先后被华资财团收购、吞并，历史悠久、声名显赫的英资四大洋行四折其二。号称"洋行中王侯"的怡和，旗下的两大股肱九龙仓被虢夺，置地被围捕，仅余作风保守、稳健的太古尚能幸免。英资财团不可战胜的神话随风而逝，其在香港经济中长期形成的垄断地位亦因而动摇。自此，香港经济进入一个新纪元，华资势力成为一股举足轻重的新兴力量。

　　1980 年 11 月 25 日，就在李嘉诚收购和记黄埔、包玉刚收购九龙仓之后不久，美国《洛杉矶时报》就以"华商巨子雄霸香港"为题发表评论，一针见血地指出香港华资与英资的力量对比已发生重大变化。文章指出："现在，烟幕已被驱散，经济评论家称之为'香港经济战'的真相清晰可见，显然香港经济力量的结构已与往昔有所不同。自 19 世纪中叶鸦片战争以来，英国'大班'一直横行无忌地以资本主义方式统治着远离英国的香港，但他们的优越地位已渐渐被一群新崛起而又野心勃勃的华商粉碎了。那些传统上被称为'行'的英国贸易公司，向来傲慢自大，却被冠上一个更贴切、更现实的名称——集团。这些集团仍然屹立在香港商界，一时并没有退却的迹象。然而，他们的地位已开始动摇，唯我独尊的形象已被打破。一些观察家认为英国人在香港所经营的'行'已是日暮西山，这一前往中国的要道——香港，正有越来越多的华商兴起。多年来被誉为商业巨子的英国'大班'正竭力支撑其所经营的'行'，以阻止华商劫掠式的蚕食。当受到那群财雄势大、野心勃勃、与北京扯上关系的华商的打击时，英商感到莫大羞辱。"该文预测："照目前的趋势来看，华人与英人在香港社会扮演的传统角色，将会有一个顺理成章的转变。在这瞬息万变的年代，实在是颇为尖锐的讽刺。以往中国人受英国人支配了整整 140 年，而今可能形势一转，英国人受中国人支配。"

　　所谓"冰冻三尺，非一日之寒"。1979 年 9 月，长江实业集团主席李嘉诚在宣布收购和记黄埔之后，曾神采飞扬地对记者们说了一句极富哲理的话语："世界在变化中，很自然'行'也要变。"诚然，这种急剧的历史转变，背后显然蕴藏着极其深刻的政治、经济等种种客观及主观因素，耐人寻味，发人深省！

一、"二战"后远东政治格局的变化：中英势力此消彼长

英资财团在香港及远东的崛起、称雄以至于从巅峰滑落，是时代转变使然，它深受中英两大国在远东政治格局中的角力所影响。

19世纪上半叶，率先完成工业革命的英国已崛起为世界最强大的工业国家，并在全球范围建立了大英帝国。英国在远东的扩张，导致了规模浩大、猖獗的鸦片贸易和鸦片走私活动，以及两次中英鸦片战争。由于中国的积弱，清政府的腐败、无能，被迫割让香港，开放门户。在这个过程中，一大批原本规模细小的英资洋行从中牟取了惊人的利润，完成了资本的原始积累，迅速在香港及远东崛起、壮大。随着西方列强在中国攫取种种特权，英资洋行中的佼佼者，诸如怡和、太古以及汇丰银行等，迅速发展成为实力雄厚的垄断集团。

大英帝国的国势在"一战"前后达到顶峰，此后，由于受到战争的影响，实力遭到削弱，殖民体系开始动摇。"二战"后，随着美国和苏联在全球政治事务中的崛起，英国逐渐沦为二等国家，经济体系更受到战争的沉重打击，而民族主义的兴起又令大英帝国面临迅速瓦解的局面，英国在远东的势力开始消退。这期间，中国共产党在内战中取得决定性胜利，将蒋介石及国民党政府逼至台湾岛，中华人民共和国宣布成立，远东的政治格局发生了根本性的转变。这时期，一度称雄中国内地的英资财团首次遭到重大挫折，它们损失了在中国内地的全部资产和业务，被迫撤退至香港。对时局的转变感受最深的莫过于最后撤离内地的怡和大班约翰·凯瑟克，他在离开上海前夕，曾召开各地分行高层管理人员的联席会议，宣布下旗归国。他说："看来，我们的好日子是过去了。将来与香港和中国内地打交道，怕也不能按我们的老规矩办事了。"①

从20世纪50年代起，随着香港工业化的快速发展以及香港整体经济的起飞，以怡和、太古、和记黄埔、会德丰四大英资洋行，以及汇丰银行为首的英资财团再度获得迅速的发展，并且垄断了香港经济的重要命脉。然而，英资财团对香港这个"借来的时空"（Borrowed Time）始终深存戒

---

① 方以端. 怡和洋行在华兴衰史（1832—1949）[J]. 信报财经月刊，1984，8（4）：112.

心，担心香港迟早会归还中国，因而在投资上采取"分散风险"的策略，如怡和抽调庞大资金收购英国的怡仁置业、夏威夷的戴维斯、南非的雷里司、中东的 TTI 等；会德丰则全力发展航运，把"资产浮在公海上"，以策万全；太古也积极发展航空，把资金变成"会飞的资产"，结果错失在香港的黄金发展机会。而即使在香港的发展，也主要透过上市集资、发行新股进行，如九龙仓及置地等，结果令英资公司的股票大量流失到普通市民手中，为华资大亨的狙击埋下伏线。

反观华资，从"二战"后到 20 世纪 50 年代初，随着中国政局的急剧转变，大批来自上海等内地城市的华人实业家及沿海省份的股商移居香港，据估计，这些华商以商品、有价证券、黄金及外币等各种形式带入香港的资金，高达 5 亿多美元。① 这批资金的流入，大大加强了香港经济的实力和活跃程度，推动了香港经济的复苏及迈向工业化。1949 年中华人民共和国成立后，中国国势渐兴，对香港政治、经济的影响力日渐增强。当时，中国政府对香港采取了"长期打算，充分利用"的政策，使香港的政局得以迅速稳定，成为当时政局动荡的东南亚地区的资金"避难所"。期间，大批华侨资金因东南亚的排华浪潮而涌入香港，进一步加强了华资在香港经济中的势力。

这一时期，中国的政治气候也直接左右着香港财富的转移，影响着英资与华资两大势力的力量对比。1966 年，中国爆发空前的"文化大革命"，影响所及扩展到香港。当时，香港政局动荡，大批英资公司及富户相继抛售物业、股票，外撤或移民海外，导致地产崩溃；而一批新兴的华资地产商，诸如李嘉诚、郭得胜、李兆基、王德辉等，在看好香港经济长远前景的情况下，大举吸纳土地储备，奠定了日后发展的坚实基础。20 世纪 70 年代以后，华资地产商透过将公司上市、发行新股筹集庞大资金，在地产发展方面更加进取。随着市道繁荣，华资地产商实力作三级跳。

20 世纪 70 年代中期以后，中国在国际事务上的影响力大大增强，政局亦转趋稳定：先是 1971 年加入联合国，继而与美国改善关系；其后，"四人帮"被捕，为期 10 年的"文化大革命"结束。1977 年 7 月，邓小平复出，重新活跃在中国的政治舞台上。1978 年底，中国共产党中央委员会召开了一次历史性会议——十一届三中全会，会议以压倒性的姿态通过了邓小平的改革开放政策，确定中共的战略重心转移到重建国民经济的轨道上。20 世纪 70 年代末，中国先后在毗邻香港、澳门的深圳、珠海、汕头

---

① 元建邦. 香港史略［M］. 香港：香港中流出版社，1988：210.

等地设置经济特区，香港与内地中断二十多年的经贸联系迅速恢复。这一时期，香港的华商最早感受到中国发展经济的强劲脉搏，其在香港经济中的地位亦迅速提高。1980 年 11 月 19 日，英国著名的《金融时报》曾载文分析这种急速的转变，它说："金钱、信心和民族主义在过去两年所起作用，已根本地改变了香港向来的势力均衡。"文章并指出："对香港的非华人来说，过去一年并不好过，他们既不能像华人企业家一样感受到北京政治和经济动向的改变，也不能像华人一样对香港的产业具有信心，这种信心需要一种安全感和快速牟取利润的机会主义同时支持。"① 其时，香港"九七"问题已渐次浮现，这使得英资财团的安全感及其信心变得更加脆弱。② 正是在这种特定的历史背景下，政治上渐取上风、经济上朝气勃勃的新兴华资财团向信心不足、经营保守的老牌英资财团发起了挑战，从而一举改变了香港经济两大资本力量的实力对比。

1981 年 1 月 1 日，李嘉诚正式出任和记黄埔主席，成为"入主英资洋行第一人"。美国《新闻周刊》曾就此对其时代背景作过淋漓尽致的剖析，它说："上星期，亿万身家的地产发展商李嘉诚成为和记黄埔主席，这是华人出任一间大贸易行的第一次，正如香港的投资者所说，他不会是唯一的一个。香港华人企业家早已在英国人以外建立了一个强有力的经济基础，但只是随着中国贸易的自由化，他们才开始威胁到英国人的利益。去年初，船王包玉刚从最大、最老资格的贸易行——怡和手中，夺得资产庞大的九龙仓控制权。包氏和李氏乘机利用港督麦理浩所称的香港'新的重要角色'，与北京政府成立合营企业。他们日益壮大的贸易王国，正重新订香港做生意的方式。"

这篇文章接着分析：老牌的大班并没有忽略李嘉诚的论点（"世界在变化中，很自然'行'也要变。"），怡和主席纽璧坚承认，在香港整个局面都变化了，在过去几年，商界迅速地扩张，其中大部分是由华人企业家进行的。在北京开放其一度关闭的边界后，整个进程加速地进行。船王包玉刚说："现时与中国做生意，华商占优势。"1980 年前 8 个月，香港与中国的贸易增长超过 50%，达到 50 亿美元左右。在中国市场竞争方面，华商经常击败英国竞争者。与此同时，一些华人企业家包括李嘉诚和包玉

---

① 参阅 Why the barbarians' are losing ground，1980 年 12 月 19 日。

② 当时，英国外交部曾对香港问题在白皮书上作以下记载："在 70 年代末期，……投资者对香港的前途开始表示关注，……认为若不设法采取步骤去减低 1997 年这个期限所带来的不明朗情况，在 80 年代初期至 80 年代中期，便会出现信心迅速崩溃的现象。"见罗拔，郭瞳．香港的终结——英国撤退的秘密谈判［M］．岳经伦等，译．香港：香港明报出版社，1993：59.

刚，对在香港商界取得更高的地位愈来愈不甘寂寞。

文章引用汇丰银行属下获多利财务董事奚戴德的一番话："随着北京态度的改变，这里的华人对改变各'行'的特性更具信心。四五年前，尽管他们有足够的能力，可是他们却不会试图收购和记黄埔或怡和。"文章表示："李氏的中国关系明显地有助于他购得和记黄埔的控制权。早在1975年，当和记黄埔陷入重大困难时，汇丰向其提供财务援助，和记黄埔则以22.4%的股票作回报，这家贸易行自此之后早已恢复财政健全。但当李氏向汇丰提出购买其持有的和记黄埔股份时，汇丰所提供的特别优惠条件令英国人士大为吃惊。获多利的奚戴德说：'汇丰对本地经济结构发生的变化十分敏感，并能随着时间前进。'"这里似乎提供了一个注脚，部分解释了在新兴华资财团与老牌英资大行之间的激烈竞争中汇丰银行的微妙立场。

二、香港经济增长模式的转变

英资财团势力从巅峰滑落，除受到时代及政治因素转变的制约之外，从某种程度上说，还受到香港经济增长模式转变的巨大影响，可以说正是这种转变的历史产物。

从1841年香港开埠到20世纪50年代初，在逾百年的漫长经济发展中，香港一直是作为中国市场的贸易转口港而存在和发展的。在这种传统的经济模式中，洋行由于其与欧美市场的天然联系以及分支机构遍布内地，并有华人买办的辅助，在中国的转口贸易中处于崇高地位，控制了大部分中国对外贸易。20世纪50年代以后，由于朝鲜战争爆发，以美国为首的联合国对中国实施贸易禁运，香港的转口贸易骤然萎缩，洋行的地位因而动摇。这一时期，香港经济发生第一次结构性转变，从远东的贸易转口商埠迅速蜕变为亚太地区的出口加工工业中心及工商并重的城市。伴随着香港工业化的进程，新兴华商在英资最薄弱的环节——制造业集聚。当时，香港的内外部条件也为华商的发展提供了有利的条件。从内部条件看，香港作为远东著名的贸易转口港，经过逾百年的积累，不但建立了经济发展所必需的各种基础设施，而且与国际市场形成了悠久、密切的联系，为香港的工业化及经济起飞准备了基本条件。而香港长期实行的自由开放的经济政策（包括自由港政策、简单及低税率的税制、没有外汇资金管制等），以及法律制度和法治环境，更为香港营造了良好的投资环境。从外部条件看，"二战"后西方工业国家在新一轮科技革命的推动下，其经济进入一个持续增长的"黄金时期"，世界市场容量迅速扩大，减少关税和国际贸易壁垒的自由贸易主义成为这一时期的主流；加上西方国家正推行产业结构调整，将劳动密集型产业转移到发展中国家和地区，在国际市场上留下劳动密集型产品的空档，这为发展中国家和地区的出口导向型经济提供了良好的外部环境。上述种种因素推动了香港工业化进程以及华资在香港制造业的迅速发展。不过，这一时期，华资企业家一方面资本有限，另一方面对国际市场的认识和联系有限，只得向洋行接入订单、购入原材料，并将产品委托洋行转销海外，故洋行的地位仍得以维持。然而，到了20世纪70年代以后，香港的华资企业家已壮大实力，自己成立出口部，直接向外国买家报价，以免除中间人的抽佣，洋行的地位自此迅速下降，这是洋行式微的开始。

对于英资洋行的衰微，1948年已前来香港，在20世纪70年代后期一直身兼英之杰集团主席和汇丰银行副主席的英商韦彼得就有深刻的感受。1978年11月，韦彼得在接受记者访问时，当记者问他"二战"后香港的最大转变是什么时，他说了这么一番话："在本港经济发展形式不断转变的过程中，本港贸易行地位的转变，给我留下深刻的印象。当我刚刚来香港的时候，本港拥有很多不同形式的贸易行，它们主要是经营转口业务，主要市场是中国，一方面是将欧美的货品转运中国，然后将中国的原料运往欧美。当时贸易行的地位极为崇高，几乎能够把持中国大部分的对外贸易。但至1949年中共取得政权后，美国首先实施禁运，其后韩战爆发，联合国紧跟美国采取全面禁运的行动，这使本港的转口业务一落千丈，很多贸易行在这时候遭到淘汰。幸而本港在这时候开始发展本身的制造业，并能获得显著成就，在这时候贸易行开始以出入口为业务的中心，将传统的转口贸易放在次要地位。由于竞争激烈，有不少贸易行不能适应情势的转变，在弱肉强食的社会中被淘汰，而剩下来的贸易行也不断进行合并，逐渐成为几家规模庞大的贸易行，它们为巩固本身的业务，除了经营贸易之外，也开始发展其他如制造业等的业务，令规模不断扩大，逐渐成为今天本港的几家大行。而在蜕变的过程中，虽然有不少贸易行遭受淘汰，但也有不少新的贸易行加入，但能经过这段时间仍然屹立不倒的贸易行，可说少之又少，这使人产生无限的感慨。"①这番感慨深刻反映了随着香港经济的转变，洋行由盛转衰的过程。

一股势力的下沉未必是另一股势力的兴起，然而，洋行时代开始式微

---

① 欧阳美仪. 英之杰集团如何掌握这个市场［J］. 信报财经月刊, 1977, 2（8）: 52-53.

恰好是香港地产业的起步发展时期。20 世纪 60 年代以后，随着香港经济起飞、百业繁荣，加上"二战"后香港人口急剧膨胀，到 20 世纪 60 年代初已增加到逾 300 万人，20 世纪 70 年代更急增到 400 万人，为地产业发展提供了庞大的市场需求，推动了地产业的蓬勃发展。传统上，地产业一直是华商主要的投资领域，由于"有土斯有财"的观念根深蒂固，从南北行时代的行商，英资洋行的华人买办，经营零售百货的澳洲华侨，以至于 20 世纪以后的利希慎、冯平山、许爱周、张祝珊等家族，一直对投资地产有特殊的偏好。不过，传统的华商富豪投资地产多作收租之用，发展有限。"二战"后，新兴的华资地产商则以地产发展为主，强调"货如轮转"，又首创"分期付款、分层出售"的售卖"楼花"制度，20 世纪 70年代更通过将公司上市，发行新股，又或将股票抵押给银行筹集充裕资金发展，使财富急速膨胀，令以往的老牌英资公司失色。

1980 年，刚辞去和记黄埔主席兼行政总裁的韦理就指出："中国人拥有香港大部分资产最少已有 20 年了。以往由于中国人的财富实况未有公开，所以未被发觉，但现今却不同的。"1983 年，辞去怡和主席一职的纽璧坚为其任职期间丢失九龙仓一事辩护时说："整个形势都变了，……华商从 70 年代起就愈来愈强大。这就像当年美国扶植日本，突然一天发现，原来抱在怀里的婴儿还是一只老虎。人们总是揪住九龙仓不放，而不睁眼看看对手是婴儿还是老虎。如果一个人胳膊被老虎咬住，不管这只手是在颤抖，还是在挣扎，都会被咬断或咬伤。聪明的人，是不必再计较已经失掉的手，而是考虑如何保全另一只手。"英资大班们的这番话，深刻反映了新兴华资财团在战后短短数十年间所积聚的雄厚财力。

正是由于英资、华资两大资本势力对旧有平衡的打破，导致 20 世纪70 年代末 80 年代初一系列老牌英资公司被收购。香港《南北极》杂志的专栏作家齐以正对此有这样的评论："英资在香港的行，最大的共有四间，它们是：怡和、会德丰、和记和太古。四行之中，怡和的历史最悠久，规模最大。在英国国势达到巅峰时期，怡和从对中国和其他亚洲国家的贸易中赚取了难以数计的金钱。20 世纪 60 年代，在香港提起怡和大名，商界人士仍会肃然起敬。哪里晓得，过去十数年，由于城市地价反常暴涨，华资地产商人俨然形成这个社会的新富阶级，他们手中拥有的建筑地盘，价值动辄逾亿，英商大机构往昔令人目眩的财富就此失去了光彩。时至今日，更因掌握不到属下公司的控制权，沦为被人收购的对象。"①

---

① 齐以正. 收购. 包玉刚. 群众心理［J］. 南北极，1980（7）：4 - 6.

三、英资财团投资策略的失误

英资与华资财团势力的此消彼长，除了受到政治、经济等种种客观现实因素的影响之外，它们对香港经济及地产循环周期的判断以及由此而制定的投资策略亦关系重大。

由于对香港这个"借来的时空"深存戒心，英资财团往往不能正确把握香港的经济周期，它们倾向于看淡香港经济前景，往往错失在香港发展的黄金机会。如怡和集团，在20世纪70年代香港经济形势向好时期大举投资海外，结果泥足深陷，英国的怡仁置业因为英镑兑港元汇率急跌，影响了利润，加上税率高企（当时英国公司的利得税为55%，香港仅17%），负担十分沉重。夏威夷的戴维斯，1977年以后因糖价下跌，盈利不前，若不是得到美国政府补贴，将出现亏损。南非的雷里司，亦因为政局动荡、货币贬值而盈利大减。怡和在海外的投资处处触礁，实力自然大减。而到了20世纪80年代初期，香港的经济、地产均已达到巅峰，正面临大调整，怡和却一反常态大肆扩张，旗下的置地公司投资策略作180度的转变，罔顾当时香港经济繁荣时期已出现的一系列不利因素，从一名保守、稳健的地产投资商迅速转变为一名活跃、冒进的地产发展商、香港地产界的超级"大好友"，结果陷入更深的危机之中。反观李嘉诚、郭得胜、李兆基等华资地产商，对香港的地产循环盛衰把握极准，往往能在地产低潮时大举购入土地储备，在地产繁荣期陆续推出"楼花"或楼宇，在一买一卖之间赚取巨额利润。

再看会德丰的约翰·马登与环球航运集团的包玉刚，两人对世界航运及香港地产循环周期的判断更有天渊之别。会德丰是香港著名的地产商之一，旗下的地产公司有置业信托、联邦地产、夏利文等，拥有港岛中区贵重物业和大批土地储备；然而，由于掌舵人约翰·马登看淡香港经济前景，趁香港地产高潮大量抛售物业，套取现金去发展正面临严重衰退的航运业，结果在世界航运低潮的袭击下无法自拔，被迫出售会德丰的股权。而号称"世界船王"的包玉刚却能从当时仍然表面繁荣的航运景象中看出危机，毅然作出"弃舟登陆"的壮举，结果不但成为少数能避过世界航运大灾难的幸运者，而且成功收购九龙仓、会德丰，从而在香港建立起庞大的陆上王国，为其集团日后的新发展奠定了雄厚基础。

和记洋行在英商祈德尊担任主席时代，一度成为香港上市公司中发展最迅速的企业集团。可是，祈德尊过于雄心勃勃，攻伐过度，他尽管看好香港经济前景，但错误判断当时香港股市的基本走势，未能在股市高峰时期巩固早已取得的成绩，及时脱身，反而在股市已开始滑落阶段仍继续扩张，结果成为 1973 年香港股市暴跌的牺牲品，令和记国际陷入财务危机，濒临清盘边缘。在没有选择的情况下，祈德尊被迫接受汇丰的收购，汇丰成为和记国际的大股东。汇丰注资时曾承诺，待和记国际转亏为盈，汇丰会在适当时候出售和记国际。此举实际上已埋下李嘉诚入主的伏线。

反观华商，由于没有政治包袱，总体看好香港经济及地产的长远发展前景，能够正确判断，并紧扣香港经济、地产市场的周期性循环盛衰，往往能够在每次地产危机中果敢地趁低吸纳大量土地，发展物业，然后在市道复苏、走向高潮时高价出售，在一买一卖之间赚取巨额利润。在此过程中，华商还有一个特点，就是重视透过银行贷款、上市集资、杠杆式收购等手法，"以少控多"，善于利用"别人的钱"（Other People's Money，简称 OPM）。华商最常用的办法就是银行信贷，取得银行的有力支持，船王包玉刚就是因为取得了汇丰银行的支持，其船队才得以几何级扩大，收购九龙仓和会德丰也是因为得到汇丰银行的巨额信贷。李嘉诚也是因为得到汇丰银行的支持，才得以收购和记黄埔股权。善用"别人的钱"的另一途径是将旗下公司上市，透过发行新股集资。20 世纪 70 年代初，大批华资公司上市，实力才得以作三级跳。香港的地产和股市素有密切联系，即所谓"股地拉扯"，当地产市道高涨时，股市亦被推高，这时正是地产公司上市或发行新股的良机，时机把握得准，可在股市高潮中筹集大量资金用于发展，并在地产低潮时大量购入地盘，几个回合，实力和资产即可膨胀数倍。善用"别人的钱"还有一种方式，就是发动杠杆式收购，透过层层控股，实现"以少控多"的目的。香港最先采用此法的华商首推李嘉诚，他以 34% 的持股量控制长江实业，再透过长江实业收购和记黄埔，然后透过和记黄埔收购香港电灯，结果控制了数以百亿甚至数以千亿的庞大资产。

诚然，投资策略的失误往往与当时香港的政治形势、经济变化密切相关，种种因素结合在一起，令英资财团无可挽回地从香港权势的巅峰向下滑落，而华资财团则趁势而起，成为一时主宰香港经济的重要力量。这时，香港亦已进入了一个新的历史时期。

（原文为《香港英资财团（1841—1997）》第四章第五节《从巅峰滑落的原因》，1996 年 7 月，有修订）

香港华人家族企业的管理模式

自香港开埠以来逾150年的发展中，华资财团以长江后浪推前浪的形式在香港经济中孕育、萌芽、成长、崛起，终于取得了举世瞩目的成就。其中的原因，除了天时、地利等种种外部客观环境的配合之外，其内部维持的一套独特经营管理模式不能不说发挥了重要的推动作用。这套模式既明显不同于英美等西方国家的企业制度，亦区别于日本的模式，它从中国传统的文化和儒家思想衍生，具有明显的中国色彩。概括而言，这套管理模式的基本特点，就是对企业实行家族化统治，即所谓的"企业家族化"。

一、香港华人家族企业的经营管理特点

英美等西方国家所强调的企业精神，是所有权与经营权分离，即一家公司的大股东未必需要直接参与该公司的决策及日常管理，公司一般交由职业管理人员管理，员工重视企业整体管理制度，以企业利益为重。然而，在中国传统文化仍然根深蒂固的华人家族企业中，他们虽然不断吸收了西方的管理模式，但对公司的控制权和管理权仍然非常"执着"，并不愿意只持有控制性股权，而将董事会的控制权交予其他人士，他们十分看重对公司董事局的控制权，即公司的决策权和管理权。20世纪70年代之后，这些华人家族企业虽然愿意将其成功经营的公司上市，将部分股权出让予公众人士持有，但是，家族本身仍会确保对公司的最大股权，以及对董事局的控制权。

在华人家族企业中，家族不但是其创造者、所有者，而且是其经营者、管理者，家族及其利益往往就是企业的灵魂及目标，即使是那些在证券交易所上市的公众有限公司中，建立家族的资本积聚和控制也往往是首要目标，权力的方式也往往被用来为这个目标服务。正因为如此，创业家长或家族大家长往往处于主宰地位，实行"家长万能"式的集权管治，并以其为核心根据家族亲缘关系的亲疏远近组成管理体系。一般而言，创业家长以外是一个由日后继承企业的近亲所组成的决策层，就企业的战略策略向创业家长提供意见，远亲和朋友们组成的领导层则负责企业的日常运

作,再往外推就是技术人员和一般雇员,形成社会学者费孝通所形容的"差序格局"。

这种情况在华人家族企业中可谓比比皆是。早期郭乐、郭泉兄弟创办的永安集团中,郭乐、郭泉、郭葵、郭顺兄弟就分握香港、上海、澳门各地的永安联号,而公司各部部长和主任则分别由郭氏的亲友、合伙人出任,形成家族式的统治。20 世纪 50 年代上海纺织大亨创办的企业中,其最高领导者几乎清一色是上海人。据长江制衣创办者陈瑞球的透露,到 20世纪 80 年代初,管理长江制衣的陈氏家族成员,除陈瑞球及其胞弟陈荫川外,两兄弟的 11 位子女均在公司工作,分别管理设计、业务、生产和财务等。① 虽然,较大型的华人家族企业已吸纳职业经理和专业人士进入领导层,但正如英国《经济学家》的评论所指出:"许多最大的华人商行,像香港的李嘉诚帝国和泰国的差伦·波克凡(Charoen Pokphand),它们成功地吸收结合了职业经理,但从不以削弱家族控制为代价。"②

家族统治的另一个重要体现是子承父业,作为创业家族的继承人,年青一代的家族成员往往很早便被引进家族企业出任要角,培训掌管企业的能力,而年轻的家族成员亦往往怀着惊人的责任感去履行这一职责。创业家长一旦逝世,已经在美国成为物理学家或医生的继承人,就要被召唤回家,接管家族的企业或生意,这种事例时至今日亦比比皆是。1983 年永安郭氏家族第二代掌舵人逝世,已经成为美国哈佛大学物理系博士的第三代郭志权,即放弃长期从事的物理学专业返抵香港出任永安集团主席。1987年包玉刚被检查出癌变后,其四女婿、美国著名的癌病专家郑维健即奉召归队,主理家族投资生意。直至今日仍没有迹象显示,华人家族企业也会步某些西方创业家族的后尘,按照现已屡见不鲜的那种模式,把业务交给职业经理或信托投资机构,自己则成为"剪息票食利者"。

华人家族企业在处理内部关系方面,强调团结、和谐和忍让。在创业家长的主持下,加上受到中国两千多年儒家忠孝思想的熏陶,家族及企业内部尽管存在种种矛盾和紧张关系,但一般而言仍比较和谐,尤其在一致对外方面具有高度的团结性。在对外关系方面,华人家族企业的工商活动不像西方一样建立在法律和契约之上,而是以儒家的信义思想为基础,依靠相互间的信任。他们以信义为经营信条,通过有亲缘关系的以感情纽带为基础结成的社会关系网与外界发生联系,日本八佰伴集团总裁和田一夫在总结他与华商做生意的经验时曾说:"不少人以为华人社会只是利害关

① 黄惠德. 香港制造业总商会会长陈瑞球访问记 [J]. 信报财经月刊, 1998, 3 (10): 43.
② 陈潮. 海外华人——一往无前的力量 [J]. 近代中国, 1994 (0): 107 – 116.

系的结合，其实并非如此。海外华人由于各种各样的原因，远适异国，无乡可回，无国可归。除了和长年苦乐与共，能够彼此真诚相待者合作外，养成不太与人合作共事的习惯。但一旦碰上值得信赖的人，仍会竭诚合作。这是从现实生活中，得来的宝贵经验和人生智慧。"①

香港华人家族企业的这套独特的管理哲学及其模式，从历史文化渊源考察，明显来自中国传统的文化及儒家思想。香港大学商学教授高伟定（Gordon Redding）在撰写《华人资本主义的精神》（*The Spirit of Chinese Capitalism*）一书时，曾对亚洲 72 位华侨创业家作过深入访问，探讨他们对家庭及商业二者之间关系的看法，高伟定发现，华人创业家有两个基本意识，一是在管理上希望实行儒家的精神，如家长式管理、家庭式的关系及对等级的尊重；二是因为他们曾生活在封建社会中，他们需要采取另一种经营方式以及营造一种心态来安定他们的"不安全感"。高伟定认为，华商产生"不安全感"的主要原因是儒家思想贬低商业的贡献：传统政治管理阶层有无上权力，可从正式或贪污途径分享商人财富；缺乏商业制度，如银行及保险公司，以及便利商业交易及厘定法律，保障产业权益等。这些对商人不利的情况衍生了"不安全感"。因此，华商往往要全权控制自己的企业，在他们的企业王国内，只有家族内部成员才可获得信任及参与权；在商业交易中，他们依赖个人而非契约关系。

高伟定的研究无疑颇有道理，然而他忽略了重要一点，是创业家长从中国文化传统衍生的独特价值观，包括惊人的敬业精神、对创业的满足感以及坚韧的斗志和应变能力。这些价值观不仅成为形成华人家族企业管理模式的重要因素，而且已被不少探索香港经济成功奥秘的学者，视为香港经济起飞的重要原因之一。

二、华人家族企业管理模式的利弊分析

实践证明，华人家族企业这种独特管理模式有其旺盛的生命力，其主要优点在于：决策迅速及对市场反应灵敏，有利于在风云变幻的市场中及时把握营商机会，赚取厚利。有评论曾指出，这种管理模式的"管理费用低，员工彼此容易沟通，管理也富于弹性，易应付市场上的突发事件"。②香港贸易发展局研究部的一份研究报告也指出："在港绝大部分实业公司

---

① 戈德. 李嘉诚、谢国民、王永庆——日本人眼中的华人资本家［J］. 信报财经月刊，1993（1）：48.

② 少庭. 香港华洋公司管理上的特色［J］. 信报财经月刊，1978（11）：24.

都由一人领导，好处是方针明确、号令必行，而且公司比较容易应付市场环境的变化而调整业务重心。从有利的方面看，……正是香港赢得市场触角敏锐、善于革新这一美誉的一项重要因素。"①在华人家族企业中，创业家长集权力关系于一身，可凭借其高瞻远瞩的眼光及长年积累的经验对迅速转变中的市场及时作出反应，制定决策，调整战略方向，并凭借其在商业社会深厚的人际关系迅速推动业务进展，取得理想的经营效果。这一点，西方式的企业显然远远不及。

在具魄力和魅力的创业家长的统率下，企业在纵向合作方面具极强的向心力，分布企业各要职的家族成员对企业产生一种强烈的认同感和忠诚感，工作异常投入。为了推动企业发展壮大，家族成员彼此齐心协力，甚至不惜牺牲个人利益，企业因而能焕发强大的活力。即使企业经营方针有所转变，他们亦不会作出强烈抗拒，这无疑使华人家族企业较易适应市场需要的转变，这亦是非家族企业所远远不及的。企业在横向合作方面，强调依靠个人关系及信用，而非法律契约，这种安排无疑大大减低"交易费用"（Transaction Cost），并增加对适应环境转变的弹性。

华人家族企业这种管理模式的优点，往往在家族创业的第一代中表现得淋漓尽致，正是凭借着创业家长的远见卓识和非凡的判断力，华人家族企业上下齐心，可在短短数十年间从规模细小的商行崛起为庞大的商业帝国，这种事例可谓数不胜数，早期的就有郭乐、郭泉兄弟创办的永安集团。目光如炬的郭氏昆仲，在短短30年间，将位于皇后大道中一间小小百货公司建成一个横跨零售、金融、地产、贸易的多元化大型企业集团。20世纪60年代郭泉更大举投资香港地产，购进了九龙油尖区、何文田、中区等地区的大量物业。1966年郭泉谢世时，永安集团正处于巅峰时期。20世纪50年代的华人家族企业，相当部分亦在第一代人中崛起，号称"李超人"的李嘉诚就是从港岛筲箕湾一间不显眼的塑胶厂，在二十世纪四五十年代迅速崛起为横跨亚洲、欧洲及北美洲的商业帝国。这些成功典范的背后，固然有天时、地利等客观条件的配合，但创业者的准确判断以及华人家族企业的这种独特的管理模式，无疑发挥了重大作用。香港贸易发展局研究部一份研究报告亦指出："正是基于这种企业文化，成功的香港企业在初期发展阶段，大抵是全球数一数二最具竞争力的公司。"②

诚然，这套独特的管理模式亦有其天然的缺陷，这种缺陷在企业的最高领导交接班时期表现得最明显。在华人家族企业中，企业的成败盛衰在

---

① 参阅香港贸易发展局研究部1988年发表的《香港制造业现况与前景》，第19页。

② 参阅香港贸易发展局研究部1988年发表的《香港制造业现况与前景》，第20页。

颇大程度上倚重于创业家长及其接班人的判断、经验、魄力、内部的亲和力及外部的人际关系。由于受到生命时钟的催迫，创业家长总有交出权力的一天，在"子承父业"的限制下，他在接班人的问题上几乎没有任何选择余地。这些创业家长，经过数十年心血建立起来的王国，当然希望后人将来能继承其衣钵，并将之发扬光大。因此，接班人的培育成为极关键的一环。这可以解释华人企业家为何如此重视对后代的培育，事实上，不少企业家的后代亦往往带着显赫的博士、硕士学位进入家族企业。然而，企业家的才干在许多情况下就连顶级的学校也是无法解决的。对于不少家族企业来说，要想家族王朝一代一代往下传并不容易，因为下一代并不一定总具备创业家长那样的机敏，而且亦容易出现不争气的一代。

接班人的不力，往往成为华人家族企业由盛转衰的转折点，综观整部香港华人家族企业的发展史，这种事例简直俯拾皆是。郭氏永安集团的例子就能说明问题。1966年郭泉逝世后，永安集团便由郭氏第二代"琳"字辈掌舵，尽管财雄势大，但已无其父辈的魄力和异彩。其时，永安集团除百货业仍略有名气之外，地产、银行、保险等均被后起之秀迎头赶上。郭乐、郭泉昆仲致富后极重视后代的教育，郭氏第二、三代中获名校麻省理工、哈佛大学博士者不乏其人。然而，永安集团在20世纪70年代已暮气沉沉，到80年代更是有走下坡之势。1983年，郭氏第三代曾在美国IBM研究中心当研究员的郭志权出任集团主席。期间，永安银行传出金融丑闻，出任永安银行总经理的郭志匡从银行挪用1 000万美元作为己用，1986年永安银行出现财政危机，曾协助永安集团避过大小风暴的永安银行自此控制权易手恒生银行，其时永安银行共亏蚀3 600万美元，已将持股人的权益全部丧失。郭志权曾公开指责郭志匡管理不当，不过，郭氏家族成员对兄弟阋墙亦表示不满，使郭志权一度在股东大会上潸然泪下，并回避股东的质问。经此一役，永安集团的声誉一落千丈。1989年，永安集团更因经营保守，股票市值低于资产净值，而遭新兴华商郑裕彤的觊觎，险些将祖业拱手相让。

中国的传统智慧，有所谓"富不过三代"的说法。其中的道理，曾国藩的治家格言就说得很清楚："家中钱多，子弟未有不骄者也"，以传统的道德眼光来看，骄奢固然是败家的肇因，如郭志匡等辈般，不过，在理财已发展为一门科学的今天，就算一个富家子弟真的挥霍无度，在专业理财人士的匡扶下，亦甚少在一两代间把家财败坏净尽。因此，在新的经营环境中，家族企业较少败在接班人个人的操守上，更多的是接班人既缺乏父辈的眼光和才具，又急于求成、盲目扩张，终至动摇企业根基。冯庆铿兄弟就是一个例子。在创业家长逝世后权力转移到下一代时，由于接班人缺乏足够的权威和魄力，家族企业很容易出现内部分裂和派系斗争。香港大学亚洲研究中心主任黄绍伦教授在研究香港华人家族企业的分合时亦承认："家族生意在继承过程中会出现离心的倾向"①，这往往成为企业由盛转衰的转折点，毕竟，个人忠心不易从创业者转移到他的后代，创业者个人的关系网络亦可能因他的退隐而瓦解。创办海外信托银行的张铭添 1982 年突然逝世，他遗下的庞大商业王国在三年间便分崩离析，海外信托银行濒临破产被港府接管，其中重要原因之一就在于此。

华人家族企业的另一重要缺陷，是在中国传统文化中，父亲死后，家族财富往往是子女们均分。如包玉刚逝世就将其庞大的商业帝国划分为 4 份，由其女儿组成的 4 对夫妇分别控制的 4 个信托基金持有。英国《经济学人》对此的评论是："包玉刚在他生前对其庞大帝国的小心划分，是最彻底的、令人感兴趣的家族观念的力量展示。"② 然而，这种细胞分裂式的分家代代相传，不仅会动摇家族对企业的控制权，造成企业内部的矛盾，而且会使家族企业无法积累资金，很难进一步发展。有学者指出：家族企业并不就是企业发展的必然障碍，如果家族是一法人团体，可以持有资产，并不受"分家"的影响以至于削弱家族对企业的控制权，则家族企业可以不断发展和延续。日本有很多超过百年的大企业都是家族企业，不过这些企业的经营方式是"家族企业化"，而异于华人企业的"企业家族化"。诚然，香港华人家族企业中亦有成功解决这一弊端的例子。1989 年，已有逾 80 年历史的利丰集团，就是通过私有化，由管理层向冯氏家族的数十位成员收购股权，重新取得对公司的控制权，从而为华人家族企业解决此一关键难题开创了一个成功的先例。当然，毋庸置疑，并非所有华人家族企业都能以此方式解决问题的。

三、精心缜密的部署：培养接班人

因此，深明此中道理的华人家族企业大家长，均十分重视接班人的培育。自 20 世纪 50 年代崛起的大型华人家族企业中，最早部署交班的是包玉刚，包玉刚没有儿子，在传统中国人的观念中似乎稍有遗憾，4 位女婿便成为他挑选的接班人。最早加入包氏王国的是大女婿——奥地利人苏海文（Helmut Sohman），1970 年苏海文陪妻子包陪庆返回香港，便加入环球

---

① 参阅香港贸易发展局研究部 1988 年发表的《香港制造业现况与前景》，第 20 页。
② 陈潮．海外华人——往无前的力量［J］．近代中国，1994（0）：107－116.

船务，在短短数十年间，他从一个外行的环球船务执行董事跃升为熟悉航运业务的环球航运集团第一副主席，很明显他就是包玉刚挑选的航运业务接班人。二女婿吴光正1975年加入环球航运集团后便一直追随包玉刚左右，在1980年九龙仓收购战及1985年会德丰收购战中，吴光正均是包玉刚的主要助手，深得包玉刚器重。包玉刚收购九龙仓及会德丰后，吴光正即出任董事总经理一职。很明显，在此期间包玉刚已在部署交班计划。1986年，包玉刚发觉身体不适，便宣布正式退休，同年10月，他辞去环球航运集团以及隆丰国际、九龙仓等上市公司主席一职，分别由苏海文和吴光正出任。

最后，包玉刚作了深谋远虑的部署，他将亚洲航运从隆丰国际分拆出来转由环球航运集团拥有，而环球航运集团则交由大女婿苏海文负责；吴光正负责隆丰国际及九龙仓等陆上王国部分；三女婿渡伸一郎则负责一间日本风格的综合贸易公司，该公司是1987年包玉刚从隆丰国际及九龙仓控股的东京保险及贸易公司私有化的；四女婿郑维健则主理包氏家族的投资基金。为此，包玉刚特意成立了4个信托基金，由其4位女儿组成的4对夫妇各自独立持有。很明显，包玉刚的部署是要避免家族日后出现财产的纷争。1991年9月包玉刚病逝，不过，他生前创下的事业在4位女婿的分掌下运作如常，继苏海文出任香港总商会主席及立法局议员之后，吴光正及郑维健亦分别出任香港医院管理局主席及香港联合交易所主席，在商界、政界崭露头角，吴光正更成为香港特区首任行政长官3位候选人之一，包玉刚的交班部署基本取得成功。

另一位较早展开交班部署的是新鸿基地产主席郭得胜。郭氏的交班部署是让学成返港的儿子加入家族企业长期追随自己，将自己数十年经营地产的成功策略和秘诀传授给他们，才让他们接班。郭得胜的三个儿子均获优良的教育，长子郭炳湘持有英国伦敦大学帝国学院土木工程系硕士学位，并为英国土木工程师学会会员，次子郭炳江持有英国伦敦大学工商管理硕士学位及土木工程系学士学位，三子郭炳联则持有剑桥大学法律系硕士学位及哈佛大学工商管理硕士学位。郭炳湘1972年学成返港，次年即加入新鸿基地产，郭炳江、郭炳联亦于1978年加入新鸿基地产，到1990年10月郭得胜逝世时，郭氏兄弟在新鸿基地产已有12年以上的工作实践，对地产经营的策略及秘诀已了然于胸。与包玉刚的分家模式截然不同，郭得胜则嘱令三子合力继承父业。郭得胜逝世后郭炳湘上任新鸿基地产主席兼行政总裁，掌握最终决定权，其弟郭炳江、郭炳联则出任副主席兼董事总经理，辅助兄长。郭炳湘兄弟接班后携手合作，令新鸿基地产的业绩大放异彩，郭得胜的交班部署亦初获成功。

新世界发展主席郑裕彤的交接部署则稍有波折。1989年，郑裕彤有感于好友冯景禧的病逝，决定部署交班计划，他首先辞去新世界发展董事总经理一职，让长子郑家纯接任。郑家纯曾在加拿大攻读工商管理，1972年返港后一直在新世界发展工作，磨炼的日子亦已不短。郑家纯果断、不拘小节，具长远眼光，他亦自言时间就是金钱，他的作风是在考虑清楚后迅速做决定，其后就不再"钻牛角尖"。郑家纯出任新世界发展董事总经理后，即大刀阔斧展开连串瞩目的收购行动，包括购入美国华美远酒店集团，敌意收购永安集团、收购亚洲电视等，令原本负债颇低的新世界发展债台高筑、股价急跌。结果，需要其父郑裕彤重出江湖，收拾局面，快刀斩乱麻地将新世界发展部分资产出售，套现减债，才令新世界发展重上正规。

华人家族企业创业家长中，交班计划部署得最缜密，亦最瞩目的当数李嘉诚。李嘉诚有两位儿子，分别是长子李泽钜和次子李泽楷，两兄弟在18岁时，李嘉诚已在公司会议室一角安排两张椅子，坚持要他们列席旁听董事局会议。李嘉诚又刻意训练两个儿子的独立性，李泽钜在读完中三后就被送到加拿大接受教育，过独立生活，而李泽楷亦是刚满14岁就被送到美国加州一间预读学校就读。李泽钜在斯坦福大学毕业后，拥有的学历包括结构工程硕士、建筑管理硕士，以及土木工程学士。他毕业后不久，即被李嘉诚指定负责统筹规模庞大的万博豪园发展计划，并借此崭露头角。1989年，李泽钜被委任长江实业执行董事，时年24岁，当时他奔走于香港、温哥华两地，既监督万博豪园的工程，又兼顾香港事务。此后，李泽钜迅速晋升，1993年2月出任长江实业副董事总经理，仅在李嘉诚、"太傅"麦理思（George Magnus）之下，1994年1月晋升为长江实业董事会副主席，被正式确立为接班人。

次子李泽楷获斯坦福大学电脑工程学士后，被父亲指定在加拿大多伦多一间投资银行——哥顿投资公司（Gordon Capital Corp.）工作了两年半，到1990年才奉命返回香港加入和记黄埔，初期出任和记黄埔集团资金管理委员会董事经理，负责筹办卫星电视，李泽楷在短短数年间，将卫星电视搞得有声有色，并于1993年7月将卫视63.6%的股权售予梅铎的新闻集团，为和记黄埔及李嘉诚家族赚取30亿港元利润。经此一役，李泽楷在香港商界声名大振，顺理成章出任和记黄埔副主席。与其兄长李泽钜踏实低调的作风相反，李泽楷积极进取，他曾被美国《华盛顿邮报》评为"以骄横的谈判方式，以及对比他岁数大一倍的下属桀骜不驯的态度而知名于商界"，① 李泽楷并不甘于守业，他用出售卫星电视所赚资金到新加坡创办亚洲基建投资公司——盈科集团，并透过盈科收购新加坡上市公司海裕亚洲，一时间光芒四射。

李嘉诚还刻意安排两个儿子在香港社交界"曝光"，并将他们介绍给香港及中国内地的商界、政界，借此发展两个儿子的社会关系。1990 年，万博豪园在香港推出之际，在长江实业集团公关的精心安排之下，李泽钜接受两份杂志的访问，同年，李泽楷成为和记黄埔为卫星电视举办的吹风会的主持人，兄弟俩开始曝光。1992 年，李嘉诚亲自携带两个儿子上北京，将他们介绍给中共中央总书记江泽民，同年 7 月，香港总督彭定康参观葵涌四号货柜码头时，李嘉诚率领两个儿子及员工亲迎。李嘉诚还推荐长子李泽钜出任汇丰银行董事及总督商务委员会委员。1995 年，李嘉诚加快交接班部署，同年 5 月，他将名下持有的 34.5% 的长江实业权益转由一间信托基金 LiKa Shing Unity Trust 持有，除了他之外，他的两名儿子：李泽钜及李泽楷为该信托基金收益人。1996 年 7 月，李嘉诚退居幕后，让李泽钜出任长江基建主席并全权处理长江基建分拆上市事宜。至此，李嘉诚的幕前交接班部署似已初步完成。

面对挑战，华人家族企业的创业家长们可说丝毫不敢掉以轻心，均作最精心、缜密的部署。然而，新接班的一代均是含着"金钥匙"出生的富家子弟，他们获得父辈的庇荫，无须艰苦地打江山，不要说磨炼不足，阅历亦可能稍逊一筹。目前，他们在父辈们的指引下，在父辈们的社会人际网络中展开拳脚，自然事事顺畅。但是，无论交接班的过渡时期安排得如何完善，家族企业仍难以完全抹杀出现危机的可能，真正的考验相信仍在前面。

四、华人家族企业发展的制约因素与破解

20 世纪 80 年代中期以后，随着企业规模的发展壮大，香港华人家族企业面临的另一项重要挑战，就是能否随着时代的变迁及经营环境的转变，在继续保持传统管理模式的优点的同时，成功吸纳西方企业制度的精华并加以改造，从而突破家族企业的制约，令家族企业走向现代化、多元化及国际化。

---

① 参阅 1991 年 1 月 24 日至 30 日发表于美国《华盛顿邮报》的《香港新一代富豪——李泽楷》。

在传统管理模式中，华人家族企业的发展规模实际上受到多种因素的制约，首先是企业管理制度的制约，在这种企业制度中，最高决策者处于主宰地位，甚至即使在他们退休后由儿子掌管企业大权时情况仍然如此。20世纪70年代后期出任香港中文大学岭南工商管理研究所副主任的约翰·艾士比在访问一家企业的一对父子时曾经有深切的感受。访问期间，已经退休的父亲口口声声地说道："现在是我儿子当家了。"但在整个访问过程中，做儿子的始终不敢说一句话。①

由于最高决策者处于主宰地位，员工只是忠实执行决策，中下管理层的主动性和创造性严重受到抑制，特别是非家族成员很难受到重用。有研究就指出："这种管理模式，同时衍生了另一种企业特色。由于公司的营运过于依赖东主，中下层职员往往未能人尽其才，无论技能或经验都比欧美公司的初级管理人员逊色。在很多香港公司，初级管理人员的职务只限于执行东主的决定。东主对员工的督导及控制也较为严厉，即使员工主动进取，也没有多少发展机会。上司的诸多掣肘经常令能干的员工心灰意冷，转而另谋高就，加入外资公司任职，或自行创业。令人感到讽刺的是，到他们开设公司时，却又效法旧上司的家长式管理方法，忘却自己正是为了摆脱这种诸多规限的企业文化而创业的。"②

结果，策略的成功与否完全依靠创业家长的远见、经营才能和市场机会。然而，人非全能，创业家长实际上亦只能在已经积累了几十年经验的领域里得心应手，一旦企业进入其不熟悉的领域，就有颇高的失败风险，这就是为什么许多家族企业往往局限于某一地域或领域的原因。有评论指出："公司东主独揽管理大权，也会因个人能力不足而带来成效低、效率欠佳的弊病。可以说，这种管理模式是造成香港公司淘汰率高的原因之一，同时也揭示了何以香港的企业形象颇有矛盾之处：一方面令人觉得灵活进取，另一方面又显得非常落伍。身兼东主与领导两职的香港实业家，大多没有受过正规管理训练，他们只凭个人经验作出商业决定，在发掘新商机方面，也往往沿用旧有和熟悉的手法。"③

香港华人家族企业发展规模受到制约的另一个重要因素，是企业的对外联系方式。香港华人家族企业发展到一定规模必定要扩大跟外界的联系，然而，由于企业的发展倚重人际关系而非法律契约，一旦超过原有的社会关系网，企业便很难应付自如。香港大学教授高伟定在其著作《华人

① 陈潮. 海外华人——往无前的力量 [J]. 近代中国, 1994 (0): 107–116.
② 少庭. 香港华洋公司管理上的特色 [J]. 信报财经月刊, 1978 (11): 25.
③ 参阅香港贸易发展局研究部1988年发表的《香港制造业现况与前景》, 第19页。

资本主义的精神》中就指出：家族企业的管理模式使华人家族企业的规模及它们从事的行业都受到限制，海外华人做得最出色的生意是贸易、地产、初级产品、航运、矿业、木材等，在这些行业中，即使经营达到全球规模，一种对恰当价格、恰当时间和恰当地点的直觉本领要比复杂的管理技术更加重要。

这就解释了华人家族企业为何不易冲出香港，而一旦往海外投资，不是铩羽而归，就是步履艰难，完全失去了在香港的那份潇洒从容、应付自如。美国加州执业律师、商学院教授梁福麟在《香港财团无法冲出香港》一文中指出：香港财团，除汇丰银行等英资公司在美国购买或拥有企业或银行外，鲜见有蜕变为跨国公司之势，华资财团除了李嘉诚在加拿大购入赫斯基能源，邵逸夫购买美国梅西百货公司 5% 以上股权外，其他只是"只闻脚步声，不见有人来"的格局。他认为这种情况与"港资机构徘徊在家庭式企业运作阶段"有莫大关系。①目前，香港从地产崛起的华资大公司，均已发展到相当庞大的规模，实行业务的多元化及国际化只是迟早的问题。然而，企业原有的传统制度如果不加以改革，集团日后的发展势必受到重大制约。

事实上，某些重要的变化已经开始。自 20 世纪 80 年代以来，华人家族企业已开始逐渐吸收西方企业管理的精华，李嘉诚收购和记黄埔后，便开始刻意回避纯粹东方式家族化管理，大力起用职业经理，李察尔、麦理思、马世民等洋人均曾在李氏公司出任要职。这种变化无疑将随创业家长第二代的接班而加速，接受过西方高等教育的华人家族企业第二代势必将他们所学到的西方企业精神、经营管理制度带进家族企业。利丰集团的第三代出任香港贸易发展局主席的冯国经就指出："传统的家族式生意如欲超越家族控制范围进行扩展业务，会遭遇重重障碍。不过，今天的企业家正迅速学习如何克服这个潜在的问题。本人相信，一个崭新的华人管理模式现正逐渐兴起，其中既包罗中国人克勤克俭、重视社会关系的传统观念，又融汇了西方人崇尚灵活创新及同化外来者的处事手法。这个模式由第二代、第三代的华商提倡，这些企业家大多在海外接受教育，虽然部分仍需听命于本身的家族，但是他们能成功地吸收西方的管理技巧和起用外国经理，以扩展业务，并确保其企业不断增长。"②李泽钜主理长江基建分拆上市时，全然是一派新人新作风，当时香港就有评论指出，香港公子已开始脱离父传子和世袭管理模式，根本不应预期李泽钜或李泽楷会直接继

---

① 梁福麟. 香港财团无法冲出香港 [J]. 信报财经月刊, 1991 (9)：81.
② 参阅冯国经的《香港——海外华人的地区汇点》。

承李嘉诚在长江实业及和记黄埔的地位。①恒隆主席陈启宗亦公开认为："中国商人如果继续用传统的管理办法，恐怕难与外国多元化的企业竞争；要发展跨国企业，传统的家族管理方法难望有成功。"

　　然而，面对巨大的传统势力，第二代、第三代的接班人究竟能走多远，又是否会在改革中丢失传统管理模式的种种优点？凡此种种，均是即将进入新时代、新世纪的华人家族企业，所必须面对的挑战和考验。

（原文载于香港《信报财经月刊》，2000年8月）

---

　　① 　参阅1996年7月18日发表于《香港经济日报》的《超人部署交班，两名接棒待考验》。

中资在香港经济中的地位、角色及其发展策略

进入后转型时期，香港的政治、经济环境日趋复杂，不稳定因素相对增加。在这种历史背景下，为保证香港主权的顺利过渡和"一国两制"方针的贯彻落实，深入研究中资在香港经济中的地位、角色及其发展策略，已成当务之急。

一、中资在香港经济中的地位

中资在香港经济中的发展，始于 20 世纪 40 年代末 50 年代初。到 1978 年以前，以华润、中银、招商、中旅为主体的中资企业，在香港已建立了一个主要服务于中国对外贸易的贸易、金融、航运、旅游等经营网络。1979 年中国实行改革开放政策，推动了中资的迅速发展。特别是 1986—1988 年期间，适逢中国沿海开放格局趋向形成，中国内地和香港的经贸关系进入全面发展阶段，加上香港经济进入另一次循环周期的上升阶段，中资在香港经济的各个领域掀起投资高潮，对香港经济的参与程度大大提高，经营作风亦转趋进取。据粗略估计，目前中资在香港的直接投资累计约达 100 亿美元，开设的公司约有 2 000 家。中资的力量，主要集中在金融业、进出口贸易及零售商业、航运仓储、旅游及酒店业、地产建筑业等。

1. 金融业

经过 20 世纪 80 年代的迅速发展，中资银行集团已成为香港仅次于汇丰银行的第二大银行集团。中资银行集团拥有持牌银行 15 家、有限制牌照银行 1 家、接受存款公司 16 家。其中，由 13 家持牌银行组成的中银集团在香港开设的分行及办事处共 336 家，是香港银行业中仅次于汇丰银行集团的第二大分销网络。中银集团与其他银行合作成立的"银联通宝"自动提款机网，亦稳占香港第二大地位。到 1990 年底，中资银行集团的资产总额为 3 970 亿港元，占香港银行资产总值的 7.59%，仅次于日资银行集团的 58.27% 和汇丰银行集团的 15% 而排在第三位；存款总额为 2 540 亿港元，占香港银行存款总额的 20.63%，仅次于汇丰银行集团的 40% 而排在

第二位。

中资银行集团以零售业务为主，批发业务为辅。20世纪80年代以来除继续办好存贷款、进出口押汇等传统业务外，还开办工业贷款、物业按揭、外汇贵金属及证券买卖等服务，参与发行票据、存款证、信用卡，筹组或参与银团贷款，包销或分销债券和商业票据等。银行业务正向多元化、现代化及国际化方向发展。目前，中资银行集团已成为香港金融体系的重要组成部分，与汇丰银行集团、外资银行集团鼎足而立。

2. 进出口贸易及零售商业

进出口贸易，尤其是涉及香港与内地的进出口、转口贸易是华润以及绝大部分中资企业的主要经营业务。据华润提供的资料，1989年中资企业经营的进出口贸易额已达1 500亿美元，相当于同年香港对外贸易总额的13%，其中九成以上与两地贸易有关。若考虑到该年两地贸易受到中国紧缩经济政策的影响，目前中资企业在香港进出口贸易中所占的份额应更大些，估计为15%～20%。中资企业已成为发展香港对外贸易，尤其是推动两地贸易的一支重要力量。华润、粤海等中资企业代理经营供应香港的新鲜果蔬及粮油食品等重要生产资料，更对支持香港民生、稳定市场等发挥重要作用。

中资在香港零售商业中也占有一定地位。经多年锐意发展，华润目前已建立了庞大的零售网络，包括中艺公司、中国国货公司、大华国货公司、华润超级市场以及香港买单内地提货等零售点。中艺自1957年开业至今，已发展为拥有8间分店、32 222平方米商场面积的大型连锁百货店，主营中国高档工艺品，兼售国外各类中高档百货用品。中国国货和大华国货拥有5间分店、23 333平方米商场面积，是香港五大国货公司中的两间。华润超级市场自1984年开业至今，已发展为拥有31间分店，继惠康、百佳之后本港第三大超级市场集团。近期中信收购恒昌企业后，中资在港批发、零售商业的份额将大幅提高。

3. 航运仓储

中资在香港航运仓储业中占有重要地位。经过20世纪80年代的发展，以招商、华润、中旅、珠江船务为主的中资企业已在香港建立起一支庞大的远洋和内河船队。据估计，中资所经营的海运量，约占香港总海运量的20%，其中绝大部分是香港与内地间的航运业务，约占香港与内地海运量的70%。仅招商局就拥有远洋船队323万载重吨，连托管航队共有700余万载重吨，约承担了香港海运量的10%，是香港仅次于包玉刚环球航业集团的第二大船东。招商局还拥有香港最大的驳船队、30多个码头泊位，以及全港最大的船厂与浮坞，形成一个配套完整的航运体系。

为配合航运业的发展，中资企业还拥有约70万平方米的仓库面积，包括华润分别位于沙田、观塘、葵涌、长沙湾的5座仓库，面积约达35万平方米；粤海与珠江船务合建的广东仓库中心，面积约11万平方米；中旅的4座仓库，面积约9万平方米；招商局位于坚尼地城的2座现代化空调货仓，面积约5万平方米等。据估计，中资拥有的仓储面积约占香港仓储总面积的20%。

4. 旅游及酒店业

中资在香港旅游业中亦占有重要地位。目前，在全港1 050家持牌旅行社中，中资企业约占100家，占10%左右。而20家实力最雄厚的旅行社中，中资占了9家，包括中旅、广旅、国旅、招商旅游、华闽旅游、华南、中航假日、香港青旅等。其中，又以中旅实力最强，拥有有关旅游业务固定资产30亿港元、20间分社，1990年其旅游营业额达20亿港元，接待旅客逾300万人次，在固定资产、分销网络、营业额等方面均高居全港旅行社首位。据估计，以营业额计算，中资在香港旅游中所占的市场份额排名前二十，不过，中资经营的重点是中国市场，约控制该市场60%的份额。至于海外旅客到香港旅游的香港市场和本港市民到外国旅游的海外市场，中资所占比重甚少，已分别被外资及华资旅行社所垄断。此外，为配合旅游业的发展，中资还经营酒店业，目前共拥有15家酒店，客房约4 500间，约占全港酒店客房总数的15%。

5. 地产建筑业

早在20世纪60年代，中资企业如侨光公司等已开始涉足香港地产。不过，中资大量介入香港地产、建筑业，则是80年代期间的事。中资对地产的投资，最初以自用为主。1983年以来，中资企业，包括华润、招商、中旅、粤海、越秀、中银、中国海外建筑工程等，相继兴建总部大厦，在自用之余亦将部分单位出租或出售。1986年后，中资全面参与香港地产发展和投资，包括兴建商厦、酒店、货仓、码头，与其他财团合作兴建大型住宅屋村等，在地产市场开始扮演重要角色。据粗略统计，从1986—1989年4年间，中资对地产的大额投资（1 000万港元以上）总数达141.7亿港元，占同期中资在香港大额投资总额的53.7%，占香港各类资本在这一时期对地产大额投资的5.6%。1989年"六四"政治风波后，中资对地产的投资一度沉寂，但近期已再趋活跃。

中资在建筑业的发展亦颇快速。目前，中资建筑企业有百余家，其中持有C牌营业执照的有8家，包括中国海外建筑工程、振华工程、合建工程、上润建筑、中国土木工程、孖港源水利电力工程等。中国海外建筑工程是最早来港开业的中资建筑公司，12 年来承接香港各类工程 150 项，总金额超过 100 亿港元，开山填海造地 700 万平方米，相当于港岛总面积的1/11，承建住宅面积 780 万平方米，可供 20 万人居住。该公司目前已发展为拥有 5 个 C 牌营业执照、资产值达 27 亿港元的大建筑公司。据估计，目前中资企业每年承建的工程合约，占香港建筑工程合约总值的 15% 左右，占港府工程合约的 5%。中资已成为香港建筑业的重要承建商之一。

此外，中资在制造业、出版业亦占有一定的市场份额。近年来，部分中资企业如中信等，对香港的投资已扩展到航空、电信等公用事业和大型基础建设等领域。

综上所述，中资在香港经济中的地位有两个主要特点：首先，中资的力量主要集中在与中国有关的业务领域，尚未真正渗入香港经济的核心。经过 20 世纪 80 年代的迅速发展，以中银、华润、招商、中旅四大集团为主干的中资企业，虽然已在金融、进出口贸易、航运及旅游等行业取得一定的市场份额，但其所经营的重点，基本上仍集中于这些行业中与中国有关的业务领域。中资银行集团虽然已成为香港金融体系的重要组成部分，但它所发挥的功能、联系层面及经营结构仍无法与以本港大财团为依托、发挥准中央银行职能的汇丰银行相比较。中信的投资虽然已开始涉足香港经济的命脉部门，但多属投资控股性质，并未进入有关机构的决策、管理层面，仅起监督作用。因此，整体而言，中资基本上仍处于香港经济的外围部分，尚未真正触及或渗入香港经济的核心。

其次，中资的经济实力仍较薄弱，但其政治影响力正迅速扩大。目前，中资在香港累积的直接投资总额虽已达 100 亿美元，超过日、美等国际资本而成为香港最大的投资集团，但中资有雄厚实力的企业集团不多，总体经济力量在不少方面仍远不及以国际财团为后盾的日、美资本。据日本东京银行估计，中资的总资产仅占香港资产总值的 5% ~ 6%。有人认为以总体实力比较，中资的力量仅可与一个李嘉诚财团相比。不过，自从香港进入主权回归中国的转型时期以来，以国家资本为背景的中资企业，其政治影响力已超越实际经济力量而迅速扩大。本文将在下部分对此作进一步的阐述。

二、中资企业在香港经济中的角色与作用

中资所扮演的角色有两个层次，一是中资在国内四个现代化建设中所

承担的责任，关于这一点已有很多详尽的论述，本文从略；二是中资在转型时期香港经济中所承担的责任。应该说，中资在香港经济中所扮演的角色有一个历史的演变过程。根据我们的观察，进入转型时期后，随着自身经济实力的增长和香港政治、经济形势的转变，中资在香港经济中所担当的角色，呈现出分量逐渐吃重、作用逐步深化的趋势。

第一，中资是推动香港与内地经贸关系发展的重要动力。

这是从中资在国内四个现代化建设中所发挥的作用衍生的。早期的中资企业，其任务主要是打破西方国家对中国的经济封锁，推动中国对外贸易的发展，为国家多创外汇。20 世纪 80 年代以来，中资配合内地开放的改革，充分利用香港的优势和桥梁地位，对外开拓国际市场，对内引进资金、技术、设备，不仅推动了内地四个现代化建设，而且促进了香港与内地在金融、进出口贸易、运输、旅游等领域的全面发展。据粗略统计，仅华润、招商、粤海三家中资企业，十年来运用香港银行贷款和企业留存利润到内地投资，累计总额就超过 100 亿港元，项目逾 500 宗，主要是兴办出口商品生产基地、原材料工业及改善内地投资环境等。这些项目的投产又进一步加强了两地的经贸联系。此外，华润、粤海等还代理向香港输出新鲜果蔬、粮油食品等，对稳定香港市场和民生都起到了积极的作用。

第二，中资是促进香港经济繁荣活跃的重要因素。

进入转型时期，部分传统英资、华资财团因所谓的"香港面临宪法地位上的转变"，为减低或分散投资风险，均加快推行集团国际化战略，加强海外投资，不少富豪亦设法将财产转移到海外，使得香港资本外流的情形日趋严重。不过，与此趋势相反，同期，中资以及日资、美资、台资等资本相继投入香港，不仅填补了本地资本外流的"真空"，而且活跃了香港的投资气氛。据粗略统计，从 1986—1989 年，中资对香港的大额直接投资达 264 亿港元，约占同期各类资本对香港总投资的 7.4%，居于华资（占 50.2%）、英资（占 12.1%）、日资（占 8.7%）之后而排第四位。中资在金融、交通运输、制造业、房地产等行业的投资，分别占该行业总投资的 22%、15.9%、11.7%、5.6%，对香港金融市场、房地产市场的繁荣活跃以及制造业、交通运输业的发展均有积极作用。特别重要的是，中资对香港的投资多采取中长线投资策略，与短线投机的国际游资截然不同，这无疑增加了转型时期香港经济发展的稳定因素。

第三，中资是稳定传统英资、华资大财团留港发展的重要力量。

进入转型时期，香港大财团在拓展香港业务的过程中，都呈现出一种共同的发展趋势，即十分重视和强调与中资，特别是具实力和影响力的中资大企业的合作。这一点传统英资大财团表现尤明显。如太古集团将旗下国泰航空 12.5 的股权售予中信，并购入以中信为大股东的港龙航空 35% 的股权，将两家航空公司的竞争关系改变为合作关系，利润均沾。英大东电报亦将香港电讯 20% 的股权售予中信。嘉道理集团则与广东核电投资有限公司合组广东核电合营公司，兴建大亚湾核电厂。传统英资大财团担心，随着殖民地时代行将结束，它们在香港所获得的特权和利益可能会丧失，加强与具有国家资本背景的中资大企业的合作，将两者利益捆在一起，既可减低投资风险，又有利于继续维持原有利益，奠定将来发展的基础。

华资大财团亦有此种趋势。最近，李嘉诚、郑裕彤、郭鹤年等大财团与中信泰富，合组财团收购恒昌企业，就是一个典型例子。估计转型后期这种情形将更加普遍。渣打亚洲董事黄桂能就认为：1997 年香港主权回归中国，新机场和相关计划的融资将被视为中国风险；从借贷银行角度考虑，中资机构若以股本形式参与或提供部分融资，将有助减低这些投资的政治风险，从而降低信贷成本。最近，机场管理局选出六家建筑财团角逐造价 90 亿港元的赤鱲角机场地盘平整工程合约，六家财团分别来自英、美、日、德、意、法、比、荷和香港，但每家财团都邀请了一家中资机构参与，原因就在这里。因此，进入转型后期，中资成为稳定本港大财团留港发展，以及吸引跨国公司来港发展的重要力量。客观形势的演变，不仅为中资的发展提供大量空间和机会，亦对中资企业的实力、质素提出了更高的要求。

第四，中资已成为稳定香港金融市场的重要力量。

长期以来，汇丰银行在香港金融市场以至于整体经济中均发挥主导作用。不过，进入转型时期，随着中国在香港事务的影响力日增，中银集团经济实力的提高，中银的地位正迅速上升。中银首次发挥影响力是 1983 年促使港府取消港元存款利息，稳定当时江河日下的港元汇率。1985 年和 1986 年，中银协同中信、招商收购嘉华和友联两间发生危机的银行，协助港府稳定香港银行体系。1987 年 10 月股灾后，中银与汇丰、渣打两间发钞银行联手参与港府设立的 20 亿港元基金，挽救香港期货市场。最近，香港"国商"事件导致连串银行受挤提风潮所困，中银与汇丰银行首次发表联合声明，向存户证明香港银行体系稳健，安定人心。专栏作者秦家聪认为，这项联合声明是前所未有的，反映出中银的地位已提升到汇丰银行的水平。中银现在似乎已被视为幕后的统治集团之一，是一股稳定力量。

这种观点为香港不少评论者所认同。今年 1 月，汇丰银行宣布结构重组，变相迁册，其淡出意向进一步显露。在形势比人强的情况下，香港社会舆论对中银作为汇丰银行淡出后的替代角色的期望，明显增强。6月底，中英草签新机场问题谅解备忘录，该份文件两处提及中银的作用，包括"中国政府同意中国银行将发挥适当作用"和"港英政府愿意从中国银行集团委任一位驻港人士作为机场管理局董事会的正式成员"。其后，中银准备"九七"前发钞的消息传出，社会反映良好。这两件事，反映出中银不仅已成为稳定香港金融市场的重要力量，而且正逐步上升到汇丰银行的地位，成为香港金融市场的主导力量之一，至少在政治影响层面是如此。从长远角度看，特别是考虑到"九七"后汇丰银行可能与香港特区政府的合作已不可能如现时般紧密配合，它的商业银行利益可能与香港特区金融政策发生冲突。因此，中银成为未来香港特区政府金融政策的主要顾问，将是预料中的事。

我们曾指出，在以传统英资为主导、以华资为主体的香港资本结构中，中资与日资、美资等国际资本基本上都担当辅助和补充的角色。不过，进一步的研究显示，作为社会主义性质的中资，除了受资本利润规律的支配之外，还担负着特殊的历史使命和政治责任，这就是在香港主权回归中国的历史转变时期维持香港的繁荣稳定，保证香港主权的顺利过渡和"一国两制"方针的贯彻落实。特别是进入转型后期，面对日趋复杂的政治、经济环境，以及种种可能突如其来的震荡和不稳定因素，中资所担当的角色，已不仅仅是辅助和补充，它已成为香港经济以及整个资本结构的重要稳定因素，并对香港政治、经济形势的发展发挥重要制衡作用。

三、中资在香港经济中的发展策略

现在的问题是，中资在香港经济中的实力、地位与其在转型后期所担当的角色不相对称，而且愈近"九七"，这个矛盾将愈加显露。从这个基本判断出发，我们认为，中资在转型后期香港经济中的发展策略，似包括以下要点：

第一，因应时势转变，积极稳妥发展。

中资在制定转型后期发展策略的指导思想上，应确立"积极稳妥发展"的方针。这主要是因为：从必要性看，中资在转型后期不稳定因素日益增加的政治、经济环境中，要有效发挥稳定、制约的作用，确保香港经济的稳定繁荣和香港主权的顺利过渡，就必须有一定的经济实力作后盾，必须在香港经济的重要领域占一定的分量。从当前的情况看，中资在香港经济中的实力仍较薄弱，而非太强，对一些重要领域的影响力仍有限。因此，确立"积极稳妥发展"方针是贯彻落实"一国两制"方针的需要，是客观形势的要求。从可能性看，随着海湾战事结束、西方经济逐步走出低谷，以及新机场计划陆续上马，香港经济可望进入新一轮循环周期的上升阶段，这不仅为中资，亦为各类资本的发展提供了有利条件。随着"九七"的迫近，一方面存在着部分本地资本外流而腾出的"空间"，另一方面留港发展的本地财团以及海外公司均重视加强与中资的合作，客观上为中资力量的壮大提供了空间和机会。中资若不敢提出积极发展的策略，无疑自束手脚，坐失良机。此外，经过近两年来的整顿，中资亦具备进一步发展的条件。

当然，积极发展的前提是要稳妥，要有规限条件。这些条件应包括：①要根据香港政治、经济形势的变化进行相应的发展，发展的方向是有利于香港的稳定繁荣，有利于团结各类资本留港共同发展，而不是排斥之。②积极发展绝不是指将内地四个现代化建设中已十分短缺的资金大量投入香港，这既不可能亦无必要。中资应根据香港经济的需要，在经济可行的条件下利用香港的融资及自有资金，有计划、有步骤地发展。③积极发展不等同于盲目扩张。它强调的是中资企业实力的增强和素质的提高。它对中银、华润、招商、中旅、中信、光大、粤海、华闽、中国海外建筑工程等大型中资企业来说，是要加强企业的集团化建设，推行业务的多元化、现代化和国际化。中资若能多增加有实力的大集团，总体实力应可大增。而对大多数中小企业来说，则强调加强管理、改善经营、站稳脚跟，以便有效发挥"窗口"作用。

有人担心，积极发展可能导致中资过度膨胀从而排挤其他资本及垄断市场。诚然，作为社会主义性质的国家资本，中资若过度扩张，会破坏香港各类资本之间的结构平衡及公平竞争，影响香港资本主义自由经济体系的正常运转，甚至会打击投资者的信心或给部分撤退的资本提供套现机会。"一国两制"的基本构想，就是使香港在回归中国后，继续保持现行的资本主义制度50年不变，以便继续发挥香港的优势，保持香港的繁荣稳定。因此，中资在港发展，应以此为前提。但目前的情况是，中资的总体经济实力不是太强，而是尚弱。中资的发展，不仅有个随着香港总体经济体积发展而发展的问题，还有个逐步扩大比重的问题。中资企业素质和效益的提高，亦有个颇长的过程。因此，将转型后期6年的发展策略定为"积极稳妥发展"，并未违背"中资应适度发展"的原则，但它所传达的信息更清晰、明确。从长远看，特别是"九七"后，中资在香港经济中应发展到多大规模，才符合香港的长远利益和"一国两制"的要求，这是个重要的研究课题。以我们的考虑，中资的"适度规模"，应以有利于发挥中资的稳定、制衡作用，又不至于冲击香港资本结构的大体平衡和自由经济体系的正常运转为原则，并且将随香港经济的变化而有所调整。

第二，加强对与稳定香港大局有关的重要经济领域的参与。

要发挥稳定、制衡的作用，就必须在香港经济中关系大局的重要领域占有一定的分量，而这些领域目前恰恰是中资力量仍较薄弱的环节。因此，中资积极发展的重点，应包括以下方面：

（1）进一步增强中资在香港金融业中的实力和地位。金融业是香港经济中最重要的行业，其稳定与否对各行各业以及整体经济均有牵一发而动全身的重大影响。但是，金融领域又是转型后期香港经济中不稳定因素最多的领域，多个重要变数，包括汇丰银行的动向、香港货币管理制度的转变，以及港元联系汇率制能否维持等，均可能对全局经济造成重大冲击。因此，尽管中银在金融业中已建立良好声誉和雄厚实力，仍很有必要加强业务的多元化、现代化和国际化，进一步增强集团实力。特别是为配合"九七"前发钞的准备工作，中银似乎有必要审慎而有计划地进行集团结构的重组和业务整合，消除因结构重复和业务重叠造成的资源浪费，从而最大限度地发挥集团的整体优势。此外，中银应加强集团的研究力量和人才培训，为"九七"可能发生的转变作准备。

（2）中资大企业将部分业务分拆上市，参与香港证券市场。证券市场素来是中资企业的薄弱环节。到1989年底中资持有控股权或大量股权的上市公司仅8家，占香港股市总值的0.2%。不过，自中信收购泰富后情况已开始变化。中信已先后将所持港龙航空、国泰航空和澳门电讯股权注入中信泰富，估计将所持香港电讯、东区海底隧道等股权注入亦只是迟早的事。最近，中信泰富与李嘉诚等华资财团联合收购恒昌企业，令中信泰富发展为太古洋行式综合企业集团的前景渐趋明朗。这种势头已扩展到其他中资大企业。最近，华润、招商、中旅均公开表示正研究将属下企业分拆上市，粤海亦考虑将母公司资产注入属下上市公司粤海投资，增强其盈利能力。从实践看，中资大企业分拆上市，已成趋势。

中资大企业参与证券市场的好处在于：①证券市场是香港金融市场体系的重要组成部分，中资若能在香港证券市场占有一定分量（如5%左右），可对转型后期部分财团（如怡和财团）可能淡出香港产生一定的平衡作用，并增加证券市场的稳定性。从长远角度看，中资企业上市可视为香港股市建立"中国板"的先声，为国有企业在港上市取得经验，有利于加强香港和内地两地的金融合作以及香港证券市场的区域化、国际化。②上市是将企业管理系统化、现代化的方法之一，可以学习较为完善的经营管理方式，了解资本主义运作规律和游戏规则，从而探讨解决社会主义性质的中资企业如何在香港资本主义环境中进行有效经营管理的问题。因此，中资大企业上市是业务多元化、现代化和国际化的重要步骤之一，有利于加强与香港整体经济的融合。③上市有利于中资企业利用证券市场这一有效率及经济的集资渠道开拓业务，壮大实力。从长远看，中资大企业分拆上市将是一项战略性措施。

当然，中资企业上市应注意以下问题：上市主要限于有条件的中资大企业；应有计划、有部署地试点进行，循序发展，防止一哄而起；防止单纯投机性质的炒股活动；要培养专业队伍。

（3）有条件的中资企业参与大型基础建设工程和部分公用事业。转型后期的 6 年间，将是香港大型基础建设高峰期。据港府预测，以 1991 年 3 月价格计算，在"九七"前完成的 10 项核心工程所投入资金总额高达 986 亿港元。此外，还有批大型基础建设工程或公用事业亦需配套建设。这是中资企业在转型后期参与香港经济的重要领域。因此，有条件的中资企业应积极筹划，与香港财团或海外公司携手合作，参与大型基础建设工程或有关公用事业。这既有利于增强相关投资财团的信心，亦是壮大中资实力的良机。

当然，中资的参与应注意下列问题：对参与的工程项目应加强可行性研究，要量力为之；要加强中资企业之间的协调和相对分工，防止出现彼此之间的恶性竞争；要强调加强与香港财团和海外公司的合作，留住它们在港共同发展，防止出现不顾成本、不计后果、与港人争利的现象。

（4）适度参与房地产发展和投资。在土地资源短缺的香港，房地产既是经济发展的重要领域之一，又是经济繁荣的主要分享者。香港的华资大财团基本上都是从房地产发展起来的。从实践看，中资企业要在香港站稳脚跟、发展壮大，适度地参与房地产发展和投资，是必要的，政策上应作适当的放宽。当然，中资企业参与房地产，亦应注意几点：①主要从事长线的房地产发展和投资，反对短线投机活动；②要加强可行性研究，量力而为，防止盲目跟风炒楼，造成重大损失；③在房地产市场过热时期应减少参与活动。

（5）积极参与各种行政组织、咨询机构及半官方组织，扩大中资在这些组织中的发言权和影响力。中国企业协会应加强内部组织建设，统合中资企业力量，扩大对外影响，并可考虑争取成为间选立法局议员的功能团体，以便对港府的经济决策形成一定的制衡力量。

第三，改革企业管理体制，提高经济效益。

中资企业总体经济实力仍较薄弱的表现之一，是部分中资企业经营管理不善，经济效益低下。导致这种情况发生的原因是多方面的，包括：①部分中资企业凭借国家资本的雄厚实力，不按资本主义那套游戏规则办事，进行不计成本、不顾后果的恶性竞争，甚至与港人争利；②中资企业内部缺乏权、责、利之间的制衡机制，导致部分中资管理人员对公司的资产、盈利关切程度甚低，缺乏追求高效益的动力，有人甚至为私利而不惜让公司和国家蒙受损失；③部分中资企业机构臃肿，人浮于事，企业管理缺必要的规章制度，或执行不力；④部分管理人员素质不高，短期行为严重；⑤少数管理人员官僚主义作风严重，甚至有个别贪污受贿。诚然，上述情况多数发生在部分中小型中资企业中，但从中反映出部分中资企业只是将内地那套管理方式、企业制度简单地搬到香港。难怪有中资外派干部认为："中资受国内制衡，虽然身处香港，其内部运作机制却十分传统、落后，改进速度亦十分缓慢，交学费常常成为失败、亏损的借口。中资企业甚至落后于内地改革的步伐。"

当前，国内正掀起搞活国有大中型企业的热潮，深化企业改革已是大势所趋。中资企业为适应转型后期以至于"九七"后香港经济的发展，改善中资企业形象，提高经济效益，并很有必要将改革企业体制列为发展策略的重要内容之一。中资企业可借鉴资本主义的公司法人制度，建立资产所有权和经营权相分离的管理体制，即董事局领导下的总经理负责制，企业所属国内部门要减少直接行政干预。应根据权、责、利互相制衡的原则，在企业内部建立一系列有效的管理制度。中资大企业可通过分拆业务上市试点改革。

第四，加强宏观调控，增强总体经济实力。

宏观调控不力，是过去中资企业缺乏协调发展的主要原因之一。随着中资企业在转型后期对香港经济的积极参与，以及企业体制的改革，加强宏观调控，建立相应的运作机制更是必不可少。建议以分社经济部和中国企业协会为主导，建立中资企业的双层宏观调控机制。分社经济部侧重中资企业宏观政策的制定、执行、监督，中国企业协会具体协调中资在各行业的业务发展，令各具独立经营自主权的中资企业在转型后期能相对统合为总体经济力量，完成转型后期历史所赋予的任务。

（原文载于香港《香港经济研究》，1991 年 11 月 27 日）

百年利丰： 基业长青的经营管理之道

中国的家族企业，能够屹立百年而不倒的，为数并不多，而以香港为总部的利丰集团，则是其中的一家。利丰1906年在广州创办，利丰管理层宣称，这是中国第一家由华商创办的进出口贸易公司。顺理成章，利丰也就成为现今中国众多进出口贸易公司的始祖。创办初期，利丰只不过是"广州洋人地头"——沙面附近诸多旧式商行中并不起眼的一家"铺位"，相信当日连它的创办人亦绝未料到利丰会演变成今天蔚然壮观的情景：分支机构横跨全球40多个国家或地区，拥有超过45 000名雇员，成为香港首屈一指的商贸巨擘，全球最大的贸易集团之一。

是什么样的经营管理之道，令这家华人家族企业，在经历了两次世界大战、美国经济大萧条、中日战争、朝鲜战争等历史大事件，以及"二战"后香港经济面对的种种惊涛骇浪般的危机之后，仍能屹立不倒，且能发扬光大？2002年以来，笔者有幸得到一次难得的机会，深入地对利丰这家百年老店进行全方位考察，对其的印象是：这不仅是一家百年企业，而且是一家与时俱进、充满勃勃生机的现代跨国集团。哈佛商学院就曾对利丰的全球供应链管理做了多个经典案例分析。无论从哪个方面看，这家企业的经营管理理念、公司治理都堪称走在时代潮流的前列。那么，令利丰基业长青的管理基因是什么呢？

一、与时俱进：从中间商到全球供应链管理者

从1906年利丰创办以来的一百多年间，随着全球出口贸易产业的演变，利丰因应外部经济环境的转变与时俱进，经历了从简单中间商到全球供应链管理者的历史性转变。

第一阶段：采购代理（1906年至20世纪70年代初）。20世纪初冯柏燎和李道明在广州创办利丰时，世界经济还处于轮船时代，中国正处于清朝末期。在那个年代，冯柏燎由于精通英语，充当了中国供应商和美国客户之间买卖的中介人角色。当时，利丰作为沟通客户与供应商之间的桥梁，获得了约15%的佣金。不过，到了冯汉柱时代，利丰从事的贸易已从

对中国的转口贸易转为香港本土的出口贸易，作为买方的客户和作为供应商的厂商的影响力迅速扩大，公司的生存空间日益缩小，所收取的佣金也逐渐减少到10%、5%，甚至3%。冯国经回忆说："1976年，当我结束在哈佛商学院的教书生涯回到香港时，我的朋友曾警告我说，像利丰这样的采购代理商将会在10年内消失，他们都认为'采购代理是夕阳产业'。"①

第二阶段：地区性采购公司（20世纪70年代初至80年代中期）。20世纪70年代初期，从美国学成返港的冯国纶、冯国经兄弟先后加入了家族公司。当时，香港经济已完成工业化，随着国际贸易保护主义抬头和西方国家实施限制性纺织品配额制度，香港制造业厂商开始将劳动密集型生产工序或产业外迁至亚洲周边国家。这一阶段，利丰的角色已经从单纯的中间商扩展到"生产计划的管理者和实施者"。对此，冯国经解释说："在原有模式操作中，客户会说：'这是我们需要的商品，请到最好的地方帮我购买。'而新的模式则是这样运作的：我们四大客户之一的 The Limited 公司对我们说：'在下一季度，我们所想要的就是这种外形、颜色和质量的产品，你能提供一个生产计划吗？'根据客户设计师的草图，我们会进行市场调查，寻找合适的纱并对样品布料进行染色，以达到与客户要求的颜色相一致。然后，我们会根据产品构思生产出样品。买家看过样品后会说：'我不太喜欢那种样品，我喜欢这种，你能生产多些这种样品吗？'接下来，我们会为整季产品制订完整的生产计划，具体说明产品结构和生产时间表，我们会和所有原材料供应商和工厂签订合约，然后，我们会策划和监督工厂的生产，以确保质量和准时交付。"② 这一阶段，利丰作为欧美客户的采购代理，开始将其采购网络从香港扩展到中国台湾、韩国、新加坡和中国内地，逐步发展为地区性采购公司，其业务也从单纯的采购代理向供应链的上、下游延伸。

第三阶段："无疆界生产"管理者（20世纪80年代中期至90年代中期）。20世纪80年代初，世界经济衰退，西方工业国家实行更严厉的贸易保护主义，而邻近的中国台湾、韩国、新加坡等国家或地区也加强它们的竞争，香港制造业产品出口面临日益困难的市场环境。香港制造业厂商经过几年摸索、试探，从20世纪80年代中期起，大规模将劳动密集型产业或工序内迁至以广东珠三角地区为核心的南中国。因应这种变化，利丰的

---

① JOAN MAGRETTA. Fast, global, and entrepreneurial: supply chain management, Hong Kong style: an interview with victor Fung [J]. Harvard business review, 1998 (9-10): pp. 102-114.

② JOAN MAGRETTA. Fast, global, and entrepreneurial: supply chain management, Hong Kong style: an interview with victor Fung [J]. Harvard business review, 1998 (9-10): pp. 102-114.

贸易经营模式进一步发展，成为"分散生产"的管理者。在分散生产模式下，利丰在香港从事诸如设计和质量控制等高附加值的业务，而把附加值较低的业务分配到其他地方进行生产，使产品实现真正的全球化。正如冯国经所说："对分散生产进行管理是一种真正的突破，这迫使我们不仅需要精通物流和运输，而且亦要懂得剖析价值链。"利丰将这种分散生产的管理模式又称为"无疆界生产"管理模式。在此模式下，客户提供给利丰一个初步产品概念，由利丰为客户制订完整的生产计划，在各地采购合适的配件，提供最适合的成品制造商。在生产过程之中，利丰对生产工序作出规划及监控，以确保产品质量和及时交货。在这种生产模式之下，利丰从事设计和质量控制等高附加值的业务，而将附加值较低的业务，例如生产工序，分配到其他最适合的地方，使整个生产程序及流程实现真正的全球化。

第四阶段：全球供应链经理人（20世纪90年代中期至今）。20世纪90年代中期以后，利丰借收购金巴莉，在"分散生产"管理的基础上向"虚拟生产模式"发展。在该模式中，利丰与境外客户直接签订供货合约，向买家提供所需产品，即直接充当客户的供应商角色。这一阶段，利丰实际上成为全球供应链经理人，对来自欧美客户的每一份货品订单，在全球范围内进行供应链的优化配置，从而创造出一条最有效益的供应链，为客户提供具有竞争力的产品，并从中赚取最大边际利润。利丰向客户提供的服务领域，除了负责以产品为中心的工作，包括市场调查、产品设计与开发、原材料采购、选择供应商和生产监控等，还监管一系列的进出口清关手续与物流安排，并对有潜质的原材料供应商、工厂、批发进口商和零售商等在供应链中占有关键位置的企业进行融资，以便使供应链上供求双方的企业都能够以最佳状态运作。

20世纪90年代以来，越来越多的企业、公司将供应链管理的概念纳入他们的战略议程中，国际上一些著名的大企业，如惠普、IBM、戴尔公司等，在供应链管理实践中都取得了瞩目的成绩。在全球范围而言，香港的利丰集团无疑是其中的佼佼者之一。美国哈佛商学院就对利丰的供应链管理实践做了多个商业案例分析，《哈佛商业评论》称利丰的供应链管理为"香港风格的供应链管理"，具有"快捷、全球化和创业精神"。利丰行政总裁乐裕民（Bruce Rockowitz）表示：在这个世界中，各采购国之间将没有边界，而利丰拥有在一个"平的世界"中管理供应链的独特模式。"在美国任何一家商城里，都会有30%~40%的商家是利丰的客户。消费者们基本不会注意到我们公司，但在各类服装以及家庭用品背后，却是我们在提供服务。""供应链的演变与发展造就了现在的利丰模式。"正是依靠这种有效的供应链管理，利丰能够比竞争对手更快、更准确、更灵活，同时更低成本地为客户提供产品，并将来自供应链上的收益最大化。概括而言，利丰的这套全球供应链管理模式具有以下几个特点：

第一，积极拓展全球性的采购经销网络，对产品供应链进行优化管理。经过多年努力，利丰的采购网络已扩展到全球 40 个国家和地区，设有超过 300 家办事处。一个庞大的、运作有效的全球性采购网络，有利于利丰各产品小组为特定的客户制定最优化的产品供应链，以最低成本向客户提供最快捷的优质服务。为了能在全球范围内为客户制定最优化的产品供应链，利丰非常重视供应链各节点上企业的紧密合作，强调企业应专注于核心业务，建立核心竞争力，在供应链上明确定位，将非核心业务外包，并实现供应链各节点上的企业的紧密合作，以争取"零售价里的软三元"。这种供应链合作关系可以定义为供应商与制造商之间，在一定时期内的共享信息、共担风险、共同获利的协议关系。

第二，建立从采购、经销到零售的一条完整供应链的组织管理架构，重视并不断强化各企业的核心业务和核心竞争力。20 世纪 80 年代中期，利丰的供应链管理从采购贸易扩大到零售环节，90 年代收购英之杰在亚太地区的市场推广及相关业务后，进一步扩大到经销领域，从而形成从采购、经销到零售的整条供应链管理。在整条供应链管理中，利丰的三个重要组成部分——利丰有限公司、利和经销集团以及包括利亚零售在内的利丰零售，分别处于产品供应链的上游、中游和下游，并以其具竞争优势的核心业务为客户提供服务，而把非核心业务外判。其中，处于供应链上游的上市公司——利丰有限公司，主要业务是从中国内地和其他亚洲发展中国家采购货品（主要是成衣和各种硬产品，如玩具），销售给欧美的经销商和零售商客户；处于供应链中游的利和经销集团，主要专注于经销代理和批发业务，包括市场推广、品牌代理、品类管理、物流服务、销售渠道的拓展和管理等；处于供应链下游的利丰零售，旗下拥有利亚零售和利邦两家上市公司，主要经营三个连锁店集团：OK 连锁便利店、利邦连锁服装店和玩具"反"斗城，其核心业务是紧贴消费市场，针对目标顾客的需要提供产品和服务，建立零售店的品牌形象。

第三，建立以客户为中心、以市场需求为原动力的拉动式（牵引式）供应链运作模式，为客户提供"一站式"的增值服务。利丰的供应链管理属于拉动式供应链运作模式，以客户为中心，以市场需求为原动力。利丰的客户主要是欧美市场的零售商，这些客户非常了解欧美消费市场的需求，知道如何销售产品和服务顾客，但他们也知道自行管理生产事宜并不合算，于是委托利丰代理，要求利丰帮助他们选择生产商和供应商，设计整个生产计划及流程，代为监督品质和生产时间，处理各种各样的琐碎事项，直至产品装运出口。利丰的供应链管理强调了真正的客户导向，它将客户分为大客户和中小客户，大客户由一个部门专门负责一对一的贴身服务。小客户也由专门的人员全程服务，满足客户多样化、个性化的需求。利丰根据客户的需求，从采购服务逐步发展起一系列的增加附加值服务，并扮演简单代理商、增值代理商、贸易供应商、虚拟生产商等多种角色。①

第四，利用流程管理和资讯系统去优化供应链的运作。利丰旗下各公司都非常重视收集、处理和利用市场信息。除统计销售数据外，市场人员在销售的同时还直接到销售点现场采集第一手的市场信息。作为全球供应链的协调和组织专家，利丰拥有一套完整的 IT 信息系统，利用统一的 IT 信息系统，进行订单的输入、交货和收款等工作，有条不紊地处理订单，确保一致的服务水平和效率。利丰虽然不是技术型企业，却被《连线》（*Wired*）杂志列为世界前 40 名的 IT 公司。正如前利丰行政总裁乐裕民所指出，"利丰利用 IT 技术进行大规模的业务经营，如果没有 IT 技术，我们肯定无法达到现在的规模"，"世界各地的办事处全部通过一个计算机系统相互连接，我们仍是一个完整的企业"。

二、"三年计划"：不断改善企业的方法

在现代，利丰紧紧把握时代和经济大势的脉搏，因应宏观经济环境的转变而及时调整、创新经营策略，突出地表现在它的"三年计划"里。

2010 年，利丰行政总裁乐裕民曾这样形容利丰的"三年计划"："每隔三年我们都会考虑公司革新的问题。我们花一年的时间去审视哪些要作出改变……我们想推倒一切，从头再来。我们放眼未来，勾画蓝图，预见今后的贸易将如何发展，并考虑公司会遇到经济衰退等其他问题吗？我们志存高远，放眼未来，为公司寻找发展的方向。如果我们发现存在缺陷，便会通过变革来弥补。为此我们形成了一套战略，而此战略一旦形成，我们将会贯彻执行。虽然这个过程非常烦琐，但这恰恰是利丰的成功之道。"

冯国纶表示，"三年计划"的最初意念，是来自中国国家发展的五年计划。自中华人民共和国建立以来的数十年间，国家一直对经济发展制订

---

① JAMIE O'CONNELL. Li & Fung (Trading) Ltd. [J]. Harvard Business Case Studies，1996 (6).

五年计划。这种体系"可以使公司向前看,但又不会看得太远"。冯氏兄弟认为,一个固定年期的计划有助于企业达成中长期的目标,使企业有计划地成长。这个固定年限的计划可使企业订立特定的经营目标,并按照目标有步骤、有组织地进行,并使企业转型和改造成为企业持续工作的一部分。但是,如果按照国家以五年为期作计划,对企业来说年期太长,有可能令企业跟快速转变的市场脱节,计划脱离现实环境;而如果计划的年期只有一两年的话,计划目标就会太短视,缺乏让计划深化和贯彻的时间。因此,取其平衡,以三年为计划年期:第一年是计划和开展;第二年是整个企业努力落实计划,争取达到目标;第三年达到目标并作检讨。三年给予企业各个部门回转的空间,应付与计划有所不同的外部环境转变,并把握最适合的时机去达到目标。

"三年计划"背后的理论基础,是冯氏兄弟的"击鼓理论"(Drumbeat Theory)。2008 年 4 月,冯国经在接受《商业周刊》记者采访时曾对此作过解释。他表示:"如果公司要管理得好,你一定要有你的 Regularity(规律、节奏)。不是今天是这样,明天是那样。这是我用龙船(以击鼓作为比喻),没有需要的时候是ㄅㄥ、ㄅㄥ(鼓声,速度慢),有需要的时候是ㄅㄥ、ㄅㄥ(鼓声,速度快)。"他并表示,"这不表示我们没有危机感。所以我们变,从稳定怎么样平衡,我们就用'三年计划'。计划订下来,就三年不变,三年就一次大变。Zero Base(零基计划)造好之后又 Regular。这就是我们怎么样去平衡一个更新,同这个稳定平衡","在快速移动的世界中进行计划,需要不断反映变化,也需要提供足够的稳定性来执行计划。快速流动的资讯以及变动的环境是为了回应风向的些微变化,但是,一艘回应所有风向变化的船只永远到不了岸边,所以,船长需要定一个目标,使全体船员专心一致地朝向目标,然后,再定期重新评估所在位置并作出修正"。①

冯国纶十分强调"三年计划"的重要性。他说,我们的"三年计划"是从零开始,每三年检讨一次,看在现实的宏观环境下,企业是否还有生存价值。该计划包括这么一种自我反省:"我们是否仍然有用? 我们会不会从中间商的位子上被甩开?"他在美国读 MBA 时曾听到一个很有名的故事:一家制造马鞭的企业,一门心思去研究如何做好马鞭,把马鞭做得出神入化,但不知道世道已发生变化,社会已不再需要马鞭了,结果这家企业最后被迫倒闭。冯国纶说,这个故事说明了解市场环境的极端重要性。

---

① 参阅《三年定一音的击鼓理论——独家专访冯氏兄弟谈基业长青的三堂课》,《商业周刊》,第 1063 期,第 138 – 139 页。

冯氏兄弟认为，等到环境转变才想到要去适应环境的企业，只是属于小学级、中学级企业；能够事前预测到环境的转变，提前改造企业使之去适应未来环境的转变，才属于大学级企业。因此，利丰决定每三年停下来全面检讨一次，看是否需要改造自己。

根据冯氏兄弟的经营思想，利丰"三年计划"的制订，大致分四个步骤：第一，通过环境分析预测三年后企业发展的基本景观（Scenario of Environment）；第二，从公司的愿景（Vision）出发，根据预测的企业环境景观制定具挑战性的发展目标；第三，从公司目标回望企业现况，找出差距，制定跨越距离的策略；第四，根据策略组织实施计划，并应环境改变修订策略。这样，利丰的经营策略，便与经济大势的演变紧密地结合起来。

自 1992 年上市以来，利丰经历了六个"三年计划"。总体而言，利丰的"三年计划"取得了成功。从 1993 年起，利丰正式实施第一个"三年计划"（1993—1995 年），目标是要实现营业额突破 10 亿美元，超越英之杰采购（IBS）而成为香港最大的贸易公司。1995 年，利丰收购天祥洋行，提前实现第一个"三年计划"。在第二个"三年计划"（1996—1998 年）的实施中，利丰将重点集中在提高天祥的边际利润率，通过将天祥融入利丰，成功实现利润翻番、边际利润回升至 3% 以上水平的目标。在第三个"三年计划"（1999—2001 年）中，利丰将目标定为：营业额提升 50%，边际利润提升 1%，总体实现盈利倍增。实施期间，由于遇到事前未预料到的收购 Colby 事件，特别是由于公司的互联网投资需要撇账，利丰虽然未能达到总体目标，但营业额亦按预定计划增长 50%。2000 年，利丰的股票涨幅超过恒生指数的 75%，成功跻身香港前 20 大上市公司之列。在第四个"三年计划"（2002—2004 年）中，利丰将目标定为"利润比 2001 年增加一倍"，由于期间遭遇恶劣的经济环境，这一目标未能达到，但成功建立了海外品牌，利润增长率正加速提升。在第五个"三年计划"（2005—2007 年）中，利丰实施"双线收购"和登陆美国的"本土策略"，成功实现营业额超过 100 亿美元的目标。在第六个"三年计划"（2008—2010 年）中，由于受全球金融危机影响，部分目标未能达到，但计划期内营业额及核心经营溢利分别增长 34% 和 77%；美国及欧洲本土业务的营业额分别达 26 亿美元及 11 亿美元；期内核心经营溢利增长的百分比为营业额增长百分比的 2.3 倍。

三、独特的企业管理架构和管理机制

利丰在企业经营管理方面有其独特的经验。冯氏兄弟极为重视以客户为主导和企业家精神。他们的这些管理哲学形成了利丰独特的企业管理架构和管理机制。

第一，建立灵活而以客户为中心的组织营运架构。

1973年上市以后，利丰逐渐建立起以客户为中心而不是按地区划分的组织营运架构。目前，利丰拥有超过100个分组专注于特定的客户需求，每个分组的运作就像一个独立企业，分组经理拥有充分的决策权以满足顾客快速变化的需求。1998年，冯国经在接受美国《哈佛商业评论》编辑琼·玛格丽塔（Joan Magretta）女士采访时，对利丰所建立的以客户为中心的组织营运架构曾有一个清楚的说明："据我们所知，每一个公司都宣称以顾客为中心。那么，以顾客为中心是什么意思呢？通常，这是指公司要设计出一种在大多数情况下，能够配合大多数客户的主要系统，而我们所做的却有所不同：我们以每个顾客为中心，为他们组织生产。……我们公司的基本运作单位是部门。我们尽可能令整个部门集中服务一个客户。我们也会把较小的但有相同需求的客户集中在一起，并成立一个部门只为他们提供服务。例如，我们有一个名为'主题商店'的部门专门为华纳兄弟商店（Warner Brothers Stores）和雨林咖啡馆（Rainforest Cafe）之类的客户提供服务。这种围绕客户而建立的组织结构十分重要，因为我们的目标是为每个顾客度身订造一条价值链。因此，以顾客为中心的部门是我们公司组织架构的基础。"①

冯国经还谈到利丰这种以客户为中心的组织营运架构一旦与某个国家或地区的供货商发生矛盾时的处理原则，他说："在大多数的跨国公司内，公司所属地区、产品和客户三者必然会产生冲突。从产品角度来看，核心问题是：我怎样为客户提供更好的服务。孟加拉国对你来说可能是微不足道的，但它对我们全球化的产品线却十分重要。从国家区域角度出发，核心问题是：怎样维系我们与这个国家供货商的全面关系，所以，如果某个国家的工厂同时为多个产品部门生产的话，则我不会容许某部门不公平地利用这一工厂。解决上述典型问题的方法是，要以顾客和他们的需要进行生产。但为平衡各方关系，每一个产品部门的主管人员都有责任维系公司

① JOAN MAGRETTA. Fast, global, and entrepreneurial: supply chain management, Hong Kong style: an interview with victor Fung [J]. Harvard business review, 1998 (9 – 10): pp. 102 – 114.

与此国家供货商的全面关系。因此，产品部主管要谨慎对待公司在某个国家主管人员当前所面对的问题，并且减少他们提出不合理要求的可能性。"

第二，建立有利于发挥创业精神的企业营运机制。

作为一家具有轻型资产特性的大型贸易公司，利丰获得迅速发展的关键有两点：其一是在快速多变的国际市场环境中如何能保持灵活、有效的运作；其二是如何吸引人才、留住人才，并充分发挥专业人才的创业精神。因此，利丰在公司组织营运架构的设计方面，以规模细小的产品部门为基础，并重视创业精神的发挥。每个部门经营 2 000 万至 5 000 万美元的业务，并由一位具有领导才能的企业家来负责管理，这位领导人会像管理自己的公司一样来管理这个部门。

冯国纶说："我们称这些分公司的经理们为'小尊荣'（Little John Waynes，是一个著名的美国好莱坞演员，经常扮演具有勇气和爱国精神的人物）——他们总想到外面用枪打坏蛋。他们不愿意待在这里（指办公室）签署类似支票的东西，并且他们拥有市场营销的经验——他们不是行政人员。"① 用冯国经的话说："我们所聘请的那些人，他们若不在利丰工作的话，便会开公司经营自己的生意。"正如哈佛案例《利丰贸易》中所指出的："（利丰）大部分顶尖的贸易员工——事业部经理、产品组别经理和执行董事——都有能力建立自己的贸易公司并与利丰贸易竞争。"因此，利丰必须设计一套有效的营运机制去留住这些经理，并发挥他们的创业精神。

为此，利丰在企业营运机制上赋予部门经理一定程度的管理和营运自主权，"所有为客户协调生产计划的业务操作，例如和哪些工厂合作、停止出货还是继续出货等具体操作，都是由部门领导层作出决策的"。利丰的许多经理都认为，独立性是他们对公司感到满意的重要因素。产品组别经理伍永华称事业部为"小团体"是利丰企业文化的基础；事业部经理赖贞洁认为，在利丰工作"像是在经营自己的事业一样"。

从管理学的角度看，这是一种很扁平的现代企业组织结构，具有高度的灵活性及竞争力。正如冯国经所说，这是一种"即插即用型"的组织结构，可以在实际操作中运行一个而关闭另一个，或者说，"能在一夜之间创造或毁掉一个团队"。② 冯国经在经营管理中继承了父亲的观点：管理是一条双程道——你照顾员工，员工自会照顾你。要管理一间地域上分隔甚远的公司，关键是经常为员工提供优良的培训，及保持紧密的联系和沟

① 陈妙珠. 中西合璧的商人——冯国经［N］. 香港经济日报，1996－01－25.
② 参阅 Getting Virtual Right 一文。

通。团队合作相当重要，一家拥有上万员工的跨国公司，绝不可能只由一两人制定所有决策。冯国经明白到大多数香港人最终都想当老板，因此他们把利丰重组，以迎合这些"企业内的企业家"。公司有上百个单位，各自组成盈利中心，由不同的企业家管理他们擅长的范畴，利丰则提供各项基本建设、设施以及其他方面的支持，如信息科技、人力资源、行政管理及经济财务，目的是使他们"如虎添翼，翱翔天际"。

第三，建立一套灵活而完善的薪酬福利制度——激励机制。

诚然，利丰在赋予部门经理独立经营权的同时，亦设计出一套灵活而完善的薪酬福利制度，将公司的业绩与员工的升职和薪酬挂钩。无论是不同等级的员工还是流动员工，利丰都会根据员工当年的工作表现及分组业绩来给予报酬，甚至可以说，利丰管理层员工的收入是没有封顶的。据利丰透露的一份员工不同职级的薪金报酬，1994年利丰员工的奖金占其薪酬的百分比，执行董事平均为269%，产品组别经理为99%，事业部经理为31%，其他员工则占4%～9%不等。冯国纶表示，高收入是留住高层员工的必要条件，利丰也是按照这一意念来设计公司的薪酬制度的。冯国纶表示，利丰庞大的供货商网络、行政的支持和与业绩挂钩的薪酬制度能帮助顶尖的贸易员工赚取比他们自己经营一家小公司更多的收入。在这一制度下，利丰的高层员工的流失率是相当低的。

第四，在充分分权的基础上保持严格的中央监控体制。

利丰的管理休制，实际上是一个严格的中央监控与充分权力下放相结合的体系。所有的产品小组都可充分运用公司所下放的权力自行运作，但有两件事则是必须经过公司总部的，这就是财务控制和信息管理。从另一方面来说，利丰总部负责财务、信息科技和行政等工作，对从事贸易服务的前线100多个产品小组给予强有力的支持服务。为了促进全球各个地区跨部门的沟通和协调，利丰的政策委员会定期召开会议，由各区域部门经理商讨重要的决策行动，并负责向其属下部门传递整个集团运作的信息。利丰的中央数据库记载了全球所有与公司有联系的生产商的记录，利丰透过其在全球40个国家或地区里的300家办事处的合作，可以为客户寻找到最佳的生产组件与生产方式，为客户提供最佳的供应链方案。利丰的这种管理体制，兼具小公司的灵活性，同时又有大公司实力雄厚的财政及信誉支持。

四、卓越的"公司管治"

在香港，家族企业所占的比例相当高，一般估计至少超过90%。许多家族企业都有悠久的历史：香港最老资格的英资洋行怡和，至今已经历了170多年；利丰从1906年创办至今，也已有整整100年的历史。虽然不少家族企业都经营得非常成功，但无论是国内还是国外，都流行这么一种说法："富不过三代。"有的甚至更明确指出，家族企业是一代创业，二代守成，三代衰败。根据美国布鲁克林的家族企业学院的研究，约有70%的家族企业未能传到下一代，88%未能传到第三代，只有3%的家族企业在第四代及以后还在经营。美国麦肯锡咨询公司的研究结果也差不多：所有家族企业中只有15%的企业能延续三代以上。

然而，利丰却打破了"富不过三代"的说法。利丰在经历了冯柏燎、冯汉柱两代发展之后，传至冯国经、冯国纶第三代手上，更加发扬光大，家族事业攀上了新的高峰。在冯氏兄弟的卓越领导下，利丰建立起一套运作有效的优良公司管治模式，不仅成功打破了"富不过三代"的说法，而且一举跻身香港上市大财团之列。利丰的成功，原因是多方面的，但有效的"公司管治"肯定是其中的关键因素之一。在这方面，利丰堪称香港家族控股的上市公司的典范。利丰的做法是：

第一，有效的股权安排——通过公司私有化将分散的股权集中。家族企业一般采取两大类股权安排，即股权分散的安排和股权集中的安排。股权分散的华人家族企业通常倾向于采用家族成员管理方法。这种方法的缺陷，就是家族成员可能因缺乏监督或个人私利等种种原因而对企业造成损害或减低企业效率，并可能因部分成员出售企业股份从而影响家族对企业的控制权。因此，股权集中的安排，是家族保持对企业控制的唯一方法。1989年，冯氏兄弟通过私有化的方式将家族已经分散化的股权再度集中，从而有效地保持了利丰的活力、效率和企业家精神。利丰也以此为转折点，从一家普通的家族公司迅速发展为全球性的跨国大企业。

第二，有效的监察模式——通过董事会结构安排保持对企业的监察功能。在优良的公司管治中，董事会对企业的有效监察是重要的元素之一。调查显示，当家族的控制权没有受到挑战而企业又缺乏有效的监察时，该控股家族成员往往可能缺乏诱因去寻求企业的最大利益，而倾向从事自利活动。因此，董事会对企业的监察就显得极为重要，而董事会能否有效发挥其监察功能，在相当程度上依赖董事会的组织结构和运作。利丰极为重视有效发挥董事会的监察功能：首先，冯国经、冯国纶分别担任董事会主席与行政总裁两职。其次，冯氏家族成员在董事会中所占比例极低，以2008年为例，在13名董事会成员中，仅冯氏兄弟二人，所占比例仅约为15%。而独立董事则有4人，均为香港或国际商界具公信力的权威人士。

利丰董事会的组织结构和运作，使其能有效发挥监察功能。这也成为利丰一直得以保持优良公司管治的重要原因之一。

第三，高效率的运作组织——所有权与经营权分离。目前，在美、欧、日等企业中，一般已实现所有权（产权）与经营权的分离。这些国家的企业甚至逐渐实现高级管理层人员向所有者转化的趋势。而香港的情况则不同，所有权与经营权仍密切结合，仍然是董事会主席操纵决策大权，直接参与经营和管理；或董事会实行执行董事制，由执行董事直接领导和管理公司，经理只是雇员，专业管理层仍没有在整个社会中形成。利丰虽然仍实行执行董事制，但通过董事会主席与行政总裁的分离，以及建立一套有利于发挥企业家精神的企业营运机制和灵活而完善的薪酬福利制度，实现了所有权与经营权的分离。利丰赋予部门经理独立的经营管理权，实际上在企业内部培育了一个具丰富行业经验的职业经理层。

五、高瞻远瞩的人力资源政策

1996 年，冯国经连中两元，同时获得 DHL 及《南华早报》的香港商业奖和美国《商业周刊》的全球最佳经理奖（World's Top Manager）。两个奖项都是肯定冯国经管理利丰的成就，使利丰从一个传统的中国式贸易公司发展为一家现代化的亚洲跨国集团。当时，冯国经在接受记者采访时表示，自己是中西合璧的商人，既重视中国传统观念，又具有西方管理技巧，因此在他与弟弟冯国纶的领导下，利丰变成一家具亚洲色彩商业管理模式的公司，兼备"制度"与"人情味"的管理特色。[①]

利丰作为一家轻型资产模式的商贸集团，人才资源的素质和充裕程度显然是公司能否迅速发展的一个关键因素。对此，冯国经、冯国纶首先是通过建立一套严谨而有竞争力的用人制度来吸引人才的。利丰在企业营运机制上赋予部门经理一定程度的管理和营运自主权，使他们能够"像是在经营自己的事业一样"，而且设计了一套灵活而完善的薪酬福利制度予以配合，将公司的业绩与员工的升职和薪酬挂钩。与一些华人家族企业不同，利丰主要不是以家族血缘的亲疏关系来决定管理人员职位的高低，而是能者居之。健全的用人制度保证了利丰拥有同行业中最优秀的人才。从2005 年利丰董事局的组成来看，执行董事中除了担任总经理的冯国纶外，有长期在利丰工作、从基层做上来的陈浚林、刘世荣、刘不凡等，也有在

---

① 梁淑文，李禾德. 百亿富豪十年铺路——冯国经志在特首 [J]. 壹周刊，2003（9）：44.

收购 Colby、英之杰采购（天祥洋行）后转过来的乐裕民、梁慧萍、梁国仪等。健全的用人制度保证了利丰拥有同行业中最优秀的人才。

　　冯国纶就表示，西方那一套工商管理知识固然很有用，但把它们运用到香港也不能与当地的社会文化脱节，如西方的人事管理制度就不适用于香港。他承认，20 世纪 70 年代时在利丰这样一家古老的华人企业中，的确有不少"Dead Wood"（指对公司没有贡献的员工）。在美国，企业要求员工要全天候保持最佳状态，否则便遭解雇，但在香港就不能那样做。冯国纶说："美国是效率第一，雇主与员工关系全看效率表现，不讲人情，我 20 世纪 70 年代读完哈佛回香港，很'番'（西化），很受美式管理影响。不过，我很记得父亲教导我：'你怎样对待伙计（员工），伙计就会怎样对待公司，若果没有一点人情味，你休想他们对公司有归属感。第二点是，人不是机器，会有情绪起落，可能受到人的问题影响情绪，例如未能适应新客户，影响效率。'我不相信美式在管理人事上所谓的'Business is Business'这一套，我们融入中国式的元素。"

　　利丰还相当重视管理人员及各级员工的培训，定期为员工举办课程和讲座，为他们引进外国先进的企业管理理论和实践经验。利丰位于长沙湾利丰中心的总部，就设有演讲厅及培训室。近年来，随着集团规模的迅速扩大以及公司业务的快速发展，利丰对人才培训更加重视。2010 年，利丰先后推出两项重要的培训计划：第一项为"领袖培训项目"，目标是为利丰经理级的团队提升管理能力，使团队成员彼此之间有更多的共同语言，并且加深对公司文化的认识。该项目由利丰与美国麻省理工学院及香港大学合作，为期一年，团队成员分别在麻省理工学院和香港大学各上课 5 天，其余时间遵照麻省理工学院的"行动学习模式"（Action Learning Approach）参与不同的实践项目，包括电子商务、供应链改善流程、采购能力提升，以及如何建立社交网络等。第一期学员包括公司总裁、副总裁、行政总裁等高层管理人员 180 人。公司计划并陆续进行对二、三、四级经理的培训。

　　第二项为 PMD 项目（Program for Management Develement），即利丰主席冯国经所称的利丰的"黄埔军校"计划。该项计划着眼于利丰未来的长远发展，为利丰建立"人才库"，目标是通过培训建立利丰未来发展的人才梯队，这些人才必须有国际视野，深刻了解世界贸易营商环境，并且熟悉利丰各个业务环节，包括采购、经销和零售等业务，可以胜任集团在全球各地的分公司的管理业务，迎接不同的挑战。该计划将在全球招聘学员，每期学员为 50 人，选人标准是这些人必须有企业家精神，认同利丰的企业文化，并且在不同行业有 3 ~ 5 年的实践工作经验。2010 年，PMD 项目收到全球 1 300 个申请，利丰从中挑选了 43 位为第一期学员。这些利丰未来的管理人才经过既定的培训学习后将被派到集团不同部门实习。这项高瞻远瞩的计划，反映了利丰的掌舵人已开始为利丰未来几十年的可持续发展作好准备，未雨绸缪。目前，PMD 项目已进行了 6 年，先后培训出 128 位学员，其中 86% 都选择留在集团工作。

（原文为笔者在中国人民大学商学院 CAMP 班的演讲稿）

从李嘉诚部署交班看华人家族企业的传承

　　近年，香港老一辈华人企业家相继部署交班：李嘉诚宣布自己巨额资产的分配方案，会德丰的吴光正将主席职位交给 35 岁的儿子吴宗权，恒基地产的李兆基、新世界发展的郑家纯、嘉华集团的吕志和、合和实业的胡应湘等，都陆续部署淡出。甚至连正值壮年的新鸿基地产的郭炳江、郭炳联兄弟也被迫开始部署接班事宜，安排家族第三代：现年 29 岁的郭基辉和31 岁的郭颢澧进入董事局。由于这些大企业对香港经济举足轻重，有关事件再次引发了香港社会对华人家族企业传承问题的关注：这些被安排的接班人经验是否足够？交接是否会顺畅？对于公司管治将带来怎样的挑战？新一代接掌后对于家族企业发展将产生什么样的影响？

　　中国的传统智慧，有所谓"富不过三代"的说法。根据香港中文大学一项对近 20 年来中国香港、中国台湾、新加坡 200 宗家族企业传承案例的研究，家族企业在继承过程中往往面临巨大的财富损失，在继承年度（新旧董事长交接完成的一年，通常此交接伴随控制股权交接）及此前 5 年、此后3 年的累计股票超额收益率平均高达 –60%，换言之，股权所有人于企业传承前 5 年每份价值 100 元的股权，在传承完成时只剩下 40 元。相比其他两地，香港近 80 宗家族企业传承的案例价值损失更大，高达 –80%。[①]

　　华人家族企业在传承过程中，有两个问题一直困惑着他们，首先是接班人的选择和培养。华人家族企业的成败兴衰，在颇大程度上倚重于创业家长及其接班人的判断、经验、魄力、内部的亲和力及外部的人际关系。在创业家长或家族家长逝世后权力转移到下一代时，如果接班人缺乏足够的权威和魄力，家族企业很容易出现内部分裂和派系斗争。香港大学黄绍伦教授在研究香港华人家族企业传承时曾指出："家族生意在继承的过程中会出现离心的倾向。"[②] 可以说，接班人的不力往往成为家族企业由盛转衰的转折点。综观整部香港华人家族企业发展史，这种事例简直俯拾皆是。香港最古老的华人商行元发行、20 世纪 30 年代盛极一时的郭氏永安

---

　　① 范博宏，罗绮萍. 家族企业价值为何在继承中蒸发六成 [J]. 新财富，2009（12）：52 – 55.

　　② 参阅香港贸易发展局研究部 1998 年发表的《香港制造业现况与前景》，第 19 页。

集团、20 世纪 80 年代的冯秉芬集团、东南亚华侨富商张明添等，都是由于接班人的不力而导致家族企业崩溃或由盛转衰。因此，深明此中道理的家族家长，均极为重视接班人的培育。

华人家族企业传承面对的另一个困境是，在中国的传统文化中父亲去世后，家族财富往往要由儿子们均分，这种"细胞分裂"式的传承，不仅会动摇家族对企业的控制权，造成企业内部的矛盾，而且会使家族企业无法积累资金，很难进一步发展。面对这一困惑，"世界船王"包玉刚将其商业王国划分为四份，分别传承给他的四个女儿和女婿。其中，环球航运集团交给大女婿苏海文，会德丰系上市公司由二女婿吴光正管理，三女婿渡伸一郎和四女婿郑维健则分别主理综合贸易公司和包氏家族的投资基金。为此，包玉刚成立了 4 个信托基金，分别由其 4 位女儿组成的 4 对夫妇各自独立持有。很明显，包氏的部署是要避免家族日后可能出现的财产纷争。他的部署显然取得了成功。

面对这一困惑，新鸿基地产创办人郭得胜的部署是，将家族企业的股权以家族信托基金的形式传承给他的妻子和三个儿子郭炳湘、郭炳江、郭炳联共同持有。郭炳湘出任董事会主席兼行政总裁，掌握决定权，其弟郭炳江、郭炳联则出任董事会副主席兼董事总经理，辅助兄长。在相当一段时期内，郭氏兄弟携手合作，令新鸿基地产业绩大放光彩。郭氏兄弟合作经营新鸿基地产 20 年，公司的市值从 1990 年接班时的 254 亿港元增加到 2010 年的 2 000 亿港元，资产增长了近 7 倍。可惜，天有不测风云，三兄弟后来终生嫌隙，发展至矛盾难调，导致公司董事会改组，即郭氏家族信托基金内部重组。其后，郭氏兄弟因涉嫌贪污，相继被香港廉政公署拘捕，被迫匆匆部署第三代接班，给公司的发展蒙上阴影。

香港华人家族企业中，交班计划部署得最缜密、最瞩目，亦最成功的当数李嘉诚。李嘉诚早在其两个儿子少年时已坚持安排他们旁听公司董事局会议，并刻意训练他们的独立性。长子李泽钜在斯坦福大学硕士毕业后，即出任长江实业执行董事，直接负责加拿大的赫斯基石油公司收购计划。1994 年 1 月，时年 29 岁的李泽钜出任长江实业董事会副主席，被确立为接班人。次子李泽楷在斯坦福大学毕业后，初期被安排在一家投资银行工作，1990 年回港加入和记黄埔后负责筹办卫星电视，迅速在香港商界崭露头角。与其兄李泽钜相比，李泽楷积极进取，他曾被美国《华盛顿邮报》评为"以骄横的谈判方式，以及对比他岁数大一倍的下属桀骜不驯的态度而知名于商界"①。他用出售卫星电视所赚资金在新加坡创办了盈科集团，并透过盈科成功收购新加坡上市公司海裕亚洲，一时间光芒四射。

1995 年 5 月，李嘉诚开始部署交班，他将名下所持 34.5% 的长江实业权益转由一家信托基金 LiKa Shing Unity Trust（简称：LKS Unity）持有，由李嘉诚、李泽钜和李泽楷父子三人各持有 1/3。1996 年 7 月，李嘉诚退居幕后，由李泽钜全权处理长江基建分拆上市事宜，并由李泽钜出任长江基建主席。1999 年底，在李泽钜的主导下，和记黄埔向德国曼内斯曼公司出售旗下英国电讯 Orange 公司 44.8% 的股权，换取曼内斯曼公司 10.1% 的股权。此次所谓的"和记卖橙"奠定了公司在欧洲的地位。2006 年 1 月，李泽钜正式出任长江实业集团董事总经理一职。至此，李嘉诚交班的时机已趋成熟。

2012 年 5 月 25 日，在长江实业及和记黄埔股东年会后，李嘉诚首次主动向媒体披露了自己巨额资产的分配方案：由次子李泽楷持有的 1/3 的家族信托基金 LKS Unity② 转给长子李泽钜，令李泽钜持股量增至 2/3，余下 1/3 继续由李嘉诚持有。换言之，长子李泽钜将获得其持有的逾四成的长江实业及和记黄埔权益，以及三成半的赫斯基能源权益，成为李嘉诚事业的继承人；次子李泽楷则得到了李嘉诚拨予的巨额现金，用于支持他发展自己的个人事业，注资规模将会是李泽楷现有资产的数倍。李嘉诚还承诺，将财产的 1/3 捐给社会，为此将成立"李嘉诚慈善基金"，日后将由李泽钜担任主席，李泽楷参与管理。

至此，李嘉诚酝酿、部署近 20 年的交班"大剧"终于揭开了其神秘的面纱。其中渗透着他终生积累的商业智慧和人生智慧：首先，将家族事业的精华——长和系四大上市公司交由长子李泽钜接掌，完全符合中国人的传统文化理念，在伦理上不会出现问题。李泽钜人如其名，性格沉稳，管理长江实业已经超过 20 年，行内人对他的评价是"很守规矩""中规中矩"，与香港各界的关系也比较融洽。与李泽楷相比，李泽钜无疑是更适合守业的人选。其次，次子李泽楷锋芒在外，个性十足，并且早已创业在外，持有大蓝筹公司电讯盈科，是一个开拓性的商界人物。李嘉诚没有采取新鸿基地产的模式让其辅助兄长，而是拨予巨额现金支持李泽楷发展事业，可以说是发挥"一石三鸟"的功效：既可避免日后可能发生的兄弟阋墙的风险，又有利于发挥李泽楷的长处或优势，将家族企业的传承与创业

---

① 参阅 1994 年 1 月 24 日发表于美国《华盛顿邮报》的《亚洲新富豪一代——李泽楷》。

② LKS Unity 持有共 22 间上市公司，包括长江实业、和记黄埔、长江基建、电能实业，以及 TOM 集团、汇贤产业等。

有机结合起来。此外，社会舆论认为，李嘉诚还培育了"永远不会让他失望"的"第三个儿子"——李嘉诚慈善基金，在交班的同时不忘回馈社会。

对此，社会舆论普遍给予正面评价，有评论认为"这样的决定可以说趋于完美，也给香港众多富豪提供了一个家产分配的范例"。不过，李嘉诚的部署并非完全没有风险，正如有评论所指出，相比起李嘉诚，李泽钜沉稳有余、开拓不足。一旦失去李嘉诚庇护后，由李泽钜独自导航的长和系，面对风云变幻的香港及国际政治、经济环境，仍然能够像李嘉诚时代那样游刃有余吗？次子李泽楷固然冲劲十足，但有评论认为他"不很在乎方方面面的关系""不擅守业"，一旦失去父亲的庇护，他开创的事业能够如过往那样顺利发展吗？他们两兄弟在守业和创业两个层面上将如何相互协助、取长补短呢？是否有相关的制度安排呢？对此，大家将拭目以待！

（原文载于香港《信报财经月刊》2014 年 2 月）

第四编　粤港合作与广东珠三角发展

珠江三角洲的崛起及其启示

1987 年 12 月，美国《纽约时报》以"中国的改革从这里开始"为题，撰文指出"广东现在成了中国的先锋，它从几百年的经济沉睡中觉醒，成了世界上经济发展速度最快的地区之一"。① 这里所指的广东，实际上主要是指珠江三角洲。珠江三角洲是广东经济发展最活跃的地区，在短短 9 年间，珠江三角洲在全国、亚太地区以至于国际经济中的崛起，日益引起国内外人士的关注。

一、广东珠三角经济的迅速崛起

根据我们的调查考察发现，珠江三角洲的崛起主要表现在三个方面：

（1）形成多层次开放的格局，通过香港参与国际分工体系，初步实现国内外生产资源的合理配置。

1979 年前，广东甚至珠江三角洲其他地区基本上属于封闭型经济结构，处于国际分工体系外，仅有小量外贸。1978 年，广东口岸的出口值只有 3.97 亿美元。② 1979 年广东率先实行"特殊政策，灵活措施"，随后设立深圳、珠海、汕头三个经济特区。1987 年，珠江三角洲开发区扩大到 28 个市县。这就使珠江三角洲区域形成特区—开放城市—经济开发区这种多层次开放格局，从而处于中国对外开放体系最前沿，为其梯度式参与国际分工体系，发展外向型经济提供了可能性。这是珠江三角洲经济发展的重大转折点。据统计，1979—1986 年的 8 年期间，广东直接吸引外资 42.77 亿美元，占全国直接利用外资的 60%，注册投产"三资"企业 4 196 家，占全国的 70%，签订"三来一补"合同 69 906 份，占全国的 70% ~ 80%，引进技术设备 80 多万台（套）、生产线 1 600 多条③，这些投资大部分集

---

① 参阅 1987 年 12 月 21 日的美国《纽约时报》。
② 参阅符大榜的《珠江三角洲发展及其与香港关系》。
③ 广东省经贸理论研讨专题组. 广东省八年利用外资的基本实验和今后的发展战略 [N]. 人民日报，1987 – 08 – 14；张烈. 广东发展"三来一补"业务的成效和经验 [J]. 广东对外经贸，1987（4）.

中在珠江三角洲。广东出口贸易大幅增加，1987年高达54亿美元，是1978年的13.6倍，其中小珠江三角洲1987年的出口值就达33.68亿美元，占全省出口总值的62.4%①。

珠江三角洲对外开放的一个显著特点，是抓住香港，凭借着毗邻香港之地利，通过香港参与国际分工。香港是举世闻名的自由港，是国际性金融、贸易、海空运、信息等中心，又是华人社会，与内地有密切联系。香港的上述特点使它成为广东特别是珠江三角洲进入国际市场的最便捷通道。珠江三角洲的外向型经济正是充分利用了香港而取得突破性发展的。据统计，广东省9年间吸收的外资中，80%以上来自香港②。1985年广东签订的来料加工合同中，97.8%来自香港，1986年各部分达100%。③广东口岸出口总值中，对香港出口额所占比重从1978年的42.5%上升到1987年的62.8%④。另一方面，广东亦直接投资香港，以粤海集团为基地直接利用香港便利条件参与国际金融、商业活动。该集团公司仅1986年就筹资支持香港生产体系项目58个，金额1.57亿美元；1987年又投资21个项目，金额1 763万美元。该集团公司还在香港发行商业票据融资2.5亿港元，承办保险4万宗，总额45亿港元，并在法、加、美、德等兴办、注册9家公司⑤，为广东参与国际分工起媒介作用。

珠江三角洲对外开放的另一个显著特点，是以发展"三来一补"业务为其参与国际分工的突破口和重要形式。珠江三角洲参与国际分工的形式，除传统的直接对外贸易外，还有"三来一补""三资企业"，以及国际租赁、贷款等。国际租赁、贷款业务才刚起步，"三资企业"的发展需要较完善的投资环境，因而其发展规模受到一定程度的限制，主要集中在经济特区及一些基础设施较好的大城市。而"三来一补"以其投资少、风险小、效益大的特点，在具有毗邻香港地理优势的珠江三角洲得到广泛发展。香港有充裕的资金、广阔的国际市场、现金的管理及反馈灵敏的信息，近年来迫于劳力短缺，工资、土地价格上涨的压力，面临产业结构调整，其劳动密集型产业或工序正往外转移；而珠江三角洲因长期的产品经济的束缚，资金匮乏、市场狭窄、技术落后、信息不灵，其参与国际分工的比较优势在市场机制的诱导下以"三来一补"这种形式得到较好的结

---

① 参阅符大榜的《珠江三角洲发展及其与香港关系》。
② 参阅广东省委周树德《试谈加强粤港金融合作》，粤港澳发展经济贸易研讨会材料。
③ 根据笔者对广东省经贸委的调查数字。
④ 参阅丁厉松《珠江三角洲经济发展与香港的关系》。
⑤ 参阅广东省委周树德《试谈加强粤港金融合作》，粤港澳发展经济贸易研讨会材料。

合，从而增强了两地在国际分工体系中的地位和竞争力。据统计，从 1979 年到 1987 年 7 月止，广东对外加工装配签订合同数达 72 183 份，协议利用外资 11.46 亿美元，实际利用外资 6.14 亿美元，工缴费达 17 亿美元（其中银行结汇工缴费 14.54 亿美元）①。仅 1986 年全省工缴费收入达到 2.7 亿美元，占全国工缴费收入的 79.4%，约占全省净收入外汇 13.2 亿美元的 20.5%。1987 年，全省实收工缴费达 3.5 亿美元，比 1986 年又增加约 30%②。珠江三角洲有的市县对外加工装配工缴费收入已成为当地重要经济支柱，如东莞工缴费收入已占全国总收入的 9.5%（以 1 美元折 3.7 元人民币计算），惠阳县则占 30%，宝安县横岗区甚至高达 90%。此外，补偿贸易到 1986 年底已签订协议 861 项，利用外资 4.7 亿美元。③目前广东省的"三来一补"企业已发展到 13 000 多家，从业人员超过 100 万。

根据光鼎盛经贸委主任徐裕年先生的分析，目前广东省"三来一补"业务发展呈现如下特点：①势头很猛；②投资向多元化发展，从港资为主发展到日本、美国、德国，甚至中国台湾、韩国的资本也开始通过香港进来；③显示长期化倾向，客商纷纷增加了投资，扩大加工范围引进先进技术设备，培训技术骨干；④出现向技术型转化的势头；⑤呈现连片开发倾向；⑥出现整个行业转进来的趋势。④当前"三来一补"的迅猛发展，不仅促进了珠江三角洲以至于广东省出口贸易的发展，而且为"三资"企业的发展创造了有利条件。许多"三资"企业，就是从来件装配—来料装配—进料加工—合作经营等途径发展起来的⑤。现阶段珠江三角洲通过香港与国际经济的分工合作，已不再停留在产业间的商品交换，而是通过"三来一补"的形式发展到产业内部，产品内部的分工合作使珠江三角洲与香港及国际社会的生产资源在更深的层次上得到合理的配置，从而加深了其参与国际分工体系的程度。这是珠江三角洲近几年经济迅猛发展的根本原因之一。

（2）开放加速了乡镇企业的崛起，产生了初步的金融和劳动力市场，形成了市场经济的雏形。

开放促使"三来一补"业务的迅速发展。"三来一补"业务实质上是一种国际市场经济的特殊形式，设备的购进和产品的销售均在国际市场，

① 参阅《广东省对外加工装配业务历年情况》，载《广东对外经贸》1987 年第 4 期。

② 参阅古念良《"大循环"战略在香港的地位与作用》，粤港澳发展经济贸易合作研讨会论文。

③ 参阅广东省人民政府办公厅 1987 年 9 月 10 日发布的《广东对外装配、补偿贸易业务的基本情况》。

④ 徐裕年. 关于"三来一补"的新形势和新对策［J］. 广东对外经贸，1987（4）：3.

⑤ 参阅 1988 年 1 月 14 日的《国际商报》以及《广东对外经贸调研》第 11 期。

要求按市场经济的机制运作。"三来一补"一开始就选择了乡镇企业为其载体。乡镇企业最初的发展源于农村经济体制的改革，它不同于原有的实行计划经济的国有企业，基本上是处于指令性计划经济之外的一种较为灵活的形式，它一出生，就是一个自负盈亏的经济实体，因而最为适应"三来一补"业务的发展。"三来一补"业务的发展，加速了广东，特别是珠江三角洲乡镇企业的崛起，使得原有的计划经济之外，生长起一块日益扩展的市场经济。据统计，从 1979—1986 年，全省镇、村、社（组）、体、户五个层次的乡镇企业，累积已达近 100 万个，从业人数达 500 万之多，几乎占了广东全省劳动力的 1/4。8 年来，广东乡镇企业与外商签订合同并已投产的达 3.1 万多宗，利用外资达 7.9 亿美元，引进各类机械设备 31.6 万台（套）。1986 年，全省乡镇企业出口总值达 18.3 亿美元，占全省出口总值的 43.57%，乡镇企业总收入 8 年来平均增长达 27%，1986 年为 264 亿美元，比开放初的 1978 年翻了三番，占全省农村社会总产值的 44.29%。其中珠江三角洲开放区（四市十三县）的乡镇企业总收入占全省乡镇企业总收入的 53.8%，占本区农村社会总产值的 57.93%。顺德镇企业总收入占农村社会总产值比重为 72%，南海县为 68.8%，中山市为 64.5%，开平县甚至高达 75.9%。1987 年全省乡镇企业总收入又达到创纪录的 350 亿元，增幅达 32% 以上。① 可见，广东，特别是珠江三角洲的乡镇企业经济已成为农村经济以至于全省国民经济的重要支柱。它因其灵活的经营方式及其与国外市场的联系而成了国有企业的竞争对手，乡镇小企业打败国有大企业的事例屡见不鲜，其发展的势头已远远超过国有企业经济。这块因"三来一补"而挤进来的市场经济对原有的计划经济造成了重大的冲击。

珠江三角洲内市场经济对原有计划经济的冲击，突出表现在金融活动上。乡镇企业和"三来一补"业务的发展，一方面使民间和社会上的资金相对充裕起来，另一方面，又使得对资金的需求更为迫切，客观上要求原有的金融体制变通，否则就会压抑市场经济的发展。这样，在国家指令性经济控制最严的金融体制中诞生了金融市场的萌芽。这萌芽在珠江三角洲乡镇企业和"三来一补"发展最迅速的一些县市中表现尤为明显。以东莞市为例，具有民办性质的农村信用社已发展到约 600 间，这种信用社虽受国家农业银行的指导，但其存贷款的利率、资金的投向和投量都具有较大的灵活性，加上网点众多，便利群众，因而业务发展迅速。1987 年，对乡镇企业、"三来一补"生产设备的贷款只能在 1986 年 3 848 万元的基础上

① 参阅 1987 年 12 月《羊城晚报》的《广东乡镇企业异军突起》以及王光振等《论珠江三角洲经济模式》。

增加 100 万元，远不能满足乡镇企业及"三来一补"业务发展的需要。而农村信用社支持乡镇企业的贷款则多达 8.841 7 亿元，其中安排"三来一补"设备贷款达 2.643 9 亿元，比 1986 年新增加 1.7 亿元，是农业银行有关贷款的 6.7 倍。东莞农村信用社这种市场经济的萌芽，在一定程度上弥补了国家计划金融体制的缺陷，有力地促进乡镇企业和"三来一补"业务的发展①。在城镇，个体经济、小集体企业发展迅速，但由于国家专业银行网点少、人手不足，使个体经济、小集体企业存在存款难、借款难、结算难等问题，无法适应"两小"经济的发展。为适应这种需要，东莞及虎门于 1987 年相继出现了专门为"两小"经济服务的城市信用社。东莞还成立了财务公司，以集中收储各单位预算外资金，支持厂房及基础设施的发展，此外，东莞还成立了外汇调剂中心、金融拆借中心，加快原有金融体制的改革。珠江三角洲不少县市已开办外币存贷款业务，替企业发行股票、债券、开办小型投资公司②。上述情况表明，适应外向型经济发展需要的多层次、多种所有制的金融市场已初现端倪。

乡镇企业和"三来一补"的业务发展，也促进了珠江三角洲劳动力市场的形成。据统计，目前流入珠江三角洲各县市的外地劳动力已经超过了 100 万人。仅东莞就有约 30 万人，约占全市自由劳动力 69.7 万的 43%。这些劳动力遍布各行各业，主要集中于建筑、基础设施建设以及企业，填补了从这些部门转移到"三来一补"企业去的劳动力所留下的空缺。这些劳动力大多来自本省边远县市以及邻近省份，有的甚至来自内蒙古、新疆、西藏。其流入渠道主要有：①亲戚朋友介绍；②香港客商介绍；③劳动部门介绍；④本地企业直接到外地招收。据测算，这些外来劳动力平均每人每年汇出 1 000 元，仅东莞市一年就汇出 3 亿元。1988 年春节期间的短短几天，汇出金额就超过 1 亿元。③ 珠江三角洲所出现的初步的劳动力市场，不仅使珠江三角洲保持了劳动力资源的比较优势，而且为山区以及内地的经济发展积累了资金，培养了人才和市场经济观念，推动了两地经济的合作与发展，使在珠江三角洲成长起来的市场经济，辐射到内地和山区。

上述粗线条的叙述使我们看到，珠江三角洲在对外开放、逐步参与国际分工的 9 年中，其自身的经济发生了两个方面的重要变化：一方面，随着国际资本的进入，乡镇企业的崛起，金融市场和劳动力市场的初步产

---

① 根据笔者对东莞农业银行和农村信用社的调查数据。
② 根据笔者对东莞市中国人民银行、外汇调剂中心、城市信用社等单位的调查。
③ 根据笔者对东莞市社会经济发展研究中心及东莞农业银行的调查。

生，在原有计划经济之中挤进了一块日益扩大的市场经济；另一方面，在外来市场经济的冲击下，并为了适应日益扩大的对外开放，原有的计划经济加快了改革的步伐，大大减少了对经济的干预，逐步向市场经济转化。两个方面的结合，使珠江三角洲形成了市场经济的雏形，成为中国市场经济发展最快的区域，具有不可逆转的发展势头，并逐步向山区以及内地推进。

（3）改善基础设施，加强技术改造，形成工业化社会雏形。

对外开放以及市场经济的发展，增加了珠江三角洲迅速改善基础设施的紧迫感，亦提供了可能。9 年来，广东尤其是珠江三角洲，通过合资、合作、综合补偿、民间集资、银行贷款等多种形式筹集资金，进行了大规模的基础设施建设，明显改善了投资环境。如今，在整个珠江三角洲已形成发达的水路交通网络，公路、内河航运里程每百平方公里有 63.47 公里，比全省平均数高了近一倍，是全国平均数的两倍。全区现有港口 63 个，吞吐量 10 万吨以上的达 20 多个。通信状况亦明显改善，广州、深圳、珠海、佛山、江门、中山、东莞、顺德等市县，甚至一些区镇都实现了电话直拨自动化，可直接拨香港、澳门及一些世界大城市。能源方面，扩建了韶关电厂，新建沙角电厂，各地亦自办电厂。"六五"期间全省电装机容量投产 90.5 万千瓦，正在建的有 225 万千瓦，缓和了供电紧张局面①。

对外开放及市场经济的发展，加速了珠江三角洲的技术改造。从 1979 年至 1986 年间，广东引进的 80 多万台（套）技术设备、1 600 多条生产线中，属于国际及国内先进水平的约达 70%②，如纺织业引进了化纤丝、麻纺、毛纺等先进生产线及喷气、喷水、片梭、大圆盘等先进设备，使全省纺织业形成配套成龙的、较先进的生产体系，提前 5 年实现年产值翻一番的目标。从佛山地区看，1981 年至 1987 年的 7 年间，全市利用外资 6.2 亿美元，引进设备 17 万台（套），生产线约 400 条，引进设备占现有设备原值的 45% 左右。这些设备属国际上 20 世纪 70 年代末、80 年代初先进水平的占 25% ~30%，使佛山电子、纺织、塑料、陶瓷等骨干行业得到了全面改造。据测算，佛山"六五"期间新增的 52 亿工业产值中，2/3 是引进、技改取得的③。技术改造大大推动了珠江三角洲的工业化进程。

"六五"期间，珠江三角洲经济开发区工农业生产值从 83.43 亿元增长到 197.86 亿元，年平均增长率达 18.9%，大大超过了全省的 13.7% 和全国的 10% 的增长速度。工业生产值在工农业生产值中的比重从 57.30%

---

① 参阅王光振等《论珠江三角洲经济模式》。
② 参阅广东省经贸理论研讨专题组：《广东省八年利用外资的基本经验和今后的发展战略》。
③ 参阅佛山市纪委《小康之市——佛山》及笔者对佛山市外经委的调查。

增加到 81.52% ，佛山的工业比重更增加到 89.11%①。珠江三角洲已基本摆脱农业社会，成为初步工业化经济区域。

二、广东珠三角经济崛起的启示

（一）对国内的启示

珠江三角洲的崛起目前正日益引起国内外人士的关注，它无疑会给人们带来许多有益的启示。对中国而言，我们认为这种启示至少有以下四点：

（1）对外开放、参与国际分工体系，是中国沿海地区乃至整个中国经济加速发展的启动器。

从珠江三角洲的实践看，其之所以迅速崛起，成为中国经济发展最快的地区，开放无疑是最大的推动力和关键所在。开放使珠江三角洲在封闭的经济体系下长期闲置的劳动力资源和土地资源得以和国际资本、技术、市场按照比较利益原则，与"三来一补"以及"三资"企业等形式结合起来，形成现实的生产力，并积累了资金，改善了基础设施，加快了技术改造，有力地推动了经济发展进程。珠江三角洲的实践对中国沿海地区无疑具有重要的启迪意义。最近，中央提出了中国沿海地区经济发展战略，沿海地区要发展劳动密集型产业，"两头在外"，大进大出，发展外向型经济。在一定程度上可以说，中国沿海地区经济发展战略实际上是珠江三角洲经验的借鉴、推广及发挥。中国沿海地区有着与珠江三角洲基本相同的经济条件，若能采取切实可行的措施，加快开放步伐，抓住当前有利的国际时机，参与国际分工体系，则实现经济起飞是完全可能的。

珠江三角洲的实践还表明，对外开放，参与国际分工体系，不仅可加快自身经济的发展，而且由于其向内地的辐射作用，如为内地积累资金、培训劳动力等，还相应地带动了山区和临近省份的经济发展。因此，中国沿海地区开放，参与国际分工体系，必然会由于辐射效应层层带动中国内地经济的发展。

（2）充分发挥香港作用，是当前中国经济加速走向国际市场的关键。

珠江三角洲之所以能在短短 9 年的时间走向世界，初步参与国际分工体系，其中的关键因素是能够抓住香港，充分发挥香港作用。众所周知，香港是世界著名的自由港，是国际金融、贸易、海空运、信息中心，且是

---

① 参阅王光振等《论珠江三角洲经济模式》。

南中国门户，是目前中国通往国际市场的最便捷通道。香港得天独厚的特殊地位，至少在目前一段时间内是国内外其他任何地区所无法代替的。因此，当前中国经济要加速走向国际市场，不仅存在一个珠江三角洲乃至整个广东省如何进一步发挥香港作用的问题，而且整个中国沿海地区亦存在这个问题。不注意发挥香港作用，则将是中国经济决策的重大失误。

中国沿海地区都利用香港，相应地就会有人提出这么一个疑问：香港的潜力有多大？我们认为：香港的潜力至今仍未充分发挥出来。在香港与珠江三角洲的经济合作中，香港制造业工人不足 100 万，却以"三来一补"的形式容纳了珠江三角洲地区上百万的劳动力（有人估计甚至超过200 万）。香港的潜力主要不在于自身的经济实力，而在于其背后庞大的国际资本和广阔的国际市场。今年，日本、美国的国际财团资本，大量涌入香港，更加强了香港的国际地位。因政治原因不能与中国内地直接交往的中国台湾资本、韩国资本最近亦开始通过香港发展与珠江三角洲的经济合作。因此，只要中国政策对头，沿海地区是可以充分利用香港与国际经济发生广泛联系，参与国际分工体系的。当然，与此同时亦应开拓其他通过国际市场的渠道。

（3）发展市场经济，是中国贯彻沿海地区经济发展战略的必要条件。

珠江三角洲的实践表明，要吸引外资，发展外向型经济，不发展市场经济是不行的。"三来一补"业务之所以能在珠江三角洲得到蓬勃发展，其重要原因之一，是当地政府大幅减少了对经济的直接干预，创造条件让外资按国际市场惯例活动，从而生长起一块日益扩大的市场经济。若没有乡镇企业的崛起，没有初步形成的金融市场、劳动力市场的配合，没有与之相适应的市场经济观念，一句话，没有一个初步按照国际惯例运转的经济，"三来一补"业务是不可能引进、发展的。从珠江三角洲看，哪个县市的市场经济发展得好，哪个县市的外向型经济就发展得快。

珠江三角洲的实践还证明，市场经济并不可怕，资本主义可以发展市场经济，社会主义亦可以发展市场经济，市场经济有强大的生命力，对经济发展有重要的促进作用。当前中国贯彻实施沿海地区经济发展战略，必须参照国际惯例，加快改革，有组织地自觉发展市场经济。

（4）对外开放，是促进中国产品经济向市场经济转变的有效杠杆。

珠江三角洲之所以能成为中国体制改革最快、市场经济发展最快的地区，一个很重要的因素是其最先对外开放。一方面，对外开放、引进外资，必然相应地带进了市场经济及其观念，从而在原有产品经济中挤地盘、生根成长，并对产品经济造成重大冲击，使得整个经济体制的改革变得较为易于进行。中国长期实行的是产品经济，市场经济不为人们熟悉，不易为旧思维者所接受，产品经济已形成一种顽固势力，要想从中萌芽出市场经济，过程是痛苦、漫长的。另一方面，国际社会有着成熟的市场经济经验，对外开放既可引进市场经济，又有利于借鉴国际市场经济经验，对中国原有产品经济进行改造。同时，在开放地区生根成长的市场经济还可以随着开放的逐步深入，层层向内地渗透。这种借助开放，层层推进的体制改革可以克服前几年全国改革中不顾地区差别，"一刀切"所带来的种种问题，减少改革的难度和风险。

（二）对国际社会的启示

珠江三角洲的崛起，对国际社会又有些什么有益的启示呢？

（1）中国开放、改革已形成不可逆转的发展势头，与中国的经济合作将具有日益广阔的前景。

中国的对外开放开始于珠江三角洲，对外开放使珠江三角洲在短短9年间迅速崛起，成为世界经济发展最快的地区之一，成为中国当前投资环境最好的区域。如今，珠江三角洲的繁荣、发展已与开放、改革不可分割地联系在一起。短短的9年间，中国开放已从特区蔓延到整个沿海地带，形成了从南到北、从沿海到内地的多层次开放态势。鉴于珠江三角洲的成功经验，最近中国领导层又作出两项重大决策：把海南岛辟为中国最大的经济特区，确定沿海地区经济发展战略。可以说发展到今天，中国的开放、改革已形成不可逆转的势头。此外，随着开放和市场经济的发展，人们生活水平有了显著提高，同时也看清中国与先进工业国家的差距，价值观念、时间观念发生深刻变化，开放、改革已成为中国社会的主流。因此，国际投资者应该有信心，抓住当前的有利时机到中国投资。事实上，到珠江三角洲投资的客商亦大多能获得较好的投资报酬。投资对象已从港商发展到世界跨国公司，投资项目已从旅游业发展到制造业，投资形式已从"三来一补"发展到"三资"企业，生产的产品已从劳动密集型发展到技术、知识密集型。当前国际经济正面临新一轮产业结构调整，而中国则进一步开放沿海地区。可以说，国际投资者与中国的经济合作具有日益广阔的前景。

（2）香港的特殊作用将在中国开放、改革的深化中得到进一步发挥，香港的繁荣稳定是有保障的。

珠江三角洲的开放、改革不仅促进了自身的发展，而且促进了香港产业结构的调整，提高了香港产品在国际市场上的竞争力，成为香港经济近两年连续取得两位数较高增长速度的重要原因。香港与珠江三角洲的经济联系已成为香港繁荣稳定的因素之一。随着中国开放、改革的深入，香港与中国沿海地区的经济合作将日益加强，在中国走向世界时香港的特殊作用将进一步得到发挥，香港的繁荣稳定是有保障的，香港的企业家应为即将到来的合作在资金、技术、市场、交通运输等方面作好准备，国际投资者更应抓住当前有利时机，透过香港积极扩大与中国沿海地区的经济合作。

三、值得深入研究的两个问题

珠江三角洲开放、改革 9 年来虽取得一定程度的成功，但亦隐藏着一些值得人们进一步深入研究的问题：

（1）珠江三角洲外向型经济主要是通过香港，以"三来一补"形式发展起来的，它适应珠江三角洲目前的经济发展水平，但这种发展亦使得珠江三角洲缺乏自己完整的工业体系和独立的销售市场，具有较大的依附性，它在一定程度上依赖于国际经济及香港经济的繁荣发展。一旦世界经济衰退，国际市场收缩，香港为保障自身发展，很可能撤回"三来一补"业务，那时首先受到打击的很可能就是珠江三角洲的经济。采取何种对策将这种打击减少到最低程度，这是值得研究的一个问题。而一旦珠江三角洲建立起自己完整的工业体系和国际销售渠道，珠江三角洲与香港的经济合作是否会受到削弱？两者间竞争性是否会增强？香港的繁荣是否会受到影响？如何建立两地间持久的合作关系？这也是值得研究的问题。

（2）如何加快珠江三角洲原有产品经济体制向市场经济体制的转化，并协调与内地的经济关系？珠江三角洲市场经济虽初步形成，但原有产品经济体制对其发展外向型经济的阻力仍较大。仍以东莞金融体系为例，虽然已诞生了初步的金融市场的萌芽，但其基本架构仍是国家专业银行的产品经济模式，其对经济发展的不适应性日益明显。但是，在珠江三角洲与内地没有明显隔离条件的情况下，又该如何在全国产品经济模式中加快珠江三角洲的市场经济发展呢？其日益发展起来的金融市场、劳动力市场如何管理？如何解决珠江三角洲在主要发展外向型经济，面对国际市场大进大出的同时，又能得到内地资源的补充，实现两地间资源的合理配置，解决与内地在资源、市场方面的矛盾等。这些都是今后珠江三角洲经济发展中必须深入研究的问题。

（原文载于香港《世界经济信息》1988 年第 3 期；香港《经济导报》1988 年第 2065 期。作者为杨振汉、冯邦彦、梁秩森）

粤港合作建立 "香港—珠三角高科技湾区"

香港要发展高科技产业，成功实现经济的转型，除了要加强自身的科技基础和科技实力之外，还应充分利用内地的优势，实现双方的优势互补。在这方面，香港与内地的合作有着相当大的潜力和基础。

实际上，香港与内地的高科技产业合作亦具有比较优势互补的基础。香港是国际著名的自由港，是亚太地区重要的国际金融、贸易、航空、航运、通信及旅游中心，是联结东西方经济的商业枢纽，具有良好的投资营商环境，包括发达的资讯及灵敏的信息、与国际市场的密切联系、完善的基础设施、优越的银行及金融体系、简单及低税率的税制、自由开放的经济政策、具创意的企业家队伍，以及高质素的管理人才。这种良好的投资营商环境有利于科技转移、科技应用和科技开发，特别是有利于科研成果的商品化、产业化进程。

与香港相比，内地除了拥有土地和劳工价格低廉的优势外，近年在鼓励科技创新及产业化方面亦有相当优越的政策优势。1998年初，深圳就公布《关于进一步扶持高新技术产业发展的若干规定》，即"22条"。中国国际高新技术成果交易会召开前，深圳再推出"全面、先进和切实可行的新22条"，"新22条"借鉴美国经验，设立"深圳市创新科技专家委员会"，并将吸引外来科研力量作为发展高新技术产业的重中之重，规定从1999年开始每年斥资1 000万元人民币设立归国留学人员创业资助资金，在每年科研经费中拨出2 000万元人民币用于资助归国留学人员带回高新技术成果、项目来深圳从事转化和创办企业；鼓励设立科技型企业孵化中心，在高新技术产业园区设立留学生园。1998年8月，广东省政府亦颁布《关于依靠科技进步推动产业结构优化升级的决定》，全面推动珠江三角洲高新技术产业的发展。与此同时，科研实力雄厚的北京、上海也分别出台《关于进一步促进高等技术产业发展的若干政策》和《上海市促进高新技术成果转化的若干规定》。北京把鼓励科技人员创业放在首位，而上海则重点促进科研成果的商品化、产业化。这种态势，实际上为香港与内地高技术产业的合作，创造了良好的外部环境。

从地域看，香港与内地高技术产业的合作，可以划分为三个层次，首先是香港与深圳的合作；其次是香港与包括深圳、珠海、广州在内的广东珠江三角洲高技术产业开发区的合作；再次是香港与以北京、上海为代表的内地的合作。其中，核心和关键是香港与广东珠江三角洲的合作，在这方面可借鉴美国旧金山湾区的模式，形成"香港—珠三角高科技湾区"。

旧金山湾区由旧金山（又称三藩市，San Francisco）、奥克兰（Oakland）、圣何西（San Jose）等附近县区组成，是当今世界上最卓越的知识密集型经济、高科技产业开发区。这里可以用几个关键性指标说明：该湾区快速发展的小型企业在全美占有最高比率，拥有专门学历及高级学位的人口比例最大，本地雇员的人均发明专利相当于美国平均数的两倍以上，高科技的输出在美国占有最大份额，拥有最大规模的研究性大学和联邦研究机构的结合群体，国际网络的普及应用率超过美国任何地区。旧金山湾区的人口尽管只占美国的2%，但年总产值超过2 000亿美元，若将它视为一个国家，在全球约排名第20位。①

支撑旧金山湾区发展有两个关键因素：一是拥有世界级研究性质的斯坦福大学、加州大学柏克莱分校及旧金山分校等，区内聚集了大批高科技人才；二是拥有世界密度最高的国际风险投资机构，美国风险投资总额的35％集中在该湾区，任何创新发明都可在湾区获得贷款，创办企业。

"香港—珠三角高科技湾区"可以借鉴旧金山湾区的经验，以香港为融资营运中心，以香港、深圳（当然也包括广州）为高技术产业孵化中心，以珠江三角洲包括东莞、中山等县市为生产基地，并与北京、上海等城市建立策略性联盟，形成南中国的高技术产业开发地区。具体而言，香港与内地高技术产业合作将包括多种形式，主要有：

（1）在香港设立数码港、中药港、矽港、科学园，吸引内地高科技公司和科技人才从事科研开发转化；

（2）内地高科技公司在香港建立营运中心，在香港创业板上市及融资；

（3）国际风险投资基金以香港为据点进入深圳投资科技创新企业；

（4）香港投资内地的"三资"企业逐渐发展为高新技术企业；

（5）内地与香港以及跨国高科技公司合资创办高新技术企业；

（6）其他各种形式。

从客观现实出发，设想中的"香港—珠三角高科技湾区"应该首先从香港与深圳的合作开始做起，形成港深科技走廊，再由此向珠江三角洲内

---

① 伍幼威. 香港经济辉煌再现——田长霖香港高增值产业的发展前景［J］. 明报月刊, 1998（4）：17－18.

各县市的高技术产业开发区辐射、转移，进而形成整个高科技湾区。要实施这一设想，必须解决以下几个关键性的问题：

第一，香港与广东合作开发高增值、高科技产业的统筹协调机制，加强两地的协调配合，制订长远的区域性发展计划。

根据香港创新科技委员会最后报告的建议，香港特区政府可能会重整发展高增值、高科技产业的领导架构，成立由财政司司长任主席向行政长官负责的新政策小组，负责政策制定及统筹工作，同时成立向行政长官负责的常设咨询组织及按行业划分的咨询委员会，而深圳市也设立"深圳市创新科技委员会"。两地政府都在重组架构。港深两地要加强合作，应建立两地就高技术产业发展事宜的统筹协调机制，建议初步可先建立两地创新科技统筹领导机构之间的定期联席会议，就两地协调配合事宜加强沟通、交流信息，解决具体问题，进而建立港深创新科技合作协调委员会，以便就两地的合作、区域性的长远发展制定蓝图、规划。当然，具体的规划、政策则由两地政府各自制定。这种机制可从港深之间根据实际形势逐步发展到粤港，或可同步开始，但以港深为试点。

第二，加大政府投入，建立港深科技走廊，进而形成"香港—珠三角高科技湾区"。

加强创新科技的发展，需两地政府加强对科技基础、科研设施的投入。目前，香港和深圳在研究与发展资金方面的投入都严重不足，香港仅达0.4%，深圳也仅达1.5%。因此，在中短期内，香港与深圳都应该增加 R&D 资金的投入，使其逐渐接近或达到国际水平。香港与深圳应加强高技术开发园区的硬件建设。在香港方面，香港特区政府应加快科学园、数码港，以及中药港的规划开发和硬件建设，根据香港创新科技委员会最后报告建议，加快科学园、香港工业科技中心、香港工业村的合并步伐，重整香港高技术产业开发园区计划。香港特区政府重整高技术产业开发园区计划时，可以顾问公司施杰城在其关于科学园第一期研究报告中提出的"科技网络"这一概念为基础建立贯穿港岛、九龙、新界的"十字形"科技走廊，并与深圳湾畔建设中的"硅谷"连通，形成港深科技走廊，使之成为华南地区高技术产业的孵化中心，进而将高技术产业辐射到整个"香港—珠三角高科技湾区"。

第三，在港深科技走廊建立科研机构、高等院校群体，加大政策力度吸引海外优秀华人科学家、海外留学人员和内地优秀科技人才来这里从事科研、创业。

世界上著名的高科技园区，无不以国际知名的科研机构、高等院校和雄厚的科技力量为依托。香港和深圳在筹建港深科技走廊的过程中，除了要加强对现有科研开发机构、高等院校的建设之外，还应增设科研开发机构，诸如中国台湾的工业科技研究院、新加坡的标准及工业研究院、国家科学与科技局、国家电脑局等机构，形成密集型的科研、院校群体。此外，深圳应积极吸引内地一流科研机构、学校到深圳开设分支机构，形成港深配合的科研群体。

从整体看，香港、深圳以至于广东的科技力量仍然不足，因此，双方除了要大力加强对教育的投资之外，能否制定优惠政策吸引海外与内地的优秀科技人才是其中关键之一。香港属高工资地区，在吸引海外一流华裔学者、出国留学人员以及内地优秀人才方面具有优势，只要政策制定得当，将会大大改变现时科技人员不足的弱点。近年，深圳在吸引人才方面已做了不少工作，若能加大力度，必将成为内地优秀科技人才的聚集点。此外，无论在建立科研机构和吸引人才方面，深圳都应与实力雄厚的北京、上海等建立策略性联盟。

第四，建立以香港为主、深圳为辅的高科技湾区风险投资营运中心。

近年来，一批以香港为地区据点的国际风险投资机构已相继进入深圳。据统计，到1999年8月，进入深圳的机构已超过30家，其中，荷兰ING、美国IDG和华登、日本野村、美国赛博投资基金等12家机构已在深圳进行实质性投资。目前，深圳方面也在积极筹建创业投资基金。从长远看，深圳股市也应借鉴香港经验开设创业板，使港深科技走廊同时也成为国际风险投资机构的营运中心。

第五，中央政府、广东省政府应为内地高科技企业家、科技人才建立特殊的出入境审批制度，方便他们自由出入境甚至在香港、深圳定居，从事科技工作和科技创新产业的开发和营销。

香港与深圳以至于整个广东珠江三角洲高增值、高科技产业的合作，不但将推动两地经济合作模式的升级，而且将有力促进香港产业结构的升级转型。

（原文载于《香港产业结构研究》第七章第四节，2002年10月）

CEPA 框架下粤港澳经济一体化发展趋势研究

一、CEPA 签署的历史意义与影响

CEPA 的签署及实施，对香港、澳门与内地，特别是对广东的经济具有重大意义和深远影响，主要表现在：

第一，CEPA 的实施是中国加入世界贸易组织（WTO）进程的提前演练。中国加入 WTO 后，将面对诸多制度、规则的重大变化，特别是在原产地规则、货物与一般性服务、金融服务、政府采购与知识产权等领域的开放方面，均要有个学习了解与运作的过渡时期，而 CEPA 则是内地与香港、澳门在 WTO 框架内作出的特殊安排，可为中国全面进入 WTO 的过渡进行政策试验。这种试验将是一个循序渐进的过程，通过对港澳提前实施中国"入世"承诺，尤其是服务业的开放，可以为内地在过渡安排中探索如何与境外企业合作与竞争的做法和经验，探讨在制度安排、管理和运营理念等各方面如何更好地与 WTO 体制接轨，并在试验的基础上推进与其他地区签订类似的协议，特别是为中国与东盟建立自由贸易区（"10 + 1"）提供极为重要的政策及法律借鉴。

第二，CEPA 是贯彻、实施"一国两制"方针，维持香港、澳门经济稳定繁荣的重要举措。CEPA 的签署，对于处在痛苦调整时期的香港经济，无疑是一剂"强心针"，无论是货物贸易还是服务贸易，CEPA 给予香港的优惠均优于中国对 WTO 其他成员的承诺，时间表上也比中国与东盟建立自由贸易区要提前，这充分体现了中央对香港经济发展的巨大支持。过去 20 年，香港、澳门与内地特别是广东珠江三角洲地区形成了密切的经贸联系。然而，在"一国两制"的框架下，香港、澳门与内地是彼此独立的关税区，实际上形成客观阻隔，并增加了三地经济发展的交易成本，影响了三地的经济合作和融合。中国加入 WTO 后，香港原来扮演的中介角色被逐渐弱化，产业结构处于痛苦、艰难的调整时期。香港如果不能成功融入以广东珠江三角洲为核心的华南地区，其在国际经济中的战略地位及竞争力将无可避免地下降。CEPA 的签署，可以说是"一国两制"的一种制度

创新，在最大限度发挥"一国两制"正面效益的同时，尽可能将其可能需付出的成本或代价减至最低，为"一国两制"的实现提供了丰富的经济内涵。

第三，CEPA 是广东继 1979 年开放以来的另一次重要发展机遇。改革开放二十多年来，广东借着中央赋予"先行一步"的特殊政策，承接了以香港制造业为代表的国际产业转移，迅速进入了工业化的中期阶段，造就了长达二十多年的繁荣时期，跃入了中国经济发达省份前列。随着香港制造业转移的基本完成，中国省份的产业结构急待优化升级，但由于粤港澳分属不同的关税区，不可能进行全面无阻碍的整合，导致三地合作空间难免相应缩小。CEPA 在不违背 WTO 规则的情况下，提前对香港、澳门开放，这就有利于粤港澳三地的优势互补，可将广东省正处于快速增长中的制造业发展优势，与香港发达的金融、物流、商贸等服务业，以及澳门的旅游博彩业的比较优势充分整合，促进三地更宽领域、更深层次、全方位的合作与发展。

第四，CEPA 是在 WTO 的框架内推进粤港澳经济一体化的重要举措。迄今为止，港澳与内地的经济合作，基本停留在三地之间存在的比较优势基础上的功能性整合上，各自实施的是不同的经济政策和措施。在开放的初期，这种功能性的融合还是行之有效的，但随着经济的发展，如果仅停留在功能性融合上，制度差异的障碍就会影响融合的程度。近些年来，香港与内地之间彼此掣肘等现象时有发生就说明了这一点。所以，CEPA 的实施将逐渐消除这种制度上的障碍。打开香港、澳门与内地产品和要素流动的闸门，通过建立产品和要素的共同市场，促进产品和生产要素的自由流动。因此，CEPA 在符合 WTO 规则的前提下，建立起内地与港澳"更紧密经贸关系安排"，实际上标志着内地与香港、澳门之间的合作正式进入经济一体化的新阶段，内地与香港、澳门的经济合作将从过去那种由民间主导、市场推进的模式，转变为由官方带领、政府协调的模式。以此为分水岭，香港、澳门将更深地融入内地经济，粤港澳经济融合的步伐将加快，大珠江三角洲区域经济将获得进一步的整合并迅速崛起。当然，CEPA 最终的目标，还不在于三地本身。从长远看，它是要为建立"一国四席"（内地、台湾、香港、澳门）的"中华经济圈"提供示范，并最终实现一个国家内部四个独立关税区（内地、台湾、香港和澳门）之间的经济整合。

第五，CEPA 的实施还推动了"泛珠三角"经济区的发展，并为中国—东盟自由贸易区的启动提供了契机。与长江三角洲相比，珠江三角洲缺乏经济腹地的弱点明显制约其经济的持续发展。针对这个问题，2003 年 7 月广东提出"泛珠三角"经济区的概念，即广东与周边省份，包括福建、江西、湖南、广西、海南、贵州、云南、四川 8 省以及香港、澳门两个特别行政区的经济合作。与此同时，中国—东盟自由贸易区也开始启动，并计划于 2010 年建成。CEPA 的实施不仅将大大促进大珠江三角洲经济区的崛起，而且启动了"泛珠三角"经济区的形成与发展，使大珠江三角洲经济区成为中国大西南地区通向东盟国家的桥梁和跳板，并为广东率先加强与东盟国家经济贸易合作提供契机。总体而言，CEPA 的签署及实施无论是对"泛珠三角"经济区的经济整合，还是对东亚地区的经济合作和经济一体化，都具有深远的意义。

二、CEPA 协议的基本内涵及其主要特点

香港、澳门与内地分别签署的 CEPA，包括正文 6 章及 6 个附件，其基本内容包括 4 个部分：货物贸易零关税、服务贸易优惠、贸易投资便利化，以及 CEPA 机制的机构安排。

（一）货物贸易零关税

其主要规定是：内地自 2004 年 1 月 1 日起，对原产香港、澳门的 273 种产品（依内地税目的划分，可转化为 405 个香港产品编号）实行零关税，并将不迟于 2006 年 1 月 1 日对以上 273 种以外原产香港、澳门的进口货物实行零关税。零关税制度最重要的内容是原产地规则：享受零关税的货物必须符合原产地规则，事先由港澳特区政府核定产品确实在港澳本地生产，并由双方核定产品清单和确定原产地标准。根据协议，273 种香港、澳门的产品将采取 3 种原产地规则：①实质性加工：187 种（约占 68%）采用实质加工为原产地标准；②从价百分比：约 40 种（约占 15%）产品采用 30% 附加值规定；③税号改变：46 种（约占 17%）没有现行原产地规则的产品采用"关税项目转变"的方法。

（二）服务贸易优惠

CEPA 中关于服务贸易优惠部分承诺内地开放 18 个服务行业，包括金融（银行、保险、证券）、物流及分销（物流服务、货代运输服务、仓储服务、海运服务及分销）、商业及专业服务（法律服务、会计服务、管理咨询服务、会议和展览服务、广告服务、房地产和建筑服务、医疗和牙医

服务)、旅游、电信及视听服务5大领域。根据香港总商会的分析，CEPA
对18个服务行业的开放承诺可分为4类：

（1）提前开放"入世"中承诺的市场准入，比对其他世贸成员，香港
可能提前1~4年进入这些市场，如以独资方式经营一些分销业务等。

（2）降低市场准入门槛，规模较小的香港服务提供者能较容易进入内
地市场，如银行资产规模要求就从200亿美元降低至60亿美元。

（3）改变法规以便利服务贸易，这里包括两类，一类是开放专业服
务，包括资格相互承认和放宽规管，如法律方面允许香港居民参加内地司
法考试；另一类就是取消内地服务提供商来港的限制，如在金融、旅游等
方面的安排。

（4）超越"入世"的新开放措施，如开放展览业以及视听服务市场的
准入承诺。

开放18个服务行业的承诺，最关键的规定就是"香港公司""澳门公
司"的界定。根据CEPA第12条款及附件5，"香港公司"的定义有两
条：即必须是"根据香港法律设立的法人"或"在香港注册成立的公司"，
以及在本地经营"实质业务"。而判断"实质经营"的标准有5条：①性
质和范围：企业在内地从事的业务应与其在香港从事的业务性质一致；
②经营年期：企业应已在香港经营3年或以上（金融服务和建筑业需5年
或以上）；③缴税：企业应在香港缴纳利得税；④业务场所：企业应在香
港拥有或租用业务场所，从事实质业务；⑤雇用员工：企业在香港雇用员
工应占总员工50%以上。

"香港公司"的定义是CEPA磋商过程中最具争议性的议题。CEPA附
件5为这一问题提供了一个合理而实际的解决方案。由于香港《公司条
例》没有对香港公司的注册实施国籍限制，因此CEPA的规定并没有与
《服务贸易总协定》抵触，不存在歧视成分。不过，根据协议，外资公司
在CEPA生效后收购香港公司，被收购公司须于1年后才能符合CEPA的
香港公司资格。这一点旨在防止不符合资格的外资公司从"后门进入"，
及WTO称之为"反规避"的温和措施。

（三）贸易投资便利化

贸易投资便利化包括贸易投资促进、通关便利化、商品检验检疫、食
品安全、质量标准、电子商务、法律法规透明、中小企业合作，以及中医
药产业合作领域。其中，最主要的是两个方面，一是通关便利化；二是改
善、优化内地的投资营商环境。

（四）CEPA 机制的机构安排

CEPA 规定香港、澳门分别与内地建立有关 CEPA 的指导委员会，该委员会下辖的工作小组具有五大职能，包括监督 CEPA 的执行、解释 CEPA 的规定、解决争议（原产地规则、"香港公司"的定义）、拟订 CEPA 内容的增补及修正，以及指导工作小组的工作。

内地与香港、澳门签署的 CEPA 协议，主要有两个明显的特点：

第一，CEPA 具有很强的针对性，重点是要协助港澳地区，特别是香港产业结构的调整和升级，促进港澳经济的稳定发展。

香港回归后，经过几年的摸索，基本上确定了产业结构转型的主要方向：一是巩固和加强四大支柱产业，进一步提高香港服务业的国际竞争力；二是维持并振兴制造业，在一定程度上解决香港产业的"空心化"问题。CEPA 基本上是针对香港经济结构转型的这两个方向而设的。在 CEPA 的框架内，香港服务业获准提前进入内地，赢得发展先机，无疑将大大拓展业界的市场宽度和深度，加快香港经济结构的转型步伐。香港作为国际金融中心、物流中心及商贸服务平台的地位将得到加强。CEPA 中关于"香港公司"的定义，对投资者的国籍并无明确限制，有利于香港吸引海外公司到香港设立地区总部和分公司，并以香港公司的名义进入内地尤其是广东珠江三角洲地区。

澳门 CEPA 在某种意义上可以说是"搭顺风车"，这反映了在 WTO 框架下推动经济一体化的客观要求。不过，澳门 CEPA 也有自己的特点，如配合澳门特区政府提出的"跨境工业区"的建议，更强调维持并振兴澳门制造业；配合澳门特区政府关于将澳门建成"三个商贸平台"的经济定位等，在贸易投资便利化条款中，特别列明双方同意开展经贸活动以推动双方与葡语系国家的贸易和投资，从而突显了澳门作为中国内地与葡语系国家的经贸服务平台的地位和作用。

第二，CEPA 实行地区性倾斜政策，有利于促进港澳与珠江三角洲地区的融合。CEPA 是一项在内地普遍有效的计划，没有一个地区排除在这个紧密关系之外。但是，这并不意味着"香港因素"对内地的平均化。由于过去 20 年香港与广东的密切经济联系以及广东的特殊区位，广东珠江三角洲地区必然要成为香港实施 CEPA 的核心层次。实际上，CEPA 也针对这一客观情况，特别加入了一些只在广东实施的规定，如在分销服务业，CEPA 规定香港、澳门公司在内地设立零售企业的地域范围扩大到地级市，并允许港澳永久居民中的中国公民在广东设立个体工商户，无须经过外资的前置审批；在旅游领域，率先开放广东境内居民个人赴港澳旅游，并在东莞、中山、江门等市先行；在法律服务领域，取消港澳律师事务所在深圳、广州设立代表处所有代表最少居留时间要求。此外，CEPA 关于通关便利化的规定，实际上主要针对香港、澳门与广东的通关情况。

　　CEPA 的这个特点决定了它实际上将首先在广东珠江三角洲地区实施。其实，无论从天时、地利、人和来看，CEPA 的实施都将首先强化港澳与广东的经济整合。从天时看，粤港澳经济合作由来已久，三地经济落差正逐渐缩小，无论从合作深度、广度及经验累积的程度来看，广东都具有内地其他地区无法替代的优势。从地利看，广东毗邻港澳的区位优势，相比内地其他地区而产生的合作效应将更大、更直接。从人和看，港澳居民大多以粤籍为主，三地语言相通、生活习惯相近、文化相同，尤其是改革开放二十多年来的经贸合作奠定了良好的基础，各方在建立共同经济利益基础上的基本发展观念和思路逐渐接近，为经济融合奠定了坚实基础。

　　目前，香港、澳门与内地签署的 CEPA，其意义等同于欧洲国家在1957 年签署的《罗马条约》，标志着港澳与内地，特别是粤港澳经济一体化的正式启动。正如有评论所指出，就近期而言，CEPA 的确立给港澳经济"提供了一个更为广阔的发展空间，更自由的发展环境"，"但 CEPA 的意义远远不止于此，从更广阔的历史跨度上考察，这标志着中国开始从制度层面上摆脱历史造成的国内经济分割局面，走向经济整合"。CEPA 的签署，是港澳与内地特别是与广东的经贸关系，从经济合作走向经济一体化的转折点和里程碑。

　　就其性质而言，CEPA 相当于国际上通行的自由贸易区协议，但是，CEPA 与自由贸易区协议也有重要区别。一般自由贸易区协议通常是一次定型，一经签署就不能随意更改，且往往是适用于国家与国家之间的协议；而 CEPA 则遵循"先易后难，逐步推进"的原则不断扩充，逐步深化，并且将更能体现在 WTO 总体框架下港澳与内地之间、一个国家内部几个独立关税区之间的特殊关系和客观现实。在"更紧密的经贸关系"的安排下，香港、澳门与内地，主要是与广东的经济一体化进程无疑将会进一步加快，其最终目标，至少发展至"共同市场"的阶段，达到区域内人流、物流、资金流和资讯流能畅通地双向自由流动，实现区域内生产要素和社会资源的最优配置。

三、CEPA 框架下粤港澳经济合作的新特点

　　在 CEPA 框架下，粤港澳经济合作无疑将进入一个崭新的发展时期，

三方的合作正呈现出一系列的新特点，主要表现在：

首先，三方的合作将从以比较优势为基础、由市场机制引导的功能性合作向以突破政策、制度障碍的制度性整合转变。过去20年，香港、澳门与广东珠江三角洲地区的经济往来，实际上一直停留在民间层面，彼此之间存在着边境和关税障碍，绝大部分生产要素不能进行双向自由流动。因此，三地之间并未展开真正意义上的经济整合，它只是一种参与各方以其比较优势为基础，由市场机制引导的功能性整合，其特点主要是以民间组织为主体进行相互之间的贸易、投资，双方还存在着制度上的屏障。在这种模式下，内地与港澳政府间的默契方式除了在配置外向型生产基地方面尚有所作为外，一旦交易涉及区域内外服务、贸易、基础设施的协调规划与投资时，便遭遇种种的限制，因为只有在政府间达成正式的制度性安排，才能为这些领域的准入或广泛合作放行。而在过去的发展中，三地之间都只是从各自经济领地范围内"经济人"的假定出发，经济规划也只在不跨越"制度界线"的现实条件下进行，这就使得区域不可能进行整体经济优化整合。然而 CEPA 的签订，打破了原来的制度障碍，三地可以超越这种功能性的整合，进行以突破政策、制度障碍为主要内容的制度性整合。

其次，三方的合作将从纯粹的垂直性分工合作向垂直性分工和水平分工相结合发展，逐步向建立商品、服务，特别是生产要素共同市场的方向转变。过去20年，粤港澳之间的经济合作最主要的内容和基础就是形成"前店后厂"的分工合作模式，这是一种垂直的产业分工体系。实际上，这种分工合作模式早在20世纪90年代中后期，其局限性已逐渐暴露，并开始削弱三地经贸合作的基础。CEPA 的实施，其重要内容之一是对内地开放18个服务行业，使广东省正处于快速增长中的制造业发展优势，与香港发达的金融、物流、商贸等服务业，以及澳门的旅游博彩业的比较优势充分整合，促进三地更宽领域、更深层次、全方位的合作与发展，即从过去那种单纯的垂直分工逐渐走向垂直分工与水平分工相结合的合作。更重要的是，CEPA 通过制度整合，包括零关税制度的实施、服务业的开放、自由行、人民币个人开放，以及贸易投资便利化等种种措施，目的都是要打破粤港澳三地客观形成的市场壁垒，最终消除产品、服务和生产诸要素在区域内自由流动的障碍，建立统一的共同市场，逐步实现经济一体化。

再次，三方的合作将从由市场力量推动的自发合作转向经济融合和一体化。当经济整合从功能性整合发展到制度性整合层面时，政府将会在经济合作中发挥主导性作用。在这种政府间的合作中，广东将相对处于比较被动的地位。由于制度整合和共同市场的建立将是在香港、澳门两个特区政府与中央政府相关部门之间展开，有关协议也将由其代表签署，但由于港澳与广东的特殊关系，CEPA 的实施实际上主要在广东展开，如何处理好广东省政府与中央政府以及两个特区政府的关系将是广东面对的一项挑战。为加强 CEPA 在广东的实施和推进，广东省政府应设立一个专职处理和推进粤港澳经济合作及落实 CEPA 的常设性政府机构，化被动为主动。

四、CEPA 框架下粤港澳经济合作的新趋势

此次 CEPA 的签署及实施，使得粤港澳的经济合作再次转入"快车道"，并正式启动经济一体化的进程。在其后召开的粤港第 6 次高层联席会议上，广东省省长黄华华和香港行政长官董建华达成共识：港主金融、物流等商贸服务，粤主制造业——将传统的"前店后厂"合作模式提升到一个更高的层次。可以预料，在 CEPA 框架下，粤港澳三地的经济合作将呈现一系列新的发展趋势，从而建立"更紧密的经贸关系"。其突出表现在以下几个方面：

第一，在 CEPA 框架下，香港、深圳、广州将出现金融整合与分工趋势，逐渐形成大珠江三角洲地区的金融分工合作体系。

香港作为亚太地区的国际金融中心，具有资金流通自由、金融市场发达、金融服务业高度密集、法制健全和司法独立、商业文明成熟等各种优势。不过，自 1997 年受到亚洲金融危机冲击以后，香港国际金融中心的地位有所下降。由于 CEPA 支持内地银行将其国际资金外汇交易中心移至香港，支持内地银行通过收购方式在香港发展网络和业务活动，支持内地企业、内地保险公司到香港上市，这将在相当程度上强化香港国际金融中心、区域性商贸服务平台的地位，令香港在连接国际及国内两个市场的全球性供应链中扮演重要角色。

2003 年 11 月 19 日，国务院批准香港银行在香港办理人民币存款、兑换、银行卡和汇款四项个人人民币业务，人民银行选定中银香港作为香港银行个人人民币业务清算银行。随着香港人民币回流机制的建立，人民币个人业务在香港开展，为香港人民币资金回流提供了一套合适的制度安排，长远而言，将有利于香港确立为中国的人民币离岸中心。一旦香港发展成为中国的人民币离岸中心，便拥有其他金融中心无法取代的优势，香港作为亚太地区国际金融中心的地位将随之而得到巩固和加强。

在 CEPA 的推动下，包括粤港澳在内的大珠江三角洲地区的金融业将

面临一次重新整合，并可能形成以香港为龙头，以广州、深圳为双翼，其他中小城市为依托的金融服务业分工合作体系，以实现资金的有序流动，最大限度地提高资源分配效率。香港作为亚太地区国际金融中心将侧重发展私人银行、财富管理、企业资本性融资、基金管理以及金融衍生产品等方面的高附加值和资本市场业务；深圳以毗邻香港的优势，逐渐发展成区域性风险投资基金管理中心，其刚启动的中小企业板市场将有可能逐渐与香港创业板联动、联合，为区域高新科技产业服务；广州则凭借其在制造业、港口运输及个人消费服务方面蓬勃发展的基础，重点发展贸易融资、企业贷款及个人消费信贷等传统银行业务。港深穗三地的金融整合与分工，无疑将有利于大珠江三角洲的经济发展。此外，贸易投资便利化合作的推进，将有利于推动粤港两地政府在金融业的法规条例上进行协调和合作，如建立更好的两地通报、监管机制，这将有助资金的跨境流动和两地金融的合作深化。

第二，在 CEPA 框架下，香港、深圳、广州、澳门将出现物流业的竞争合作格局，逐渐形成大珠江三角洲地区物流枢纽体系。

与金融业相比，粤港澳物流业的分工合作态势相对仍未明朗。目前，影响物流业务在香港、澳门与广东之间流动的主要因素仍然占有绝对优势。近年来，香港的成本虽然在下降，珠江三角洲的成本在上升，但双方的差距仍然很大。可以预料，在未来一段时期，深圳、广州（南沙）、珠海等地的物流将随着其货运码头处理能力的增加而不断扩展，与香港形成此消彼长的竞争态势。

不过，香港也仍然有其优势。香港作为全球十大国际贸易体系之一，实际上已经是亚洲地区首屈一指的国际运输及物流枢纽，拥有完善的国际经贸网络、优越的物流基建配套、良好的物流营商环境、经验丰富的专业人才，以及先进的信息科技。香港的物流业在未来相当一段时期仍然占主导地位，特别是其货物空运方面。需要指出的是，目前，香港的物流业正在进行转型，主要透过加强供应链管理、提供更多的增值服务来增强其竞争力。最典型的例子就是香港利丰集团的全球供应链管理经验。当然，香港面对的最大挑战就是营运成本偏高。其他问题包括，香港与其货物腹地之间的"内陆集散网"基础仍有待改善，香港各物流业供货商之间存在电子隔膜，以致供应链未能全面结合。此外，整体而言，香港在第三方物流服务方面，仍落后于新加坡和西方国家。因此，香港的定位是：①亚太地区国际物流中心；②时效性、高端物流服务中心；③跨国物流公司投资珠江三角洲的地区总部所在地；④全球或区域性供应链管理中心。

在深圳方面，20世纪90年代以来，深圳市政府加大对物流业发展的支持力度，使盐田集装箱货运港和黄田机场迅速崛起，成为全球四大集装箱货运港及全国四大航空货运基地之一。深圳的优势是：航运能力增长迅速，距离货源近，与香港联系紧密；高新技术产业基地的物流费用和交易成本较香港低。不过，深圳物流业迅速发展的直接结果之一，就是截流了原来流向香港的物流项目。有人批评深圳港口的发展忽略了"香港因素"，引发了与香港的激烈竞争，甚至对香港的物流中心地位构成了威胁。因此，深圳如何定位，与香港如何分工、协作，对构建大珠江三角洲物流枢纽体系极为关键。因此，深圳的角色应该是：①连接香港和内地的最为关键环节，是香港物流功能在内地的延伸及分流；②华南地区主要的货物集散中心，是连接海外市场和珠江三角洲经济腹地的重要环节。

广州处在珠江三角洲地区的中心地带，历史上便是商贸重镇。作为广东省的省会，目前是华南地区的经贸、金融中心和交通枢纽，本地物流需求旺盛，是全国最发达的货物供需地之一，对地区经济发展具有较高的政策影响力。从物流业的发展看，广州已建成了立体式交通运输网络，以广州为中心，半天车程可以到达珠江三角洲各制造业基地。与香港、深圳比较，广州最大的优势在于本地市场、与内地的联系和大珠江三角洲现代装备工业的地位，物流费用和交易成本也较香港低。广州庞大的市场需求以及与内地紧密的联系保证了它对整个珠江三角洲地区和内地的辐射能力。配合广州产业结构向现代装备工业、重工业和石化工业调整，广州物流业从简单的公路运输、仓储到一体化的供应链管理服务及海陆空多式联运方式都具有极大的发展空间。因此，广州的定位是：①华南地区物流中心，配货给香港，辐射珠江三角洲及"泛珠三角"地区，发展综合性物流服务；②本地快速运输、配送和仓储业务以及本地及内地企业第三方物流服务的提供者；③汽车、造船、钢铁、石化等现代制造工业和装备工业的物流服务提供者。

澳门是中国南大门与香港互成犄角的另一个自由港、独立关税区。与香港比较，澳门经济腹地和联系的国际市场都有很大的不同，澳门背靠的是珠江三角洲西部，沿西江上溯是西江中下游广阔的经济腹地。这是澳门不容忽视的战略优势。不过，澳门缺乏深水港，其自由港的功能一直以来难以有效发挥其应有的作用。澳门必须与珠海合作，把双方的优势结合起来，联合发展成为粤西乃至大西南地区的商贸服务平台和物流转运站，将粤西等地的优质产品透过澳门转口至欧盟、葡语系国家、东南亚等地。

第三，在CEPA框架下，逐步建立粤港澳大珠江三角洲旅游区。

20 世纪 90 年代以来，旅游业这一享有"永久朝阳产业"美誉的新兴产业，在国际经济中越来越展现出勃勃生机。旅游业已成为包括香港、澳门在内的大珠江三角洲经济区一个日益重要的产业，也是 CEPA 框架下粤港澳经济合作的重要领域之一。鉴于粤港澳三地在旅游业合作的良好前景，早在 1993 年底，香港、澳门和广东三地的政府旅游机构就合组"珠江三角洲旅游推广机构"，推动粤港澳旅游的发展，并取得了初步成效。据香港旅游协会的统计，1998 年，在同一次行程中去大珠江三角洲地区旅游的海外旅客接近 265 万，比 1991 年增长超过三成。

粤港澳三地的历史背景相近，但各具不同特色的旅游资源。香港作为亚太地区的国际大都会，汇集了中西文化精粹，充满现代化城市的活力，近年积极推广其"魅力之都、动感之都"的形象，其最大卖点就是兴建中的迪士尼主题公园。据专家估计，迪斯尼乐园启用首年参观人数可达 500 万人次，15 年后达到饱和，届时每年将有 1 000 万人次前往参观。澳门则兼容中国传统及葡萄牙文化，弥漫着独特的欧陆风情，是世界三大赌城之一，被誉为"东方蒙地卡罗"。2002 年澳门特区政府打破博彩专营垄断，引进竞争机制。澳门正逐步发展成博彩、观光、文化、度假、保健、商务、会议、展览互相辅助、融为一体的综合性旅游业城市，成为"亚洲拉斯维加斯"。历史文化悠久的广东是中国近代史发源地，也是中国现代经济发展最迅速的地区。广东地域辽阔，自然和人文资源丰富，以"近代史迹胜地""南粤风情""改革开放之窗"等而闻名海内外。目前，广东共有 7 个国家级历史名城、3 个国家级和 34 个省级风景区和约 2 000 个旅游景点。三地在旅游业的合作，将可组成一个世界级的旅游区域。因此，如何充分发挥粤港澳三地的旅游特色，而又实现优势互补的旅游路线及旅游产品体系，是推动旅游合作的关键。

第四，在 CEPA 框架下，粤港澳加强高新技术产业合作，建立"香港—珠三角高科技湾区"。

在零关税制度下，广东的机遇在于粤港澳联手打造珠江三角洲"世界工厂"，合作发展高附加值、高科技产业，建立"香港—珠三角高科技湾区"。广东出口加工业主要是在承接香港制造业转移下带动起来的，其基本的生产模式和技术结构是香港版本的复制和放大。虽然经过多年的努力有了改善和发展，作为世界性生产制造基地已经初具规模，但一直面临着产业升级转型的困难，并且开始显现发展后劲不足。由于受制于国际产业转移中的技术限制，加上香港制造业已经在技术上无力带动广东，以及国内长江三角洲等地竞争的压力，广东凭一己之力建成真正的世界性生产制造基地，无疑十分困难。现在零关税给了香港、澳门发展高新技术产业的良机，在国际资本的推动下，香港有可能在数字技术、纳米技术、软件业和生物制药等领域有所发展，建立起掌握核心技术的高技术产业和重振高附加值的传统制造业。如果广东能够与香港及澳门联手打造大珠江三角洲制造基地，就可以充分利用零关税制度的有利而化解不利，实现共同发展。

需要强调的是，在 CEPA 框架和零关税制度下，香港与珠江三角洲地区的合作可考虑建立"跨境工业区"或"边境工业区"，以吸引有意进入中国市场的国际跨国公司到区内投资设厂，发展高附加值及高新科技产业。香港与广东可借鉴美国旧金山湾区的经验，以香港为融资营运中心，将深圳发展成为风险投资中心或创业基金中心，以深圳、广州、珠海等高新技术产业区为高技术产业孵化基地，以珠江三角洲包括东莞、惠州、中山等县市为生产基地，并与北京、上海等城市建立策略性联盟，形成"香港—珠三角高科技湾区"。需要指出的是，目前珠澳"跨境工业区"的建设已经启动，正为这方面的发展提供示范和借鉴。

（原文载于《澳门研究》2005 年第 2 期）

CEPA：深化粤港金融合作，
将广东建成金融强省

一

社会经济的全面、协调及可持续发展，其中一个重要方面就是要正确处理经济增长与金融发展的关系。

传统的经济理论认为，金融发展水平是经济增长的结果。不过，20 世纪 70 年代以来，越来越多的经济学家注意到金融发展对经济增长的促进作用。著名经济学家罗纳德·麦金农和爱德华·肖提出的"金融抑制论"就是其中的代表。与忽视金融与经济发展关系的传统理论针锋相对，该理论把金融体系和金融政策放在发展中国家经济发展的核心地位，深刻地指出金融抑制是这些国家经济发展落后的根源，必须通过金融深化进程促进金融发展，从而推动经济与金融的良性循环与发展。过去二三十年来，不少发展中国家为了消除金融抑制，采取了一系列金融深化措施，取得了明显成效。

从我国的情况来看，总体而言，是金融发展滞后于经济增长，并已束缚了经济发展。从广东省的情况来看，随着经济的持续快速发展，经济总量的迅速扩大，这种金融发展滞后的情况更加明显、突出，矛盾更加尖锐，已经影响了宏观经济的全面、协调发展。据统计，广东金融业占第三产业增加值及 GDP 的比重分别从 1994 年的 11.9% 和 4.3% 下降到 2005 年的 6.77% 和 2.93%。广东金融业对第三产业和 GDP 的贡献率已大幅低于上海（14.61% 和 7.37%）、浙江（12.54% 和 5.02）和江苏（8.67% 和 3.07%），甚至也落后于西部的四川（9.55% 和 3.55%）、贵州（9.07% 和 9.61%）、云南（9.61% 和 3.79%）等省份。可以说，广东金融业正面临严峻挑战。

二

由于受制于全国金融发展和金融改革的总体形势以及各种客观因素，

广东的金融发展本来难有突破性的发展。然而，2003年6月29日内地与香港签署的CEPA，以及其后相继签署的4个补充协议，为广东金融发展带来了极其重要的发展机遇。

根据CEPA的有关规定，香港银行业在内地设立分行的资产规模要求从200亿美元降至60亿美元；香港银行的内地分行申请人民币业务的资格条件，也由在内地开业3年以上和单家分行考核，调整为在内地开业2年和多家分行整体考核；而内地则支持国有独资商业银行和部分股份制商业银行将其国际资金外汇交易中心移至香港；并允许特定的内地证券、期货公司在香港设立分支机构，此举被视为QDII启动的重要一步。

CEPA实施以来的三年多时间，粤港金融合作呈现了良好的发展态势：

（1）香港的永隆、大新、上海商业等银行相继进入广东，将其经营网络拓展到珠江三角洲地区，至2006年6月，已有22家香港银行进入广东，其中，深圳成为全国港资银行最多的城市；同时，部分香港银行将数据处理中心、档案管理中心、单证业务中心、电话业务中心等部门内移，如中银香港就将软件开放中心迁至深圳，汇丰银行将档案备份中心迁至广州。

（2）以香港为基地或地区总部的一些跨国银行也加快进入中国内地的步伐。据统计，至2006年第一季度，共有25家境外银行以战略投资者的身份投资21家内地银行，涉及投资金额约200亿美元，占内地银行总资本的17%左右。

（3）广东方面亦有3家银行，包括广东发展银行、深圳发展银行、招商银行在香港开设办事处甚至分行。

（4）在银行业务合作方面，粤港银行在授信融资业务、结算代理业务、外汇资金业务、个人银行业务、港资银行经营人民币业务、港资银行代理保险业务，以及信息交流、人员培训等方面的合作已全面展开。

（5）在资本市场合作方面，2004年8月第7次粤港联席会议将"支持广东企业到香港上市"作为两地金融合作的重点，其后，广东企业，如中兴通讯、富力地产等多家企业已成功赴港上市。

三

从目前的形势看，在CEPA的推动下，包括粤港澳在内的大珠江三角洲地区的金融业将面临一次重新整合，并形成以香港为龙头，以广州、深圳为双翼，其他中小城市为依托的金融服务业分工合作体系——或称"港深穗金融走廊"，以实现资金的有序流动，最大限度地提高资源配置效率。

香港作为亚太地区国际金融中心，具有资金流通自由、金融市场发达、金融服务业高度密集、法制健全和司法独立、商业文明成熟等各种优势。香港将重点发展私人银行、财富管理、企业资本性融资、基金管理以及金融衍生产品等方面的高附加值和资本市场业务。在 CEPA 框架下，内地银行、金融机构将其国际资金外汇交易中心移至香港，或通过收购方式在香港发展网络和业务活动，支持内地企业到香港上市，这将进一步强化香港国际金融中心的地位。香港银行在经营离岸人民币业务上享有优势，并能借此争取更多优惠。在 CEPA 的框架下，香港银行将逐步展开个人的汇款、外币兑换、储蓄、信用卡等人民币业务，香港成为中国的人民币离岸中心将是迟早的事情。

深圳拥有毗邻香港的地缘优势和高新技术产业的优势，可逐渐发展成区域性风险投资中心，关键是：第一，通过香港或联合香港引进风险投资基金，特别是著名风险投资机构，大力培育本土的风险投资机构，并营造有利于风险投资结构发展的营商环境；第二，借鉴国际经验，积极发展中小企业板，从长远看还要考虑如何与毗邻的香港创业板合作、整合。

广州则凭借其在重化工业、港口运输及个人消费服务上的蓬勃发展，重点发展贸易融资、企业贷款及个人消费信贷等传统银行业务。并以 CEPA 实施和"泛珠三角"合作为契机，以增强聚集和辐射能力为主线，大力发展金融产业和现代金融体系，其战略目标是到 2010 年初步形成带动全省、联通港澳、面向东南亚、与国际接轨的区域性金融中心。

在 CEPA 的框架下，通过深化粤港澳金融合作，建立"港深穗金融走廊"，无疑将大大提高广东的金融发展水平，从而提高包括粤港澳在内的整个大珠江三角洲地区经济的国际竞争力。

四

因此，广东应紧紧把握 CEPA 的机遇，及时采取有效的政策和措施，深化粤港金融合作，从而将广东建设成金融强省，以增强广东在全国乃至国际经济中的竞争力。我们的建议是：

第一，转变思想，树立"金融强省"的观念。在经济全球化、金融全球化的时代，经济的核心问题就是金融，现代经济实质就是货币经济、金融经济。金融发展滞后，经济就无法有大的突破。广东省各级政府应把金融发展摆在中心工作的地位，花大力气发展金融产业。

第二，以粤港银行业合作为突破口，大力吸引香港金融机构进入广州、深圳等中心城市，使其将经营网络拓展到珠江三角洲地区，形成覆盖整个大珠江三角洲地区的港深穗银行网络体系。

广东应配合CEPA的实施，出台一系列相关的配套政策和优惠措施，包括降低营商成本、破除地方保护主义、完善金融配套设施等，以加快吸引香港银行到广东发展，使资金、金融企业、人才等各种资源向广东集聚。广东还要利用政策杠杆，规划协调珠江三角洲金融区的整体发展战略，整合金融基础设施，推动大珠江三角洲地区金融分工合作体系的形成。

第三，以市场对接为手段，促进三地金融市场融合，具体包括：

（1）争取申办两地银行间同业拆借市场。在开放香港银行经营离岸人民币业务之前，在建立广东省银行间外汇清算系统的基础上，开展粤港银行间港元同业拆借业务。

（2）随着QFII制度的实施，积极向香港的合格投资机构推介深圳证券市场；同时，利用QDII机制启动的有利时机，着手研究成立投资基金，打通广东居民投资香港证券市场的合法通道。

（3）抓住内地国债登记结算系统将与香港债券工具中央结算系统（CMU）实现联通的有利条件，支持广东金融机构投资香港债券市场。

第四，加强并深化与香港交易所的合作，积极推动广州企业到香港上市、融资，包括推动高新技术企业到香港创业板上市；同时，引进香港实力雄厚、管理规范的证券公司、基金管理公司，并带动香港中介机构到广州拓展业务；加强与香港期货市场的合作，争取中央和省政府支持设立广州商品期货交易所，探索发展金融期货市场。

第五，优化政务环境，为内外资金融机构开展经营活动提供便利。广东要规范国有企业改制，确保银行债权得到落实；加大对逃废银行债务的企业的打击力度，努力维护银行的合法权益；工商部门应当简化相关手续，为金融机构办理注册登记提供"一站式"服务；人事、外事、公安部门应当在职责权限内，为金融机构人员赴境外培训、商务旅行实行优先办理，提供便利。通过优化政务环境，为金融企业创造便利、公正的经营环境。由于牵涉政府多个部门，这些措施需要有省政府的强力主导方可落到实处。

第六，加快信用环境的建设。信用环境的建设对金融业的发展具有极端重要性。近年来，上海、江浙地区金融业取得迅速发展的一个重要原因，就是高度重视信用环境的建设。广东应加快信用环境建设，建立全省性的私人信贷资料库，建立健全的抵押品认证、登记制度，完善企业资信评估机构和信用制度，以从根本上改善广东的金融环境。

第七，考虑到 CEPA 在实施过程中广东地位的重要性、特殊性，广东应向中央争取在 CEPA 框架下更有利于推动粤港澳金融合作的安排，包括：

（1）进一步降低香港银行进入广东的"门槛"，以促进香港银行在广东珠江三角洲地区的主要城市开设分行；

（2）可考虑将广州或深圳列为全国金融开放的"示范区"，以进一步加大港澳金融机构到广东发展的开放力度；

（3）从长远而言，可考虑深圳中小企业板与香港创业板的合作事宜，探讨深圳交易所与香港交易所的合作机制。

第八，建立政府层面的粤港澳金融交流合作机制，积极推动三地金融合作全面深化。政府合作包括：

（1）由省政府牵头建立粤港澳政府协调机制，商讨三地金融发展的规划、布局以及促进金融合作的环境激励措施；

（2）由人民银行牵头，协同银监、证监和保监，建立与粤港货币管理当局和金融监管部门的协作机制，探索制度化的监管信息交流机制；

（3）加强反洗钱合作，由人民银行会同司法部门，建立粤港澳反洗钱主管部门合作机制。

（原文为广东省第九届政协提案，获评为当年省政协优秀提案，2006年3月）

CEPA 在广东实施面对的困境与策略性思考

CEPA 自 2004 年实施以来，推动了香港生产性服务业进入广东，促进了广东服务业的快速发展，对广东产业结构调整和经济增长方式的转变都起了积极的作用。不过，调查显示，在 CEPA 框架下，香港生产性服务业进入广东仍然面临不少问题、障碍，主要包括：CEPA 对香港生产性服务业开放仍显不足，申请手续烦琐；CEPA 的实施细则和配套政策措施不够完善，实际运作有待改进；广东投资营商环境有待进一步改善；广东适应国际化运作需求的专才不足，香港专才进入受限等。

一、CEPA 在广东实施面对的困境

（一）困境之一：随着 WTO 过渡期结束，CEPA 的优先性逐渐减弱

CEPA 实施之初，商务部副部长安民曾表示，CEPA 在服务贸易领域的开放将本着"优于东盟，先于 WTO"的原则。但是，调查发现，随着 2006 年 12 月 WTO 过渡期结束，相当部分港商甚至部分广东地方政府官员都对 CEPA 的功效存有疑虑，提出诸如"CEPA 对港资企业开放的优先性是否已减弱""CEPA 是否已经被边缘化"的怀疑。部分香港业界人士反映，在 WTO 全面实施后，已不能区分是依据 WTO 还是依据 CEPA 优惠进入内地；有的香港业界人士甚至表示，利用 WTO 针对外资服务业的进入条款，还可免去申请《证明书》的烦琐手续。

从香港特区政府提供的统计数据看，一方面，香港特区政府批出的《证明书》在 2004 年分别有 1 196 张，2005 年降至 359 张，2006 年进一步降至 142 张，2007 年 1—4 月为 56 张，总体呈现逐年减少的态势。而另一方面，香港服务企业事实上正大举进入内地。以广州为例，从 2003 年至 2007 年 3 月，广州共接获香港企业在 CEPA 项下的申请 78 项，批准了 75 项，投资总额 1.63 亿美元，合同外资 1.08 亿美元；然而，同期香港在广州直接投资的服务业项目有 589 项，合同外资 11.74 亿美元，实际使用外资 12.22 亿美元。这种巨大的反差反映了部分政府官员和商界疑虑背后的根据。

（二）困境之二：CEPA 开放的全面性与香港中小型服务企业进入难度的矛盾

CEPA 作为中央政府与香港特区政府签署的制度安排，它对香港的开放是全面性的，也适用于全国各地。因此，CEPA 的开放"门槛"不可能太低，还必须受到全国各地区地方政策、法规的制约。在这种背景下，特别是 WTO 过渡期已经结束，一般较大型的香港企业基本都能在 WTO 的框架下进入内地，根本没必要通过 CEPA 渠道；而香港中小型服务企业往往却因为"门槛"仍然偏高而难以进入。事实上，香港服务企业中，95% 以上均为中小型企业，它们之中的相当部分，经营与国际接轨，水平亦相当高。然而，在现行 CEPA 框架下，它们却难以进入内地发展。

根据香港贸发局 2006 年 4 月对香港服务业界的调查显示，近五成的被访者由于"公司本身的条件所限"及"对内地市场认识不足"这两大原因，而未到内地开展业务。在调研中了解到，香港中小型服务企业受这两大原因影响，进入内地开展业务的积极性相对较低。以物流业为例，虽然目前物流业是港资服务业中进入内地最多的一个行业，但跨境物流的参与资金要求较高（注册资金要求为 1 000 万元），一般只有大型企业可以参与，而香港众多的中小型企业则难以参与。除了企业自身的条件限制，内地对服务企业运作模式的一些要求，也使香港中小型服务企业难以进入内地市场。例如，香港的建筑师归属于工程师工会，内分 10 个专业范畴，建筑事务所通常都专营某种专业服务；而内地的建筑设计单位通常都提供一条龙服务，其要求香港的建筑服务企业进入内地也要以提供综合服务的机构形式开展业务，但对香港服务者而言，在尚未有客户之前，不可能在内地先组成一个综合的公司。

（三）困境之三：市场壁垒与两地服务业市场发育程度的差异

调研显示，香港服务业内迁与制造业内迁的性质完全不同，难易程度迥然有别。香港服务业内迁涉及市场准入的全过程，需要面对一系列复杂问题。CEPA 虽然打破了香港服务业进入的外部壁垒，但并没有消除国内市场中各种各样的壁垒。正是由于这些各种各样的商业壁垒，包括行政性垄断壁垒、地方保护主义壁垒、不规范的市场垄断壁垒及其他非贸易壁垒等，CEPA 的落实存在很多困难，特别是服务贸易方面，内地对中介服务机构的管理和在作用的发挥等方面还有很多"潜规则"，这些规则实际上是一些内部的壁垒，不利于香港服务业的进入和发挥作用。

另一个重要问题是，内地服务业开放与市场制度环境的不匹配。香港服务业的发达，是与香港市场经济制度和法治社会的完善分不开的。而国内的市场经济才初步建立，市场经济制度远没有完善，高素质服务业发展的环境条件较差。当内地市场条件和制度环境尚不成熟时，对香港服务业的大规模进入，必定产生种种的制约和障碍。

二、"双管齐下"，设立"广东生产性服务业开放试验区"

（一）策略性思考：打好 CEPA 牌，加快香港生产性服务业进入广东

CEPA 作为一项内地与香港经济一体化的制度安排，不是短期的权宜之计，而是"一国两制"的一项制度性创新。它在 WTO 原则、"一国两制"原则，以及"先易后难，逐步推进"原则前提下，逐步深化两地的经济融合，从而达到维持香港长期繁荣稳定以及共同提高香港与内地国际竞争力的战略目标。因此，随着 WTO 过渡期结束，CEPA 不仅不应该被"边缘化"，而且应该走得更快，最大限度地发挥其战略功能。

某种意义上说，CEPA 框架是特为协助香港中小型企业而设定的，中国入世议定书所设的服务市场准入门槛，对大部分香港服务业企业来说仍然偏高，而 CEPA 则为香港公司降低这些门槛，让它们可以更容易地进入内地服务业市场。而且，CEPA 目前的某些优惠条款是香港企业独家享有的，在"一国两制"下，香港始终与内地处于一种比 WTO 其他成员国更紧密的经贸关系之中。CEPA 签署的目的之一就是"支持香港发展金融、物流、旅游、咨询等服务业，保持香港国际金融、贸易、航运等中心的地位"，保持香港的长期稳定繁荣。因此，加大 CEPA 对香港服务业的开放力度，保持 CEPA 较 WTO 更为开放的特性，将成为国家实施"一国两制"方针的一项长期战略措施。

众所周知，经过改革开放以来二十多年的发展，广东虽然成为世界制造业基地，其中部分制造业如 IT 产业等，就集中了全世界最先进的技术，但是，其服务业特别是生产性服务业发展则相对滞后，如金融服务、财会服务、法律服务、信息服务等跟不上，不能与之配套。即使是广州、深圳等中心城市，其生产性服务业发展水平与国际水平相比仍有相当大的差距，表现为人才素质不高、行业竞争不充分、公司治理水平落后、市场服务意识不强、国际化水平不高等问题。生产性服务业的滞后给广东经济发展带来一系列的问题，包括制约了国际竞争力的提高、市场经济发展的秩序难以最终建立等。例如，如果法律服务缺失或水平低，相当部分的企业特别是民营企业就要找政府保护、靠行政审批，市场经济秩序、法治经济

秩序就难以建立。

基于对 CEPA 这种战略功能的认识，可以预见，随着时间的推移，CE-PA 将在"先易后难，逐步推进"原则前提下，逐步扩大和深化对香港的开放。为了打好 CEPA 牌，加快香港生产性服务业进入广东，并解决当前 CEPA 在实施中面对的困境，广东的策略可以概括为"双管齐下"：一方面，根据 CEPA"先易后难，逐步推进"的原则，积极向中央争取政策，使 CEPA 对香港的开放在广东先行一步，或者说，以广东为对香港生产性服务业进一步开放的实验区；另一方面，针对 CEPA 在广东实施中存在的问题，加大改革开放力度，加快市场经济的制度建设，以最大限度地发挥 CEPA 现有效益。

加快香港生产性服务业的进入，将原有已经进入广东的各种"灰色"企业"由暗转明"，使其规范化发展，从而减低经营中的交易成本和经营风险。更重要的是，加快香港生产性服务业进入广东，将加大粤港联手参与国际服务业转移创造的发展机遇，打造国际服务平台。目前，美国等发达国家服务业开始向海外转移，出现国际服务业产业转移和服务业外包的新趋势。粤港联手，将有利于承接全球服务转移和外包业务，特别是在商务服务、计算机及互联网服务、金融服务、培训服务及专业服务方面，抢占国际市场份额，共同进入国际服务业新一轮分工格局中。

（二）向中央建议，设立"广东生产性服务业开放试验区"

1. 向中央建议，根据 CEPA"先易后难，逐步推进"原则，设立"广东生产性服务业开放试验区"

根据科学发展观的要求，广东要加快经济增长方式的转变，加快现代服务业的发展，要与香港共同打造国际服务平台，其重要策略是：充分利用 CEPA 的制度安排功能，向中央政府建议，设立"广东生产性服务业开放试验区"，在区域范围内进一步加大对香港生产性服务业的开放力度，继续保持 CEPA 较 WTO 更为开放的特性，将目前尚难以在全国范围内全面推行的服务行业开放制度在区域内试行，以便总结经验为在更大范围内全面运行提供参考。

建议选择广东作为对香港服务业实行更大程度开放的试验区，主要源于两方面的考虑：一是在与香港的经济合作中，广东一直走在全国的前列，粤港两地合作不仅有地缘优势，而且具备了坚实的合作基础；二是在 2003 年的 CEPA 协议中，已经有广东"先走一步"的战略内涵。CEPA 针对广东将可能成为 CEPA 实施的核心层次这一客观情况，特别加入了一些只在广东实施的规定，如分销业，规定香港公司在内地设立零售企业的地域范围扩大到地级市，在广东则扩大到县级市，并允许港澳永久居民中的中国公民在广东设立个体工商户，无须经过外资前置审批；在旅游领域，率先开放广东境内居民个人赴港澳旅游，"自由行"最早就是从广东的四个地市开始执行的。可见，作为 CEPA 政策推行的试验区，广东具有良好的基础与条件。

在 CEPA 框架下建立"广东生产性服务业开放试验区"，可以针对香港生产性服务业的优势，更进一步降低准入"门槛"或放宽限制，使香港更多的有竞争力的生产性服务企业进入广东发展；同时，广东也可以借此加大改革力度，打破市场壁垒，推进市场经济，特别是生产性服务业的市场发育程度应尽快与国际接轨，为香港生产性服务业的进入创造良好的经营环境，并为全国范围内服务业的全面开放提供经验。

2. "广东生产性服务业开放试验区"的区域范围和开放行业

考虑到改革开放二十多年来广东与香港经济合作的密切性，"广东生产性服务业开放试验区"的区域范围以覆盖全省的行政区划为宜，但是，由于生产性服务业主要集中在中心城市，因此，在实际运作中，以广州、深圳两大城市为重心，并扩展到东莞、佛山等地级市。

广州、深圳等中心城市应制订服务业开放的发展规划，外经主管部门要积极制定措施，调动资源，结合本身的优势和港商的需求，进一步加大对香港生产性服务业的招商力度。如广州要利用建设珠江新城和琶洲中央商务区的机遇，加快引进香港的金融、会展、酒店、商贸服务，吸引香港金融机构设立区域总部和区域性经营机构；要结合新白云机场和广州港、南沙港的发展，加强两地物流业合作，提升广州作为华南地区物流枢纽的地位和服务水平。

考虑到粤港两地服务业的互补性，"广东生产性服务业开放试验区"进一步对香港开放的行业，应以香港具竞争优势的生产性服务业为主，特别是资金、技术密集的生产性服务行业，重点是金融业、运输物流，以及会计、律师、管理咨询、会展等专业服务业。例如：

（1）金融业。

可考虑进一步降低银行业的开放"门槛"，特别是考虑相应降低香港银行在广东设立分行的条件，包括年限和注册资本的条件，吸引香港银行，包括香港中小银行在广州、深圳乃至珠江三角洲地区的一些主要城市布点，使其能在更短的时间内增设分支机构、经营人民币业务，形成经营网络，进一步推动香港金融业与广东制造业的结合。

积极开展银行同业间业务合作，加强资本市场业务合作，逐步开放金融中介市场，促进香港、澳门律师、会计信用评估、金融信息机构进入广东。

建立粤港两地政府、银行同业公会、银行同业、银行监管部门高层定期会面机制，联合打造粤港金融基础设施平台，全面推进粤港金融机构、市场、业务、人才、信息等各种金融要素之间的交流与合作，形成以香港为国际金融中心，以广州、深圳等城市为次中心，以大珠江三角洲地区为腹地的金融网络枢纽。

借鉴香港健全的信用机制，加快建设广东信用体系，完善广东企业信用信息平台，建立企业和个人征信体系，完善规范化的小企业资信评估机构和信用制度，加快发展各种信用担保机构。

（2）物流业。

根据 CEPA 的开放要求，在全省范围内清理、修订内地就经营物流企业而制定的经营管理、监督检查及法律责任等政策法规，使之与 CEPA 的开放政策相配合。

在 CEPA 框架下，放宽香港物流企业不能在省内多个城市设立分支机构开展业务的限制。

（3）专业服务业。

在广东先行推行与香港互认专业资格的政策，简化执业程序，以加快推动粤港专业服务业融合的步伐。

放宽现行法规限制，使港资律师事务所聘用的内地律师能以律师身份获聘用，并允许其参与跨境业务。

在律师业试行"准联营"制度。目前，关于律师事务所的"联营"有两项限制：一是代表处成立 3 年后才可以申请"联营"；二是在地域限制方面，不可与省外律师所"联营"。香港法律服务界人士认为，"联营"会产生"排他性"的不利影响，且对香港律师事务所与其他内地律师事务所相互委托或转介业务带来不利影响。因此，香港法律服务界提出建立"准联营"的制度，如两地个别律师事务所有意"联营"，只需要向主管部门发出"联营"意向，即可以"准联营"方式开展合作，律师事务所人才可相互调派，展开业务培训等，使"准联营"能有效过渡到正式的"联营"。

（三）制定并完善 CEPA 开放的实施细则和配套政策，加快生产性服务领域的改革，加大政策扶持力度

广东在争取设立"广东生产性服务业开放试验区"的同时，也要重视充分发挥现有 CEPA 开放的制度功能，加快市场经济的制度建设，特别是与 CEPA 开放相配套的实施细则和相关配套政策的制定、修改、完善。

（1）按照 CEPA 要求在全省范围内全面清理、修订、完善相关的政策和法律法规，使之与 CEPA 相配套。由于 CEPA 协议作为内地与香港经济一体化的总体框架协议，涉及内容较多，许多项目仅作了原则性约定，有关细节尚未明确，这已影响了 CEPA 的实施。因此，广东省及各地方政府应根据 CEPA 开放内容，尽快制定与 CEPA 相配套的实施细则和政策，按照 CEPA 要求在广东省内全面清理、修订、完善相关的政策和法律法规。对于受清理的、还能继续使用的及新颁布的有关政策规定，应一并给予公布，以使企业能够更好地在 CEPA 框架下发展。

（2）促使 CEPA 实施与其他经济政策的推行同步进行，并逐步制定导向性的地区推动措施。服务业市场的开放是一个漫长的过程，必定需要一些新的相关政策配合 CEPA 的实施，才能保证服务业的顺利引入与运营。因此，要加快香港生产性服务业进入广东的步伐，不能单纯依靠 CEPA 的实施，还需要在实践中不断寻找制定新政策的必要性与可行性之间的结合点，才能更好地实现服务业市场开放的目的。在 CEPA 实施过程中，由于部分制度性问题未能得到解决，导致一些实质性问题至今依然存在。在调研中，甚至有人提出，"服务业进入的制度性问题不解决，CEPA 实施只能是先挑好干的干，问题始终会存在"。但是，也不能将制度问题简单地都推到中央层面，及时总结服务业进入过程中的问题，对其进行总结归类，并提炼出其共性，有助于制定导向性的地区推动服务业发展措施。在这一过程中，应积极发挥两地行业协会的作用。

（3）加快推进生产性服务业的改革开放，加大对生产性服务业发展的政策扶持力度。要积极贯彻落实《国务院关于加快发展服务业的若干意见》，根据广东"十一五"规划纲要的要求，进一步推进服务领域各项改革，引入竞争机制，实现投资主体的多元化，特别是要建立公开、平等、规范的服务业准入制度，进一步打破市场分割和地区封锁，推进统一开放、竞争有序的市场体系建设。

同时，要加大政策扶持力度，依据国家产业政策完善和细化服务业发展指导目录，从财税、信贷、土地和价格等方面进一步完善促进服务业特别是生产性服务业发展的政策体系。

（原文节选自研究报告《CEPA 框架下香港生产性服务进入广东发展调研报告》，2007 年 7 月 6 日，作者为冯邦彦、钟韵）

深化粤港金融合作，
加快深穗区域金融中心发展

一、金融发展滞后：广东经济发展动力不足的重要原因

传统的经济增长理论偏重于资本、劳力、技术以及自然资源等各种实物要素对于经济增长的贡献，而忽略了货币金融在经济发展与经济增长中起到的重要作用。不过，20世纪70年代以来，越来越多的经济学家注意到金融发展对经济增长的促进作用。爱德华·肖（E. S. Shaw，1973）和罗纳德·麦金农（R. I. Mckinnon，1973）以发展中国家为样本，深入研究了金融发展与经济增长之间的关系，提出"金融抑制"与"金融深化"理论。该理论把金融体系和金融政策放在发展中国家经济发展的核心地位，深刻地指出"金融抑制"是这些国家经济发展落后的根源，必须通过"金融深化"进程促进金融发展，从而推动经济与金融的良性循环与发展。

从广东省的情况看，受到1997年亚洲金融危机的冲击，特别是广信破产和粤海债务重组等事件的影响，广东省广州市一些部门曾将金融发展视之畏途，一度忽视了金融发展的重要性。进入21世纪以后，随着经济总量迅速扩大，这种金融发展相对滞后的情况更加明显、突出。据统计，2005年，广东金融业占第三产业增加值及GDP的比重分别为6.77%和2.93%，大幅低于上海（14.61%和7.37%）、浙江（12.54%和5.02%）和江苏（8.67%和3.07%），甚至低于全国平均水平（8.37%和3.29%）。2007年，广东省召开金融工作会议，提出"金融强省"的战略，大力发展金融业，金融业在第三产业和GDP中的比重才有了较大幅度的提升，2012年分别上升至12.25%和5.67%，但是仍然低于上海（20.32%和12.19%）、浙江（18.98%和8.57%）和江苏（13.47%和5.86%），滞后于客观经济发展的需要（如表1、表2所示）。可以说，广东金融发展相对滞后，这种情况已成为广东经济增长动力不足的重要原因之一。

表 1　广东省历年金融业对第三产业和 GDP 的贡献率

年份	GDP（亿元）	第三产业（亿元）	金融业（亿元）	金融业占 GDP 的比重（%）	金融业占第三产业增加值的比重（%）
1997	7 774.53	3 091.81	302.87	3.90	9.80
1998	8 530.88	3 469.21	306.39	3.59	8.83
1999	9 250.68	3 882.66	331.10	3.58	8.53
2000	10 741.25	4 755.42	443.69	4.13	9.33
2001	12 039.25	5 544.35	450.81	3.74	8.13
2002	13 502.42	6 343.94	454.65	3.37	7.17
2003	15 844.64	7 178.94	534.28	3.37	7.44
2004	18 864.62	8 364.05	602.68	3.19	7.21
2005	22 557.37	9 772.50	661.81	2.93	6.77
2006	26 587.76	11 585.82	899.91	3.38	7.77
2007	31 777.01	14 076.83	1 705.08	5.37	12.11
2008	36 796.71	16 321.46	1 972.40	5.36	12.08
2009	39 482.56	18 052.59	2 283.29	5.78	12.65
2010	46 013.06	20 711.55	2 658.76	5.78	12.84
2011	53 210.28	24 097.70	2 916.13	5.48	12.10
2012	57 067.92	26 393.71	3 233.99	5.67	12.25

注：本表按当年价格计算。

资料来源：《2012 年广东国民经济和社会发展统计公报》。

表 2　部分省市金融业对第三产业和 GDP 的贡献率比较

（单位:%）

	2005 年		2012 年	
	金融业占第三产业增加值的比重	金融业占 GDP 的比重	金融业占第三产业增加值的比重	金融业占 GDP 的比重
广东省	6.77	2.93	12.25	5.67
江苏省	8.67	3.07	13.47	5.86
浙江省	12.54	5.02	18.98	8.57
上海市	14.61	7.37	20.32	12.19
全国	8.37	3.29	12.35	5.51

注：本表按当年价格计算。

资料来源：2005 年和 2012 年广东、江苏、浙江、上海及全国的国民经济和社会发展统计公报。

二、广东金融提速关键：加快深圳、广州区域金融中心发展

广东金融业发展相对滞后，或者说大而不强，其中一个重要因素是深圳、广州两大中心城市的区域金融中心地位不突出；在金融改革方面，相对于上海的"两个中心"建设和天津滨海新区综合配套改革试验，呈现出发展后劲不足的态势。因此，广东金融业要提速发展，必须进一步加强对香港金融业的开放与合作，构建以香港为龙头，以深圳、广州为两翼，以珠江三角洲其他城市为支点的金融体系。在该体系中，深圳、广州两大中心城市借助香港的辐射、带动作用提速发展，各中心城市金融业相互配合、错位发展，共同形成具国际竞争力和强大辐射力的金融中心圈层，以增强对国内外金融资源的吸引力、集聚力和带动力。

（一）深圳区域金融中心的发展重点

在大珠江三角洲金融中心圈中，深圳无疑是仅次于香港的重要角色。近年来，深圳作为区域金融中心在全球逐步崭露头角。2012 年，深圳金融业增加值达 1 819.2 亿元，占 GDP 的比重达 14.0%，已接近香港的水平（16%）。不过，深圳作为区域金融中心存在两个问题，一是面临国内金融资源竞争越来越大的压力，深圳有如逆水行舟，不进则退；二是深圳金融业国际化水平明显不足。因此，深圳极需深化与香港的金融合作，解决上述问题。根据深圳的比较优势，深圳作为区域金融中心，其发展重点是：

第一，香港国际金融中心功能的延伸和重要补充。

连接香港的多层次资本市场和金融创新试验区。深圳要成为香港国际金融中心功能的延伸和重要补充，必须加强与香港的对接，以深港金融合作为纽带，以金融创新为突破口，以发展多层次资本市场为核心，通过建立完善、高效的金融市场体系，提升对境内外金融机构及人才的吸引力，增强金融业对珠江三角洲、粤港澳经济圈的产业优化功能，增强金融业在全国及海外的资源集聚功能。

人民币国际化的"桥头堡"和香港人民币离岸业务中心的后援基地。深圳要配合国家金融战略，利用香港人民币离岸市场的发展之机，做好自身的人民币业务。在人民币"走出去"方面，发挥深圳的中介作用，使深圳和内地城市的资金在国家有关规定的指导下，通过深圳的渠道进入香港，投资香港中间业务、咨询业务等；在人民币回流方面，深圳应协调内地和香港互动，推动内地在香港发行债券（特别是中小企业债券），推动

香港银行在香港筹集人民币到深圳向珠江三角洲企业贷款。

区域性财富、资产管理中心。据中国招商银行和贝恩公司共同发布的《2013 年中国私人财富报告》显示，2012 年可投资资产规模在 1 000 万元人民币以上的高净值人士已超过 70 万，其中，5 000 万元人民币以上的高净值人士近 10 万，1 亿元人民币以上的高净值人士达 4 万。中国内地高净值客户跨境投资的首选目的地是香港。深圳要充分利用毗邻香港的区位优势和金融发展相对领先的优势，积极吸引证券投资机构和各大银行、股权投资机构，大力发展私人银行业务，大力发展财富管理业务，不断夯实财富管理中心的基础，形成一批具影响力的专业财富管理机构，促进财富管理市场的多样化发展，使深圳发展成为区域性财富、资产管理中心。

第二，中国首要的创业投资中心和中国的"纳斯达克"。

大力发展创业投资基金（VC）[①]、股权投资基金（PE）[②]，成为中国首要的创业投资中心和私募股权基金管理中心。据统计，截至 2012 年底，深圳的基金公司共管基金 344 只，基金总规模 9 519.25 亿份，基金资产净值 8 380.20 亿元，管理基金数、基金总规模、基金资产净值均排名全国第二，约占行业 1/3。据不完全统计，目前深圳仅 PE/VC 就有 3 500 家。值得指出的是，深圳在很长一段时间内缺乏明确的扶持私募基金政策，特别是缺乏针对私募行业的现金奖励政策、税收和补贴鼓励政策。2010 年 8 月，深圳市政府发布了《关于促进股权投资基金业发展的若干规定》。深圳应在此基础上，进一步制定扶持政策，营造有利于创业投资机构发展的营商环境，大力培育、发展本土的创业投资机构，积极引进国际著名的创业投资机构，真正发展为中国首要的创业投资中心和私募股权基金管理中心。

做大做强中小企业板和创业板，成为中国的"纳斯达克"[③]。深圳的中小企业板于 2004 年 5 月正式开板，它不仅为中小企业提供了直接融资的途

---

① 创业投资基金（Venture Capital Fund），是指由一群具有科技或财务专业知识和经验的人士操作，并且专门投资在具有发展潜力以及快速成长公司的基金。

② 股权投资基金（Private Equity），在中国通常称为私募股权投资。从投资方式角度看，依国外相关研究机构定义，是指通过私募形式对私有企业，即非上市企业进行的权益性投资，在交易实施过程中附带考虑了将来的退出机制，即通过上市、并购或管理层回购等方式，出售持股获利。有少部分 PE 基金投资已上市公司的股权。

③ 纳斯达克是英文缩写"NASDAQ"的音译名，全称是美国"全国证券交易商协会自动报价系统"。它建于 1971 年，是世界上第一个电子化证券市场。它利用现代电子计算机技术，将美国 6 000 多个证券商网点连接在一起，形成一个全美统一的场外二级市场。1975 年又通过立法，确定这一系统在证券二级市场中的合法地位。纳斯达克的发展与美国高技术产业的成长是相辅相成的，被奉为"美国新经济的摇篮"。

径，而且为风险投资提供了进退机制。开业10年来，深圳中小企业板尽管取得了不错的成绩，但也存在着不少问题，包括部分上市公司涉嫌存在利用会计处理粉饰业绩、内幕交易、信息披露不完善等。深圳创业板自2009年开板以来发展迅速，但也存在不少问题，如部分创业板公司创新能力不强、不符合创业板市场定位；部分公司成长性不够、上市后业绩出现下滑；创业板的发行市盈率过高，导致股价被提前透支；资金大量超募，超募资金使用效率低下等。因此，深圳要积极借鉴国际经验和香港经验，进一步完善中小企业板和创业板的制度建设，特别是要鼓励和寻找经营规范的优质企业上市，加强和完善监管体系，完善信息披露，进而做大做强中小企业板和创业板。广东应积极推动本土企业在深圳主板、中小企业板和创业板上市，打造股票市场的广东板块，以充分发挥资本市场对企业发展的带动作用。从中长期看，深圳创业板与香港创业板要加强合作、整合，最终形成"一市两板"的市场结构，发展成为中国的"纳斯达克"。

第三，与香港联手打造深港国际再保险①中心。

近几年，日本地震、澳大利亚水灾等全球自然灾害接连发生。受累巨灾赔付金额上升，再保险巨头受到了前所未有的生存压力。随着再保险合约续转交易的陆续结束，国际再保险巨头集体收紧承保条件，巨灾再保费率普遍上调。深圳要充分利用自身毗邻香港的地缘优势，推动深港合作的再保险市场的发展，并在深圳探索建立地震、海啸、台风等巨灾保险制度。深圳可在前海现代服务业示范区探索开展离岸再保险业务，推动香港人民币保单再保险业务跨境贸易结算的发展，降低香港保险业进入深圳市场的门槛，积极引进香港保险机构在前海现代服务业示范区设立国内总部、分支机构以及后台服务机构，并探索开展离岸再保险业务，吸引香港再保险公司与再保险经纪公司进驻，与香港联手打造华南地区的再保险中心以及深港国际再保险中心。

（二）广州区域金融中心的发展重点

早在1993年，广州就提出建设现代化区域金融中心的目标。不过，进入21世纪后，受到亚洲金融危机的冲击，广州金融业的发展一度滞后，面对上海、北京、深圳等金融中心的崛起，广州感到前所未有的压力，与深圳相比已拉开一定的差距。广州金融业发展最大的问题是缺乏有效的资本市场和金融发展平台。不过，广州作为广东省的省会城市，总体综合实力

① 再保险（Reinsurance）也称分保，是保险人在原保险合同的基础上，通过签订分保合同，将其所承保的部分风险和责任向其他保险人进行再次保险的行为。

一直高居华南地区首位，它集交通、商贸、科技、信息、教育等中心于一体，是华南地区的枢纽、南中国的门户，产业基础雄厚；广州金融业发展总量一直位居全国前列。根据广州金融发展的比较优势，广州金融业的发展重点是：

第一，积极打造南方金融管理营运中心、金融总部中心和区域性资金结算中心。

随着国家金融改革政策的实施，广州已经成为央行大区分行、国有商业银行区域性大分行、区域性商业银行总行的集聚地，银监会、证监会、保监委等金融监管机构均在广州设立省级分支机构。广州要充分利用其作为金融业布局的"大区中心"地位，大力吸引金融机构地区性总部在广州聚集，致力发展成为中国南方金融管理营运中心和金融总部中心。此外，广州要加强与香港的结算合作，依托广州银行电子结算中心，完善人民币和外汇跨境结算系统，积极推动跨境外汇结算系统和境内外汇结算系统的联网，发展成为区域性资金结算中心。

第二，大力发展银行创新业务，使广州成为华南地区银行中心、产业金融中心和金融创新基地。

广州作为国家中心城市，地处珠江三角洲这一全国经济最活跃、外向度最高地区的中心，金融业发展的最大优势就是依托这一地区庞大的产业基础，包括重化工业、高新技术产业、港口运输、对外贸易等领域的基础，以及个人消费服务蓬勃发展的态势，大力发展产业金融、企业贷款、贸易融资以及个人消费信贷等传统银行业务。

目前，广州金融业的核心和主体是银行业，广州已形成了包括商业性银行、政策性银行、外资银行、农村金融机构等多种类型的银行体系，拥有巨大的体量规模。不过，广州虽然拥有庞大的银行存贷款业务，但银行发挥的作用主要还停留在信贷服务、个人业务、结算支付等传统业务方面。因此，广州金融业当务之急，是要继续巩固其在银行业的优势，将广州的产业优势、物流优势、文化优势和金融优势结合起来，积极推动银行业的多元化业务发展，进一步提高银行业的综合竞争力，致力使广州发展成为华南地区银行中心、产业金融中心以及金融创新基地。其重点是：

加快引进香港金融机构在广州设立地区总部，积极支持香港金融机构入股本地金融机构，以及到珠江三角洲各城市参与设立村镇银行和小额贷款机构，以最大限度地发挥银行业的协同效应。结合珠江三角洲地区正在形成的对资本市场的巨大需求，积极推动穗港金融机构携手开发银团贷款，引进新型的金融产品；推动广州地区金融机构在香港发行人民币债券。

大力发展产业金融，强化广州金融业在华南地区金融产业分工与协作中的引领和带动作用。广州应积极发展科技金融、汽车金融、物流航运金融、房地产金融、文化创意产业金融、碳金融以及农村金融等。其中，发展科技金融的措施，主要是支持银行机构设立科技支行，设立科技企业创业投资引导基金，推动科技企业上市、发债，开展科技保险试点，建立以多层次资本市场、科技信贷、科技保险为支撑的科技金融体系；发展汽车金融，主要是积极发展汽车金融、汽车保险业务，扩大汽车贷款证券化规模，为汽车生产、制造、销售、物流等各环节提供金融支持；发展物流航运金融，主要是大力发展物流航运融资、结算、保险、信托、租赁业务，争取设立专业性航运金融保险机构，探索设立航运金融功能区；发展房地产金融，探索发展房地产投资信托基金（REITs）。

积极发展以银行为主体的财富管理业务。经过30年的快速发展，珠江三角洲地区私人财富已大量积聚。与此同时，以银行为主体的财富管理机构逐步云集广州，如工商银行、中国银行等多家银行机构都已在广州设立了私人银行部门，在总行授权范围内向客户提供个人金融、资产管理、咨询顾问等服务。因此，发展以私人财富管理为主的中间业务将成为广州银行业业务发展越来越重要的一环。

大力开展金融创新，使广州成为区域金融创新基地。广州可结合金融业务的需求和发展，营造更加宽松、灵活、稳健的金融环境，在金融市场、金融组织、金融业务、金融基础设施、金融体制机制方面大胆探索、创新。要加大直接融资力度，推动保险、担保、信托和金融租赁等金融市场的多元化；鼓励金融机构为广东企业在银行间市场发行短期融资券、中期票据等债务融资工具提供承销服务；要丰富非银行金融机构的种类和层次，完善非银行金融机构的服务渠道和内容，健全非银行金融机构的治理架构，发展面向民营的金融集群，积极争取引入消费金融公司、金融租赁公司、货币经纪公司等更多类型的新型金融机构，增强金融市场活力。

第三，恢复建立广州商品期货交易所，争取设立广州金融资产交易中心，积极打造广州金融发展平台。

与上海、深圳相比，广州金融发展的弱势是缺乏全国性的金融市场交易平台。目前，在中国三大经济圈中，唯独珠江三角洲缺少期货交易中心，使华南的生产企业难以掌握定价权，在市场中处于被动状态。2005年，广州市政府正式向中央有关部门提出恢复设立商品期货交易所的申请，但至今仍未获批准。广州是华南地区的商贸、物流中心，是我国重要原材料的消费地和集散地，大宗商品交易量在全国处于领先地位。近年来，广州相继建立了塑料、金属、粮食、煤炭、石化、化工等大宗商品电子交易中心，大宗商品现货市场十分活跃，这些都为广州恢复设立商品期货交易所奠定了发展基础。目前，国内 19 个商品期货交易品种中，有 6～7 种大宗商品的交易量集中在广州或以广州为中心的珠江三角洲地区。①其中，成品油、塑料等多种大宗商品的交易价格已形成影响全国的"广州价格"，初步实现全球采购—广州集散—广州结算的格局。与上海、大连、郑州的商品期货交易所相比，广州在纯碱、燃料乙醇、纸浆及废纸（浆）、热轧板材、以美元计价的离岸商品如铁矿石等方面具有明显优势，能弥补国家期货交易体系的不足。因此，广州应该加强与香港期货市场的合作，争取国家支持设立和恢复广州商品期货交易所，建设辐射全国和面向东南亚的期货交易中心，以此作为广州金融发展最重要的平台，打造"广州价格"，形成区域定价权，并带动金融、期货业的发展。

同时，以广州为中心的珠江三角洲地区的非上市企业股权融资、并购重组、产业整合的需求巨大。目前，广州产权交易所交易规模位列全国第三。2012 年，广州市政府会同人民银行广州分行、广州股权交易中心研究制定设立广州金融资产交易中心的工作方案，启动了交易制度、交易系统研究等工作。广州通过这些金融平台的建设，推动金融业的发展，以适应珠江三角洲地区大规模的企业融资、产业整合提升需求。

三、深化粤港合作为动力推动区域金融中心发展

《珠江三角洲改革发展规划纲要（2008—2020 年）》（简称《规划纲要》）明确提出："允许在金融改革与创新方面先行先试，建立金融改革创新综合试验区。"这为深化粤港金融合作、推动广东金融提速发展提供了重要的制度安排。广东应充分利用《广东建设珠江三角洲金融改革创新综合试验区总体方案》和 CEPA 机制优势，与香港紧密合作，优势互补，以开展跨境人民币业务等金融创新增强对外经贸转型的金融支持力度，进一步发展金融服务外包业务，提高广东省金融市场和业务的对外开放程度，与港澳共建具有全球竞争力的区域金融中心。在 CEPA "先行先试" 框架下，深化粤港金融业合作的重点是：

第一，以创建 "金融改革创新综合试验区" 为突破口，加快深圳前

---

① 广州市金融办副主任陈平提供的数据，转引自《广州将大力推进区域金融中心规划建设》，上海证券报，2009 年 4 月 16 日。

海、广州南沙和珠海横琴三大平台建设。

在国家金融开放和金融安全的总战略下，深化粤港金融合作，必须借鉴当年创办经济特区的经验，先易后难、由点及面逐步推进。鉴于创建"金融改革创新综合试验区"是我国改革开放的大事，是一项复杂的系统工程，应由国家根据"主动性、可控性和渐进性"的原则，分阶段授权广东"先行先试"开展此项工作。至于"金融改革创新综合试验区"的区域范围，可在"一国两制"方针前提下，按照"先易后难，逐步推进"的原则，授权广东从"点"到"面"逐步推进，取得经验之后再向深圳、广州两大中心城市推进，然而逐步向整个广东珠江三角洲地区推广。这个"点"可从深圳前海、广州南沙和珠海横琴这三大新区试点展开，其中，重点是毗邻香港的前海；横琴新区的金融发展更多是为国际自由贸易提供配套服务；而广州南沙则是利用在珠江三角洲中的龙头地位为产业提供配套服务，发展与实体经济相关的金融期货等业务，穗港可合作在广州南沙设立商品期货交易所。

现阶段，深圳前海金融发展最大的战略价值，就是充分发挥前海毗邻香港的优势，在人民币国际化过程中发挥积极作用。一方面，前海可以考虑在中国尚未放开资本项目、人民币尚不能自由兑换的总体宏观背景下，通过中央政府和人民银行的政策和制度创新安排，在前海"撕开一道口子"，积极试行人民币有限度的自由兑换，探索人民币国际化和资本项目的开放路径及其风险防范措施，为人民币国际化积累经验、探索路径。另一方面，随着香港人民币离岸业务中心的建设、发展，前海亦可担当香港人民币离岸业务的后援基地，为香港提供支援服务。目前，一些在港金融机构推出的人民币产品销售非常火爆，表明人民币业务在香港市场非常受欢迎。随着人民币投资内地渠道的打通，企业在香港进行人民币筹资或者在港人民币能够到内地投资，将极大地刺激港深两地的金融融合，前海可在这方面发挥积极作用。

第二，积极推动香港银行、金融机构布局珠江三角洲地区。

长期以来，银行业一直是香港金融业中的强项。然而，一方面，随着香港制造业北移、香港企业投资和消费信贷需求持续疲弱，为企业提供融资需求的空间严重受制，香港银行的传统业务模式受到空前挑战。另一方面，广东珠江三角洲地区的港台资企业、民营企业却往往因融资的制约而发展受制。因此，应继续利用CEPA"先行先试"的制度安排，积极推动香港金融机构在广州、深圳等中心城市设立地区总部、法人机构或分支机构，并将其经营网络拓展到珠江三角洲地区，推动香港现代金融业向珠江三角洲实体经济延伸。当前的策略重点是：

积极推动香港银行在广东设立异地支行，推动港资银行在珠江三角洲地区建立布局合理的经营网络。2011年8月，中国人民银行行长周小川曾公开表示，目前广东的金融条件尤其适合港资银行深耕细作，有利于港资银行为将来在内地其他地区发展积累经验。从长远看，香港银行业投放更多资源在广东设立分行、增设支行，将可构建一个面向珠江三角洲民营企业（包括港台资企业）和居民的私人银行体系，有利于积极发展中小企业及民营企业信贷服务及信贷服务创新，发展消费信贷业务，支持城乡居民扩大消费，并成为珠江三角洲国有银行体系的补充。当然，港资银行的大规模进入，将会对原有的国有银行体系构成一定的挤压，不过，从另一个角度看，这些港资银行的经营模式、个人理财经验等也将会给整个银行业带来正面效应。

鼓励和推动香港金融机构参与创办广东村镇银行和小额贷款公司，加快发展以服务村镇为主的地区性金融机构。2010年4月粤港两地政府签署的《粤港合作框架协议》规定：允许香港金融机构深入珠江三角洲腹地开设村镇银行和小额贷款公司。粤港两地政府应积极鼓励港澳的金融机构及企业作为发起人，积极在广东开设村镇银行，扫除村镇银行发展的相关制度障碍，特别是对在金融发展相对不足的非珠江三角洲地区设立营业机构给予开辟绿色通道。近年来，广东的小额贷款公司虽然取得了较快的发展，但总体而言仍落后于浙江、江苏等省份，特别是在吸引港资发展小额贷款公司方面，广东已落后于上述省份。因此，广东应急起直追，充分利用CEPA"先行先试"的制度框架，加快引进港资的小额贷款公司，推动粤港澳金融合作向纵深发展。

积极引进香港非银行类金融机构。广东应积极鼓励实力较雄厚的香港金融机构，通过重组、并购等方式与广东金融企业组建大型金融控股公司，逐步消除香港金融业参与广东金融机构的改革、重组的持股比例限制；积极引进和筹建一批新的金融机构，尤其是企业集团财务公司、专业保险公司等专业化公司；鼓励香港金融机构与广东合作设立租赁金融、住房金融、汽车金融、货币经纪、保险代理、保险经纪、保险公估等专业性金融服务和金融中介企业；充分利用香港发达的金融服务体系，引进境外投资基金，大力发展创业投资机构和产业投资基金；推动证券、期货、基金业在业务创新、技术开发等方面与银行、保险业进行全面合作，构建广东更为开放的、综合发展的金融体系，为珠江三角洲地区企业和居民提供全方位的金融服务。

第三，积极推动粤港跨境贸易人民币结算和创新发展跨境人民币业务。

在跨境贸易人民币结算试点中，粤港人民币跨境结算可以说是其中的重点。香港与广东开展跨境贸易人民币结算，不仅有利于带动香港与内地的经贸往来，而且有利于扩大货币的兑换、资金的拆借和贸易融资等市场需求，有力推动香港人民币离岸业务发展，推动香港发展成为具有全球影响力的金融中心。当前的策略重点是：

巩固和扩大粤港两地跨境贸易人民币结算规模，拓展与贸易结算相关的人民币跨境业务。粤港两地跨境投资庞大、运营企业数量众多，对以人民币进行跨境贸易结算具有强烈的需求。粤港两地政府应共同推动两地企业巩固和扩大现有跨境贸易人民币结算规模，在继续扩大进口贸易结算规模的同时，进一步提升出口贸易结算的规模和比例；积极开展对港供电、供水以及农副产品、食品贸易以人民币进行计价结算业务，引导粤港双边贸易企业多采用人民币结算；扩大服务贸易的人民币结算规模，包括跨境的旅游、电信、运输、金融等服务贸易的结算项目，拓宽人民币对服务贸易的结算范围。此外，粤港两地还积极拓展与贸易结算相关的人民币跨境业务，包括推进省内企业在香港进行人民币融资，推动开展海外工程的人民币项目融资，鼓励企业开展人民币对外投资业务；试行开通有限额的中国境内居民和特定机构投资于香港离岸人民币市场，以扩大香港的人民币资金池；探索在香港设立扶持广东企业转型升级的人民币股权投资基金、推进粤港人民币跨境集中代收付业务等方式，支持香港人民币离岸市场建设，将跨境人民币结算业务不断向海外辐射。

加大创新力度发展人民币投资产品，积极推动香港人民币债券业务及债券市场的发展，拓宽人民币投资渠道。粤港两地金融界要加强合作，共同推动人民币产品创新，积极发展人民币投资产品。鼓励两地金融机构合作推出以人民币计价或交割的各种创新性金融产品，包括开发以人民币计价或交割的贸易融资、保值避险等金融产品，提高人民币投资收益，推进跨境贸易人民币结算业务发展；支持境内机构在香港发行人民币债券，进一步发展香港人民币债券市场；积极参与并支持香港联合交易所在香港股票市场上实行港币与人民币的双币种报价，允许投资者自由选择币种进行交易和交割。同时，要鼓励粤港两地银行开展人民币及港币交易结算、票据交换、代理行、项目融资、银团贷款和QDII、QFII等多种业务合作，开办两地银行同业拆借市场；鼓励境内金融机构参与香港的人民币与外币无本金远期交易市场等。要充分发挥香港金融资源优势和广东实体经济优势，积极推动广东金融机构及省内企业在香港发行人民币债券，将赴港发行人民币债券主体从金融机构扩大到工商企业，可以先推动已在香港发行H股、红筹股的广东企业及其相关企业在香港发行人民币债券；探索发行项目债券，增加债券发行品种；鼓励两地银行业、证券业等金融机构参与债券的承销和交易，在区域内形成一个与股权市场互补的债权市场。

第四，积极推进深圳与香港的证券交易所和资本市场的深度合作。

与广州相比，深圳的优势在于拥有证券交易所。如果说，香港与广州的金融合作重点在银行业，那么香港与深圳的金融合作重点在证券市场和资本市场，特别是香港交易及结算所有限公司（简称"香港交易所"）与深圳证券交易所的合作。其具体内容包括：

加强港深两家交易所在市场信息交流、产品发展、跨市场监管和人员培训等业务领域的深度合作。包括就两地挂牌企业及证券加强信息互通及联合监管建立定期交流机制；两地在支持业务发展、交易产品发展、信息产品发展、人员培训等方面加强交流及合作，探讨合作编制以两所证券为成分股的指数等。

积极推动深港证券交易所的互联互通、互设交易代理平台的试验。目前，由于内地资本流动限制及外管制等原因，香港与内地两地市场对跨境金融产品的需求十分巨大。因此，深港证券交易所的互联互通、互设交易代理平台的试验，可以先从在深圳证券交易所引入港股交易所买卖基金ETF开始，进而发展至深圳证券交易所和香港交易所互挂交易所买卖基金ETF。如果港深两地ETF互挂取得成功，两所在ETF的合作可进一步扩展至开发债券ETF、黄金ETF及交叉挂牌，以及B股和H股在两地交易所相互挂牌交易，并且可在资产证券化产品、股指期货、利率期货、远期结售汇、掉期期权等方面寻求进一步合作，先行先试。

第五，穗港合作在广州恢复设立商品期货交易所，共同发展及壮大商品期货交易市场。

恢复设立商品期货交易所，是广州建设区域性金融中心的一个重要环节。广州要恢复设立商品期货交易所，最重要的策略就是与香港联手推进。目前，中国的商品期货交易市场，已形成了包括大连、郑州、上海以及香港四家鼎立的基本格局。但是，香港交易所旗下的商品期货交易所的期货品种有限，市场腹地得不到拓展，近20年来发展始终受限。而广州历来在大宗商品的生产与流通上，在华南地区占有重要地位，拥有庞大的贸易量和现金流，广州依托的华南地区实体产业发达，是世界的制造业基地，而且华南地区腹地广阔，商贸联通整个东南亚，可以借助期货交易平台，实现"广州价格"，辐射整个东南亚，对粤港优势互补、大珠江三角洲金融一体化都有促进作用。因此，港穗合作建立一个共同的期货交易平台，既有整个华南的产业基础为支撑，现货期货联动，又可连接两地金融，丰富投资品种，无疑将十分有利，实在是双赢策略。

广州应加强与香港的合作，争取国家批准恢复广州商品期货交易所。要共同研究推出期货交易品种，创新交易品种，组建初期可重点考虑选择热轧板材、纸浆及废纸（浆）、茶叶以及以美元计价的离岸商品如铁矿石等作为上市品种，推出石油期货产品。可将期货实物仓储点和交割点设在广州，以服务于争取国际商品和金融定价主动权、优化中国期货市场布局的战略需要。

第六，降低对香港从事产险业务的保险公司的进入门槛，允许香港保险代理机构在广东设立独资或合资公司。

香港保险业的发展，最早从水险、火险、财产险等一般保险业开始，至今已有170多年的历史，积累了丰富的经验，具有相当高的管理及服务水平。然而，自20世纪90年代以来，随着香港制造业北移，香港的保险市场也开始发生重要变化，一般保险业的地位和比重都在下降。另外，广东在产险方面的规模和服务都有待提高。因此，粤港保险业合作先行先试，可在广东率先开放一般保险市场方面起步，通过降低门槛或鼓励两地公司组建合资公司，大力引进香港的产险公司。

《粤港合作框架协议》规定："支持香港保险公司进入广东保险市场，鼓励香港保险代理机构在广东设立独资或合资公司，提供保险代理服务。"这是在目前内地尚未出台合资保险代理机构设立办法的情况下具有探索性的突破。开放保险代理市场，可以考虑先从珠江三角洲两大中心城市深圳和广州开始试点。深圳作为中国保险创新发展试验区，保险中介机构发展迅速，领先于国内大部分保险中介市场。深圳、广州对香港率先开放保险业中介市场，有利于鼓励和推动粤港两地保险代理和经纪业在更多领域开展全方位、多层面、纵深化的交流与合作，共同促进两地保险代理和经纪业的发展。

（原文载于《华南师范大学学报（社会科学版）》，2014年第5期）

新时期粤港澳金融合作的重点领域与策略

　　随着人民币国际化、自贸区发展、"一带一路"战略的实施和推进，我国金融业扩大对外开放已势在必行。然而，由于现阶段我国金融业存在着市场体系不健全、监管水平不高、利率和汇率形成机制不完善、金融机构自身核心竞争力和抗风险能力不强等众多问题，国家在实施金融对外开放战略的过程中，实际上存在着很大的风险。而粤港澳金融发展基础雄厚，具有"一国两制"的制度性差异，极具试验优势。以粤港澳金融合作为试点，可为国家实施金融开放战略探索出一条既推进金融改革创新、扩大对外开放，又有利防范金融风险、保持金融安全的新路径。同时，在新的历史发展时期，推进粤港澳金融合作创新，将有利于试点推进人民币的区域化、国际化进程，并有利于推动国家"一带一路"及自贸区建设等战略的实施。

　　根据我们的研究，现阶段粤港澳金融合作，主要有以下四个方面的重点领域，即稳步推进深港交易所合作、融合与资本市场的对接；深港金融合作创新：携手打造"前海国际金融城"；港穗金融合作创新：携手打造南沙"穗港金融共同市场"。

一、稳步推进深港交易所合作、融合与资本市场的对接

　　粤港澳金融合作中，深圳与香港的金融合作是重头戏。在香港与中国内地证券交易所合作、融合过程中，深圳因拥有毗邻的地理优势，应"先行先试"，积极推进港深两地证券交易所的合作创新与资本市场对接，具体应包括以下方面的内容：

　　第一，积极推动港深证券交易所证券市场的互联互通及互设交易代理平台。

　　经过数年的发展，目前港深证券交易所已在互相引进 ETF、互认基金等方面取得了积极的进展。2015 年 7 月，中国证监会与香港证监会开始接受两地基金管理人互认基金申请。为配合内地与香港基金互认业务的落地，深圳证券交易所、中国证券登记结算公司、深圳证券通信公司与香港

金融管理局合作，在两地证监会和深圳市政府支持下，共同推出了基金互认服务平台。平台与香港金管局 CMU 平台（债务工具中央结算系统）连接，两地相关机构只需单点接入平台，就可实现跨境基金销售的数据交换、次级登记托管和资金交收。2015 年 12 月 5 日，基金互认服务平台正式上线。12 月 29 日，华夏回报混合证券投资基金作为南下香港的首只互认基金产品之一，通过基金互认服务平台在香港市场成功销售。2016 年 1 月 4 日，行健宏扬中国基金通过基金互认服务平台在内地市场成功销售，标志着基金互认服务平台成功双向开通。

与此同时，香港与内地股票市场的互联互通也在推进。2014 年 11 月 17 日，沪港通正式开通。沪港通的成功开启无疑为深港通的开通铺平道路。目前深港通一切工作已准备就绪，有望将在 2016 年第四季开通。两所可在实现互挂 ETF 的基础上，双方引进更多的 ETF，进而扩展至开发债券 ETF、黄金 ETF 及交叉互挂，以及允许港深证券交易所实行连线交易，B 股和 H 股尝试相互挂牌交易，并且可在资产证券化产品、股指期货、利率期货、远期结售汇、掉期期权等方面寻求进一步的合作和互联互通或互设交易平台，展开"先行先试"的试点。此外，还可在深圳证券交易所进行港股 CDR（China Depository Receipt，简称 CDR，即"中国预托凭证"）和红筹股公司发行 A 股试点；鼓励广东企业通过"A + H"的形式同时在香港和深圳上市。互联互通及互设交易平台，发展跨境金融产品，一方面可以扩充市场容量，增加两地交易所的收入，减少两地套利行为；另一方面也为全面、深度合作提供了业务基础。

第二，做大做强创业板，积极推动港深创业板合作，最终实现两板合并。

深圳证券交易所要发展成为中国的"纳斯达克"，做大做强创业板是其中的重要内容之一。其中，一个重要举措，是加强港深两地创业板的合作，最终实现两板的整合、合并。从整体上看，深圳创业板在国内市场具有优势，香港创业板则具有国际化优势，两者具有互补性。然而，两者之间也存在明显的竞争，特别是人民币在资本项下实现可自由兑换以后，两板面对的上市资源和投资者基本上都是相同的。2007 年，中国银行香港集团研究员宋运肇就提出，相对于整体大市，香港创业板和深圳二板市场的发展均大为滞后，香港创业板和深圳二板市场应该加强合作。从中长线来说，应探讨如何借鉴欧洲市场的经验，把两地交易平台加以整合。从长远的角度看，港深创业板的合作乃至将来最终合并是大势所趋。从中长期看，两板合作可以有许多模式，如"一板两市"（任何在香港创业板或深圳创业板上市的公司，均可同时在另一市场挂牌交易）、"循 A + H 模式，两次上市"、以预托凭证（类似 ADR 的操作模式，以 CDR 或 HDR 的方式来运作）的方式挂牌交易等。不过，无论是何种方式，现阶段都仍受制于人民币在资本项下不可完全自由兑换的限制。从中短期看，香港和深圳创业板可在广东省"先行先试"框架下加强互动合作，包括互联互通、共同开发产品等，逐步推进，为两板合并创造条件。另外，亦可考虑港深交易所合作，以现有香港创业板和深圳创业板为基础，在深圳前海合作建设一个新的创业板，引进香港的先进制度，共同打造中国的"纳斯达克"。

第三，积极推动香港交易所与深圳证券交易所结成战略联盟，推进香港交易所与深圳证券交易所率先互相持股，最终实现两所合并，打造统一的资本市场。

从长远角度看，香港交易所与内地交易所的合作、合并乃大势所趋。在这方面，可将深圳证券交易所作为"先行先试"的试点。两所可在互联互通的基础上，结成战略联盟，即在共同上市、共享技术等方面展开全面战略合作。为此，深圳证券交易所可借鉴和引进香港交易所的先进管理经验，特别是运作模式，逐步与香港接轨，包括在上市规则（包括创业板规则）、证券交易的管理、对上市公司的监督，以及交易所本身的管理等方面与香港及国际接轨。与此同时，深圳证券交易所在条件成熟时进行改制，转变为公司法人，形成股东管理体制，再挂牌上市，为两所的融合、合并作准备。在此基础上，港深两所结成战略联盟，包括两所在交易、结算、托管和清算系统等技术方面的整合，形成联通境内外的统一资本市场。

港深交易所的整合、融合乃至最终合并，将可扩大港深两地资本市场的规模和实力，吸引更多的海内外优质公司在港深市场上市。香港交易所可借此巩固其在国际及中国市场的战略地位，深圳证券交易所也可大幅提升其管理水平、国际开放度和国际竞争力，达至共建全球性国际金融中心的双赢局面。

二、深港金融合作创新：携手打造"前海国际金融城"

粤港澳金融合作的另一个重点，是以前海为平台，共建粤港金融合作创新示范区。其具体可包括以下方面的内容：

第一，积极推动创建深圳前海人民币跨境试验区，使前海发展成为我国人民币国际化的境内桥头堡及境外后援基地，与香港合作共同打造全球性跨境离岸人民币业务枢纽。

在人民币国际化的过程中，深圳前海与香港无疑将成为发展跨境和离岸人民币业务的天然合作伙伴。据估计，未来 5 年，中国对外投资将达到5 000 亿美元，其中相当一部分是沿着"一带一路"进行投资的。因此，未来粤港澳金融合作的另一个重要内容，就是港深携手合作共同打造全球性跨境离岸人民币业务枢纽。深圳前海的金融发展，可以考虑在我国尚未完全放开资本项目、人民币尚不能完全自由兑换的总体宏观背景下，通过中央政府和人民银行的政策和制度创新安排，在前海"撕开一道口子"，尝试建立前海人民币跨境试验区，在区域内实现人民币完全自由兑换和资本项目的完全开放，或者争取实现深港之间有限度的"人民币自由行"和"外汇自由行"试点，即争取国家管理层每年给予深港之间一定额度的"人民币自由行"和"外汇自由行"指标，从而合作建立更加顺畅的人民币资金通道，以推动境内企业和资金"走出去"发展和境外人民币的回流投资，使前海真正成为我国人民币国际化的桥头堡和境外特别是香港人民币离岸业务的后援基地。在此基础上，随着人民币投资内地渠道打通，内地企业在香港进行人民币筹资或者在港人民币能够到内地投资，将可极大地刺激港深两地的金融合作创新，使前海真正成为深港金融合作的创新平台。香港与深圳的金融合作，可以在人民币的离岸业务发展中形成市场互联、功能互补、要素互通、创新互认的新格局。

第二，以"跨境""离岸""交易"为指向推动金融创新，粤港合作共建"前海国际金融城"，使前海成为国家金融创新的试验示范窗口和联通境内外两个资本市场的平台。

首先，前海的金融创新要突出"跨境"的特色。前海要充分发挥其作为对接内地和香港金融服务业的"桥梁"和"跳板"的优势，通过金融创新实现与香港国际金融中心的金融市场和金融资源的对接，因此其金融创新的内容要重点突出"跨境"的特点。近年来，前海率先在全国推进跨境人民币贷款、赴港发行人民币债券、设立合资证券和基金公司等尝试，前海在跨境人民币贷款、外债宏观审慎管理试点、双向资金池试点、跨境双向股权投资试点等方面走在全国前面，已逐步形成跨境金融政策体系。在此基础上，前海要积极推动"金改 30 条"全部落地，并争取中央支持出台深港跨境金融创新政策，在跨境人民币、财富管理、证券、保险方面加强合作；进一步推动本外币跨境融资、QFLP（合格境外有限合伙人）及QDLP（合格境内有限合伙人）等跨境投融资业务试点；积极推动跨境互联网金融发展，为跨境电商企业提供低成本、多样性、个性化的金融服务；加速推动香港金融机构到前海发展，与香港金融界合作将前海打造成连接香港金融市场的"前海国际金融城"。

其次，前海的金融创新要突出"离岸"的特点。前海作为我国人民币国际化的境内桥头堡及境外后援基地，需要对接双方的离岸人民币交易市场，以维系离岸人民币增减值预期下的双向交易。当前，随着人民币国际化进程加快，特别是香港人民币资金池进一步扩大，需要通过前海的发展进一步完善人民币回流机制。而在完善人民币回流机制的建设中，需要完善人民币支付结算功能、投资储值功能，尤其是人民币投资产品的开发等。因此，前海金融创新的一个重要使命，是要积极开发离岸人民币债券工具，以连接境外（特别是香港）与内地的人民币货币市场，让境外人民币回流内地服务实体经济，这可以说是人民币国际化的关键。同时，前海应通过积极开展与香港的合作逐步完善金融衍生品市场，尝试逐步开放股票、银行间债券、拆借，允许境外期货通过批准进入前海的金融机构，开展汇率、利率的即期、远期、掉期等金融产品交易，为境外期货提供人民币投资和避险工具，逐步将前海建设成为我国的一个金融衍生品交易中心。为此，应借鉴香港金融监管的经验，在前海成立金融监管局，探索创新金融行业的新监管模式，提升监管效率。

再次，前海的金融创新要突出"交易"的特色。与上海国际金融中心建设全方位、多层次的资本市场体系不同，前海的金融发展主要聚焦于建设与离岸人民币交易、跨境交易、私募股权交易相关的交易所集群，并推进深港资本市场合作，成为连同境内外两个资本市场的平台。在这方面，前海已有快速的发展。据统计，截至 2015 年 9 月底，在前海设立的各类要素交易所和交易平台已达 19 家，业务领域涵盖农产品、文化产权、金融资产、电子商品、珠宝钻石、酒类、航空航运、租赁资产等多个领域。其中，前海股权交易中心创办于 2012 年 5 月，截至 2015 年 6 月末，已有挂牌展示企业 6 438 家，成为全国展示企业数量最多的区域性股权交易中心，累计为 539 家企业实现融资 86.69 亿元人民币。前海应在此基础上，进一步做大做强这些特色交易所平台，使其真正成为联通境内外两个资本市场的平台。

三、港穗金融合作创新：携手打造南沙"穗港金融共同市场"

在新的历史发展时期，广州与香港的金融合作创新，可以广东自贸区南沙片区为主要平台展开。其中的重点领域包括：

第一，积极推进广州南沙自贸区框架下金融管理体制上的创新，大力引进香港银行及金融机构，推动两地金融市场互联互通，打造"穗港金融共同市场"。

广州的金融优势在其银行业，广州南沙要发展成为"广州金融的创新高地和新增长极"，银行业的发展无疑是重要的环节。而在香港方面，由于制造业等实体经济已经外移，香港银行业的发展需要将其经营网络进一步拓展至与其密切联系的广东珠江三角洲地区，南沙作为珠江三角洲的几何中心和广州未来发展的重点，要大力引进香港的银行业，包括持牌银行、有限制牌照银行、持牌存款公司等，扩大业务规模，争取使南沙成为香港银行机构布局珠江三角洲经营网络的地区总部所在地，以进一步巩固广州在银行业方面的优势。当然，也要大力引进非银行类金融机构，包括基金、资产管理、期货、保险、融资租赁、投资咨询领域的金融机构和类金融机构，大力发展新型金融业态，包括互联网金融、小贷公司联合体、区域股权交易中心、大数据金融等，使南沙成为广州金融机构聚集的高地。为此，要积极借鉴和适应港澳金融管理模式，做好自贸区框架下金融管理体制上的创新，加强与粤港澳金融管理部门的合作，不断拓展南沙新区在 CEPA 框架下的金融发展空间；要在自贸区的制度框架下完善金融业负面清单准入模式，简化金融机构准入方式，适当降低金融机构准入及开展相关业务的门槛，从而推动自贸试验区南沙片区金融服务业对港澳地区的进一步开放。

与此同时，要积极探索穗港在金融合作与开放方面的"先行先试"，按照"先易后难，循序渐进"的原则，先行开展金融业务合作与市场开放试验，包括推动穗港金融机构加强业务合作，相互引进金融产品，开展网络银行、银团贷款合作，通过跨境人民币贷款或银团贷款方式为区内航运、港口等重点项目建设提供资金支持；支持和推动南沙金融机构与香港同业合作开展跨境担保业务；支持自贸试验区南沙片区内符合互认条件的基金产品参与内地与香港基金产品互认，推动粤港澳金融机构在一定额度内互售理财产品；发展与港澳地区的保险服务贸易，推动与港澳地区保险产品的互认、资金互通与市场互联；加快开展跨境人民币创新业务，推动自贸试验区南沙片区证券公司、基金管理公司、期货公司、保险公司等开展与港澳跨境人民币业务等。

第二，加强与香港期货业合作，共同创建创新型商品期货交易所和期货交易市场。

广州要加快金融业的发展，其中一个关键，是恢复发展商品期货市场，以弥补资本市场的不足。建设新型的商品期货市场，对于广州金融业的发展，具有极为重要的战略意义：既可以填补广州资本市场的空白，形成金融机构的聚集；更可与香港、深圳的金融业形成错位发展和优势互补，从而加速广州整合珠三角城市群金融资源的能力和扩大对外金融影响力。目前，广州选择广东自贸试验区南沙片区推进创新型商品期货交易所的建设。广州在筹建创新型商品期货交易所的过程中，应加强与香港方面的合作，最理想的做法是邀请香港交易所成为战略性股东，同时积极联合各省市和港澳金融机构参股，集合各方的资源和力量共同筹建，实现共赢。在交易所的上市品种方面，除了以碳排放为首个品种外，可重点发展塑料、金属、粮食、煤炭、化工、木材、纺织品和皮革等大宗商品交易平台，提升"广州价格"的影响力。大力吸引跨国公司总部、品牌销售公司和采购中心进驻，增强"全球采购，广州集散"能力。在交易所创建初期，可考虑规定离岸期货的参与者仅限于合格的境外机构投资者和境内机构投资者，以及国内有大宗商品出口权的企业、大宗商品的主要用户，在交易运营取得经验后再逐步放开。在交易所的体制设计方面，要根据"先行先试"的原则，以世界眼光从国家战略高度谋划，可借鉴香港和国际经验，采用公司制而不是会员制，并在行政管理、信息公开、交易机制等方面进行创新。穗港若能联合筹建广州商品期货交易所，实现两地期货市场发展的优势互补，既可为国际、国内大宗商品贸易和金融期货投资提供大型交易平台，又为国际交易商提供快捷便利的大宗商品实物交割仓库，所形成的优势将是全球任何一家期货交易所都无法比拟的，一定能快速吸引全球众多投资、投机、套利者参与集中竞价。

第三，借助香港经验和网络，穗港合作发展航运金融。

香港是著名的国际航运中心，航运政策法规、市场体制机制与国际高度接轨，在航运金融发展方面具有丰富的实践和经验，在船舶融资及航运业资金结算领域占据重要的一席之地，并已发展成为国际上著名的航运资金结算中心。广州拥有毗邻港澳的天然区位优势，具备广阔的腹地和市场，劳动力、土地资源相对丰富，是香港航运金融服务业进军内地市场的桥头堡，可望率先成为内地与香港航运金融合作的"先行先试"示范区，发挥窗口作用。

加强穗港航运金融合作，其中一个重点是合作发展广州航运交易所。广州航运交易所成立于2011年9月，其后通过交通运输部备案，成为珠江三角洲唯一合法的船舶交易服务机构。2013年12月，广州航运交易所迁址南沙新区，并与八个航运、金融企业签订了战略合作协议。不过，目前广州航运交易所无论是规模还是影响力等都仍有限。为了充分发挥香港航运金融的优势，主动承接香港国际航运中心和金融中心的辐射带动功能，建议广州南沙将穗港共建广州航运交易所作为发展航运金融的一项核心工程，通过引入香港有国际影响力的策略性股东及香港的会员，借鉴香港和国际的管理经验，借助香港航运金融的市场网络，做大做强广州航运交易所，使广州航运交易所发展成为"21世纪海上丝绸之路"的一个重要航运金融平台。

与此同时，要以广州航运交易所为核心，大力引进香港及国内外航运金融机构，包括船舶金融租赁、航运保险等专业性金融机构，在航运金融、航运交易、船舶租赁、航运保险、海事法律服务和教育培训等领域与港澳展开全面合作，为港澳航运服务业向内地延伸拓展空间，并加强航运金融在南沙的聚集，以形成与区域性国际航运中心相匹配的支撑能力和较强资源配置能力的现代航运金融服务体系，将南沙新区建设成为具有显著特色的航运金融中心。同时，要积极推动穗港澳航运金融机构加强合作，共同开发航运金融产品。当前，船舶融资是以美元结算，开展人民币船舶融资业务的银行将长期面临汇率风险。广州南沙应加强与香港航运金融方面的合作，共同开发一些人民币和美元的长期避险产品，以降低银行船舶融资的风险。当前，国际油价波动也是航运企业无法回避的风险，穗港双方亦应加强合作，共同开发出为航运企业规避油价风险和外汇风险的原油期货、外汇衍生产品等投资避险工具。

（原文为《新时期粤港澳金融合作创新研究》第五部分，2016年10月）

"一带一路"战略与"粤港澳大湾区"的构建

一、宏观背景：自贸区与"一带一路"战略的实施

2008 年美国次贷危机及 2009 年全球金融危机爆发以来，国际经贸环境发生了深刻的变化。在国际经贸和对外开放方面，2008 年世贸组织多哈回合谈判破裂，美国总统奥巴马随即宣布启动加入泛太平洋伙伴关系（TPP）① 行动。在奥巴马的推动下，欧美等国家先后在亚太地区推动形成 TPP，在欧洲推动形成跨大西洋贸易和投资伙伴关系（TTIP）以及欧美贸易服务协议（TISA），日本和欧洲也签订了经济合作协议。这就形成了美国、日本、欧洲和中国四大经济体中，除了中国，其他三大经济体之间都有相互开放的协议。国际经贸环境的变化，倒逼中国要进一步扩大对外开放。正是在这种背景下，中国提出了自由贸易试验区和"一带一路"战略。

1. 自由贸易试验区的建设

自由贸易区的建设，是在新形势下，中国积极参与国际经贸规则制定、争取全球经济治理制度性权力的重要战略。中国要想在未来的国际贸易规则中不被边缘化，就需要把高标准的一整套自由贸易区的游戏规则在境内一定范围内进行试验，将其变成倒逼我们高水平开放的压力，这是自由贸易试验区的全国战略意义。可以说，自由贸易试验区建设，其宗旨是要探索我国对外开放的新路径和新模式，并以开放倒逼改革，打造我国经济的"升级版"。

2013 年 8 月，国务院正式批准设立中国（上海）自由贸易试验区，范围涵盖上海市外高桥保税区、外高桥保税物流园区、洋山保税港区和上海浦东机场综合保税区 4 个海关特殊监管区域，面积为 28.78 平方千米。上

---

① TPP，即泛太平洋战略经济伙伴关系协议（Trans – Pacific Strategie Economic Partnership Agreement，简称 TPP），是由亚太经合组织成员国中的新西兰、新加坡、智利和文莱四国发起，从 2002 年开始酝酿一组多边关系的自由贸易协议（Free Trade Agreement，简称 FTA），原名"亚太自由贸易区"（Free Trade Area of The Asia Pacific，简称 FTAAP），旨在促进亚太地区的贸易自由化。

海自由贸易试验区挂牌以来，聚焦制度创新，突出与国际通行规则相衔接，重点进行了多方面的制度探索，包括在投资管理方面，探索落实准入前国民待遇加负面清单管理制度，提高投资便利化水平；在贸易监管方面，借鉴国际经验，提高贸易便利化水平；在金融开放创新方面，在风险可控前提下，协调推进"一行三会"51 条意见的落地实施，为实体经济服务；在事中事后监管方面，初步建立了安全审查、反垄断审查、社会信用体系、企业年度报告公示和经营异常名录制度、信息共享和综合执法制度、社会力量参与市场监督等制度。此外，还展开了一些改革创新试验，包括实施行政公开透明制度、公平竞争制度和权益保护制度等，初步形成了一套可复制、推广的经验。

2015 年 1 月，在上海自由贸易试验区建设取得初步成效的基础上，国务院宣布自由贸易区扩围，并在广东、天津、福建特定区域再设三个自由贸易园区。中国自由贸易区范围从当初上海的 28.78 平方千米，扩展到全国 4 个自贸区 13 个片区、近 475 平方千米。上海自由贸易试验区范围扩大到 120.72 平方千米，除了原来的 4 个海关特殊监管区域（28.78 平方千米）外，新增加陆家嘴金融片区（34.26 平方千米）、金桥开发片区（20.48 平方千米）和张江高科技片区（37.2 平方千米）。其中，陆家嘴金融片区重点发展金融、航运、商贸及总部经济等高端服务业；金桥开发片区将重点发展先进制造业、战略性新兴产业及生产性服务业等；张江高科技片区重点发展高新科技等产业。

其中，广东自由贸易区范围为 116.2 平方千米，包括珠海横琴片区（28 平方千米）、广州南沙片区（60 平方千米）及深圳前海蛇口片区（28.2 平方千米）。三个片区，发展重点明确，分工清晰。其中，珠海横琴片区要充分发挥毗邻澳门的优势，重点发展旅游休闲健康、商务金融服务、文化科技和高新技术等产业，建设文化教育开放先导区和国际商务服务休闲旅游基地。深圳前海蛇口片区是充分发挥联通深港的优势，重点发展金融、现代物流、信息服务、科技服务等高端服务业，建设我国金融业对外开放试验示范窗口、世界服务贸易重要基地和国际性枢纽港。广州南沙片区重点发展航运物流、特色金融、国际商贸、高端制造等产业，建设以生产性服务业为主导的现代产业新高地和具有世界先进水平的综合服务枢纽。

众所周知，中国内地对港澳的开放制度安排，主要是 2003 年 6 月 29 日签订的 CEPA 协议及其后各年签订的补充协议。不过，至今为止，CEPA 协议的投资效益并不明显。其中的主要原因，是所谓的"大门开了，小门不开""小门开了，玻璃门还在"。在现实中，CEPA 开放对某些部门的资产规模要求较高，存在服务贸易"小门"，而内地复杂的营商环境以及地方保护主义等"玻璃门"也影响港澳服务业投资。此外，CEPA 条文不明确、审批程序烦琐等也是导致投资效益不明显的重要原因。换言之，CEPA 开放度存在"协议高开放，执行未落实"问题。广东、天津、福建等自由贸易区投资体制，以 CEPA 升级版的形式，复制上海自由贸易试验区的制度创新，采用当前国际通用的投资体制，包括负面列表管理模式、一口受理机制、境外投资备案制、注册资本认缴登记制、先照后证等，将有效改善香港企业在内地投资发展遇到的种种障碍。因此，广东自由贸易区的建设，为加强内地特别是广东珠江三角洲与香港、澳门的合作，提供了广州南沙、深圳前海蛇口和珠海横琴三个重要平台，为"粤港澳大湾区"的构建作出了重要的制度安排。

2. "一带一路"战略的提出与实施

"一带一路"指的是"丝绸之路经济带"和"21 世纪海上丝绸之路"。2013 年 9 月和 10 月，习近平主席在出访哈萨克斯坦和印度尼西亚期间，首次提出了建设"丝绸之路经济带"和"21 世纪海上丝绸之路"的战略构想。2015 年 3 月，中国国家发改委、外交部和商务部在亚洲博鳌论坛共同发布了《推动共建丝绸之路经济带和 21 世纪海上丝绸之路的愿景与行动》（简称《愿景与行动》），阐述了"一带一路"计划的基本目标："促进经济要素有序自由流动、资源高效配置和市场的深度融合；推动沿线各国实现经济政策协调，开展更大范围、更高水平、更深层次的区域合作；共同打造开放、包容、均衡、普惠的区域合作架构。"

根据"一带一路"走向，陆上依托国际大通道，以沿线中心城市为支撑，以重点经贸产业园区为合作平台，共同打造新亚欧大陆桥、中蒙俄、中国—中亚—西亚、中国—中南半岛等国际经济合作走廊；海上以重点港口为节点，共同建设通畅、安全、高效的运输大通道。根据香港冯氏集团利丰研究中心的分析，在"一带一路"战略中，最有可能参与的国家和地区将达到 58 个，约占全球人口、GDP 和家庭消费的 64.2%、37.3% 和 31.4%。其中，许多国家（特别是中国内地沿海省份）拥有大量的新兴中产阶级，它们被视为未来经济增长的主要动力。而根据经济合作与发展组织（OECD）在 2010 年的一项研究，全球中产阶级人数将从 2009 年的 18 亿人增加到 2030 年的 49 亿人，同期中产阶级消费支出将从 21 万亿美元增加到 56 万亿美元, 其中超过 80% 的增长来自亚洲。①

"一带一路"的整体框架包括围绕陆权与海权建设, 形成互联互通的亚洲经济体系, 合作重点包括政策协调、设施联通、贸易畅通、资金融通、民心相通等方面。其中, 政策协调被视为成功的关键, 而优先目标则是联通各国的基础设施。各国将加强港口等基础设施建设, 促进港口合作; 全面拓展民航合作平台; 促进能源、通信等基础设施的连接和合作等。在贸易畅通方面, 沿线国家将降低非关税壁垒, 提高技术贸易措施的透明度, 推动投资便利化, 扩大相互投资领域, 加强在新兴产业方面的合作, 合作建设多种形式的工业园区等。

为推进"一带一路"战略, 中国将进一步强化多边合作机制作用, 发挥上海合作组织 (SCO)、中国—东盟自由贸易区、亚太经合组织 (APEC)、亚欧会议 (ASEM)、亚洲合作对话 (ACD)、亚信会议 (CICA)、中阿合作论坛、中国—海合会战略对话等现有多边合作机制作用, 加强与相关国家的联通。同时, 中国将加强与"一带一路"沿线国家的金融合作。2014 年 10 月, 在中国的倡导下, 包括中国、印度、新加坡等在内的 21 个首批意向创始成员国的财长和授权代表签署《筹建亚投行备忘录》, 共同决定成立亚洲基础设施投资银行 (亚投行)。亚投行的法定资本为 1 000 亿美元, 初始认缴资本目标为 500 亿美元左右, 实缴资本为认缴资本的 20%。亚投行的成立不仅弥补了现有世界金融体系在亚洲基础设施建设投资上的缺口, 而且将弥补亚洲发展中国家在基础设施投资领域存在的巨大缺口。2014 年 12 月, 中国还出资 400 亿美元设立丝绸之路基金, 以改善丝绸之路沿线国家和地区的交通与贸易连接。中国国家开发银行也将在"一带一路"中发挥"更充分"的作用。

在国家"一带一路"战略中, 国内的自由贸易区将成为整个战略的枢纽点。在国家发布的《愿景与行动》的第六章"中国各地方开放态势"中, 就明确了沿海省份和港澳台地区的发展定位, 特别强调粤港澳合作。《愿景与行动》指出, 要充分发挥深圳前海、广州南沙、珠海横琴、福建平潭等开放合作区作用, 深化与港澳台合作, 打造"粤港澳大湾区"。可以说, "粤港澳大湾区"的构建正是在这种特定的宏观背景下提出的。

① 冯邦彦. 承先启后: 利丰冯氏迈向 110 周年——一个跨国商贸企业的创新与跨越 [M]. 香港: 三联书店 (香港) 有限公司, 2016: 228.

二、"粤港澳大湾区"的提出及其战略地位

"粤港澳大湾区"的提出最早可追溯到20世纪80年代以来粤港澳形成的"前店后厂"的分工格局。港澳回归后,"前店后厂"模式的局限性逐渐显现,内地与港澳先后签署CEPA协议及其后10份的补充协议。在CEPA框架下,包括港澳在内的大珠江三角洲正逐步成为一个经济整体。2004年6月初,首届"泛珠三角"区域合作与发展论坛签署《泛珠三角区域合作框架协议》,为"泛珠三角"发展奠定合作原则和机制。粤港澳合作腹地进一步扩大:从珠江三角洲为主向广东东西两翼推进,向"泛珠三角"地区推进。2008年5月,国家商务部、港澳办以及广东省政府联合向国务院办提出《关于服务业港澳开放在广东先行先试的政策建议》,获得同意。

2007年,广东方面基于三地合作的态势提出"粤港澳特别合作区"的设想。2008年6月,广东省正式提出构建"粤港澳紧密合作区"概念,提出要"全面推进粤港澳紧密合作,加大CEPA在广东先行先试的力度,深化粤港澳产业转型升级合作"。[①] 2009年初,国务院批复《珠江三角洲改革发展规划纲要(2008—2020年)》,提出以粤港澳合作、"泛珠三角"区域合作、中国—东盟合作为重要平台,全面加强与世界主要经济体的经贸关系,率先建立全方位、多层次、宽领域、高水平的开放型经济新格局。2009年,广东完成《大珠三角城镇群协调发展规划研究》,提出了把"湾区发展计划"列为空间总体布局协调计划的重要一环,并提出四项跟进工作,包括跨界交通合作、跨界地区合作、生态环境保护合作和协调机制建设,其后粤港澳三地政府联合制订《环珠三角宜居湾区建设重点行动计划》,以落实这一跨界地区合作。2010年4月7日,香港与广东两地政府在北京签署《粤港合作框架协议》,其将粤港合作的发展定位确定在六个方面:世界级新经济区域、金融合作区域、先进制造业和现代服务基地、现代流通经济圈、大珠三角优质生活圈以及世界级城市群。

为了推动粤港澳合作,这一时期广东先后提出珠海横琴、深圳前海、广州南沙三个对港澳开放的平台建设,并获得中央的同意提升为国家级的对外开放平台。其中,珠海横琴作为"特区中的特区"以及全国唯一的粤港澳紧密合作示范区,在推进对澳门的开放方面扮演着重要角色。深圳前

---

① 参阅中共广东省委2008年6月19日发布的《广东省人民政府关于争当实践科学发展观排头兵的决定》。

海定位为"粤港现代服务业创新合作示范区",主要承担现代服务业体制机制创新区、现代服务业发展集聚区、香港与内地紧密合作先导区、珠三角地区产业升级引领区四个方面的功能,重点发展金融业、现代物流业、信息服务业、科技服务和其他专业服务四大产业领域。广州南沙则定位为"深化粤港澳全面合作的国家级新区",以"对港澳开放"和"全面合作"为方向,在投资准入政策、货物贸易便利化措施、扩大服务业开放等方面"先行先试"。2015 年 4 月 21 日,广东自由贸易区正式挂牌启动建设,广州南沙、深圳前海蛇口、珠海横琴片区成为三大组成片区。

"粤港澳大湾区"正是在此基础上提出来的。在《愿景与行动》第六章中明确提出:"充分发挥深圳前海、广州南沙、珠海横琴、福建平潭等开放合作区作用,深化与港澳台合作,打造粤港澳大湾区。"2016 年 3 月,经国务院总理李克强签批,国务院印发《关于深化泛珠三角区域合作的指导意见》(简称《指导意见》)。《指导意见》提出了八项重点任务,其中就包括:"促进区域经济合作发展,携手港澳打造粤港澳大湾区,建设世界级城市群。"与此同时,国家"十三五"规划纲要也明确提出:"支持港澳在泛珠三角区域合作中发挥重要作用,推动粤港澳大湾区和跨省区重大合作平台建设。"广东省"十三五"规划纲要还提出:"创新粤港澳合作机制,打造粤港澳大湾区,形成最具发展空间和增长潜力的世界级经济区域。"至此,"粤港澳大湾区"的构建被正式提升至国家的战略层面。

根据国家的相关文件,"粤港澳大湾区"在国家对外开放、实施"一带一路"战略中占有相当重要的地位。《愿景与行动》就指出:粤港澳大湾区是"21 世纪海上丝绸之路"的战略要冲,是对接东南亚、南亚、中东、欧洲等"一带一路"国家的必经之地,也是国家经略南海最重要的战略支点。国务院印发的《指导意见》也提出,要"构建以粤港澳大湾区为龙头,以珠江—西江经济带为腹地,带动中南、西南地区发展,辐射东南亚、南亚的重要经济支撑带"。

三、"粤港澳大湾区"的基础与比较优势

根据国际通行的定义,"湾区"一般指同一海域的,由多个港口和城市连绵分布组成的具有较强功能协作关系的城市群区域。一些发达湾区通过对港口、城市、交通、产业和腹地进行统一布局,形成了以中心城市为核心,以周边腹地为支撑,以经济目的地为导向的有机的开放型经济体系。著名的湾区有纽约湾区、旧金山湾区、东京湾区等。这些湾区凭借着

开放的经济结构、高效的资源分配能力、强大的集聚外溢功能和发达的国际交往网络，发展成为国际顶级的城市群，发挥着引领创新、聚集辐射的核心功能，成为带动全球经济发展的重要增长极和技术创新的引擎。

从中国的情况看，华东长三角、华南珠三角和华北环渤海等地区，都拥有湾区资源，并开始呈现出世界级湾区经济的雏形。从"粤港澳大湾区"来看，其比较优势主要表现在以下一些方面：

1. 区位优势与资源禀赋

"粤港澳大湾区"位于中国的南大门，背靠中国内地，特别是"泛珠三角"地区，面向太平洋，正处于东北亚和东南亚航线的中心位置，并且是"一带一路"，特别是"21世纪海上丝绸之路"的重要节点和枢纽。"粤港澳大湾区"既有三面环陆的内湾又有直面大海的外湾，湾区海岸线长、经济腹地广阔，并且拥有香港维多利亚港口、深圳盐田港、广州黄埔—南沙港3个全球十大集装箱港口，在大亚湾、大广海湾沿岸也有众多优质深水港。

2. 经济规模

世界级的湾区，必然是产业和人口的重要聚集区，并且拥有庞大的经济总量。根据相关统计，日本东京湾区的总面积为13 585平方千米，约占日本总面积的3.5%；总人口超过3 560万，约占日本总人口的28%；2012年GDP总量为17 678亿美元，约占日本GDP总量的30%。而旧金山湾区的总面积为26 294平方千米，总人口超过840万，2012年GDP为6 066亿美元，分别占美国加州的6%、20%和30%。而"粤港澳大湾区"的总面积为41 500平方千米、总人口6 140万，2014年GDP为12 000亿美元，分别占"泛珠三角"地区的2%、13%和35%。① 从经济总量看，2014年"粤港澳大湾区"已超过2012年的旧金山湾区，相当于2012年东京湾区的68%。2015年，"粤港澳大湾区"经济总量超过14 000亿美元，对外贸易总额超过18 000亿美元。可以说，"粤港澳大湾区"经过改革开放30多年来的发展，已成为我国综合实力最强、开放程度最高、经济最具活力的区域之一。

3. 内部通勤

经过多年的发展建设，"粤港澳大湾区"是广东乃至全国高速公路网最密的地区，至2015年底广东省高速公路通车总里程达6 880公里，居全国第一。根据相关规划，至2030年，广东省的高速公路网将以"九纵五

---

① 参阅《粤港澳大湾区——构建"442"的发展内核》相关数据以及江门国资的博客，http：//blog. sina. com. cn/u/5184608201。

横两环"为主骨架，以加密线和联络线为补充，形成以珠江三角洲为核心，以沿海为扇面，以沿海港口（城市）为龙头向山区和内陆省（区）辐射的路网布局。其中，"九纵五横两环"总里程约 7 000 公里，实现全省"一日交通圈"。在城市轻轨交通方面，珠三角城际轨道系统的建设已经启动，规划线路以广州、深圳、珠海为中心，从原来的"两主轴三条放射线两条联络线"发展为"三环八射线"网格局，覆盖珠三角地区主要城市，并联通港澳地区的轨道交通网。建成后，珠三角轨道交通网络密度接近巴黎都市圈和东京都市圈水平，形成真正意义上的大珠三角"一小时生活圈"。此外，未来随着港珠澳大桥、深（中）江通道、深茂铁路和虎门二桥的建成通车，加上原有的虎门大桥，跨珠江口的通道就有五条，必将大大缩短珠江口两岸的交通距离和成本，珠三角将从原来的 A 字形变成真正的三角形。

4. 内外联系

从与国内的联系来看，"粤港澳大湾区"是"泛珠三角"地区的重要组成部分。"泛珠三角"地区除了粤港澳以外，还包括广东周边的福建、江西、湖南、广西和海南 5 省以及云南、贵州等省区。换言之，"粤港澳大湾区"在国内的联系面和经济腹地是我国的华南地区和大西南地区。从与国际的联系来看，"粤港澳大湾区"既是"21 世纪海上丝绸之路"的重要节点和枢纽，也是第三条亚欧大陆桥的桥头堡。其中，香港是国际著名的自由港和商业大都会，其主要联系包括东南亚、欧洲和北美等主要的国际市场。澳门将发展成为世界旅游休闲中心和中国与葡语系国家商贸合作的服务平台，其联系的重点包括葡语/拉丁语系国家和地区以及欧盟国家。因此，"粤港澳大湾区"以香港、深圳、广州等港口群为起点，以昆明为枢纽，经缅甸、孟加拉国、印度、巴基斯坦、伊朗等亚洲沿线国家，可从土耳其进入欧洲抵达荷兰鹿特丹港，进入欧洲腹地。

5. 城市群与产业基础

目前，"粤港澳大湾区"基本形成港深、广佛、澳珠三个都市圈。其中，以港深都市圈的经济实力最强。据统计，2013 年，港深都市圈人口总数 1 785 万人，土地面积 3 101 平方千米，本地生产总值达 31 503 亿元人民币。从发展功能和定位看，港深都市圈是高度外向型的经济区域，一边连接巨大的国际市场，一边背靠广阔的内陆腹地，其重点发展的产业主要包括金融、贸易、物流和高新科技产业。该都市圈最具战略价值的是其金融业的发展。2013 年深圳金融业占本地生产总值的比重已达到 14%，接近香港（16%）的水平，港深金融合作将可使两地共同提升为全球性国际金融中心。

2013 年，广佛都市圈总人口达 2 023 万人，土地面积 11 302 平方千米，两项指标都超过港、深都市圈。据统计，2013 年，广佛都市圈本地生产总值为22 430 亿元人民币，约相当于港深都市圈的 71%。从功能发展定位看，广佛都市圈承接港深都市圈的国际辐射，并向环珠三角、"泛珠三角"地区辐射。该都市圈的产业发展重点是贸易、物流、金融和制造业。其中，广州的贸易、物流与佛山的制造业结合，情况就像东京、纽约—新泽西等世界知名都市圈一样，区域内金融、港口、现代服务业、制造业等形成优势互补，构成联合舰队。

改革开放 30 多年来，珠三角东、西两岸发生了巨大的经济变化，但两岸的差距也越来越大，西岸的发展明显落后于东岸。相比之下，澳珠都市圈的发展仍在起步阶段。据统计，2013 年，澳珠两市人口总数为 219 万人，土地面积 1 721 平方千米，仅约相当于港深都市圈的 12% 和 55%，约相当于广佛都市圈的 11% 和 15%；澳珠两市本地生产总值为 4 873 亿元人民币，分别约相当于港深都市圈和广佛都市圈的 15% 和 22%。不过，情况正在改变，回归以来澳门经济获得快速发展，澳门与珠海横琴合作，正重点发展旅游休闲、会议展览、特色金融等产业。

2013 年珠三角三大都市圈经济规模比较

	港深都市圈	广佛都市圈	澳珠都市圈
人口（万人）	1 063（深圳） 722（香港）	1 293（广州） 730（佛山）	158（珠海） 61（澳门）
合计	1 785（港深）	2 023（广佛）	219（澳珠）
土地面积 （平方公里）	1 997（深圳） 1 104（香港）	7 434（广州） 3 868（佛山）	1 688（珠海） 33（澳门）
合计	3 101（港深）	11 302（广佛）	1 721（澳珠）
本地生产总值 （亿元人民币）	14 500（深圳） 17 003（香港）	15 420（广州） 7 010（佛山）	1 662（珠海） 3 211（澳门）
合计	31 503（港深）	22 430（广佛）	4 873（澳珠）
产业发展定位	金融、贸易、物流和高新科技产业	贸易、物流、金融和制造业	旅游休闲、会议展览、特色金融

数据来源：相关统计年鉴。

"湾区经济"不仅是一个区域概念,更主要的还是一个产业概念,即需要有一个能够辐射周边腹地甚至全球的产业群或者临港产业群,从而成为区域甚至全球的经济增长极。从"粤港澳大湾区"来看,其中最重要的就是加强湾区内产业,特别是金融业、物流航运业、科技创新产业和旅游休闲业的合作发展、协调发展和错位发展。

第一,深化粤港澳金融合作,构建以香港为龙头,以深圳、广州和澳门—珠海横琴为主要节点的大湾区金融中心圈。

从湾区内各中心城市的产业比较优势来看,区域内金融业的合作是主要一环。目前,香港是仅次于伦敦、纽约的国际金融中心,香港金融业是区域内最具战略价值的产业。香港具有资金流通自由、金融市场发达、金融服务业高度密集、法制健全和司法独立、商业文明成熟等各种优势,香港将成为大珠三角金融中心区域的"龙头"。深圳作为区域性金融中心在全球已逐步崭露头角,金融业的综合实力和竞争力位居全国前列。深圳金融业发展最大的优势,是拥有全国两大证券交易所之一的深圳证券交易所,并形成了由众多项目、创业投资基金、股权交易市场和中介机构组成的创业投资市场体系。深圳已成为当前湾区内金融创新最活跃的城市。广州地处广东珠三角城市群的中心地带,周边的三角洲、环珠三角甚至"泛珠三角"等区域为广州金融业发展提供广阔的经济腹地以及深厚的基础和潜力。值得强调的是,回归以来,随着经济的快速发展,澳门金融业的实力已大大增强,近年更积极提出发展包括融资租赁、资产管理、债券发行的特色金融,其在区域性的角色也逐步显露。

在全球经济分工体系中,金融业和高科技产业是现代产业体系的制高点。中国要想成为世界一流国家,在全球金融体系中获得话语权可以说是重中之重。这要求中国必须有能够发挥全球影响力的国际金融中心。综合比较,粤港金融合作区是当下中国最好的选择。因此,从长期的战略层面看,应通过制度创新,打通三地资源流通的脉络,充分发挥香港国际金融中心的比较优势,发挥珠三角地区特别是深圳、广州两大中心城市以及澳门金融资源的比较优势,将香港、深圳、广州、澳门、珠海横琴以及整个珠三角地区有机联系起来,形成协调发展和错位发展的态势,从而形成一个具有强大辐射力的,以香港为龙头,以深圳、广州、澳门—珠海横琴为主要节点的大湾区金融中心圈。从这个角度看,"粤港澳大湾区"产业的整合，最重要的是金融业的整合。

第二，深化粤港澳航运物流合作，构建我国对外开放，特别是"一带一路"沿线经济带的世界级航运物流枢纽。

湾区内航运物流产业的合作与协调发展，是构建"粤港澳大湾区"的另一个重要内容。长期以来，香港一直是亚太地区最著名的自由港和贸易转口港。香港在可预见的将来以及未来相当长的时期内，将会继续是亚太地区著名的国际贸易中心、航运中心、航空中心和物流枢纽，贸易及物流产业将是香港最主要的支柱产业之一。然而，也应该看到，一些不利的因素正在影响香港国际贸易物流中心的地位，这些因素包括：香港产业的"空心化"；港资企业在广东珠三角地区的制造业正在向外迁移或向越南等东南亚地区转移；香港的转口贸易正向离岸贸易转变；香港本土的贸易、物流成本持续上升等。香港集装箱货运量在全球的排名已从10年前的第一位跌至现在的第五至第七位之间。据瑞银的报告，香港货柜吞吐量占珠三角市场份额从2001年的70%，已降到现在的1/3，预测未来五年香港还会大跌至28%，最终降至22%。

与此同时，珠三角地区特别是广州、深圳等中心城市，在航运物流领域正迅速崛起，并开始超越香港。据统计，2015年深圳港集装箱吞吐量达到2 421万标箱，其中重箱吞吐量1 606万标箱，占全港吞吐量比例超过66%。换言之，深圳港集装箱吞吐量已连续三年位居全球第三，仅次于上海、新加坡而超越香港。深圳货物装卸费更比香港低5%～20%。而近年稳居第七或第八位的广州港，货柜量保持较为稳定的增长，并逐步在高增值航运服务业发力。近年来围绕"一带一路"和广州南沙国际航运中心建设，广州港加大建设力度。据广州港务局的公布，广州将斥资逾356亿元人民币，陆续开建南沙港区四期工程、广州国际航运交易中心等十大工程项目。因此，湾区内三大港口在未来发展中如何加强合作，包括协调发展、错位发展和加强航运物流的基础设施建设等，并建设成为我国对外开放，特别是"一带一路"沿线经济带的世界级航运物流枢纽，正成为湾区建设的重要内容。

第三，加强和深化粤港澳科技创新合作，共建世界级的中国"硅谷"。

世界级湾区的一个重要功能，是成为区域内甚至全球性科技创新的引擎。香港回归以来也一直致力于科技创新的发展。香港特区政府于2000年成立创新科技署，专责推动科技创新工作。2001年成立香港科技公司，专责香港科学园的营运。2002年，投资30亿港元的香港科学园一期正式开幕。2008年，面对全球金融及经济危机的冲击，香港特区政府接纳了香港经济机遇委员会提出的关于发展包括教育、医疗、检测及认证、环保、创新科技和文化及创意产业六项优势产业的建议。2016年，香港特区政府成立创新及科技局。可以说，经过多年的发展，香港科技创新产业的发展已具备了初步的基础。

近年来，中央亦加大对广东珠三角创新的支持力度。2014年6月，深圳成为首个以城市为基本单元的国家自主创新示范区。深圳在全国率先实现创新驱动，通信设备、信息技术、生物科技、计算机制造和遥控飞行器等产业的领先企业汇集于此，正着力打造内地高科技硬件行业的新"硅谷"。2015年7月，广东省印发《加快推进创新驱动发展重点工作方案（2015—2017年）》，明确提出以深圳、广州为龙头，形成"1＋1＋7"珠三角国家自主创新示范区建设格局，建成国际一流的创新创业中心。同年11月，国务院批文同意珠三角国家高新区建设国家自主创新示范区，广州、珠海、佛山、惠州仲恺、东莞松山湖、中山火炬、江门、肇庆8个国家高新区获批建设国家自主创新示范区，统称"珠三角国家自主创新示范区"。示范区重点在创新驱动发展路径、产业转型升级方式、一体化协同创新、创新创业生态系统等方面进行示范；通过机制创新、网络构建、全球链接、资源整合，实现珠三角创新环境、创新主体、创新要素、创新应用的开放，构建"大众创业，万众创新"氛围，提升区域自主创新能力、产业竞争能力、对外开放能力和辐射带动能力，打造国际一流的创新创业中心。

因此，从湾区建设来看，其中一个重要内容是如何加强合作和统筹，整合湾区内的科技创新资源，实现双方的优势互补。香港拥有健全的知识产权保护机制、可靠的司法制度，并且国际联系紧密，为交流新意念、新技术营造出最理想的环境；而广东珠三角地区特别是深圳，则紧贴创新科技发展的脉搏，既能提供大量人才，又拥有大量的科技创新产业，能协助企业实践创新意念。两地科技创新发展的比较优势具有很强的互补性。因此，加强、深化粤港澳的科技创新合作，包括加快深港创新圈的建设和发展，充分利用广东省已建立25个国家级和省级高新技术区的有利条件，发挥"珠三角国家自主创新示范区"的功能，共同构建世界级的中国"硅谷"。

第四，深化粤港澳旅游、会展合作，共建世界级旅游休闲目的地。

20世纪80年代以来，香港发展成为亚太地区著名的贸易中心、航运中心、航空中心和金融中心，推动了旅游业迅速发展。凭借着"自由港"及低税制的优势，迷人的维多利亚海港景色、风貌多样的名胜景点、郊野景致、购物及美食，居亚太地区中心及国际交通枢纽地位，完美的酒店设施和优质的服务，高效便捷的航运交通，旅游业的综合意识和教育成就，以及殖民地色彩和中西文化交汇的独特都会文化，香港发展成为亚太地区著名的旅游中心，享有"东方之珠"和"购物天堂"的盛誉。2003 年 7 月，中央政府宣布实施内地居民赴港澳"自由行"政策，极大地推动了港澳旅游业的发展。目前香港每年游客已超过 5 000 万人次。2012 年，国际旅游网站 Trip Advisor 根据数以百万计用户的投票，已将香港评选为亚洲第 1 位及全球第 10 位好去处①；同年，由万事达卡公布的 2012 年全球最佳旅游城市报告中，香港在全球 132 座城市中排名第 6。②

与香港一样，香港的旅游业亦极大地得益于内地"自由行"政策。从旅游资源来看，澳门兼容中国传统及葡萄牙文化，弥漫着独特的欧陆风情，是世界三大赌城之一，被誉为"东方蒙地卡罗"。2002 年开放博彩专营权以来，澳门的博彩业发展超过美国拉斯维加斯，澳门的长远战略目标是要发展成为"世界旅游休闲中心"。历史文化悠久的广东省，是中国近代史的发源地，也是中国现代经济发展最迅速的地区。目前，广东共有 7 个国家级历史名城、3 个国家级和 34 个省级风景区、29 个高尔夫球场和约 2 000 个旅游景点。这些景点促进了整片旅游区的发展，形成了规模效应和品牌效应。因此，粤港澳三地旅游资源丰富，互补性极强。整合湾区旅游资源，将可把湾区建设成为世界级旅游休闲目的地。

五、结束语：湾区建设面对的障碍与挑战

目前，"粤港澳大湾区"的建设尽管已有相当的基础和优势，并且已上升到国家战略层面，其发展潜力巨大。然而，也应该看到，湾区的构建仍然面对不少的障碍和挑战。就湾区内部的整合而言，仍需重点解决以下问题：

第一，香港、澳门与广东珠三角地区的制度协调和体制对接的问题。

纵观国际著名湾区，如旧金山湾区、纽约湾区、东京湾区等，基本都处于市场经济发达的一国之内，湾区的形成、发展主要由市场推动而不受行政区的干扰。如旧金山湾区，区内著名的高科技创新中心硅谷，是以斯坦福大学的科技力量为原动力而推动形成的。相比之下，"粤港澳大湾区"由中国的两个特别行政区香港、澳门和内地的广东珠三角地区组成，三地

---

① 参阅《港膺亚洲最佳去处》，《星岛日报》，2012 年 1 月 25 日。
② 参阅《全球最佳旅游城市香港第六》，《明报》，2012 年 6 月 12 日。

之间是不同的独立关税区。其中，香港是国际著名的"自由港"，市场经济发达；澳门作为微型经济，是全球最大的博彩中心；而广东珠三角地区市场经济尽管已有了相当的发展，中央赋予广东在 CEPA 开放方面"先行先试"，又授权成立自由贸易试验区，但其经济体制与港澳仍有相当的落差。三地之间的合作仍存在不少"玻璃门"之类的障碍。因此，如何创新合作机制，推动粤港澳三地加强制度协调和体制对接，以推动三地资金流、人流、物流、信息流等的双向畅通流动，仍然是湾区建设面对的首要问题。

第二，在湾区的合作中，如何充分调动和发挥香港经济中的潜力和竞争优势是其中一个关键性问题。

从实践看，回归 20 年来香港经济（除了金融业之外）并未能成功实现转型，经济增长动力减弱，总体发展态势远落后于同区的新加坡。这其中，原因固然是多方面的，但香港特区政府的弱势不能不说是其中一个重要问题。而在区域合作、湾区整合中，香港特区政府所担当的重要角色却是毋庸置疑的。然而，在高度政治化的环境下，香港特区政府施政困难重重，只能纠缠于一些自身的社会福利、民生改善等议题，更遑论作出具前瞻性、长远性的战略决策并付诸实施。在泛政治化的环境下，香港社会对区域合作存在不少疑虑，担心合作将进一步导致经济的"空心化"而不是提升自身在国际经济中的竞争力，这更增加香港特区政府施政的难度。因此，在湾区建设中，如何突破香港自身存在的种种问题，从而充分调动和发挥香港现有的竞争优势和发展潜力，将是湾区建设面对的另一个问题。

第三，广东部分地方政府对港澳合作重视不够，广东珠三角自身也存在经济增长动力减弱，特别是经济转型和体制深化改革等问题。

从港澳回归以来的实践看，随着港澳，主要是香港近年经济增长乏力、竞争力下降，以及两地关系的一些疏离等，广东无论是从地方政府层面还是商界企业乃至民间社会舆论等，对加强与香港合作的重视程度出现下降的趋向。在湾区建设中，广东方面无疑处于主导的位置，然而，广东也需要港澳，尤其在向中央争取政策、制度安排时都相当重视港澳的地位和作用。但是，一旦中央给予广东优惠政策或授予广东更开放的制度安排，就会出现疏离港澳自行干的倾向，这在下面地方政府尤为明显，导致港澳对相关合作存在不少疑虑，导致近年来粤港澳合作在一些方面停留在纸上。与此同时，受到国际大环境影响，广东珠三角地区近年增长放缓，对经济转型和体制改革提出更高的需求。广东如何响应当前的挑战，如何把握自由贸易区建设和"一带一路"机遇，积极推动经济转型和体制深化改革，特别是如何真正建设好前海、南沙、横琴三大对港澳开放平台，将对外开放提升到一个更高的层面，将是"粤港澳大湾区"面对的又一个重要挑战。

第四，在湾区建设和整合过程中，粤港澳三方的利益分配与协调问题。

在"粤港澳大湾区"建设过程中，最重要的问题就是各地的战略定位和利益分配问题，这个问题过去多年来一直没有解决好，或者说缺乏解决机制去合理解决。无论是构建大湾区金融中心圈、建设世界级航运物流枢纽和世界级旅游休闲目的地，还是构建香港—珠三角科技创新湾区等，其实都涉及角色定位和利益分配问题。这个问题不解决，湾区整合就无法有效推进。从国际经验看，著名世界级湾区经济的整合主要是由市场机制推动的。"粤港澳大湾区"的构建涉及在中国框架下如何整合三个不同关税区（广东只是内地关税区的一个组成部分）的问题，无疑需要中央政府和粤港澳三地政府的协调整合，如何将政府协调和市场推动有机配合起来，达到三地共赢的格局，是湾区建设面对的最艰难问题。

（本文为未公开发表文稿，写于 2016 年 5 月，修订于 2017 年 1 月）